建築基準法
改正履歴確認のポイント
― 重要条文・告示と改正のねらい ―

共編　大手前建築基準法事務所株式会社
　　　横内　伸幸（代表取締役／元大阪府建築主事）
　　　松本　俊哉（企画部長／元大阪府建築主事）

新日本法規

は　し　が　き

　建築基準法は、「建築物の敷地、構造、設備及び用途に関する最低の基準を定めて、国民の生命、健康及び財産の保護を図り、もつて公共の福祉の増進に資すること」を目的に、昭和25年に制定・施行されました。その後、大規模な自然災害や火災事故、社会ニーズの変容等を踏まえ、その時代に応じた規制の強化や緩和にかかる法令改正が行われ、現在に至っています。

　建築基準法の制定から現在に至るまで70年以上が経過し、当時と比べ社会情勢が大きく変化してきている中、現在の法令の規定を読むだけでは、当初の目的や現在の形に至った理由などをうかがい知ることが容易でないものも見られます。

　建築主や設計者の意向を合法的に実現するためには、建築基準法の正しい知識が不可欠であると同時にどのような変遷を辿って現在の規定に至ったのかを知っておくことは、とても大切なことです。

　また、年月が経過した建築物は、「既存不適格」になっている場合も少なくありません。このような建築物について増改築、修繕、模様替え、用途変更等を行う場合は、既存部分に遡及して適用させなければならない規制内容を確認する必要がありますが、その際にも各条文がいつから何を目的としてどのように変わったのかを把握しておくことは欠かせません。

　本書では、過去特定行政庁において建築主事を務めた者や建築指導行政で経験を積んだ者達が執筆者となり、培った知見を活かしながら、数ある建築基準法令のうちから特に重要と思われる条文の改正内容を取り上げて解説しています。

項目ごとに「現行規制の内容」、「主な改正履歴と改正の趣旨・内容」の２つの項目について国土交通省が改正時に示した通達、技術的助言等の記載内容を中心に、法令改正時のねらいやその概要を記載しました。

　難解と言われる建築基準法ですが、本書が皆様の理解を深める一助となれば幸いです。

　また、前著『既存不適格建築物の増改築・用途変更』と一緒にご利用いただくことで、より理解が深まるのではないかと思いますので、ご興味のある方は是非ともご一読ください。

令和７年４月

編集者代表　横内　伸幸

編集者・執筆者一覧

※肩書・所属は執筆時点のものとなります。

＜編　集＞

大手前建築基準法事務所株式会社

＜編集者＞

横 内 伸 幸（代表取締役／元大阪府建築主事）

松 本 俊 哉（企画部長／元大阪府建築主事）

＜執筆者＞

長 谷 川 高 宏（法令事業部長／元大阪市建築主事）

真 壁 康 禎（法令事業部　事業第1課長／元東大阪市建築主事）

谷 本 和 子（法令調査室　調査第1課長／元堺市建築主事）

宮 本 久 美（法令事業部　事業第1課／元大阪府職員・建築基準適合判定資格者・一級建築士）

内 海 久 美 子（法令事業部　事業第1課／元大阪府職員・建築基準適合判定資格者・一級建築士）

中 道 明 子（法令調査室　調査第1課／元一般財団法人　日本建築総合試験所職員・建築基準適合判定資格者・一級建築士）

長 谷 川 修 一（法令調査室　調査第1課／元京都市職員・建築基準適合判定資格者・一級建築士）

上 木 真 理 子（法令調査室／元大阪府職員・一級建築士）

凡　　例

＜本書の内容＞

　本書は、建築規制に係る過去の重要な法令改正を取り上げ、改正当時の条文・告示を掲載し、改正の趣旨等を解説したものです。

＜本書の構成＞

タイトル	建築規制に係る現行の各種規定と法令の根拠条数（令和７年４月１日時点）を掲げています。
現行規制の内容	現在適用されている規制の概要を解説しています。
主な改正履歴と改正の趣旨・内容	当該建築規制に係る過去の重要な法令改正を施行日順に表にまとめた上で、各改正の主な条文・告示を当時の内容で掲載するとともに、改正のねらいや趣旨を解説しています。 各種アイコンは、以下の内容を示しています。 　制定：条文・告示が新しく定められた場合 　改正：条文・告示が改正された場合
参　考	参考となる通知、文献等を掲げています。

＜法令等の表記＞

　根拠となる法令等の略記例及び略語は、次のとおりです（〔　〕は本文中の略語を示しています。）。

　建築基準法第６条第３項第二号＝建基６③二
　令和４年12月16日付け国住指第349号＝令４・12・16国住指349

建基〔法〕　　建築基準法
建基令〔令〕　建築基準法施行令
　〔則〕　　　建築基準法施行規則
都計　　　　　都市計画法

目　　次　　1

目　　次

第1章　総　則

	施行日	タイトル	ページ
1－1	耐火構造		1
1	S 25.11.23	耐火構造に係る規定の制定	1
2	S 39.1.15	高層建築物に係る構造の規定の整備	3
3	H 12.6.1	耐火構造に必要な性能の性能規定化	9
4	R 5.4.1	階数に応じて要求される耐火性能基準の合理化	17
1－2	準耐火構造		19
1	H 5.6.25	準耐火構造に係る規定の制定	19
2	H 12.6.1	準耐火構造に必要な性能の性能規定化	25
3	H 27.6.1	1時間準耐火基準等の追加	33
4	R 6.4.1	特定主要構造部の位置付け	33
1－3	防火構造		35
1	S 25.11.23	防火構造に係る規定の制定	35
2	H 12.6.1	防火構造に必要な性能の性能規定化	36
1－4	不燃材料		40
1	S 25.11.23	不燃材料である建築材料に係る規定の制定	40
2	S 46.1.1	不燃材料の指定	41
3	H 12.6.1	不燃材料の性能規定化	41

2　目　次

	施行日	タイトル	
1－5　耐火建築物			44
1	S 34.12.23	耐火建築物に係る規定の制定	44
2	H 12. 6 . 1	耐火建築物の主要構造部の性能規定化	46
3	R 6 . 4 . 1	火災時に損傷を許容する主要構造部の規定	51
1－6　準耐火建築物			57
1	S 34.12.23	簡易耐火建築物に係る規定の制定	57
2	H 5 . 6 .25	準耐火建築物の創設	59
3	H 12. 6 . 1	準耐火建築物の主要構造部の性能規定化	61

第2章　単体規定

	施行日	タイトル	ページ
2－1　屋根			64
1	S 25.11.23	屋根の不燃性能についての規定の制定	65
2	H 12. 6 . 1	屋根の不燃性能についての技術的基準の制定（性能規定化）及び不燃性の物品を保管する倉庫等の屋根の技術的基準の制定	65
3	H 27. 5 .29	不燃性の物品を保管する倉庫等の屋根の技術的基準の改正	68
2－2　耐火建築物等としなければならない特殊建築物			70
1	S 25.11.23	各種特殊建築物ごとの構造制限の制定	71
2	S 34.12.23	用途・規模・階数に応じた構造制限	71
3	S 46. 1 . 1	各種特殊建築物に類する用途の建築物の構造制限	73

④	H 5 . 6 .25	木造建築物に係る建築規制の合理化（木造3階建共同住宅等）	75
⑤	H27.6 . 1	特殊建築物の主要構造部に必要とされる性能（特定避難時間倒壊等防止建築物）	77
⑥	R 1 . 6 .25	準耐火構造の位置付けの明確化に伴う見直し	80
⑦	R 1 . 6 .25	小規模な建築物の主要構造部の規制の合理化	82
⑧	R 6 . 4 . 1	別棟みなし規定の制定	83
2－3　居室の採光及び換気			86
①	S 25.11.23	居室の採光・換気についての規定の制定	87
②	S 46.1 . 1	特殊建築物の居室、火気使用室の換気	89
③	S 56.6 . 1	学校等の居室における採光規定の合理化	93
④	H 12.6 . 1	換気設備の構造の性能規定の導入	94
⑤	H 12.6 . 1	採光規定が適用される居室の限定	98
⑥	H 12.6 . 1	有効面積の算定方法の合理化（採光補正係数）	100
⑦	R 5 . 4 . 1	一定の照度を確保できる照明設備を設けた場合の採光規定の緩和	103
2－4　石綿その他の物質の飛散又は発散に対する衛生上の措置			105
①	H 15.7 . 1	クロルピリホスを添加した建築材料の使用禁止	105
②	H 15.7 . 1	ホルムアルデヒド発散建築材料の使用制限	107
③	H 15.7 . 1	居室に設ける機械換気設備	110
④	H 18.10. 1	建築材料における石綿等の使用制限	115
2－5　直通階段・2以上の直通階段の設置			117
①	S 25.11.23	直通階段と2以上の直通階段の設置に係る規定の制定	118

4　目　次

②	S 31. 7. 1	2以上の直通階段の設置義務が課せられる面積の合理化	119
③	S 34.12.23	採光無窓居室の制限強化	120
④	S 39. 1 .15	高層階の歩行距離の制限強化	120
⑤	S 44. 5 . 1	歩行距離の重複距離規定の制定	121
⑥	S 49. 1 . 1	2以上の直通階段を設ける建築物の範囲の拡大	121
⑦	R 2 . 4 . 1	小規模建築物の2以上の直通階段の制限緩和	122
⑧	R 5 . 4 . 1	採光無窓居室の制限緩和	123
2－6		避難階段の設置・構造及び物品販売業を営む店舗における避難階段等の幅	127
①	S 25.11.23	避難階段・特別避難階段の設置と構造及び物品販売業を営む店舗における階段幅等に係る規定の制定	129
②	S 34.12.23	避難階段の設置を要さない居室の緩和	132
③	S 39. 1 .15	高層階における特別避難階段の設置	132
④	S 44. 5 . 1	特別避難階段の設置強化・避難階段等の構造の制限強化	134
⑤	S 46. 1 . 1	物品販売業を営む店舗の階段幅等の制限強化	136
⑥	H 28. 6 . 1	特別避難階段の付室の排煙方法の合理化	136
2－7		屋外への出口	142
①	S 25.11.23	屋外への出口に対する規定の制定	143
②	S 44. 5 . 1	避難階の居室の各部分からの避難距離に係る制限強化	144
③	S 46. 1 . 1	物品販売業を営む店舗における屋外への出口の幅に係る制限強化	144

2－8		屋上広場等	145
1	S 25.11.23	屋上広場等に対する規定の制定	145
2	S 34.12.23	手すり壁、さく等の設置を要する対象の拡大（バルコニー等）	146
2－9		排煙設備	147
1	S 46.1.1	排煙設備に係る規定の制定	148
2	S 62.11.16	排煙設備の設置義務等の合理化	152
3	H 12.6.1	排煙設備の設置基準の見直し	153
4	H 27.3.18	避難上支障のない居室における排煙設備の設置緩和	156
5	R 2.4.1	別棟規定の緩和	157
6	R 6.4.1	特定配慮特殊建築物以外の建築物に関する排煙設備の設置緩和	162
2－10		非常用の照明装置	165
1	S 46.1.1	非常用の照明装置の設置と構造に係る規定の制定	166
2	S 47.1.13	非常用の照明装置の設置緩和の要件の制定	168
3	H 12.6.1	非常用の照明装置の制限に係る性能規定化	169
4	H 30.3.29	非常用の照明装置の設置を要さない居室の要件の追加	172
5	R 6.4.1	別棟みなし規定の制定	173
2－11		非常用の進入口	174
1	S 46.1.1	非常用進入口の規定の制定	175
2	H 12.6.1	非常用進入口の設置義務の合理化	177
3	H 28.6.1	非常用進入口の設置基準の見直し	178

6　目　　次

2－12		**特殊建築物等の内装**	181
1	S 34.12.23	特殊建築物等の内装制限に係る規定の制定	182
2	S 36.12. 4	特殊建築物等に係る規制対象の追加（キャバレー等、自動車修理工場）	184
3	S 39. 1 .15	高さ31mを超える建築物に係る規制対象の拡大	185
4	S 44. 5 . 1	特殊建築物に係る規制対象の拡大、避難路の不燃化	186
5	S 46. 1 . 1	内装制限に係る規制対象の拡大（一定規模以上の建築物の居室、無窓居室、火気使用室）	187
6	S 62.11.16	内装制限に係る規制対象の合理化（天井高さ6m超の適用除外）	189
7	H 4 . 3 . 7	内装制限を受ける居室と同等以上の効力があると認める材料の指定	191
8	H12. 6 . 1	難燃材料でした内装の仕上げに準ずる仕上げの指定	192
9	H21. 4 . 1	準不燃材料でした内装仕上げに準ずる仕上げの指定	195
10	R 2 . 4 . 1	特殊建築物等の内装制限の合理化	200
11	R 6 . 4 . 1	特定配慮特殊建築物以外の建築物に関する内装制限の緩和	203
12	R 6 . 4 . 1	別棟みなし規定の制定	203
2－13		**無窓の居室等の主要構造部**	205
1	S 34.12.23	無窓の居室を区画する主要構造部に係る構造制限の制定	206
2	S 46. 1 . 1	無窓の居室の定義の明確化	207

③	R 2 . 4 . 1	窓その他の開口部を有しない居室の範囲の合理化	207
④	R 5 . 4 . 1	採光無窓居室から直通階段までの歩行距離制限等の合理化	209
2－14　階段			213
①	S 25.11.23	階段の寸法等に対する制限の制定	214
②	S 34.12.23	地下建築物及び直通階段である屋外階段の幅の制限の強化	215
③	S 46 . 1 . 1	大規模な物品販売業を営む店舗に係る制限の強化	216
④	H 12.6 . 1	階段等における手すり設置の義務化及び階段幅の算定方法の合理化	217
⑤	H 26.7 . 1	階段に係る規制の合理化	218
2－15　防火区画			220
①	S 25.11.23	防火区画に関する規定の制定	222
②	S 31.7 . 1	スパンドレルに関する規定の追加	223
③	S 34 . 1 . 1	区画貫通処理に関する規定の追加	223
④	S 34.12.23	簡易耐火建築物（準耐火建築物）の面積区画に関する規定の追加	224
⑤	S 39 . 1 .15	高層区画に関する規定の追加	225
⑥	S 44.5 . 1	自動式スプリンクラー設備を設置した場合の面積区画の規制強化	225
⑦	S 44.5 . 1	竪穴区画に関する規定の追加	226
⑧	S 44.5 . 1	防火区画を形成する防火設備に関する規定の追加	227

8 目 次

⑨	S46.1.1	竪穴区画の合理化	228
⑩	S49.1.1	竪穴区画及び異種用途区画を形成する防火設備の遮煙性能に関する規定の追加	229
⑪	H12.6.1	高層区画における200㎡以下の住戸の規制緩和	232
⑫	H12.6.1	防火区画を形成する防火設備等の性能規定の追加	233
⑬	H28.6.1	強化天井の構造に関する規定の追加	234
⑭	R1.6.25	小規模建築物における竪穴区画の合理化	236
⑮	R2.4.1	吹抜き等の空間を設けた場合における面積区画の合理化	237
⑯	R2.4.1	警報設備の設置等がされた場合における異種用途区画の合理化	238
⑰	R6.4.1	別棟みなし規定の制定	239
2－16　界壁、間仕切壁、隔壁			241
①	S25.11.23	界壁、防火上主要な間仕切壁、隔壁の設置に関する規定の制定	242
②	S44.5.1	区画貫通処理に関する規定の追加	242
③	S62.11.16	スプリンクラー等を設置した場合及び基準に適合する畜舎等とする場合における隔壁の規制の合理化	243
④	S63.4.1	児童福祉施設等における防火上主要な間仕切壁の設置	243
⑤	H26.7.1	防火上主要な間仕切壁の規制の合理化	244
⑥	H28.6.1	天井を強化天井とした場合における隔壁の規制の合理化	245
⑦	R6.4.1	別棟みなし規定の制定	247

目　次　9

第3章　集団規定

	施行日	タイトル	ページ
3－1　敷地等と道路との関係			248
1	S 25.11.23	敷地等と道路の関係に関する規定の制定	249
2	H 11.5.1	法第43条ただし書許可制の導入	250
3	H 30.9.25	法第43条ただし書許可を一部認定制に移行	250
4	R 5.12.13	法第43条認定対象の拡充	252
3－2　用途地域等			253
1	S 25.11.23	用途地域等の制定	253
2	S 46.1.1	住居地域及び商業地域の細分化	258
3	H 5.6.25	住居地域の細分化	264
4	H 5.6.25	例外許可制度の合理化	271
5	H 19.11.30	白地地域における制限の追加	272
6	H 30.4.1	田園住居地域の追加	275
7	R 1.6.25	特例許可の合理化	279
3－3　容積率			281
1	S 46.1.1	容積率に係る規定の制定	282
2	S 52.11.1	2以上の地域にまたがる場合の按分規定の追加	283
3	S 62.11.16	特定道路（幅員15m以上の道路）からの距離に応じた容積率の緩和制度の導入	284
4	H 6.6.29	地階の住宅部分に係る容積率算定の緩和	285
5	H 7.5.25	壁面線の指定等がある場合におけるひさし等の容積率算定の緩和	286

6	H 9 . 9 . 1	共同住宅の共用廊下等に係る容積率算定の緩和	287
7	H26 . 7 . 1	昇降機の昇降路の部分に係る容積率算定の緩和	288
8	H30 . 9 . 25	老人ホーム等の共用廊下等の部分に係る容積率算定の緩和	289
9	R 5 . 4 . 1	住宅等の高効率給湯設備を対象とした容積率不算入に係る認定制度の創設及び既存建築物のエネルギー消費性能の向上に関する改修工事の特例許可の拡充	290
	「延べ面積」に係る主な改正		291
1	S 25 . 11 . 23	延べ面積の制定	291
2	S 39 . 1 . 15	自動車車庫の面積不算入	291
3	S 62 . 11 . 16	自転車駐輪場の面積不算入	292
4	H24 . 9 . 20	備蓄倉庫、蓄電池、自家発電設備、貯水槽の面積不算入	292
5	H30 . 9 . 25	宅配ボックスの面積不算入	294

3－4　建蔽率 — 296

1	S 25 . 11 . 23	建蔽率に係る条項の制定	297
2	S 46 . 1 . 1	現行の建蔽率制度への移行	297
3	S 52 . 11 . 1	2以上の地域にまたがる場合の按分規定の追加	299
4	H13 . 5 . 18	壁面線の指定等がある場合の建蔽率の緩和制度の創設	299
5	R 1 . 6 . 25	防火地域及び準防火地域内での建蔽率の緩和規定の追加	300
	「建築面積」に係る主な改正		302
1	S 25 . 11 . 23	建築面積の制定	302
2	H 5 . 6 . 25	高い開放性を有する部分の緩和	302
3	R 5 . 4 . 1	倉庫等の大規模庇の緩和	303

目　次　11

	施行日	タイトル	ページ
3−5		建築物の各部分の高さ	306
1	S 25.11.23	高さ制限に係る規定の制定	307
2	S 46.1.1	斜線制限の制定	310
3	S 52.11.1	2以上の地域にまたがる場合の部分適用の追加	314
4	S 62.11.16	適用距離、セットバック規定の追加	314
5	H 15.1.1	天空率制度の導入	316
3−6		日影による中高層の建築物の高さの制限	324
1	S 52.11.1	日影規制の制定	324
2	H 30.9.25	適用除外に係る手続の合理化	327
3−7		防火地域及び準防火地域内の建築物等	329
1	S 25.11.23	防火地域及び準防火地域内の建築物に対する制限の制定	330
2	S 34.12.23	簡易耐火建築物に係る規定の追加等	331
3	S 62.11.16	準防火地域内の防火制限の合理化（3階建木造建築物）	332
4	R 1.6.25	主要構造部規制の性能規定化（延焼防止建築物等の導入）	334

第4章　構造規定

	施行日	タイトル	ページ
4−1		構造耐力	346
1	S 25.11.23	建築物の構造上の安全性に係る規定の制定	347
2	S 46.1.1	鉄筋コンクリート造の帯筋間隔（接合部）の制定	347

③	S 56. 6. 1	新耐震設計法の制定	348
④	H 12. 6. 1	構造方法に関する技術的基準の制定	352
⑤	H 12. 6. 1	限界耐力計算の制定	355
⑥	H 12. 6. 1	荷重及び外力の見直し	358
⑦	H 12. 6. 1	木造の耐震壁の配置の制定	360
⑧	H 19. 6 .20	構造関係規定の見直し	368
⑨	H 19. 6 .20	構造計算適合性判定制度の制定	371
⑩	H 26. 4. 1	特定天井の制定	375
⑪	H 26. 4. 1	エレベーター等の脱落防止の制定	381
⑫	H 31. 1 .15	積雪荷重の割増の制定	382
⑬	R 7. 4. 1	階高の高い木造建築物等の増加を踏まえた構造安全性の検証法の合理化	384
⑭	R 7. 4. 1	木造建築物の仕様の実況に応じた壁量基準等の見直し	385

第5章 雑 則

	施行日	タイトル	ページ
5-1 仮設建築物に対する制限の緩和等			392
①	S 25.11.23	仮設建築物に対する制限緩和規定の制定	393
②	S 46. 1. 1	仮設興行場等の存続期間の延長	395
③	H 30. 9 .25	国際的な規模の会議又は競技会に係る存続期間の延長	395

4	R 1 . 6 .25	建築物の用途を変更して一時的に他の用途の建築物として使用する場合の制限の緩和制度の創設	397
5	R 4 . 5 .31	応急仮設建築物の存続期間の延長	398

5－2　一の敷地とみなすこと等による制限の緩和　400

1	S 25.11.23	総合的設計による建築物に対する制限緩和規定の制定	401
2	S 62.11.16	総合的設計による同一敷地内建築物の公告の義務付け	402
3	H 11. 5 . 1	連坦建築物設計制度の創設、取消手続の位置付け	402
4	H 15. 1 . 1	総合設計制度を併用する場合の手続の合理化	404
5	H 17. 6 . 1	防災空地等の空地を含めた一団地制度の制定	406

5－3　既存の建築物に対する制限の緩和　409

1	S 34.12.23	既存の建築物に対する制限の緩和に係る条項の制定	410
2	S 46. 1 . 1	用途地域等に係る不適合用途部分の床面積上限値の改正等	413
3	H 17. 6 . 1	構造耐力規定の適用の合理化	415
4	H 17. 6 . 1	増改築時における部分的な建築基準の適用	417
5	H 18.10. 1	シックハウス、石綿等の制限緩和に係る条項の制定	420
6	H 24. 9 .20	構造耐力規定に関する規制の合理化	421
7	H 27. 6 . 1	構造基準適用の明確化	422

14　目　次

8	H27.6.1	移転の際の適用拡大	425
9	R6.4.1	防火避難規定に係る規制の合理化	426
10	R6.4.1	接道義務等の規定に係る規制の合理化	435

付　録
○既存不適格建築物について……………………………………438
○本書で取り上げた主な法令改正の年表………………………441

1－1　耐火構造　　1

第1章　総　則

1－1　耐火構造（法第2条第七号、令第107条）

現行規制の内容

　耐火構造は、耐火性能を有するものとして、国土交通大臣が定めた構造方法を用いるもの又は国土交通大臣の認定を受けたものとして定義されています（建基2七）。

主な改正履歴と改正の趣旨・内容

主な改正	施行・適用
1 耐火構造に係る規定の制定	S 25.11.23
2 高層建築物に係る構造の規定の整備	S 39.1.15
3 耐火構造に必要な性能の性能規定化	H 12.6.1
4 階数に応じて要求される耐火性能基準の合理化	R 5.4.1

1　耐火構造に係る規定の制定

○法第2条第七号（用語の定義）

制定　公布：昭和25年法律第201号　施行：昭和25年11月23日

　七　耐火構造　鉄筋コンクリート造、れん瓦造等の構造で政令で定める耐火性能を有するものをいう。

○令第107条（耐火構造）

制定　公布：昭和25年政令第338号　施行：昭和25年11月23日

　1　法第2条第七号に規定する耐火構造は、左の各号に掲げるものとし、第一号、第三号及び第四号のそれぞれのハに掲げる鉄骨の部分を鉄網コンクリート、鉄網モルタル、コンクリート、モルタル又はしつくいでおおつた構造のものについては、その塗下地が不燃材料で造られていないものを、第二号イ若しくはロ又は第四号イ若しくはロに掲げる柱及びはりにあつては、その小

2　　1－1　耐火構造

径又は幅が25cm未満のものを除く。但し、かぶり厚さ又は第一号ハ若しくは
第二号ハに掲げる厚さは、それぞれモルタル、しつくいその他これらに類す
る仕上材料の厚さを含むものとする。
一　壁にあつては、左のイからホまでの一に該当するもの
　　イ　鉄筋コンクリート造又は鉄骨鉄筋コンクリート造
　　ロ　鉄骨コンクリート造で鉄骨に対するコンクリートのかぶり厚さが3cm
　　　以上のもの
　　ハ　軸組を鉄骨造とし、その両面を塗厚さが3cm以上の鉄網コンクリート
　　　若しくは鉄網モルタル又は厚さが4cm以上のれん瓦、石若しくはコンク
　　　リートブロックでおおつたもの
　　ニ　無筋コンクリート造、れん瓦造、石造又はコンクリートブロック造
　　ホ　鉄材によつて補強されたれん瓦造、石造又はコンクリートブロック造
　　　で、その鉄材に対するれん瓦、石又はコンクリートブロックのかぶり厚
　　　さが4cm以上のもの
二　柱にあつては、左のイからホまでの一に該当するもの
　　イ　鉄筋コンクリート造又は鉄骨鉄筋コンクリート造
　　ロ　鉄骨コンクリート造で鉄骨に対するコンクリートのかぶり厚さが5cm
　　　以上のもの
　　ハ　鉄骨を厚さが7cm以上のれん瓦、石又はコンクリートブロックでおお
　　　つたもの
　　ニ　無筋コンクリート造、れん瓦造、石造又はコンクリートブロック造
　　ホ　鉄材によつて補強されたれん瓦造、石造又はコンクリートブロック造
　　　で、その鉄材に対するれん瓦、石又はコンクリートブロックのかぶり厚
　　　さが7cm以上のもの
三　床にあつては、左のイからハまでの一に該当するもの
　　イ　鉄筋コンクリート造又は鉄骨鉄筋コンクリート造
　　ロ　無筋コンクリート造、れん瓦造、石造又は肉厚が3cm以上のコンクリ
　　　ートブロック造
　　ハ　鉄材によつて補強されたれん瓦造、石造若しくは肉厚が3cm以上のコ
　　　ンクリートブロック造で、鉄材に対するれん瓦、石若しくはコンクリー
　　　トブロックのかぶり厚さが4cm以上のもの又はその鉄材を塗厚さが3cm
　　　以上の鉄網モルタル若しくはしつくいでおおつたもの
四　はりにあつては、左のイからハまでの一に該当するもの
　　イ　鉄筋コンクリート造又は鉄骨鉄筋コンクリート造
　　ロ　鉄骨コンクリート造で鉄骨に対するコンクリートのかぶり厚さが5cm
　　　以上のもの

ハ　鉄骨造の小屋組でその直下に天井がないもの、又はその直下に天井が
ある場合においては、その天井が塗厚さが2cm以上の鉄網モルタル若し
くはしつくい又は網入ガラスで造られたもの
五　屋根にあつては、左のイからニまでの一に該当するもの
イ　鉄筋コンクリート造又は鉄骨鉄筋コンクリート造
ロ　無筋コンクリート造、れん瓦造、石造又はコンクリートブロック造
ハ　鉄材によつて補強されたれん瓦造、石造又はコンクリートブロック造
ニ　塗厚さが3cm以上の鉄網コンクリート若しくは鉄網モルタル又は網入
ガラスでふいたもの
六　階段にあつては、左のイからニまでの一に該当するもの
イ　鉄筋コンクリート造又は鉄骨鉄筋コンクリート造
ロ　無筋コンクリート造、れん瓦造、石造又はコンクリートブロック造
ハ　鉄材によつて補強されたれん瓦造、石造又はコンクリートブロック造
ニ　鉄造
七　前各号に掲げるものを除く外、建設大臣が国家消防庁長官の意見を聞い
て、これらと同等以上の耐火性能を有すると認めて指定するもの
2　建築物の最上階から数えて二つ目の階以上の部分又は階数が4以下の建築
物における柱又ははりについては、鉄骨造で下地を不燃材料で造り、塗厚さ
が5cm以上の鉄網コンクリート又は鉄網モルタルでおおつたものは、前項の
耐火構造とみなす。

〔趣旨・内容〕

　建築基準法の施行に伴い、1時間半の火災に耐えることを基準とした耐火
構造が制定されました。耐火構造は、隣家の火災により容易に延焼せず、ま
た、建築物内で出火しても、通常は防火区画内で鎮火し、また最終段階とし
て万一全焼しても火災後の耐力低下が少なく、わずかな修復によって再利用
ができることを原則としています。

2　高層建築物に係る構造の規定の整備

○令第107条（耐火構造）

改正　公布：昭和39年政令第4号　施行：昭和39年1月15日

法第2条第七号に規定する耐火構造は、次の各号に掲げるものとする。
一　壁、柱、床、はり及び屋根にあつては、建設大臣が、通常の火災時の加
熱にそれぞれ次の表の時間以上耐える性能を有すると認めて指定するもの

4　1－1　耐火構造

建築物の部分 ＼ 建築物の階	最上階及び最上階から数えた階数が2以上で4以内の階	最上階から数えた階数が5以上で14以内の階	最上階から数えた階数が15以上の階
壁　間仕切壁	1時間	2時間	2時間
壁　外壁　耐力壁	1時間	2時間	2時間
壁　外壁　非耐力壁　延焼のおそれのある部分	1時間	1時間	1時間
壁　外壁　非耐力壁　延焼のおそれのある部分以外の部分	30分	30分	30分
柱	1時間	2時間	3時間
床	1時間	2時間	2時間
はり	1時間	2時間	3時間
屋根	30分		

1　この表において、第2条第1項第七号の規定により階数に算入されない屋上部分がある建築物の部分の最上階は、当該屋上部分の直下階とする。
2　前号の屋上部分については、この表中最上階の部分の耐火時間と同一の耐火時間によるものとする。
3　この表における階数の算定については、第2条第1項第七号の規定にかかわらず、地階の部分の階数は、すべて算入するものとする。

二　階数が3以下で延べ面積が1,000㎡以下の建築物(法別表第1(い)欄(1)項又は(4)項から(6)項までに掲げる用途に供するものを除く。)における壁、柱、床及びはりにあつては、前号に掲げるものを除く外、建設大臣が指定するもの
三　階段にあつては、次のイからホまでの一に該当するもの
　イ　鉄筋コンクリート造又は鉄骨鉄筋コンクリート造
　ロ　無筋コンクリート造、れんが造、石造又はコンクリートブロック造
　ハ　鉄材によつて補強されたれんが造、石造又はコンクリートブロック造
　ニ　鉄造
　ホ　イからニまでに掲げるものを除く外、建設大臣が、これらと同等以上の耐火性能を有すると認めて指定するもの

1－1　耐火構造　5

○関係告示　建築基準法施行令第107条第一号及び第二号の規定に基づく、
　　　　　　耐火構造の指定〔昭39建告1675号〕〔現行廃止〕

制定　公布：昭和39年建設省告示第1675号　施行：昭和39年7月10日

第1　通常の火災時の加熱に3時間以上耐える性能を有するものは、建築物の
　部分に応じて次の各号に掲げるものとする。この場合において、かぶり厚さ
　又は厚さは、それぞれモルタル、プラスターその他これらに類する仕上材料
　の厚さを含むものとする。
　一　柱にあつては、その小径が40cm以上のもので、次のイ又はロの一に該当
　　するもの
　　イ　鉄筋コンクリート造、鉄骨鉄筋コンクリート造又は鉄骨コンクリート
　　　造。ただし、鉄骨コンクリート造については、鉄骨に対するコンクリー
　　　トのかぶり厚さが6cm未満のものを除く。
　　ロ　鉄骨を塗厚さが8cm（軽量骨材を用いたものについては7cm）以上の
　　　鉄網モルタル、厚さが9cm（軽量骨材を用いたものについては8cm）以
　　　上のコンクリートブロック又は厚さが9cm以上のれんが若しくは石でお
　　　おつたもの。
　二　はりにあつては、次のイからニまでの一に該当するもの
　　イ　鉄筋コンクリート造、鉄骨鉄筋コンクリート造又は鉄骨コンクリート
　　　造。ただし、鉄骨コンクリート造については、鉄骨に対するコンクリー
　　　トのかぶり厚さが6cm未満のものを除く。
　　ロ　鉄骨を塗厚さが8cm（軽量骨材を用いたものについては7cm）以上の
　　　鉄網モルタル、厚さが9cm（軽量骨材を用いたものについては8cm）以
　　　上のコンクリートブロック又は厚さが9cm以上のれんが若しくは石でお
　　　おつたもの
　　ハ　鉄骨を塗厚さが5cm以上の鉄網パーライトモルタルでおおつたもの
　　ニ　鉄骨を厚さが6cm以上の吹付石綿（かさ比重0.3以上のものに限る。）
　　　でおおつたもの
第2　通常の火災時の加熱に2時間以上耐える性能を有するものは、建築物の
　部分に応じて次の各号に掲げるものとする。この場合において、かぶり厚さ
　又は厚さは、それぞれモルタル、プラスターその他これらに類する仕上材料
　の厚さを含むものとする。
　一　壁にあつては、次のイからトまでの一に該当するもの
　　イ　鉄筋コンクリート造、鉄骨鉄筋コンクリート造又は鉄骨コンクリート
　　　造で厚さが10cm以上のもの。ただし、鉄骨コンクリート造については、
　　　鉄骨に対するコンクリートのかぶり厚さが3cm未満のものを除く。

6   1－1　耐火構造

　　ロ　軸組を鉄骨造とし、その両面を塗厚さが4cm以上の鉄網モルタル又は
　　　厚さが5cm以上のコンクリートブロック、れんが若しくは石でおおつた
　　　もの。ただし、鉄骨の部分を鉄網モルタルでおおつた構造のものについ
　　　ては、その塗下地が不燃材料で造られていないものを除く。
　　ハ　鉄材によつて補強されたコンクリートブロック造、れんが造又は石造
　　　で、肉厚及び仕上材料の厚さの合計が8cm以上であり、かつ鉄材に対す
　　　るコンクリートブロック、れんが又は石のかぶり厚さが5cm以上のもの
　　ニ　軸組を鉄骨造とし、その両面を塗厚さが3.5cm以上の鉄網パーライト
　　　モルタルでおおつたもの。ただし、その塗下地が不燃材料で造られてい
　　　ないものを除く。
　　ホ　木片セメント板の両面に厚さ1cm以上モルタルを塗つたものでその厚
　　　さの合計が8cm以上のもの
　　ヘ　高温高圧蒸気養生された軽量気泡コンクリート製パネルで厚さが
　　　7.5cm以上のもの
　　ト　中空鉄筋コンクリート製パネルで中空部分にパーライト又は気泡コン
　　　クリートを充てんしたもので、厚さが12cm以上であり、かつ、肉厚が5
　　　cm以上のもの
　二　柱にあつては、その小径が25cm以上のもので、次のイからニまでの一に
　　該当するもの
　　イ　鉄筋コンクリート造、鉄骨鉄筋コンクリート造又は鉄骨コンクリート
　　　造。ただし、鉄骨コンクリート造については、鉄骨に対するコンクリー
　　　トのかぶり厚さが5cm未満のものを除く。
　　ロ　鉄骨を塗厚さが6cm（軽量骨材を用いたものについては5cm）以上の
　　　鉄網モルタル、厚さが7cm（軽量骨材を用いたものについては6cm）以
　　　上のコンクリートブロック又は厚さが7cm以上のれんが若しくは石でお
　　　おつたもの
　　ハ　鉄骨を塗厚さが4cm以上の鉄網パーライトモルタルでおおつたもの
　　ニ　鉄骨を厚さが4.5cm以上の吹付石綿（かさ比重が0.3以上のものに限
　　　る。）でおおつたもの
　三　床にあつては、次のイからハまでの一に該当するもの
　　イ　鉄筋コンクリート造又は鉄骨鉄筋コンクリート造で厚さが10cm以上の
　　　もの
　　ロ　鉄材によつて補強されたコンクリートブロック造、れんが造又は石造
　　　で、肉厚及び仕上材料の厚さの合計が8cm以上であり、かつ、鉄材に対す
　　　るコンクリートブロック、れんが又は石のかぶり厚さが5cm以上のもの

ハ　鉄材の両面を塗厚さが5cm以上の鉄網モルタル又はコンクリートでお
　　　おつたもの。ただし、鉄網モルタルでおおつた構造のものについては、
　　　その塗下地が不燃材料で造られていないものを除く。
　四　はりにあつては、次のイからニまでの一に該当するもの
　　イ　鉄筋コンクリート造、鉄骨鉄筋コンクリート造又は鉄骨コンクリート
　　　造。ただし、鉄骨コンクリート造については、鉄骨に対するコンクリー
　　　トのかぶり厚さが5cm以上のものとする。
　　ロ　鉄骨を塗厚さが6cm（軽量骨材を用いたものについては5cm）以上の
　　　鉄網モルタル、厚さが7cm（軽量骨材を用いたものについては6cm）以
　　　上のコンクリートブロック又は厚さが7cm以上のれんが若しくは石でお
　　　おつたもの
　　ハ　鉄骨を塗厚さが4cm以上の鉄網パーライトモルタルでおおつたもの
　　ニ　鉄骨を厚さが4.5cm以上の吹付石綿（かさ比重が0.3以上のものに限
　　　る。）でおおつたもの
第3　通常の火災時の加熱に1時間以上耐える性能を有するものは、建築物の
　部分に応じて次の各号に掲げるものとする。この場合において、かぶり厚さ
　又は厚さは、それぞれモルタル、プラスターその他これらに類する仕上材料
　の厚さを含むものとする。
　一　壁にあつては、次のイからニまでの一に該当するもの
　　イ　鉄筋コンクリート造、鉄骨鉄筋コンクリート造又は鉄骨コンクリート
　　　造で厚さが7cm以上のもの
　　ロ　軸組を鉄骨造とし、その両面を塗厚さが3cm以上の鉄網モルタル又は
　　　厚さが4cm以上のコンクリートブロック、れんが若しくは石でおおつた
　　　もの。ただし、鉄骨の部分を鉄網モルタルでおおつた構造のものについ
　　　ては、その塗下地が不燃材料で造られていないものを除く。
　　ハ　鉄材によつて補強されたコンクリートブロック造、れんが造又は石造
　　　で、肉厚が5cm以上であり、かつ、鉄材に対するコンクリートブロック、
　　　れんが又は石のかぶり厚さが4cm以上のもの
　　ニ　コンクリートブロック造、無筋コンクリート造、れんが造又は石造で
　　　肉厚及び仕上材料の厚さの合計が7cm以上のもの
　二　外壁のうち非耐力壁にあつては、次のイからニまでの一に該当するもの
　　イ　不燃性岩綿保温板、鉱滓綿保温板又は木片セメント板の両面に石綿ス
　　　レート又は石綿パーライト板を張つたもので、その厚さの合計が4cm以
　　　上のもの
　　ロ　気泡コンクリート、石綿パーライト板又は硅藻土若しくは石綿を主材

料とした断熱材の両面に石綿スレート、石綿パーライト板又は石綿硅酸カルシウム板を張つたもので、その厚さの合計が3.5cm以上のもの

ハ　軸組を鉄骨造とし、その両面に厚さが1.2cm以上の石綿パーライト板を張つたもの

ニ　アルミ板の片面を厚さが3cm以上の吹付石綿（かさ比重が0.3以上のものに限る。）でおおつたもの

三　柱にあつては、次のイからニまでの一に該当するもの

イ　鉄筋コンクリート造、鉄骨鉄筋コンクリート造又は鉄骨コンクリート造

ロ　鉄骨を塗厚さが4cm（軽量骨材を用いたものについては3cm）以上の鉄網モルタル、厚さが5cm（軽量骨材を用いたものについては4cm）以上のコンクリートブロック又は厚さが5cm以上のれんが若しくは石でおおつたもの

ハ　鉄材によつて補強されたコンクリートブロック造、れんが造又は石造で鉄材に対するコンクリートブロック、れんが又は石のかぶり厚さが5cm以上のもの

ニ　鉄骨を厚さが3cm以上の吹付石綿（かさ比重が0.3以上のものに限る。）でおおつたもの

四　床にあつては、次のイからハまでの一に該当するもの

イ　鉄筋コンクリート造又は鉄骨鉄筋コンクリート造で厚さが7cm以上のもの

ロ　鉄材によつて補強されたコンクリートブロック造、れんが造又は石造で、肉厚が5cm以上であり、かつ、鉄材に対するコンクリートブロック、れんが又は石のかぶり厚さが4cm以上のもの

ハ　鉄材の両面を塗厚さが4cm以上の鉄網モルタル又はコンクリートでおおつたもの。ただし、鉄網モルタルでおおつた構造のものについては、その塗下地が不燃材料で造られていないものを除く。

五　はりにあつては、次のイからニまでの一に該当するもの

イ　鉄筋コンクリート造、鉄骨鉄筋コンクリート造又は鉄骨コンクリート造

ロ　鉄骨を塗厚さが4cm（軽量骨材を用いたものについては3cm）以上の鉄網モルタル、厚さが5cm（軽量骨材を用いたものについては4cm）以上のコンクリートブロック又は厚さが5cm以上のれんが若しくは石でおおつたもの

ハ　鉄骨を厚さが3cm以上の吹付石綿（かさ比重が0.3以上のものに限る。）

　　　　でおおつたもの
　　ニ　床面からはりの下端までの高さが４ｍ以上の鉄骨造の小屋組で、その
　　　　直下に天井がないもの又は直下に不燃材料若しくは準不燃材料で造られ
　　　　た天井があるもの
第４　通常の火災時の加熱に30分以上耐える性能を有する屋根は、次の各号の
　　一に該当するものとする。
　　一　鉄筋コンクリート造又は鉄骨鉄筋コンクリート造
　　二　鉄材によつて補強されたコンクリートブロック造、れんが造又は石造
　　三　鉄網コンクリート若しくは鉄網モルタルでふいたもの又は鉄網コンクリ
　　　　ート、鉄網モルタル、鉄材で補強されたガラスブロック若しくは網入ガラ
　　　　スで造られたもの
　　四　鉄筋コンクリート製パネルで厚さ４㎝以上のもの
　　五　高温高圧蒸気養生された軽量気泡コンクリート製パネル
第５　階数が２以下で延べ面積が500㎡以下の建築物（法別表第１（い）欄（1）
　　項又は（4）項から（6）項までに掲げる用途に供するものを除く。）における
　　壁及び床にあつては、厚さ４㎝以上の鉄筋コンクリート製パネルで造られた
　　ものを耐火構造とする。

〔趣旨・内容〕
　都市の発展に即応する適正な建築物の規模を確保するため、形態規制を行
うことに併せて高層建築物の構造及び防火上の安全性の確保を図るための規
定が整備されました。
　昭和39年建設省告示第1675号は、同趣旨で発出された昭和39年建設省告示
第42号を廃止の上、３時間耐火構造等を追加して新たに制定されています。

3 耐火構造に必要な性能の性能規定化

〇法第２条第七号（用語の定義）

改正 公布：平成10年法律第100号　施行：平成12年６月１日

　七　耐火構造　壁、柱、床その他の建築物の部分の構造のうち、耐火性能（通
　　常の火災が終了するまでの間当該火災による建築物の倒壊及び延焼を防止す
　　るために当該建築物の部分に必要とされる性能をいう。）に関して政令で定
　　める技術的基準に適合する鉄筋コンクリート造、れんが造その他の構造で、
　　建設大臣が定めた構造方法を用いるもの又は建設大臣の認定を受けたものを
　　いう。

10   1－1   耐火構造

〇令第107条（耐火性能に関する技術的基準）

改正 公布：平成12年政令第211号　施行：平成12年6月1日

一　次の表に掲げる建築物の部分にあつては、当該部分に通常の火災による火
熱がそれぞれ次の表に掲げる時間加えられた場合に、構造耐力上支障のある
変形、溶融、破壊その他の損傷を生じないものであること。

建築物の階 建築物の部分		最上階及び最上階から数えた階数が2以上で4以内の階	最上階から数えた階数が5以上で14以内の階	最上階から数えた階数が15以上の階
壁	間仕切壁（耐力壁に限る。）	1時間	2時間	2時間
	外壁（耐力壁に限る。）	1時間	2時間	2時間
柱		1時間	2時間	3時間
床		1時間	2時間	2時間
はり		1時間	2時間	3時間
屋根		30分間		
階段		30分間		

1　この表において、第2条第1項第八号の規定により階数に算入されない屋上
部分がある建築物の部分の最上階は、当該屋上部分の直下階とする。
2　前号の屋上部分については、この表中最上階の部分の時間と同一の時間によ
るものとする。
3　この表における階数の算定については、第2条第1項第八号の規定にかかわ
らず、地階の部分の階数は、すべて算入するものとする。

二　壁及び床にあつては、これらに通常の火災による火熱が1時間（非耐力壁
である外壁の延焼のおそれのある部分以外の部分にあつては、30分間）加え
られた場合に、当該加熱面以外の面（屋内に面するものに限る。）の温度が当
該面に接する可燃物が燃焼するおそれのある温度として建設大臣が定める温
度（以下「可燃物燃焼温度」という。）以上に上昇しないものであること。
三　外壁及び屋根にあつては、これらに屋内において発生する通常の火災によ
る火熱が1時間（非耐力壁である外壁の延焼のおそれのある部分以外の部分
及び屋根にあつては、30分間）加えられた場合に、屋外に火炎を出す原因と
なるき裂その他の損傷を生じないものであること。

　　　　　　　　　　　　　　　　1－1　耐火構造　　11

○関係告示　耐火構造の構造方法を定める件〔平12建告1399号〕

制 定 公布：平成12年建設省告示第1399号　施行：平成12年6月1日

第1　壁の構造方法は、次に定めるものとする。この場合において、かぶり厚
　さ又は厚さは、それぞれモルタル、プラスターその他これらに類する仕上材
　料の厚さを含むものとする。

　一　建築基準法施行令（昭和25年政令第338号。以下「令」という。）第107条
　　第一号及び第二号に掲げる技術的基準（第一号にあっては、通常の火災に
　　よる火熱が2時間加えられた場合のものに限る。）に適合する耐力壁であ
　　る間仕切壁の構造方法にあっては、次のイからチまでのいずれかに該当す
　　る構造とすることとする。

　　イ　鉄筋コンクリート造、鉄骨鉄筋コンクリート造又は鉄骨コンクリート
　　　造（鉄骨に対するコンクリートのかぶり厚さが3cm未満のものを除く。）
　　　で厚さが10cm以上のもの

　　ロ　軸組を鉄骨造とし、その両面を塗厚さが4cm以上の鉄網モルタルで覆
　　　ったもの（塗下地が不燃材料で造られていないものを除く。）

　　ハ　軸組を鉄骨造とし、その両面を厚さが5cm以上のコンクリートブロッ
　　　ク、れんが又は石で覆ったもの

　　ニ　鉄材によって補強されたコンクリートブロック造、れんが造又は石造
　　　で、肉厚及び仕上材料の厚さの合計が8cm以上であり、かつ、鉄材に対
　　　するコンクリートブロック、れんが又は石のかぶり厚さが5cm以上のも
　　　の

　　ホ　軸組を鉄骨造とし、その両面を塗厚さが3.5cm以上の鉄網パーライト
　　　モルタルで覆ったもの（塗下地が不燃材料で造られていないものを除
　　　く。）

　　ヘ　木片セメント板の両面に厚さ1cm以上モルタルを塗ったものでその厚
　　　さの合計が8cm以上のもの

　　ト　高温高圧蒸気養生された軽量気泡コンクリート製パネルで厚さが
　　　7.5cm以上のもの

　　チ　中空鉄筋コンクリート製パネルで中空部分にパーライト又は気泡コン
　　　クリートを充填したもので、厚さが12cm以上であり、かつ、肉厚が5cm
　　　以上のもの

　二　令第107条第一号及び第二号に掲げる技術的基準（第一号にあっては、通
　　常の火災による火熱が1時間加えられた場合のものに限る。）に適合する
　　耐力壁である間仕切壁の構造方法にあっては、前号に定める構造とするか、

12 　1－1　耐火構造

又は次のイからホまでのいずれかに該当する構造とすることとする。

イ　鉄筋コンクリート造、鉄骨鉄筋コンクリート造又は鉄骨コンクリート造で厚さが7cm以上のもの

ロ　軸組を鉄骨造とし、その両面を塗厚さが3cm以上の鉄網モルタルで覆ったもの（塗下地が不燃材料で造られていないものを除く。）

ハ　軸組を鉄骨造とし、その両面を厚さが4cm以上のコンクリートブロック、れんが又は石で覆ったもの

ニ　鉄材によって補強されたコンクリートブロック造、れんが造又は石造で、肉厚が5cm以上であり、かつ、鉄材に対するコンクリートブロック、れんが又は石のかぶり厚さが4cm以上のもの

ホ　コンクリートブロック造、無筋コンクリート造、れんが造又は石造で肉厚及び仕上材料の厚さの合計が7cm以上のもの

三　令第107条第二号に掲げる技術的基準に適合する非耐力壁である間仕切壁の構造方法にあっては、前号に定める構造とすることとする。

四　令第107条に掲げる技術的基準（第一号にあっては、通常の火災による火熱が2時間加えられた場合のものに限る。）に適合する耐力壁である外壁の構造方法にあっては、第一号に定める構造とすることとする。

五　令第107条に掲げる技術的基準（第一号にあっては、通常の火災による火熱が1時間加えられた場合のものに限る。）に適合する耐力壁である外壁の構造方法にあっては、次に定めるものとする。

イ　前号に定める構造とすること。

ロ　第二号に定める構造とすること。

六　令第107条第二号及び第三号に掲げる技術的基準に適合する非耐力壁である外壁の延焼のおそれのある部分の構造方法にあっては、前号に定める構造とするか、又は次のイからハまでのいずれかに該当する構造とすることとする。

イ　不燃性岩綿保温板、鉱滓綿保温板又は木片セメント板の両面に石綿スレート又は石綿パーライト板を張ったもので、その厚さの合計が4cm以上のもの

ロ　気泡コンクリート、石綿パーライト板又はケイ藻土若しくは石綿を主材料とした断熱材の両面に石綿スレート、石綿パーライト板又は石綿ケイ酸カルシウム板を張ったもので、その厚さの合計が3.5cm以上のもの

ハ　軸組を鉄骨造とし、その両面に厚さが1.2cm以上の石綿パーライト板を張ったもの

七　令第107条第二号及び第三号に掲げる技術的基準に適合する非耐力壁で

ある外壁の延焼のおそれのある部分以外の部分の構造方法にあっては、前号に定める構造とすることとする。

第2　柱の構造方法は、次に定めるものとする。この場合において、かぶり厚さ又は厚さは、それぞれモルタル、プラスターその他これらに類する仕上材料の厚さを含むものとする。

一　令第107条第一号に掲げる技術的基準（通常の火災による火熱が3時間加えられた場合のものに限る。）に適合する柱の構造方法は、小径を40cm以上とし、かつ、次のイ又はロのいずれかに該当する構造とすることとする。

イ　鉄筋コンクリート造、鉄骨鉄筋コンクリート造又は鉄骨コンクリート造（鉄骨に対するコンクリートのかぶり厚さが6cm未満のものを除く。）

ロ　鉄骨を塗厚さが8cm（軽量骨材を用いたものについては7cm）以上の鉄網モルタル、厚さが9cm（軽量骨材を用いたものについては8cm）以上のコンクリートブロック又は厚さが9cm以上のれんが若しくは石で覆ったもの

二　令第107条第一号に掲げる技術的基準（通常の火災による火熱が2時間加えられた場合のものに限る。）に適合する柱の構造方法は、次に定めるものとする。

イ　前号に定める構造とすること。

ロ　小径を25cm以上とし、かつ、次の（1）から（3）までのいずれかに該当する構造とすること。

（1）　鉄筋コンクリート造、鉄骨鉄筋コンクリート造又は鉄骨コンクリート造（鉄骨に対するコンクリートのかぶり厚さが5cm未満のものを除く。）

（2）　鉄骨を塗厚さが6cm（軽量骨材を用いたものについては5cm）以上の鉄網モルタル、厚さが7cm（軽量骨材を用いたものについては6cm）以上のコンクリートブロック又は厚さが7cm以上のれんが若しくは石で覆ったもの

（3）　鉄骨を塗厚さが4cm以上の鉄網パーライトモルタルで覆ったもの

三　令第107条第一号に掲げる技術的基準（通常の火災による火熱が1時間加えられた場合のものに限る。）に適合する柱の構造方法は、次に定めるものとする。

イ　前号に定める構造とすること。

ロ　次の（1）から（3）までのいずれかに該当する構造とすること。

（1）　鉄筋コンクリート造、鉄骨鉄筋コンクリート造又は鉄骨コンクリート造

14　1－1　耐火構造

　　（2）　鉄骨を塗厚さが4cm（軽量骨材を用いたものについては3cm）以
　　　　上の鉄網モルタル、厚さが5cm（軽量骨材を用いたものについては4
　　　　cm）以上のコンクリートブロック又は厚さが5cm以上のれんが若しく
　　　　は石で覆ったもの
　　（3）　鉄材によって補強されたコンクリートブロック造、れんが造又は
　　　　石造で鉄材に対するコンクリートブロック、れんが又は石のかぶり厚
　　　　さが5cm以上のもの
第3　床の構造方法は、次に定めるものとする。この場合において、かぶり厚
　さ又は厚さは、それぞれモルタル、プラスターその他これらに類する仕上材
　料の厚さを含むものとする。
一　令第107条第一号及び第二号に掲げる技術的基準（第一号にあっては、通
　常の火災による火熱が2時間加えられた場合のものに限る。）に適合する
　床の構造方法は、次のイからハまでのいずれかに該当する構造とすること
　とする。
　　イ　鉄筋コンクリート造、鉄骨鉄筋コンクリート造で厚さが10cm以上のも
　　　　の
　　ロ　鉄材によって補強されたコンクリートブロック造、れんが造又は石造
　　　　で、肉厚及び仕上材料の厚さの合計が8cm以上であり、かつ、鉄材に対す
　　　　るコンクリートブロック、れんが又は石のかぶり厚さが5cm以上のもの
　　ハ　鉄材の両面を塗厚さが5cm以上の鉄網モルタル又はコンクリートで覆
　　　　ったもの（塗下地が不燃材料で造られていないものを除く。）
二　令第107条第一号及び第二号に掲げる技術的基準（第一号にあっては、通
　常の火災による火熱が1時間加えられた場合のものに限る。）に適合する
　床の構造方法は、次のイからハまでのいずれかに該当する構造とすること
　とする。
　　イ　鉄筋コンクリート造又は鉄骨鉄筋コンクリート造で厚さが7cm以上の
　　　　もの
　　ロ　鉄材によって補強されたコンクリートブロック造、れんが造又は石造
　　　　で、肉厚が5cm以上であり、かつ、鉄材に対するコンクリートブロック、
　　　　れんが又は石のかぶり厚さが4cm以上のもの
　　ハ　鉄材の両面を塗厚さが4cm以上の鉄網モルタル又はコンクリートで覆
　　　　ったもの（塗下地が不燃材料で造られていないものを除く。）
第4　はりの構造方法は、次に定めるものとする。この場合において、かぶり
　厚さ又は厚さは、それぞれモルタル、プラスターその他これらに類する仕上
　材料の厚さを含むものとする。

一　令第107条第一号に掲げる技術的基準（通常の火災による火熱が３時間加えられた場合のものに限る。）に適合するはりの構造方法は、次のイからハまでのいずれかに該当する構造とすることとする。

　イ　鉄筋コンクリート造、鉄骨鉄筋コンクリート造又は鉄骨コンクリート造（鉄骨に対するコンクリートのかぶり厚さが６cm未満のものを除く。）

　ロ　鉄骨を塗厚さが８cm（軽量骨材を用いたものについては７cm）以上の鉄網モルタル、厚さが９cm（軽量骨材を用いたものについては８cm）以上のコンクリートブロック又は厚さが９cm以上のれんが若しくは石で覆ったもの

　ハ　鉄骨を塗厚さが５cm以上の鉄網パーライトモルタルで覆ったもの

二　令第107条第一号に掲げる技術的基準（通常の火災による火熱が２時間加えられた場合のものに限る。）に適合するはりの構造方法は、次のイからハまでのいずれかに該当する構造とすることとする。

　イ　鉄筋コンクリート造、鉄骨鉄筋コンクリート造又は鉄骨コンクリート造（鉄骨に対するコンクリートのかぶり厚さが５cm未満のものを除く。）

　ロ　鉄骨を塗厚さが６cm（軽量骨材を用いたものについては５cm）以上の鉄網モルタル、厚さが７cm（軽量骨材を用いたものについては６cm）以上のコンクリートブロック又は厚さが７cm以上のれんが若しくは石で覆ったもの

　ハ　鉄骨を塗厚さが４cm以上の鉄網パーライトモルタルで覆ったもの

三　令第107条第一号に掲げる技術的基準（通常の火災による火熱が１時間加えられた場合のものに限る。）に適合するはりの構造方法は、次のイからハまでのいずれかに該当する構造とすることとする。

　イ　前号に定める構造

　ロ　鉄筋コンクリート造、鉄骨鉄筋コンクリート造又は鉄骨コンクリート造

　ハ　鉄骨を塗厚さが４cm（軽量骨材を用いたものについては３cm）以上の鉄網モルタル、厚さが５cm（軽量骨材を用いたものについては４cm）以上のコンクリートブロック又は厚さが５cm以上のれんが若しくは石で覆ったもの

　ニ　床面からはりの下端までの高さが４m以上の鉄骨造の小屋組で、その直下に天井がないもの又は直下に不燃材料又は準不燃材料で造られた天井があるもの

第５　令第107条第一号及び第三号に掲げる技術的基準に適合する屋根の構造方法は、次の各号のいずれかに該当する構造とすることとする。

一　鉄筋コンクリート造又は鉄骨鉄筋コンクリート造

16   1－1　耐火構造

　　二　鉄材によって補強されたコンクリートブロック造、れんが造又は石造
　　三　鉄網コンクリート若しくは鉄網モルタルでふいたもの又は鉄網コンクリ
　　　ート、鉄網モルタル、鉄材で補強されたガラスブロック若しくは網入ガラ
　　　スで造られたもの
　　四　鉄筋コンクリート製パネルで厚さ4cm以上のもの
　　五　高温高圧蒸気養生された軽量気泡コンクリート製パネル
　第6　令第107条第一号に掲げる技術的基準に適合する階段の構造方法は、次
　　の各号のいずれかに該当する構造とすることとする。
　　一　鉄筋コンクリート造又は鉄骨鉄筋コンクリート造
　　二　無筋コンクリート造、れんが造、石造又はコンクリートブロック造
　　三　鉄材によって補強されたれんが造、石造又はコンクリートブロック造
　　四　鉄造

〔趣旨・内容〕
　可燃物の燃焼終了後においても火災が終了するまで耐火構造がその性能を
失わない性能を確保するため、加熱が行われることによって、加熱中に限ら
ず、変形等の損傷を生じず、かつ、裏面の温度が一定温度以上に上昇しない
こと等を耐火構造の性能として位置付けたものです。
　政令の技術的基準においては、法第2条第七号に規定する「倒壊の防止」、
「延焼の防止」についての要求内容が以下の観点から明確化されました。
①　倒壊の防止
　　建築物の倒壊を防止するためには荷重を支える部分（壁（耐力壁）、柱、
　床、はり、屋根及び階段）が火災時の火熱によって崩壊せず、形状を保持
　することが必要です（非損傷性）。
②　延焼の防止
　　延焼を防止するためには荷重を支持する部材である壁（耐力壁）、柱、床、
　はり、屋根及び階段が、崩壊せず、形状を保持する（変形、溶融、破壊等の
　損傷しない）ことが必要であるとともに、屋内から屋内の他の部分、屋外
　から屋内への延焼を防止するため、壁及び床については裏面の温度が上昇
　することにより可燃物が燃焼するおそれがないことが必要です（遮熱性）。
　　外壁及び屋根については、通常外壁の屋内側に接して大量の可燃物が集積
　するおそれは少ないことから、裏面の温度上昇は許容されるものの、屋内側
　からの加熱に対しては屋外側に火炎を出さないことが必要です（遮炎性）。

1－1　耐火構造　17

　告示については、政令に定める技術的基準に適合する構造方法のうち、普遍的に用いられるものの例示仕様として従来の告示（昭39建告1675。本改正により廃止。）において位置付けられていたものが改めて規定されました。

　本改正の後、建設大臣（国土交通大臣）の認定を受けた耐火構造の構造方法のうち一般的に普及しているものが、逐次基準として追加して定められています。

４　階数に応じて要求される耐火性能基準の合理化

○令第107条（耐火性能に関する技術的基準）

改正　公布：令和5年政令第34号　施行：令和5年4月1日

> 一　次の表の上欄に掲げる建築物の部分にあつては、当該各部分に通常の火災による火熱が同表の下欄に掲げる当該部分の存する階の区分に応じそれぞれ同欄に掲げる時間加えられた場合に、構造耐力上支障のある変形、溶融、破壊その他の損傷を生じないものであること。

建築物の部分		時間				
		最上階及び最上階から数えた階数が2以上で4以内の階	最上階から数えた階数が5以上で9以内の階	最上階から数えた階数が10以上で14以内の階	最上階から数えた階数が15以上で19以内の階	最上階から数えた階数が20以上の階
壁	間仕切壁（耐力壁に限る。）	1時間	1.5時間	2時間	2時間	2時間
	外壁（耐力壁に限る。）	1時間	1.5時間	2時間	2時間	2時間
柱		1時間	1.5時間	2時間	2.5時間	3時間
床		1時間	1.5時間	2時間	2時間	2時間
はり		1時間	1.5時間	2時間	2.5時間	3時間
屋根		30分間				
階段		30分間				

> 備考
> 1　第2条第1項第八号の規定により階数に算入されない屋上部分がある建築物の当該屋上部分は、この表の適用については、建築物の最上階に含まれるものとする。

18　　1－1　耐火構造

> 2　この表における階数の算定については、第2条第1項第八号の規定にかかわ
> らず、地階の部分の階数は、全て算入するものとする。

二　前号に掲げるもののほか、壁及び床にあつては、これらに通常の火災によ
　る火熱が1時間（非耐力壁である外壁の延焼のおそれのある部分以外の部分
　にあつては、30分間）加えられた場合に、当該加熱面以外の面（屋内に面す
　るものに限る。）の温度が当該面に接する可燃物が燃焼するおそれのある温
　度として国土交通大臣が定める温度（以下「可燃物燃焼温度」という。）以上
　に上昇しないものであること。

三　前二号に掲げるもののほか、外壁及び屋根にあつては、これらに屋内にお
　いて発生する通常の火災による火熱が1時間（非耐力壁である外壁の延焼の
　おそれのある部分以外の部分及び屋根にあつては、30分間）加えられた場合
　に、屋外に火炎を出す原因となる亀裂その他の損傷を生じないものであるこ
　と。

〔趣旨・内容〕

　法第2条第七号に規定する耐火構造に必要とされる性能として令第107条
第一号に規定する非損傷性の要求時間は、最上階から数えた階数が5以上で
9以内の階の壁（耐力壁である間仕切壁及び外壁）、柱、床及びはりについて
は「2時間」から「1.5時間」に、最上階から数えた階数が15以上で19以内の
階の柱及びはりについては「3時間」から「2.5時間」に見直すことで規制の
合理化が図られました。

参　考

・昭和39年7月27日住指発第139号「耐火構造の指定について」
・平成12年6月1日建設省住指発第682号「建築基準法の一部を改正する法律の施
　行について」
・令和5年3月24日国住指第536号・国住街第244号「建築基準法施行令の一部を改
　正する政令等の施行について」
・日本建築学会編『建築基準法令解説（昭和25年11月）』（1950）
・日本建築センター編『詳解建築基準法』（帝国地方行政学会、1973）
・建設省住宅局建築指導課監『平成12年6月1日施行　改正建築基準法（2年目施
　行）の解説』（新日本法規出版、2000）

1－2　準耐火構造　19

1－2　準耐火構造（法第2条第七号の二、令第107条の2）

現行規制の内容

　準耐火構造は、準耐火性能を有するものとして、国土交通大臣が定めた構造方法を用いるもの又は国土交通大臣の認定を受けたものとして定義されています（建基2七の二）。

主な改正履歴と改正の趣旨・内容

主な改正	施行・適用
1　準耐火構造に係る規定の制定	H5.6.25
2　準耐火構造に必要な性能の性能規定化	H12.6.1
3　1時間準耐火基準等の追加	H27.6.1
4　特定主要構造部の位置付け	R6.4.1

1　準耐火構造に係る規定の制定

○法第2条第七号の二（用語の定義）

制定　公布：平成4年法律第82号　施行：平成5年6月25日

> 七の二　準耐火構造　耐火構造以外の構造であつて、耐火構造に準ずる耐火性能で政令で定めるものを有するものをいう。

○令第107条の2（準耐火構造）

制定　公布：平成5年政令第170号　施行：平成5年6月25日

> 1　法第2条第七号の二の規定により政令で定める耐火性能は、次の表の上欄に掲げる建築物の部分の種類ごとにそれぞれ通常の火災時の加熱に同表の下欄に定める時間以上耐える性能とする。

壁	間仕切壁		45分
	外壁	耐力壁	45分
		非耐力壁　延焼のおそれのある部分	45分
		延焼のおそれのある部分以外の部分	30分

20   1－2 準耐火構造

柱	45分
床	45分
はり	45分
屋根	30分
階段	30分

2　建設大臣は、耐火構造以外の構造で、前項に規定する耐火性能を有すると認められるものを、準耐火構造として指定する。

○関係告示　準耐火構造の指定〔平5建告1453号〕〔現行廃止〕

制定　公布：平成5年建設省告示第1453号　施行：平成5年6月25日

第1　通常の火災時の加熱に45分以上耐える性能を有するものは、建築物の部分に応じて次に掲げるもので、かつ、防火被覆の取合いの部分、目地の部分その他これらに類する部分（以下「取合い等の部分」という。）が当該取合い等の部分の裏面に当て木が設けられている等当該建築物の内部への炎の侵入を有効に防止することができる構造であるものとする。

一　間仕切壁にあっては、間柱及び下地が木材又は鉄材で造られたもので、その両側にそれぞれ次のイからニまでのいずれかに該当する防火被覆が設けられたもの

イ　厚さが15mm以上の石膏ボード（強化石膏ボードを含む。以下同じ。）

ロ　厚さが12mm以上の石膏ボードの上に厚さが9mm以上の石膏ボード又は難燃合板を張ったもの

ハ　厚さが9mm以上の石膏ボード又は難燃合板の上に厚さが12mm以上の石膏ボードを張ったもの

ニ　厚さが7mm以上の石膏ラスボードの上に厚さ8mm以上の石膏プラスターを塗ったもの

二　外壁にあっては、間柱及び下地が木材又は鉄材で造られたもので、その屋外側の部分に次のイからトまでのいずれかに該当する防火被覆が設けられ、かつ、その屋内側の部分に前号イからニまでのいずれかに該当する防火被覆が設けられたもの

イ　厚さが12mm以上の石膏ボードの上に金属板又は石綿スレートを張ったもの

ロ　木毛セメント板又は石膏ボードの上に厚さ15mm以上モルタル又はしっくいを塗ったもの

ハ　モルタルの上にタイルを張ったものでその厚さの合計が25mm以上のもの

ニ　セメント板又は瓦の上にモルタルを塗ったものでその厚さの合計が25mm以上のもの

ホ　厚さが25mm以上のロックウール保温板の上に金属板又は石綿スレートを張ったもの

ヘ　厚さが25mm以上の木毛セメント板の上に厚さが6mm以上の石綿スレートを張ったもの

ト　石綿スレート又は石綿パーライト板を2枚以上張ったもので、その厚さの合計が15mm以上のもの

三　柱にあっては、第一号イからニまでのいずれかに該当する防火被覆が設けられたもの又は次に掲げる基準に適合するもの

イ　令第46条第2項第一号イからニまでに掲げる基準に適合していること。

ロ　当該柱を接合する継手又は仕口が、昭和62年建設省告示第1901号に定める基準（同告示第一号の規定にあっては、「2.5cm」とあるのは「3.5cm」と読み替えるものとする。第1第五号ロにおいて同じ。）に従って、通常の火災時の加熱に対して耐力の低下を有効に防止することができる構造であること。

ハ　当該柱を有する建築物全体が、昭和62年建設省告示第1902号に定める基準（同告示第二号の規定にあっては、「2.5cm」とあるのは「3.5cm」と読み替えるものとする。第1第五号ハにおいて同じ。）に従った構造計算によって通常の火災により容易に倒壊するおそれのないことが確かめられた構造であること。

四　床にあっては、根太及び下地が木材又は鉄材で造られたもので、次に掲げる基準に適合するもの

イ　表側の部分に次の（1）から（4）までのいずれかに該当する防火被覆が設けられていること。

（1）　厚さが12mm以上の構造用合板、構造用パネル、パーティクルボード、デッキプレートその他これらに類するもの（以下「合板等」という。）の上に厚さが9mm以上の石膏ボード若しくは軽量気泡コンクリート又は厚さが8mm以上の硬質木片セメント板を張ったもの

（2）　厚さが12mm以上の合板等の上に厚さ9mm以上モルタル、コンクリート（軽量コンクリート及びシンダーコンクリートを含む。以下同じ。）又は石膏を塗ったもの

22　　1-2　準耐火構造

　　　（3）　厚さが30mm以上の木材
　　　（4）　畳（ポリエスチレンフォームの畳床を用いたものを除く。以下同じ。）
　　ロ　裏側の部分又は直下の天井に次の（1）又は（2）に該当する防火被覆が設けられていること。
　　　（1）　厚さが15mm以上の強化石膏ボード
　　　（2）　厚さが12mm以上の強化石膏ボードの上に厚さが50mm以上のロックウール（かさ比重が0.04以上のものに限る。以下同じ。）を張ったもの
　五　はりにあっては、前号ロ（1）又は（2）に該当する防火被覆が設けられたもの又は次に掲げる基準に適合するもの
　　イ　令第46条第2項第一号イからニまでに掲げる基準に適合していること。
　　ロ　当該はりを接合する継手又は仕口が、昭和62年建設省告示第1901号に定める基準に従って、通常の火災時の加熱に対して耐力の低下を有効に防止することができる構造であること。
　　ハ　当該はりを有する建築物全体が、昭和62年建設省告示第1902号に定める基準に従った構造計算によって、通常の火災により容易に倒壊するおそれのないことが確かめられた構造であること。
第2　通常の火災時の加熱に30分以上耐える性能を有するものは、建築物の部分に応じて次に掲げるもので、かつ、防火被覆の取合い等の部分が、当該取合い等の部分の裏面に当て木が設けられている等当該建築物の内部への炎の侵入を有効に防止することができる構造であるものとする。
　一　外壁のうち非耐力壁（延焼のおそれのある部分以外の部分に限る。）にあっては、間柱及び下地が木材又は鉄材で造られたもので、その屋外側の部分に第1第二号イからトまでに該当する防火被覆が設けられ、かつ、その屋内側の部分に次のイ又はロに該当する防火被覆が設けられたもの
　　イ　厚さが8mm以上のスラグ石膏系セメント板
　　ロ　厚さが12mm以上の石膏ボード
　二　屋根にあっては、不燃材料で造られ、又はふかれており、かつ、その屋内側の部分又は直下の天井及び軒裏に次のイからニまでのいずれかに該当する防火被覆が設けられたもの
　　イ　厚さが12mm以上の強化石膏ボード
　　ロ　厚さが9mm以上の石膏ボードの上に厚さが9mm以上の石膏ボードを張ったもの

1－2　準耐火構造　23

　　ハ　厚さが12mm以上の石膏ボードの上に厚さが50mm以上のロックウールを
　　　張ったもの
　　ニ　第1第二号イからトまでに該当するもの
　三　階段にあっては、段板及び段板を支えるけたが木材で造られたもので、
　　当該木材の厚さが6cm以上のもの又は次のイ若しくはロに該当するもの
　　イ　当該木材の厚さが3.5cm以上のもので、段板の裏面に前号イからニま
　　　でのいずれかに該当する防火被覆が設けられ、かつ、けたの外側の部分
　　　に第一号イ又はロ（屋外側にあっては、第1第二号イからトまで）に該
　　　当する防火被覆が設けられたもの
　　ロ　段板の裏面に第1第四号ロ（1）又は（2）に該当する防火被覆が設けら
　　　れ、かつ、けたの外側の部分に第1第一号イからニまでのいずれか（屋
　　　外側にあっては、第1第二号イからトまで）に該当する防火被覆が設け
　　　られたもの
第3　通常の火災時の加熱に1時間以上耐える性能を有するものは、建築物の
　　部分に応じて次に掲げるもので、かつ、防火被覆の取合い等の部分が、当該
　　取合い等の部分の裏面に当て木が設けられている等当該建築物の内部への炎
　　の侵入を有効に防止することができる構造であるものとする。
　一　間仕切壁にあっては、間柱及び下地が木材又は鉄材で造られたもので、
　　その両側にそれぞれ次のイからホまでのいずれかに該当する防火被覆が設
　　けられたもの
　　イ　厚さが12mm以上の石膏ボードの上に厚さが12mm以上の石膏ボードを張
　　　ったもの
　　ロ　厚さが8mm以上のスラグ石膏系セメント板の上に厚さが12mm以上の石
　　　膏ボードを張ったもの
　　ハ　厚さが16mm以上の強化石膏ボード
　　ニ　厚さが12mm以上の強化石膏ボードの上に厚さが9mm以上の石膏ボード
　　　又は難燃合板を張ったもの
　　ホ　厚さが9mm以上の石膏ボード又は難燃合板の上に厚さが12mm以上の強
　　　化石膏ボードを張ったもの
　二　外壁にあっては、間柱及び下地が木材又は鉄材で造られたもので、その
　　屋外側の部分に次のイ又はロに該当する防火被覆が設けられ、かつ、その
　　屋内側の部分に前号イからホまでのいずれかに該当する防火被覆が設けら
　　れたもの
　　イ　厚さが18mm以上の硬質木片セメント板
　　ロ　塗厚さが20mm以上の鉄網モルタル

24　　1－2　準耐火構造

三　柱にあっては、第一号イからホまでのいずれかに該当する防火被覆が設けられたもの又は次に掲げる基準に適合するもの

イ　令第46条第2項第一号イからニまでに掲げる基準に適合していること。

ロ　当該柱を接合する継手又は仕口が、昭和62年建設省告示第1901号に定める基準（同告示第一号の規定にあっては、「2.5cm」とあるのは「4.5cm」と読み替えるものとする。第2第五号ロにおいて同じ。）に従って、通常の火災時に加熱に対して耐力の低下を有効に防止することができる構造であること。

ハ　当該柱を有する建築物全体が、昭和62年建設省告示第1902号に定める基準（同告示第二号の規定にあっては、「2.5cm」とあるのは「4.5cm」と読み替えるものとする。第2第五号ハにおいて同じ。）に従った構造計算によって、通常の火災により容易に倒壊するおそれのないことが確かめられた構造であること。

四　床にあっては、根太及び下地が木材又は鉄材で造られたもので、次に掲げる基準に適合するもの

イ　表側の部分に次の(1)から(4)までのいずれかに該当する防火被覆が設けられていること。

（1）　厚さが12mm以上の合板等の上に厚さが12mm以上の石膏ボード、硬質木片セメント板又は軽量気泡コンクリートを張ったもの

（2）　厚さが12mm以上の合板等の上に厚さ12mm以上モルタル、コンクリート又は石膏を塗ったもの

（3）　厚さが40mm以上の木材

（4）　畳

ロ　裏側の部分又は直下の天井に次の(1)から(4)までのいずれかに該当する防火被覆が設けられていること。

（1）　厚さが12mm以上の石膏ボードの上に厚さが12mm以上の石膏ボードを張り、その上に厚さが50mm以上のロックウールを張ったもの

（2）　厚さが12mm以上の強化石膏ボードの上に厚さが12mm以上の強化石膏ボードを張ったもの

（3）　厚さが15mm以上の強化石膏ボードの上に厚さが50mm以上のロックウールを張ったもの

（4）　厚さが12mm以上の強化石膏ボードの上に厚さが9mm以上のロックウール吸音板を張ったもの

五　はりにあっては、前号ロ（1）から（4）までのいずれかに該当する防火被
　　　覆が設けられたもの又は次に掲げる基準に適合するもの
　　　イ　令第46条第2項第一号イからニまでに掲げる基準に適合しているこ
　　　　と。
　　　ロ　当該はりを接合する継手又は仕口が、昭和62年建設省告示第1901号に
　　　　定める基準に従って、通常の火災時の加熱に対して耐力の低下を有効に
　　　　防止することができる構造であること。
　　　ハ　当該はりを有する建築物全体が、昭和62年建設省告示第1902号に定め
　　　　る基準に従った構造計算によって、通常の火災により容易に倒壊するお
　　　　それのないことが確かめられた構造であること。

〔趣旨・内容〕

　木造に関する防火技術の向上等を踏まえ、一定の耐火性能を有する木造建
築物等について、従来の耐火構造に準じた性能基準として、準耐火構造の規
定が創設されました。

　壁、柱、床、はり、屋根及び階段の準耐火構造の有する耐火性能は、通常
の火災時の加熱に一定時間以上耐える性能とし、建設大臣は耐火構造以外の
構造で当該性能を有すると認められるものを準耐火構造として指定しまし
た。

　また、告示においては間柱及び下地が木材又は鉄材で造られ、防火被覆が
設けられた間仕切壁など、一般的に用いられている具体の仕様が規定されま
した。

2　準耐火構造に必要な性能の性能規定化

○法第2条第七号の二（用語の定義）

改正　公布：平成10年法律第100号　施行：平成12年6月1日

　　七の二　準耐火構造　壁、柱、床その他の建築物の部分の構造のうち、準耐火
　　　性能（通常の火災による延焼を抑制するために当該建築物の部分に必要とさ
　　　れる性能をいう。第九号の三ロ及び第27条第1項において同じ。）に関して
　　　政令で定める技術的基準に適合するもので、建設大臣が定めた構造方法を用
　　　いるもの又は建設大臣の認定を受けたものをいう。

○令第107条の2（準耐火性能に関する技術的基準）

改正　公布：平成12年政令第211号　施行：平成12年6月1日

　　法第2条第七号の二の政令で定める技術的基準は、次に掲げるものとする。

26   1－2　準耐火構造

一　次の表に掲げる建築物の部分にあつては、当該部分に通常の火災による火熱が加えられた場合に、加熱開始後それぞれ次の表に掲げる時間構造耐力上支障のある変形、溶融、破壊その他の損傷を生じないものであること。

壁	間仕切壁（耐力壁に限る。）	45分間
	外壁（耐力壁に限る。）	45分間
柱		45分間
床		45分間
はり		45分間
屋根（軒裏を除く。）		30分間
階段		30分間

二　壁、床及び軒裏（外壁によつて小屋裏又は天井裏と防火上有効に遮られているものを除き、延焼のおそれのある部分に限る。第115条の2の2第1項及び第129条の2の3第1項において同じ。）にあつては、これらに通常の火災による火熱が加えられた場合に、加熱開始後45分間（非耐力壁である外壁の延焼のおそれのある部分以外の部分及び軒裏（外壁によつて小屋裏又は天井裏と防火上有効に遮られているものを除き、延焼のおそれのある部分以外の部分に限る。）にあつては、30分間）当該加熱面以外の面（屋内に面するものに限る。）の温度が可燃物燃焼温度以上に上昇しないものであること。

三　外壁及び屋根にあつては、これらに屋内において発生する通常の火災による火熱が加えられた場合に、加熱開始後45分間（非耐力壁である外壁の延焼のおそれのある部分以外の部分及び屋根にあつては、30分間）屋外に火炎を出す原因となるき裂その他の損傷を生じないものであること。

○関係告示　準耐火構造の構造方法を定める件〔平12建告1358号〕

制定　公布：平成12年建設省告示第1358号　施行：平成12年6月1日

第1　壁の構造方法は、次に定めるもの（第一号ロ、第三号ロ及び第五号ハに定める構造方法にあつては、防火被覆の取合いの部分、目地の部分その他これらに類する部分（以下「取合い等の部分」という。）を、当該取合い等の部分の裏面に当て木を設ける等当該建築物の内部への炎の侵入を有効に防止することができる構造とするものに限る。）とする。
一　建築基準法施行令（以下「令」という。）第107条の2第一号及び第二号

に掲げる技術的基準に適合する耐力壁である間仕切壁の構造方法にあっては、次に定めるものとする。

イ　令第115条の2の2第1項第一号に規定する構造（耐力壁である間仕切壁に係るものに限る。）とすること。

ロ　次の（1）から（3）までのいずれかに該当するもの

（1）　間柱及び下地を木材又は鉄材で造り、かつ、その両側にそれぞれ次の（ⅰ）から（ⅳ）までのいずれかに該当する防火被覆が設けられたものとすること。

　　（ⅰ）　厚さが15mm以上のせっこうボード（強化せっこうボードを含む。以下同じ。）

　　（ⅱ）　厚さが12mm以上のせっこうボードの上に厚さが9mm以上のせっこうボード又は難燃合板を張ったもの

　　（ⅲ）　厚さが9mm以上のせっこうボード又は難燃合板の上に厚さが12mm以上のせっこうボードを張ったもの

　　（ⅳ）　厚さが7mm以上のせっこうラスボードの上に厚さ8mm以上せっこうプラスターを塗ったもの

（2）　間柱及び下地を不燃材料で造り、かつ、その両側にそれぞれ次の（ⅰ）から（ⅲ）までのいずれかに該当する防火被覆が設けられた構造とすること。

　　（ⅰ）　鉄網モルタル塗で塗厚さが1.5cm以上のもの

　　（ⅱ）　木毛セメント板張又はせっこうボード張の上に厚さ1cm以上モルタル又はしっくいを塗ったもの

　　（ⅲ）　木毛セメント板の上にモルタル又はしっくいを塗り、その上に金属板を張ったもの

（3）　間柱若しくは下地を不燃材料以外の材料で造り、かつ、その両側にそれぞれ次の（ⅰ）から（ⅹ）までのいずれかに該当する防火被覆が設けられた構造とすること。

　　（ⅰ）　鉄網モルタル塗又は木ずりしっくい塗で塗厚さが2cm以上のもの

　　（ⅱ）　木毛セメント板張又はせっこうボード張の上に厚さ1.5cm以上モルタル又はしっくいを塗ったもの

　　（ⅲ）　モルタル塗の上にタイルを張ったものでその厚さの合計が2.5cm以上のもの

　　（ⅳ）　セメント板張又は瓦張りの上にモルタルを塗ったものでその厚さの合計が2.5cm以上のもの

28   1－2　準耐火構造

　　　（ⅴ）　土蔵造
　　　（ⅳ）　土塗真壁造で裏返塗りをしたもの
　　　（ⅶ）　厚さが1.2cm以上のせっこうボード張の上に亜鉛鉄板又は石綿
　　　　　　スレートを張ったもの
　　　（ⅷ）　厚さが2.5cm以上の岩綿保温板張の上に亜鉛鉄板又は石綿スレ
　　　　　　ートを張ったもの
　　　（ⅸ）　厚さが2.5cm以上の木毛セメント板張の上に厚さが0.6cm以上の
　　　　　　石綿スレートを張ったもの
　　　（ⅹ）　石綿スレート又は石綿パーライト板を2枚以上張ったもので、
　　　　　　その厚さの合計が1.5cm以上のもの
　二　令第107条の2第二号に掲げる技術的基準に適合する非耐力壁である間
　　仕切壁の構造方法にあっては、次に定めるものとする。
　　イ　令第115条の2の2第1項第一号に規定する構造とすること。
　　ロ　前号ロに定める構造とすること。
　三　令第107条の2に掲げる技術的基準に適合する耐力壁である外壁の構造
　　方法にあっては、次に定めるものとする。
　　イ　令第115条の2の2第1項第一号に規定する構造（耐力壁である外壁
　　　に係るものに限る。）とすること。
　　ロ　間柱及び下地を木材又は鉄材で造り、その屋外側の部分に次の（1）か
　　　ら（7）までのいずれかに該当する防火被覆が設けられ、かつ、その屋内
　　　側の部分に第1第一号ロ（1）（ⅰ）から（ⅳ）までのいずれかに該当する防
　　　火被覆が設けられた構造とすること。
　　　（1）　厚さが12mm以上のせっこうボードの上に金属板又は石綿スレート
　　　　　を張ったもの
　　　（2）　木毛セメント板又はせっこうボードの上に厚さ15mm以上モルタル
　　　　　又はしっくいを塗ったもの
　　　（3）　モルタルの上にタイルを張ったものでその厚さの合計が25mm以上
　　　　　のもの
　　　（4）　セメント板又は瓦の上にモルタルを塗ったものでその厚さの合計
　　　　　が25mm以上のもの
　　　（5）　厚さが25mm以上のロックウール保温板の上に金属板又は石綿スレ
　　　　　ートを張ったもの
　　　（6）　厚さが25mm以上の木毛セメント板の上に厚さが6mm以上の石綿ス
　　　　　レートを張ったもの
　　　（7）　石綿スレート又は石綿パーライト板を2枚以上張ったもので、そ
　　　　　の厚さの合計が15mm以上のもの

四　令第107条の2第二号及び第三号に掲げる技術的基準に適合する非耐力壁である外壁の延焼のおそれのある部分の構造方法にあっては、次に定めるものとする。

　イ　令第115条の2の2第1項第一号に規定する構造とすること。

　ロ　前号ロに定める構造とすること。

五　令第107条の2第二号及び第三号に掲げる技術的基準に適合する非耐力壁である外壁の延焼のおそれのある部分以外の部分の構造方法にあっては、次に定めるものとする。

　イ　耐火構造とすること。

　ロ　第三号ロに定める構造とすること。

　ハ　間柱及び下地を木材又は鉄材で造り、その屋外側の部分に第三号ロ（1）から（7）までのいずれかに該当する防火被覆が設けられ、かつ、その屋内側の部分に次の（1）又は（2）に該当する防火被覆が設けられた構造とすること。

　　（1）　厚さが8mm以上のスラグせっこう系セメント板

　　（2）　厚さが12mm以上のせっこうボード

第2　令第107条の2第一号に掲げる技術的基準に適合する柱の構造方法は、次に定めるものとする。

一　令第115条の2の2第1項第一号に規定する構造とすること。

二　第1第一号ロ（1）（ⅰ）から（ⅳ）までのいずれかに該当する防火被覆を設けるか、又は次に掲げる基準に適合する構造とすること。

　イ　令第46条第2項第一号イ及びロに掲げる基準に適合していること。

　ロ　当該柱を接合する継手又は仕口が、昭和62年建設省告示第1901号に定める基準（同告示第一号の規定にあっては、「2.5cm」とあるのは「3.5cm」と読み替えるものとする。第4第二号ロにおいて同じ。）に従って、通常の火災時の加熱に対して耐力の低下を有効に防止することができる構造であること。

　ハ　当該柱を有する建築物全体が、昭和62年建設省告示第1902号に定める基準（同告示第二号の規定にあっては、「2.5cm」とあるのは、「3.5cm」と読み替えるものとする。第4第二号ハにおいて同じ。）に従った構造計算によって通常の火災により容易に倒壊するおそれのないことが確かめられた構造であること。

　ニ　防火被覆の取合い等の部分を、当該取合い等の部分の裏面に当て木が設けられている等当該建築物の内部への炎の侵入を有効に防止することができる構造とすること。

30 　1－2　準耐火構造

第3　令第107条の2第一号及び第二号に掲げる技術的基準に適合する床の構造方法は、次に定めるものとする。
一　令第115条の2の2第1項第一号に規定する構造とすること。
二　根太及び下地を木材又は鉄材で造り、かつ、次に掲げる基準に適合する構造とすること。
　イ　表側の部分に次の(1)から(4)までのいずれかに該当する防火被覆が設けられていること。
　　(1)　厚さが12mm以上の構造用合板、構造用パネル、パーティクルボード、デッキプレートその他これらに類するもの（以下「合板等」という。）の上に厚さが9mm以上のせっこうボード若しくは軽量気泡コンクリート又は厚さが8mm以上の硬質木片セメント板を張ったもの
　　(2)　厚さが12mm以上の合板等の上に厚さ9mm以上モルタル、コンクリート（軽量コンクリート及びシンダーコンクリートを含む。以下同じ。）又はせっこうを塗ったもの。
　　(3)　厚さが30mm以上の木材
　　(4)　畳（ポリスチレンフォームの畳床を用いたものを除く。）
　ロ　裏側の部分又は直下の天井に次の(1)又は(2)に該当する防火被覆が設けられていること。
　　(1)　厚さが15mm以上の強化せっこうボード
　　(2)　厚さが12mm以上の強化せっこうボードの上に厚さが50mm以上のロックウール（かさ比重が0.04以上のものに限る。以下同じ。）又はグラスウール（かさ比重が0.024以上のものに限る。以下同じ。）を張ったもの
　ハ　防火被覆の取合い等の部分が、当該取合い等の部分の裏面に当て木が設けられている等当該建築物の内部への炎の侵入を有効に防止することができる構造とすること。
第4　令第107条の2第一号に掲げる技術的基準に適合するはりの構造方法は、次に定めるものとする。
一　令第115条の2の2第1項第一号に規定する構造とすること。
二　第3第二号ロ(1)又は(2)に該当する防火被覆を設けるか、又は次に掲げる基準に適合する構造とすること。
　イ　令第46条第2項第一号イ及びロに掲げる基準に適合していること。
　ロ　当該はりを接合する継手又は仕口が、昭和62年建設省告示第1901号に定める基準に従って、通常の火災時の加熱に対して耐力の低下を有効に防止することができる構造であること。

1－2　準耐火構造　31

　　ハ　当該はりを有する建築物全体が、昭和62年建設省告示第1902号に定める基準に従った構造計算によって、通常の火災により容易に倒壊するおそれのないことが確かめられた構造であること。
　　ニ　防火被覆の取合い等の部分が、当該取合い等の部分の裏面に当て木が設けられている等当該建築物の内部への炎の侵入を有効に防止することができる構造とすること。
第5　屋根の構造方法は、次に定めるものとする。
　一　令第107条の2第一号及び第三号に掲げる技術的基準に適合する屋根（軒裏を除く。）の構造方法にあっては、次に定めるものとする。
　　イ　耐火構造とすること。
　　ロ　次に定める構造とすること。
　　（1）　不燃材料で造るか、又はふいたもの
　　（2）　屋内側の部分又は直下の天井及び軒裏に次の（ⅰ）から（ⅶ）までのいずれかに該当する防火被覆が設けられたもの
　　（ⅰ）　厚さが12㎜以上の強化せっこうボード
　　（ⅱ）　厚さが9㎜以上のせっこうボードの上に厚さが9㎜以上のせっこうボードを張ったもの
　　（ⅲ）　厚さが12㎜以上のせっこうボードの上に厚さが50㎜以上のロックウール又はグラスウールを張ったもの
　　（ⅳ）　厚さが12㎜以上の硬質木片セメント板
　　（ⅴ）　第1第三号（1）から（7）までのいずれかに該当するもの
　　（ⅳ）　塗厚さが20㎜以上の鉄網モルタル
　　（ⅶ）　繊維混入ケイ酸カルシウム板を2枚以上張ったもので、その厚さの合計が16㎜以上のもの
　　（3）　防火被覆の取合い等の部分が、当該取合い等の部分の裏面に当て木が設けられている等当該建築物の内部への炎の侵入を有効に防止することができるもの
　二　令第107条の2第二号及び第三号に掲げる技術的基準に適合する軒裏（外壁によって小屋裏又は天井裏と防火上有効に遮られているものを除く。）の構造方法にあっては、次に定めるものとする。
　　イ　令第115条の2の2第1項第一号に規定する構造とすること。
　　ロ　前号ロ（2）（ⅳ）又は（ⅴ）に該当する防火被覆が設けられ、かつ、防火被覆の取合い等の部分を、当該取合い等の部分の裏面に当て木が設けられている等当該建築物の内部への炎の侵入を有効に防止することができる構造とすること。

32　　1－2　準耐火構造

> 第6　令第107条の2第一号に掲げる技術的基準に適合する階段の構造方法は、次に定めるものとする。
> 一　耐火構造とすること。
> 二　段板及び段板を支えるけたが木材で造られたもので、当該木材の厚さが6cm以上のもの又は次のイ又はロのいずれかに該当する構造とすること。
>> イ　当該木材の厚さが3.5cm以上のもので、段板の裏面に第5第一号ロ（2）（ⅰ）から（ⅴ）までのいずれかに該当する防火被覆が施され、かつ、けたの外側の部分に第1第五号ハ（1）又は（2）（屋外側にあっては、第1第三号ロ（1）から（7）までのいずれか）に該当する防火被覆が設けられたもの
>> ロ　段板の裏面に第3第二号ロ（1）又は（2）に該当する防火被覆が設けられ、かつ、けたの外側の部分に第1第一号ロ（1）（ⅰ）から（ⅳ）までのいずれか（屋外側にあっては、第1第三号ロ（1）から（7）までのいずれか）に該当する防火被覆が設けられたもの

〔趣旨・内容〕

　準耐火構造は、耐火構造と異なり、必ずしも火災が終了するまでその性能を有することが求められていないため、加熱開始後一定時間まで構造耐力上支障のある損傷、可燃物が燃焼するおそれのある温度の上昇、火炎を出すおそれのある損傷をしないことをその性能としています。

　令の技術的基準においては、法第2条第七号の二に規定する「延焼の抑制」についての要求内容が以下の観点から明確化されました。

　延焼を抑制するためには、耐火構造と同様の考え方により、荷重を支える部材である壁（耐力壁）、柱、床、はり、屋根及び階段が、一定時間以上荷重を支持することが必要であるとともに（非損傷性）、屋内の他の部分への延焼及び屋外からの延焼を抑制するため、区画を構成する壁、床及び軒裏についてはその裏面の温度が可燃物が燃焼するおそれのある温度まで上昇しないことが必要です（遮熱性）。

　外壁及び屋根については、屋内側からの火熱に対して屋外側に火炎が噴出しない性能を有することが必要です（遮炎性）。

　告示においては、令第107条の2に定める技術的基準に適合する構造方法のうち、普遍的に用いられるものの例示仕様として定められ、従来の告示（平5建告1453。本改正により廃止。）において位置付けられていたものに加え、従来令において防火構造として定められてきた構造方法を両面に用いた間仕切壁

についても定められています。

　また、本告示については、本改正の後、建設大臣（国土交通大臣）の認定を受けた準耐火構造の構造方法のうち一般的に普及しているものが、逐次基準として追加して定められています。

３　１時間準耐火基準等の追加

○関係告示　準耐火構造の構造方法を定める件〔平12建告1358号〕

改正　公布：平成27年国土交通省告示第256号　施行：平成27年６月１日

> 第１　壁の構造方法は、次に定めるもの（第一号ロ、第三号ロ及び第五号ハに定める構造方法にあっては、防火被覆の取合いの部分、目地の部分その他これらに類する部分（以下「取合い等の部分」という。）を、当該取合い等の部分の裏面に当て木を設ける等当該建築物の内部への炎の侵入を有効に防止することができる構造とするものに限る。）とする。
> 一　建築基準法施行令（以下「令」という。）第107条の２第一号及び第二号に掲げる技術的基準に適合する耐力壁である間仕切壁の構造方法にあっては、次に定めるものとする。
> 　イ　１時間準耐火基準に適合する構造（耐力壁である間仕切壁に係るものに限る。）とすること。
> 　ロ　45分間倒壊等防止認定構造（特定避難時間が45分間以上である特定避難時間倒壊等防止建築物の主要構造部（法第27条第１項の規定による認定を受けたものに限る。）の構造方法をいう。以下同じ。）（耐力壁である間仕切壁に係るものに限る。）とすること。
> 　ハ　次の（１）から（３）までのいずれかに該当するもの
> （略）

〔趣旨・内容〕

　平成27年の木造建築関連基準の見直しにより新たに「特定避難時間等防止建築物」が定義付けされ、この仕様の一つとして「１時間準耐火基準」、「45分間倒壊等防止認定構造」が定められました。

　これに伴い本告示においても、準耐火構造の構造方法の一つとしてこれらの仕様が加えられています。

４　特定主要構造部の位置付け

○関係告示　準耐火構造の構造方法を定める件〔平12建告1358号〕

改正　公布：令和６年国土交通省告示第221号　施行：令和６年４月１日

> 第１　壁の構造方法は、次に定めるもの（第一号ハ、第三号ハ及びニ並びに第

34　　1－2　準耐火構造

> 五号ニ及びホに定める構造方法にあっては、防火被覆の取合いの部分、目地の部分その他これらに類する部分（以下「取合い等の部分」という。）を、当該取合い等の部分の裏面に当て木を設ける等当該建築物の内部への炎の侵入を有効に防止することができる構造とするものに限る。）とする。
> 一　建築基準法施行令（以下「令」という。）第107条の2第一号及び第二号に掲げる技術的基準に適合する耐力壁である間仕切壁の構造方法にあっては、次に定めるものとする。
> 　イ　1時間準耐火基準に適合する構造とすること。
> 　ロ　建築基準法（以下「法」という。）第21条第1項の規定による認定を受けた特定主要構造部の構造又は法第27条第1項の規定による認定を受けた特定主要構造部の構造とすること。
> 　ハ　次の(1)から(4)までのいずれかに該当するもの
> （略）

〔趣旨・内容〕

　令和6年の部分的な木造化を促進する防火規制の合理化の中で主要構造部のうち火災時に損傷しても建築物全体の倒壊・延焼に影響しない部分が「特定主要構造部」と定義され、これに伴い、本告示も改正されました。

参　考

・平成5年6月25日建設省都計発第90号「都市計画法及び建築基準法の一部を改正等について」
・平成5年6月25日建設省住指発第224号「都市計画法及び建築基準法の一部を改正する法律等の施行について」
・令和6年3月29日国住指第433号・国住街第159号「脱炭素社会の実現に資するための建築物のエネルギー消費性能の向上に関する法律等の一部を改正する法律等の施行について」
・日本建築学会編『建築基準法令解説（昭和25年11月）』(1950)
・建設省住宅局建築指導課監『平成12年6月1日施行　改正建築基準法（2年目施行)の解説』（新日本法規出版、2000)
・建築基準法研究会編『平成26年改正　建築基準法・同施行令等の解説』（ぎょうせい、2015)

１－３　防火構造　35

１－３　防火構造（法第２条第八号、令第108条）

現行規制の内容

　防火構造は、防火性能を有するものとして、国土交通大臣が定めた構造方法を用いるもの又は国土交通大臣の認定を受けたものとして定義されています（建基２八）。

主な改正履歴と改正の趣旨・内容

主な改正	施行・適用
1　防火構造に係る規定の制定	S 25.11.23
2　防火構造に必要な性能の性能規定化	H 12. 6. 1

1　防火構造に係る規定の制定

○法第２条第八号（用語の定義）

制定 公布：昭和25年法律第201号　施行：昭和25年11月23日

> 　八　防火構造　鉄網モルタル塗、しつくい塗等の構造で政令で定める防火性能を有するものをいう。

○令第108条（防火構造）

制定 公布：昭和25年政令第338号　施行：昭和25年11月23日

> 　1　法第２条第八号に規定する防火構造は、左の各号の一に該当するものとする。
> 　　一　鉄網モルタル塗又は木ずりしつくい塗で塗厚さが２cm以上のもの
> 　　二　木毛セメント板張の上にモルタル又はしつくいを塗つたものでその厚さの合計が2.5cm以上のもの
> 　　三　セメントモルタル塗の上にタイルを張つたものでその厚さの合計が2.5cm以上のもの
> 　　四　セメント板張、マグネシヤセメント板張又は瓦張の上にセメントモルタルを塗つたものでその厚さの合計が2.5cm以上のもの
> 　　五　土蔵造

36　　1－3　防火構造

　六　土塗真壁造で、裏返塗りをしたもの
　七　前各号に掲げるものを除く外、建設大臣が国家消防庁長官の意見を聞い
　　て、これらと同等以上の防火性能を有すると認めて指定するもの
2　平屋建の建築物における外壁で、軸組が不燃材料で造られ、表面に厚さが
　1.5cm以上の木毛セメント板又は厚さが0.9cm以上の防火木材の板を張り、そ
　の上を金属板でおおつたものは、前項の防火構造とみなす。

〔趣旨・内容〕
　建築基準法の施行に伴い、隣接する木造の建築物の火災に対して延焼防止
の効果を有するものとして防火構造が制定されました。

②　防火構造に必要な性能の性能規定化
○法第2条第八号（用語の定義）

改 正　公布：平成10年法律第100号　施行：平成12年6月1日

　八　防火構造　建築物の外壁又は軒裏の構造のうち、防火性能（建築物の周囲
　　において発生する通常の火災による延焼を抑制するために当該外壁又は軒裏
　　に必要とされる性能をいう。）に関して政令で定める技術的基準に適合する
　　鉄網モルタル塗、しつくい塗その他の構造で、建設大臣が定めた構造方法を
　　用いるもの又は建設大臣の認定を受けたものをいう。

○令第108条（防火性能に関する技術的基準）

改 正　公布：平成12年政令第211号　施行：平成12年6月1日

　　法第2条第八号の政令で定める技術的基準は、次に掲げるものとする。
　一　耐力壁である外壁にあつては、これに建築物の周囲において発生する通常
　　の火災による火熱が加えられた場合に、加熱開始後30分間構造耐力上支障の
　　ある変形、溶融、破壊その他の損傷を生じないものであること。
　二　外壁及び軒裏にあつては、これらに建築物の周囲において発生する通常の
　　火災による火熱が加えられた場合に、加熱開始後30分間当該加熱面以外の面
　　（屋内に面するものに限る。）の温度が可燃物燃焼温度以上に上昇しないも
　　のであること。

○関係告示　防火構造の構造方法を定める件〔平12建告1359号〕

制 定　公布：平成12年建設省告示第1359号　施行：平成12年6月1日

　第1　外壁の構造方法は、次に定めるものとする。

1－3　防火構造　37

一　建築基準法施行令（昭和25年政令第338号。以下「令」という。）第108条に掲げる技術的基準に適合する耐力壁である外壁の構造方法にあっては、次に定めるものとする。

イ　準耐火構造（耐力壁である外壁に係るものに限る。）とすること。

ロ　間柱及び下地を不燃材料で造り、かつ、次に定める構造とすること。

（1）　屋内側にあっては、厚さ9.5mm以上のせっこうボードを張るか、又は厚さ75mm以上のグラスウール若しくはロックウールを充填した上に厚さ4mm以上の合板を張ったもの

（2）　屋外側にあっては、次の（ⅰ）から（ⅲ）までのいずれかに該当するもの

（ⅰ）　鉄網モルタル塗で塗厚さが1.5cm以上のもの

（ⅱ）　木毛セメント板張又はせっこうボード張の上に厚さ1cm以上モルタル又はしっくいを塗ったもの

（ⅲ）　木毛セメント板の上にモルタル又はしっくいを塗り、その上に金属板を張ったもの

ハ　間柱若しくは下地を不燃材料以外の材料で造り、かつ、次に定める構造とすること。

（1）　屋内側にあっては、ロ（1）に定める構造

（2）　屋外側にあっては、次の（ⅰ）から（ⅹ）までのいずれかに該当する構造

（ⅰ）　鉄網モルタル塗又は木ずりしっくい塗で塗厚さが2cm以上のもの

（ⅱ）　木毛セメント板張又はせっこうボード張の上に厚さ1.5cm以上モルタル又はしっくいを塗ったもの

（ⅲ）　モルタル塗の上にタイルを張ったものでその厚さの合計が2.5cm以上のもの

（ⅳ）　セメント板張又は瓦張りの上にモルタルを塗ったものでその厚さの合計が2.5cm以上のもの

（ⅴ）　土蔵造

（ⅵ）　土塗真壁造で裏返塗りをしたもの

（ⅶ）　厚さが1.2cm以上のせっこうボード張の上に亜鉛鉄板又は石綿スレートを張ったもの

（ⅷ）　厚さが2.5cm以上の岩綿保温板張の上に亜鉛鉄板又は石綿スレートを張ったもの

（ⅸ）　厚さが2.5cm以上の木毛セメント板張の上に厚さが0.6cm以上の石綿スレートを張ったもの

38　　1－3　防火構造

　　　　（ｘ）　石綿スレート又は石綿パーライト板を２枚以上張ったもので、
　　　　　　　その厚さの合計が1.5cm以上のもの
　二　令第108条第二号に掲げる技術的基準に適合する非耐力壁の外壁の構造
　　方法にあっては、次に定めるものとする。
　　イ　準耐火構造とすること。
　　ロ　前号ロ及びハに定める構造とすること。
第２　令第108条第二号に掲げる技術的基準に適合する軒裏の構造方法にあっ
　　ては、次に定めるものとする。
　一　準耐火構造とすること。
　二　第１第一号ハに定める構造とすること。

〔趣旨・内容〕

　防火構造は、防火、準防火地域内の小規模な建築物、法第22条区域内の特
殊建築物、大規模な木造建築物等の外壁、軒裏に用いられるものです。準耐
火構造と比較して稠密な市街地以外の市街地の建築物、比較的小規模な建築
物等に用いられるため準耐火性能より性能は低いものの基本的には同種の性
能です。

　令の技術的基準においては、法第２条第八号に規定する「建築物の周囲に
おいて発生する火災による延焼の抑制」についての要求内容が以下の観点か
ら明確化されました。

　耐火構造と同様の考え方により、荷重を支える部材である外壁（耐力壁）
が構造耐力上支障のある損傷をしないことが必要である（非損傷性）ととも
に、外壁及び軒裏の裏面の温度が可燃物が燃焼するおそれのある温度まで上
昇しないことが必要です（遮熱性）。

　なお、従来、防火構造とすることとしていたもののうち、外壁及び軒裏以
外のもの（屋根、床及びひさし等）については、それぞれの規定において性
能及び技術的基準を定め、構造方法について例示仕様（平12建告1359）が定め
られました。

　また、両面を防火構造とすることを定めた規定については、当該構造の性
能が準耐火構造の性能と同水準であると考えられることから、準耐火構造と
することを定める規定に改められました。これに併せて、従来の両面を防火
構造とした間仕切壁については、準耐火構造である間仕切壁の例示仕様とし
て位置付けられました。

また、同告示については、制定の後、国土交通大臣の認定を受けた準耐火構造の構造方法のうち一般的に普及しているものが、逐次基準として追加して定められています。

参　考

・平成12年6月1日建設省住指発第682号「建築基準法の一部を改正する法律の施行について」
・日本建築学会編『建築基準法令解説（昭和25年11月）』（1950）
・建設省住宅局建築指導課監『平成12年6月1日施行　改正建築基準法（2年目施行）の解説』（新日本法規出版、2000）

40　　1－4　不燃材料

1－4　不燃材料（法第2条第九号、令第108条の2）

現行規制の内容

　不燃材料とは、建築材料のうち、通常の火災による火熱が加えられた場合に、加熱開始後20分間、下記①～③（建築物の外部の仕上げに用いるものにあっては、①及び②）に掲げる要件を満たしているもので、国土交通大臣が定めたもの又は国土交通大臣の認定を受けたものとされています（建基2九）。
① 　燃焼しないものであること
② 　防火上有害な変形、溶融、き裂その他の損傷を生じないものであること
③ 　避難上有害な煙又はガスを発生しないものであること

主な改正履歴と改正の趣旨・内容

主な改正	施行・適用
1　不燃材料である建築材料に係る規定の制定	S 25.11.23
2　不燃材料の指定	S 46.1.1
3　不燃材料の性能規定化	H 12.6.1

1　不燃材料である建築材料に係る規定の制定
○法第2条第九号（用語の定義）
制定 　公布：昭和25年法律第201号　施行：昭和25年11月23日

> 九　不燃材料　コンクリート、れん瓦、瓦、石綿板、鉄鋼、アルミニューム、ガラス、モルタル、しっくいその他これらに類する不燃性の建築材料をいう。

〔趣旨・内容〕
　建築基準法の施行に伴い、不燃材料とする建築材料が例示されました。

1－4　不燃材料　41

② 不燃材料の指定

○法第2条第九号（用語の定義）

改正　公布：昭和45年法律第109号　施行：昭和46年1月1日

> 九　不燃材料　コンクリート、れんが、瓦、石綿スレート、鉄鋼、アルミニウ
> 　ーム、ガラス、モルタル、しつくいその他これらに類する建築材料で政令で
> 　定める不燃性を有するものをいう。

○令第108条の2（不燃材料）

制定　公布：昭和45年政令第333号　施行：昭和46年1月1日

> 　法第2条第九号に規定する政令で定める不燃性を有する建築材料は、建設大
> 臣が、通常の火災時の加熱に対して次の各号（建築物の外部の仕上げに用いる
> ものにあつては、第二号を除く。）に掲げる性能を有すると認めて指定するもの
> とする。
> 一　燃焼せず、かつ、防火上有害な変形、溶融、き裂その他の損傷を生じない
> 　こと。
> 二　防火上有害な煙又はガスを発生しないこと。

〔趣旨・内容〕

　不燃材料は、防火材料認定要領（昭44・8・25住指発325）によって取り扱って
いたものを令で明文化したもので、通常の火災時の火熱に対して多少の溶融
又は赤熱を生じることはあっても、燃焼現象や防火上有害な損傷を生じず、
かつ、防火上有害な煙又はガスを発生しないものと定義付けられました。建
築物の外部仕上げに用いるものについては、発煙性のものでも差し支えない
ものとされたので、屋内及び屋外の2つの使用条件に分けて規定されました。

③ 不燃材料の性能規定化

○法第2条第九号（用語の定義）

改正　公布：平成10年法律第100号　施行：平成12年6月1日

> 九　不燃材料　建築材料のうち、不燃性能（通常の火災時における火熱により
> 　燃焼しないことその他の政令で定める性能をいう。）に関して政令で定める
> 　技術的基準に適合するもので、建設大臣が定めたもの又は建設大臣の認定を
> 　受けたものをいう。

42   1－4　不燃材料

○令第108条の2（不燃性能及びその技術的基準）

改正　公布：平成12年政令第211号　施行：平成12年6月1日

　　法第2条第九号の政令で定める性能及びその技術的基準は、建築材料に、通
常の火災による火熱が加えられた場合に、加熱開始後20分間次の各号（建築物
の外部の仕上げに用いるものにあつては、第一号及び第二号）に掲げる要件を
満たしていることとする。
一　燃焼しないものであること。
二　防火上有害な変形、溶融、き裂その他の損傷を生じないものであること。
三　避難上有害な煙又はガスを発生しないものであること。

○関係告示　不燃材料を定める件〔平12建告1400号〕

制定　公布：平成12年建設省告示第1400号　施行：平成12年6月1日

　　建築基準法施行令（昭和25年政令第338号）第108条の2各号（建築物の外部
の仕上げに用いるものにあっては、同条第一号及び第二号）に掲げる要件を満
たしている建築材料は、次に定めるものとする。
一　コンクリート
二　れんが
三　瓦
四　陶磁器質タイル
五　石綿スレート
六　繊維強化セメント板
七　厚さが3mm以上のガラス繊維混入セメント板
八　厚さが5mm以上の繊維混入ケイ酸カルシウム板
九　鉄鋼
十　アルミニウム
十一　金属板
十二　ガラス
十三　モルタル
十四　しっくい
十五　石
十六　厚さが12mm以上のせっこうボード（ボード用原紙の厚さが0.6mm以下の
　　　ものに限る。）
十七　ロックウール
十八　グラスウール板

1－4　不燃材料　43

〔趣旨・内容〕

　不燃材料について性能規定化がなされ、必要な性能や技術的基準について令に定められるよう規定されました。

　不燃材料に必要な性能を不燃性、非損傷性、ガス有毒性の観点から明確化し、技術的基準として定められました。

　不燃性能については、従来の令で規定されている性能を踏襲して規定されましたが、有害な煙又はガスを発生しない性能については、当該性能が避難時の人体に対する安全性を確保するためのものであるため、「避難上有害な煙又はガス」として明確化されました。

　令第108条の2第一号から三号の技術的基準については、従来から、告示（昭45建告1828。本制定により廃止。）において試験方法を定めた上で、これに合格したものを不燃材料とすることとしていたところですが、今回の性能規定化に当たり、通常の火災による表面の加熱に対し、20分間以上不燃性能が保持されることが規定されました。

　告示においては、令で示された不燃材料に必要な性能の技術的基準に適合するものとして、不燃材料である建築材料の例示仕様が示されました。

　従来法において例示されていた材料に加えて、これまでに認定を受けた建築材料のうち、普遍的に用いられている建築材料であるガラス繊維混入セメント板、繊維混入ケイ酸カルシウム板、せっこうボード等について不燃材料として定められました。

　また、同告示については、制定の後、平成16年に石綿含有建築材料である石綿スレートが削除されていますが、経過措置として平成16年10月1日より前に製造され、又は、輸入された石綿スレートについては、不燃材料とみなされています。

参　考

・昭和46年1月29日住指発第44号「建築基準法の一部を改正する法律等の施行及び運用について」
・日本建築センター編『詳解建築基準法』（帝国地方行政学会、1973）
・建設省住宅局建築指導課監『平成12年6月1日施行　改正建築基準法（2年目施行）の解説』（新日本法規出版、2000）

44　1－5　耐火建築物

1－5　耐火建築物（法第2条第九号の二、令第108条の3・第108の4・第109条・第109条の2・第109条の2の2）

現行規制の内容

　耐火建築物とは、その主要構造部のうち、特定主要構造部が下記のいずれかであり、外壁の延焼のおそれのある部分の開口部には防火設備を有するものと規定されています（建基2九の二）。

　特定主要構造部とは、主要構造部のうち、防火上、避難上支障がないものとして政令で定める部分以外の部分をいいます。

① 耐火構造
② 次に掲げる性能に関して政令で定める技術的基準に適合すること（外壁以外の特定主要構造部については⑦のみ。）

　⑦ 建築物の構造・建築設備・用途に応じて屋内において発生が予測される火災による火熱に、火災が終了するまで耐えること。

　④ 建築物の周囲において発生する火災による火熱に、火災が終了するまで耐えること。

主な改正履歴と改正の趣旨・内容

主な改正	施行・適用
① 耐火建築物に係る規定の制定	S34.12.23
② 耐火建築物の主要構造部の性能規定化	H12.6.1
③ 火災時に損傷を許容する主要構造部の規定	R6.4.1

① 耐火建築物に係る規定の制定
○法第2条第九号の二（用語の定義）

制定　公布：昭和34年法律第156号　施行：昭和34年12月23日

> 九の二　耐火建築物　主要構造部を耐火構造とした建築物で、外壁の開口部で延焼のおそれのある部分に政令で定める構造の防火戸その他の防火設備を有するものをいう。

1－5　耐火建築物　45

○令第109条（防火戸その他防火設備）

改正 公布：昭和34年政令第344号　施行：昭和34年12月23日

1　法第２条第九号の二若しくは第九号の三又は法第64条の規定により政令で定める構造の防火戸その他の防火設備は、次の各号の一に該当するものとする。
一　甲種防火戸
二　乙種防火戸
三　開口部に設けるドレンチヤーで国家消防本部の行う検定に合格したもの
2　隣地境界線、道路中心線又は同一敷地内の２以上の建築物（延べ面積の合計が500㎡以内の建築物は、一の建築物とみなす。）相互の外壁間の中心線のあらゆる部分で、開口部から１階にあつては３ｍ以下、２階以上にあつては５ｍ以下の距離にあるものと当該開口部とをさえぎる耐火構造又は防火構造の外壁、そで壁、へいその他これらに類するものは、前項の防火設備とみなす。
3　開口面積が100c㎡以内の換気孔に設ける鉄板、モルタル板その他これらに類する材料で造られた防火おおい又は地面からの高さが１ｍ以下の換気孔に設ける網目２㎜以下の金網は、第１項の防火設備とみなす。

○令第110条（防火戸の構造）〔現行上の規定なし〕

改正 公布：昭和34年政令第344号　施行：昭和34年12月23日

1　第109条第１項第一号の「甲種防火戸」とは、次の各号の一に該当する構造の戸とする。
一　骨組を鉄製とし、両面にそれぞれ厚さが0.5㎜以上の鉄板を張つたもの
二　鉄製で鉄板の厚さが1.5㎜以上のもの
三　鉄骨コンクリート製又は鉄筋コンクリート製で厚さが3.5cm以上のもの
四　土蔵造の戸で厚さが15cm以上のもの
五　前各号に掲げるものを除く外、建設大臣が国家消防本部長の意見を聞いて、これらと同等以上の防火性能を有すると認めて指定するもの
2　第109条第１項第二号の「乙種防火戸」とは、次の各号の一に該当する構造の戸とする。
一　鉄製で鉄板の厚さが1.5㎜未満のもの
二　鉄骨コンクリート製又は鉄筋コンクリート製で厚さが3.5cm未満のもの
三　土蔵造の戸で厚さが15cm未満のもの
四　鉄及び網入ガラスで造られたもの

46   1－5   耐火建築物

　　五　骨組を防火塗料を塗布した木材製とし、屋内面に厚さが1.2cm以上の木
　　　毛セメント板又は厚さが0.9cm以上の石膏板を張り、屋外面に亜鉛引鉄板
　　　を張つたもの
　　六　前各号に掲げるものを除く外、建設大臣が国家消防本部長の意見を聞い
　　　て、これらと同等以上の防火性能を有すると認めて指定するもの
　3　開口面積が0.5㎡以内の開口部に設ける戸で、防火塗料を塗布した木材及
　　び網入ガラスで造られたものは、前項の乙種防火戸とみなす。
　4　防火戸がわく又は防火戸と接する部分は、相じやくりとし、又は定規縁若
　　しくは戸当りを設ける等閉鎖した際にすき間が生じない構造とし、かつ、防
　　火戸の取付金物は、取付部分が閉鎖した際に露出しないように取り付けなけ
　　ればならない。
　5　第1項第一号若しくは第二号又は第2項第一号若しくは第四号に掲げる防
　　火戸は、周囲の部分（防火戸から内側に15cm以内の間に設けられた建具があ
　　る場合においては、その建具を含む。）が不燃材料で造られた開口部に取り付
　　けなければならない。

〔趣旨・内容〕
　主要構造部が耐火構造で造られている建築物のうち、さらに外壁の延焼の
おそれのある部分に、政令に規定する防火戸その他の防火設備を設けたもの
を耐火建築物とすると規定されました。また、本規定はもともと法第64条（現
行第61条）に係る防火設備の基準とされていましたが、耐火建築物等の位置付
けに合わせて、法第2条における耐火建築物等に設ける防火設備の基準とも
されました。

2　耐火建築物の主要構造部の性能規定化
○法第2条第九号の二（用語の定義）
改正 公布：平成10年法律第100号　施行：平成12年6月1日

　九の二　耐火建築物　次に掲げる基準に適合する建築物をいう。
　　イ　その主要構造部が（1）又は（2）のいずれかに該当すること。
　　（1）　耐火構造であること。
　　（2）　次に掲げる性能（外壁以外の主要構造部にあつては、（i）に掲げる
　　　　性能に限る。）に関して政令で定める技術的基準に適合するものである
　　　　こと。
　　　（i）　当該建築物の構造、建築設備及び用途に応じて屋内において発生
　　　　　が予測される火災による火熱に当該火災が終了するまで耐えること。

（ⅱ）　当該建築物の周囲において発生する通常の火災による火熱に当該
　　　　　　火災が終了するまで耐えること。
　ロ　その外壁の開口部で延焼のおそれのある部分に、防火戸その他の政令で
　　定める防火設備（その構造が遮炎性能（通常の火災時における火炎を有効
　　に遮るために防火設備に必要とされる性能をいう。）に関して政令で定め
　　る技術的基準に適合するもので、建設大臣が定めた構造方法を用いるもの
　　又は建設大臣の認定を受けたものに限る。）を有すること。

○令第108条の３（耐火建築物の主要構造部に関する技術的基準）〔現行第108
条の４〕

制　定　公布：平成12年政令第211号　施行：平成12年６月１日

１　法第２条第九号の二イ（２）の政令で定める技術的基準は、主要構造部が、
　次の各号のいずれかに該当することとする。
一　主要構造部が、次のイ及びロ（外壁以外の主要構造部にあつては、イ）
　に掲げる基準に適合するものであることについて耐火性能検証法により確
　かめられたものであること。
　イ　主要構造部ごとに当該建築物の屋内において発生が予測される火災に
　　よる火熱が加えられた場合に、当該主要構造部が次に掲げる要件を満た
　　していること。
　（１）　耐力壁である壁、柱、床、はり、屋根及び階段にあつては、当該建
　　　築物の自重及び積載荷重（第86条第２項ただし書の規定によつて特定行
　　　政庁が指定する多雪区域における建築物の主要構造部にあつては、自重、
　　　積載荷重及び積雪荷重。以下この条において同じ。）により、構造耐力上
　　　支障のある変形、溶融、破壊その他の損傷を生じないものであること。
　（２）　壁及び床にあつては、当該壁及び床の加熱面以外の面（屋内に面す
　　　るものに限る。）の温度が可燃物燃焼温度以上に上昇しないものである
　　　こと。
　（３）　外壁及び屋根にあつては、屋外に火炎を出す原因となるき裂その他
　　　の損傷を生じないものであること。
　ロ　外壁が、当該建築物の周囲において発生する通常の火災による火熱が
　　１時間（延焼のおそれのある部分以外の部分にあつては、30分間）加え
　　られた場合に、次に掲げる要件を満たしていること。
　（１）　耐力壁である外壁にあつては、当該外壁に当該建築物の自重及び積
　　　載荷重により、構造耐力上支障のある変形、溶融、破壊その他の損傷を
　　　生じないものであること。

48 1－5 耐火建築物

（2）　外壁の当該加熱面以外の面（屋内に面するものに限る。）の温度が可
燃物燃焼温度以上に上昇しないものであること。

二　前号イ及びロ（外壁以外の主要構造部にあつては、同号イ）に掲げる基
準に適合するものとして建設大臣の認定を受けたものであること。

2　前項の「耐火性能検証法」とは、次に定めるところにより、当該建築物の
主要構造部の耐火に関する性能を検証する方法をいう。

一　当該建築物の屋内において発生が予測される火災の継続時間を当該建築
物の室ごとに次の式により計算すること。

$$t_f = \frac{Q_r}{60q_b}$$

この式において、t_f、Q_r及びq_bは、それぞれ次の数値を表すものとする。

t_f　当該室における火災の継続時間（単位　min）

Q_r　当該室の用途及び床面積並びに当該室の壁、床及び天井（天井の
ない場合においては、屋根）の室内に面する部分の表面積及び当該
部分に使用する建築材料の種類に応じて建設大臣が定める方法によ
り算出した当該室内の可燃物の発熱量（単位　MJ）

q_b　当該室の用途及び床面積の合計並びに当該室の開口部の面積及び
高さに応じて建設大臣が定める方法により算出した当該室内の可燃
物の1秒間当たりの発熱量（単位　MW）

二　主要構造部ごとに、当該主要構造部が、当該建築物の屋内において発生
が予測される火災による火熱が加えられた場合に、前項第一号イに掲げる
要件に該当して耐えることができる加熱時間（以下この項において「屋内
火災保有耐火時間」という。）を、当該主要構造部の構造方法、当該建築物
の自重及び積載荷重並びに当該火熱による主要構造部の表面の温度の推移
に応じて建設大臣が定める方法により求めること。

三　当該外壁が、当該建築物の周囲において発生する通常の火災時の火熱が
加えられた場合に、前項第一号ロに掲げる要件に該当して耐えることがで
きる加熱時間（以下この項において「屋外火災保有耐火時間」という。）を、
当該外壁の構造方法並びに当該建築物の自重及び積載荷重に応じて建設大
臣が定める方法により求めること。

四　主要構造部ごとに、次のイ及びロ（外壁以外の主要構造部にあつては、
イ）に該当するものであることを確かめること。

イ　各主要構造部の屋内火災保有耐火時間が、当該主要構造部が面する室

について第一号に掲げる式によつて計算した火災の継続時間以上であること。

　　　ロ　各外壁の屋外火災保有耐火時間が、１時間（延焼のおそれのある部分以外の部分にあつては、30分間）以上であること。

3　主要構造部が第１項第一号又は第二号に該当する建築物（次項に規定する建築物を除く。）に対する第112条第１項及び第５項から第16項まで、第114条第１項及び第２項、第117条第２項、第120条第１項、第２項及び第４項、第121条第２項、第122条第１項、第123条第１項及び第３項、第123条の２、第126条の２、第128条の４第４項、第129条第１項及び第４項、第129条の２第１項、第129条の２の２第１項、第129条の２の５第１項、第129条の13の２、第129条の13の３第３項及び第４項並びに第145条第１項第一号及び第２項の規定（次項において「耐火性能関係規定」という。）の適用については、当該建築物の部分で主要構造部であるものの構造は、耐火構造とみなす。

4　主要構造部が第１項第一号に該当する建築物（当該建築物の主要構造部である床又は壁（外壁を除く。）の開口部に設けられた防火設備が、当該防火設備に当該建築物の屋内において発生が予測される火災による火熱が加えられた場合に、当該加熱面以外の面に火炎を出さないものであることについて防火区画検証法により確かめられたものであるものに限る。）及び主要構造部が第１項第二号に該当する建築物（当該建築物の主要構造部である床又は壁（外壁を除く。）の開口部に設けられた防火設備が、当該防火設備に当該建築物の屋内において発生が予測される火災による火熱が加えられた場合に、当該加熱面以外の面に火炎を出さないものとして建設大臣の認定を受けたものであるものに限る。）に対する第112条第１項、第５項から第10項まで、第12項から第14項まで及び第16項、第122条第１項、第123条第１項及び第３項、第126条の２、第129条第１項及び第４項、第129条の２の５第１項、第129条の13の２並びに第129条の13の３第３項の規定（以下この項において「防火区画等関係規定」という。）の適用については、これらの建築物の部分で主要構造部であるものの構造は耐火構造と、これらの防火設備の構造は特定防火設備とみなし、これらの建築物に対する防火区画等関係規定以外の耐火性能関係規定の適用については、これらの建築物の部分で主要構造部であるものの構造は耐火構造とみなす。

5　前項の「防火区画検証法」とは、次に定めるところにより、開口部に設けられる防火設備（以下この項において「開口部設備」という。）の火災時における遮炎に関する性能を検証する方法をいう。

　　一　開口部設備が設けられる開口部が面する室において発生が予測される火災の継続時間を第２項第一号に掲げる式により計算すること。

50   1－5　耐火建築物

　二　開口部設備ごとに、当該開口部設備が、当該建築物の屋内において発生
　　が予測される火災による火熱が加えられた場合に、当該加熱面以外の面に
　　火炎を出すことなく耐えることができる加熱時間（以下この項において「保
　　有遮炎時間」という。）を、当該開口部設備の構造方法及び当該火熱による
　　開口部設備の表面の温度の推移に応じて建設大臣が定める方法により求め
　　ること。
　三　開口部設備ごとに、保有遮炎時間が第一号の規定によつて計算した火災
　　の継続時間以上であることを確かめること。

○令第109条（防火戸その他の防火設備）

改正 公布：平成12年政令第211号　施行：平成12年6月1日

　1　法第2条第九号の二ロ及び法第64条の政令で定める防火設備は、防火戸、
　　ドレンチャーその他火炎を遮る設備とする。
　2　隣地境界線、道路中心線又は同一敷地内の2以上の建築物（延べ面積の合
　　計が500㎡以内の建築物は、一の建築物とみなす。）相互の外壁間の中心線の
　　あらゆる部分で、開口部から1階にあつては3m以下、2階以上にあつては
　　5m以下の距離にあるものと当該開口部とを遮る外壁、そで壁、塀その他こ
　　れらに類するものは、前項の防火設備とみなす。

○令第109条の2（遮炎性能に関する技術的基準）

制定 公布：平成12年政令第211号　施行：平成12年6月1日

　法第2条第九号の二ロの政令で定める技術的基準は、防火設備に通常の火災
　による火熱が加えられた場合に、加熱開始後20分間当該加熱面以外の面に火炎
　を出さないものであることとする。

〔趣旨・内容〕
　耐火建築物は主要構造部を一律に耐火構造とすることとされていました
が、本改正により性能規定化され、耐火建築物の主要構造部は次のいずれか
に該当するものであることと規定されました。
① 耐火構造
② 火災が終了するまでに火熱に耐えることについて政令で定める技術基準
　に適合するもの
　建築物の防火に関する技術開発の進展により開発された手法を用いて、予
測される火災に対し耐える性能を有する主要構造部を耐火構造と同様に取り

扱うこととされました。

　令においては、耐火建築物の主要構造部の性能に関する技術的基準を、主要構造部に必要な非損傷性、遮熱性及び遮炎性を有することについて、一般的な検証法（耐火性能検証法）により確かめられたもの又は建設大臣の認定を受けたものであることとし、計算方法等の詳細は告示に定められました。

　また、耐火建築物等の外壁の開口部に設ける防火設備についても性能規定化され、令において防火設備の内容及び遮炎性能に関する技術的基準が定められるとともに、当該技術的基準に適合する防火設備の構造方法が告示に定められました。これに伴い、従来甲種防火戸及び乙種防火戸の例示仕様を定めた令第110条が削除されました。

　これまで規定されていた防火設備は、引き続き防火設備として取り扱うとともに、今後技術開発が予測されるシート状のスクリーンをはじめとする各種設備についても防火設備として取り扱うという考え方のもとに、防火戸、ドレンチャー、その他の火炎を有効に遮る防火設備について防火設備として位置付けるとともに、従来から防火設備としてみなされていた、外壁、そで壁、塀その他これらに類するものを防火設備とみなすこととされました。

3　火災時に損傷を許容する主要構造部の規定

○法第2条第九号の二（用語の定義）

改 正 公布：令和4年法律第69号　施行：令和6年4月1日

> 九の二　耐火建築物　次に掲げる基準に適合する建築物をいう。
> 　イ　その主要構造部のうち、防火上及び避難上支障がないものとして政令で定める部分以外の部分（以下「特定主要構造部」という。）が、（1）又は（2）のいずれかに該当すること。
> 　（1）　耐火構造であること。
> 　（2）　次に掲げる性能（外壁以外の特定主要構造部にあつては、（ⅰ）に掲げる性能に限る。）に関して政令で定める技術的基準に適合するものであること。
> 　（略）

○令第108条の3（主要構造部のうち防火上及び避難上支障がない部分）

制 定 公布：令和5年政令第280号　施行：令和6年4月1日

> 　法第2条第九号の二イの政令で定める部分は、主要構造部のうち、次の各号のいずれにも該当する部分とする。

52　　1－5　耐火建築物

　一　当該部分が、床、壁又は第109条に規定する防火設備（当該部分において通
　　常の火災が発生した場合に建築物の他の部分又は周囲への延焼を有効に防止
　　できるものとして、国土交通大臣が定めた構造方法を用いるもの又は国土交
　　通大臣の認定を受けたものに限る。）で区画されたものであること。
　二　当該部分が避難の用に供する廊下その他の通路の一部となつている場合に
　　あつては、通常の火災時において、建築物に存する者の全てが当該通路を経
　　由しないで地上までの避難を終了することができるものであること。

〇令第108条の４（耐火建築物の特定主要構造部に関する技術的基準）

改正　公布：令和５年政令第280号　施行：令和６年４月１日

　1　法第２条第九号の二イ（2）の政令で定める技術的基準は、特定主要構造部
　　が、次の各号のいずれかに該当することとする。
　一　特定主要構造部が、次のイ及びロ（外壁以外の特定主要構造部にあつて
　　は、イ）に掲げる基準に適合するものであることについて耐火性能検証法
　　により確かめられたものであること。
　　イ　特定主要構造部ごとに当該建築物の屋内において発生が予測される火
　　　災による火熱が加えられた場合に、当該特定主要構造部が次に掲げる要
　　　件を満たしていること。
　　　（1）　耐力壁である壁、柱、床、はり、屋根及び階段にあつては、当該
　　　　建築物の自重及び積載荷重（第86条第２項ただし書の規定によつて特
　　　　定行政庁が指定する多雪区域における建築物の特定主要構造部にあつ
　　　　ては、自重、積載荷重及び積雪荷重。以下この条において同じ。）によ
　　　　り、構造耐力上支障のある変形、溶融、破壊その他の損傷を生じない
　　　　ものであること。
　　　（2）　壁及び床にあつては、当該壁及び床の加熱面以外の面（屋内に面
　　　　するものに限る。）の温度が可燃物燃焼温度（当該面が面する室におい
　　　　て、国土交通大臣が定める基準に従い、内装の仕上げを不燃材料です
　　　　ることその他これに準ずる措置が講じられている場合にあつては、国
　　　　土交通大臣が別に定める温度）以上に上昇しないものであること。
　　　（3）　外壁及び屋根にあつては、屋外に火炎を出す原因となる亀裂その
　　　　他の損傷を生じないものであること。
　　ロ　外壁が、当該建築物の周囲において発生する通常の火災による火熱が
　　　１時間（延焼のおそれのある部分以外の部分にあつては、30分間）加え
　　　られた場合に、次に掲げる要件を満たしていること。

（1）　耐力壁である外壁にあつては、当該外壁に当該建築物の自重及び
　　　　積載荷重により、構造耐力上支障のある変形、溶融、破壊その他の損
　　　　傷を生じないものであること。
　　（2）　外壁の当該加熱面以外の面（屋内に面するものに限る。）の温度が
　　　　可燃物燃焼温度（当該面が面する室において、国土交通大臣が定める
　　　　基準に従い、内装の仕上げを不燃材料ですることその他これに準ずる
　　　　措置が講じられている場合にあつては、国土交通大臣が別に定める温
　　　　度）以上に上昇しないものであること。
　二　前号イ及びロ（外壁以外の特定主要構造部にあつては、同号イ）に掲げ
　　る基準に適合するものとして国土交通大臣の認定を受けたものであるこ
　　と。
2　前項の「耐火性能検証法」とは、次に定めるところにより、当該建築物の
　特定主要構造部の耐火に関する性能を検証する方法をいう。
　一　当該建築物の屋内において発生が予測される火災の継続時間を当該建築
　　物の室ごとに次の式により計算すること。

$$t_f = \frac{Q_r}{60q_b}$$

　　この式において、t_f、Q_r及びq_bは、それぞれ次の数値を表すものとする。
　　t_f　当該室における火災の継続時間（単位　min）
　　Q_r　当該室の用途及び床面積並びに当該室の壁、床及び天井（天井の
　　　ない場合においては、屋根）の室内に面する部分の表面積及び当該
　　　部分に使用する建築材料の種類に応じて国土交通大臣が定める方法
　　　により算出した当該室内の可燃物の発熱量（単位　MJ）
　　q_b　当該室の用途及び床面積の合計並びに当該室の開口部の面積及び
　　　高さに応じて国土交通大臣が定める方法により算出した当該室内の
　　　可燃物の1秒間当たりの発熱量（単位　MW）
　二　特定主要構造部ごとに、当該特定主要構造部が、当該建築物の屋内にお
　　いて発生が予測される火災による火熱が加えられた場合に、前項第一号イ
　　に掲げる要件に該当して耐えることができる加熱時間（以下この項におい
　　て「屋内火災保有耐火時間」という。）を、当該特定主要構造部の構造方法、
　　当該建築物の自重及び積載荷重並びにこの火熱による特定主要構造部の表
　　面の温度の推移に応じて国土交通大臣が定める方法により求めること。
　三　当該外壁が、当該建築物の周囲において発生する通常の火災時の火熱が
　　加えられた場合に、前項第一号ロに掲げる要件に該当して耐えることがで

54 1－5 耐火建築物

きる加熱時間（以下この項において「屋外火災保有耐火時間」という。）を、
当該外壁の構造方法並びに当該建築物の自重及び積載荷重に応じて国土交
通大臣が定める方法により求めること。

四 特定主要構造部ごとに、次のイ及びロ（外壁以外の特定主要構造部にあ
つては、イ）に該当するものであることを確かめること。

イ 各特定主要構造部の屋内火災保有耐火時間が、当該特定主要構造部が
面する室について第一号に掲げる式によつて計算した火災の継続時間以
上であること。

ロ 各外壁の屋外火災保有耐火時間が、１時間（延焼のおそれのある部分
以外の部分にあつては、30分間）以上であること。

3 特定主要構造部が第１項第一号又は第二号に該当する建築物（次項に規定
する建築物を除く。）に対する第112条第１項、第３項、第７項から第11項ま
で及び第16項から第21項まで、第114条第１項及び第２項、第117条第２項、
第120条第１項、第２項及び第４項、第121条第２項、第122条第１項、第123
条第１項及び第３項、第123条の２、第126条の２、第128条の４第１項及び第
４項、第128条の５第１項及び第４項、第128条の７第１項、第129条第１項、
第129条の２第１項、第129条の２の４第１項、第129条の13の２、第129条の
13の３第３項及び第４項、第137条の14並びに第145条第１項第一号及び第２
項の規定（次項において「耐火性能関係規定」という。）の適用については、
当該建築物の部分で特定主要構造部であるものの構造は、耐火構造とみなす。

4 特定主要構造部が第１項第一号に該当する建築物（当該建築物の特定主要
構造部である床又は壁（外壁を除く。）の開口部に設けられた防火設備が、当
該防火設備に当該建築物の屋内において発生が予測される火災による火熱が
加えられた場合に、当該加熱面以外の面に火炎を出さないものであることに
ついて防火区画検証法により確かめられたものであるものに限る。）及び特
定主要構造部が同項第二号に該当する建築物（当該建築物の特定主要構造部
である床又は壁（外壁を除く。）の開口部に設けられた防火設備が、当該防火
設備に当該建築物の屋内において発生が予測される火災による火熱が加えら
れた場合に、当該加熱面以外の面に火炎を出さないものとして国土交通大臣
の認定を受けたものであるものに限る。）に対する第112条第１項、第７項か
ら第11項まで、第16項、第18項、第19項及び第21項、第122条第１項、第123
条第１項及び第３項、第126条の２、第128条の５第１項及び第４項、第128条
の７第１項、第129条の２の４第１項、第129条の13の２、第129条の13の３第
３項並びに第137条の14の規定（以下この項において「防火区画等関係規定」
という。）の適用については、これらの建築物の部分で特定主要構造部である

ものの構造は耐火構造と、これらの防火設備の構造は第112条第1項に規定する特定防火設備とみなし、これらの建築物に対する防火区画等関係規定以外の耐火性能関係規定の適用については、これらの建築物の部分で特定主要構造部であるものの構造は耐火構造とみなす。

5 前項の「防火区画検証法」とは、次に定めるところにより、開口部に設けられる防火設備（以下この項において「開口部設備」という。）の火災時における遮炎に関する性能を検証する方法をいう。

一 開口部設備が設けられる開口部が面する室において発生が予測される火災の継続時間を第2項第一号に掲げる式により計算すること。

二 開口部設備ごとに、当該開口部設備が、当該建築物の屋内において発生が予測される火災による火熱が加えられた場合に、当該加熱面以外の面に火炎を出すことなく耐えることができる加熱時間（以下この項において「保有遮炎時間」という。）を、当該開口部設備の構造方法及び当該火熱による開口部設備の表面の温度の推移に応じて国土交通大臣が定める方法により求めること。

三 開口部設備ごとに、保有遮炎時間が第一号の規定によつて計算した火災の継続時間以上であることを確かめること。

○令第109条の2の2（主要構造部を準耐火構造とした建築物等の層間変形角）

改正 公布：令和5年政令第280号　施行：令和6年4月1日

1 主要構造部を準耐火構造とした建築物（特定主要構造部を耐火構造とした建築物を含む。）及び第136条の2第一号ロ又は第二号ロに掲げる基準に適合する建築物の地上部分の層間変形角は、1／150以内でなければならない。ただし、主要構造部が防火上有害な変形、亀裂その他の損傷を生じないことが計算又は実験によつて確かめられた場合においては、この限りでない。

2 建築物が第109条の8に規定する火熱遮断壁等で区画されている場合における当該火熱遮断壁等により分離された部分は、前項の規定の適用については、それぞれ別の建築物とみなす。

3 法第26条第2項に規定する特定部分（以下この項において「特定部分」という。）を有する建築物であつて、当該建築物の特定部分が同条第2項第一号（同号に規定する基準に係る部分を除く。）又は第二号に該当するものに係る第1項の規定の適用については、当該建築物の特定部分及び他の部分をそれぞれ別の建築物とみなす。

56   1－5　耐火建築物

〔趣旨・内容〕

　これまでの法第2条第九号の二では、耐火建築物はその主要構造部の全て
を耐火構造とするか耐火性能検証法により所定の性能を有することが確認さ
れたもの又は国土交通大臣の認定を受けたものとされており、限られた部分
のみを木造化しようとする場合であっても、建築物全体の規模等によって、
当該木造化部分に対して例外なく他の構造部分と同じ水準の防耐火性能の確
保が求められていました。

　建築物における部分的な木造化の促進を図る観点から、建築物の倒壊及び
延焼の防止を目的とした主要構造部に係る防火規制の改正がなされ、法第2
条第九号の二では、耐火建築物について、主要構造部のうち防火上及び避難
上支障がない部分は耐火構造でなくともよいこととされました。また、令第
108条の3では、当該防火上及び避難上支障がない部分は、通常の火災が発生
した場合に建築物の他の部分又は周囲への延焼を有効に防止できる性能を有
する床、壁又は防火設備で区画（特定区画）されていること等の基準を満た
す部分と規定されています。

参　考

・平成12年6月1日建設省住指発第682号「建築基準法の一部を改正する法律の施
　行について」
・令和6年3月29日国住指第434号・国住街第160号「脱炭素社会の実現に資するた
　めの建築物のエネルギー消費性能の向上に関する法律等の一部を改正する法律
　等の施行について」
・日本建築センター編『詳解建築基準法』（帝国地方行政学会、1973）
・建設省住宅局建築指導課監『平成12年6月1日施行　改正建築基準法（2年目施
　行）の解説』（新日本法規出版、2000）
・「脱炭素社会の実現に資するための建築物のエネルギー消費性能の向上に関する
　法律等の一部を改正する法律の解説〔令和5年3月版〕」（国土交通省住宅局建築
　指導課　参事官（建築企画担当）市街地建築課）

1－6　準耐火建築物　57

1－6　準耐火建築物（法第2条第九号の三、令第109条の2の2・第109条の3）

現行規制の内容

　準耐火建築物とは、耐火建築物以外の建築物で、主要構造部が下記のいずれかに該当し、外壁の延焼のおそれのある部分の開口部には防火設備を有するものと規定されています（建基2九の三）。

① 準耐火構造
② ①と同等の準耐火性能を有するものとして政令で定める技術的基準に適合するもの

主な改正履歴と改正の趣旨・内容

主な改正	施行・適用
1　簡易耐火建築物に係る規定の制定	S 34.12.23
2　準耐火建築物の創設	H 5.6.25
3　準耐火建築物の主要構造部の性能規定化	H 12.6.1

1　簡易耐火建築物に係る規定の制定
○法第2条第九号の三（用語の定義）

制定 公布：昭和34年法律第156号　施行：昭和34年12月23日

> 九の三　簡易耐火建築物　耐火建築物以外の建築物で、イ又はロのいずれかに該当し、外壁の開口部で延焼のおそれのある部分に政令で定める構造の防火戸その他の防火設備を有するものをいう。
> 　イ　外壁を耐火構造とし、かつ、屋根を不燃材料で造り、又はふき、政令で定める防火性能を有する構造としたもの
> 　ロ　主要構造部である柱及びはりを不燃材料で、その他の主要構造部を不燃材料又は政令で定めるこれに準ずる材料で造り、外壁の延焼のおそれのある部分、屋根及び床を政令で定める防火性能を有する構造としたもの

58   1−6   準耐火建築物

○令第109条（防火戸その他防火設備）

改正　制定：昭和34年政令第344号　施行：昭和34年12月23日

1　法第２条第九号の二若しくは第九号の三又は法第64条の規定により政令で
定める構造の防火戸その他の防火設備は、次の各号の一に該当するものとす
る。
一　甲種防火戸
二　乙種防火戸
三　開口部に設けるドレンチヤーで国家消防本部の行う検定に合格したもの
2　隣地境界線、道路中心線又は同一敷地内の２以上の建築物（延べ面積の合
計が500㎡以内の建築物は、一の建築物とみなす。）相互の外壁間の中心線の
あらゆる部分で、開口部から１階にあつては３ｍ以下、２階以上にあつては
５ｍ以下の距離にあるものと当該開口部とをさえぎる耐火構造又は防火構造
の外壁、そで壁、へいその他これらに類するものは、前項の防火設備とみな
す。
3　開口面積が100㎠以内の換気孔に設ける鉄板、モルタル板その他これらに
類する材料で造られた防火おおい又は地面からの高さが１ｍ以下の換気孔に
設ける網目２㎜以下の金網は、第１項の防火設備とみなす。

○令第109条の２（簡易耐火建築物の屋根等の構造）〔現行第109条の３〕

制定　公布：昭和34年政令第344号　施行：昭和34年12月23日

法第２条第九号の三イの規定により政令で定める防火性能を有する構造は、
不燃材料で造り、又はふく外、法第86条第２項の場合を除き、屋根の延焼のお
それのある部分を耐火構造又は防火構造としたものとする。
2　法第２条第九号の三ロの規定により政令で定める不燃材料に準ずる材料
は、準不燃材料とする。
3　法第２条第九号の三ロの規定により政令で定める防火性能を有する構造
は、次の各号に掲げるものとする。
一　外壁の延焼のおそれのある部分にあつては、耐火構造又は防火構造とし
たもの
二　屋根にあつては、不燃材料で造り、若しくはふいたもの又は建設大臣が
国家消防本部長の意見を聞いて、これらと同等以上の防火性能を有すると
認めて指定するもの
三　床にあつては、不燃材料又は準不燃材料で造る外、３階以上の階におけ

1－6 準耐火建築物　59

> るもの（直下の天井を第108条第一号イからハまでの一に該当する構造又
> は建設大臣が国家消防本部長の意見を聞いて、これらと同等以上の防火性
> 能を有すると認めて指定する構造とし、かつ、そのつり木、受木その他こ
> れらに類するものを不燃材料で造つた部分を除く。）を耐火構造又は防火
> 構造としたもの

〔趣旨・内容〕

　建築材料及び工法の進歩に伴い、従来の耐火構造と木造の防火構造との中
間の防火性能を有するものとして、新たに簡易耐火建築物が規定されました。
　簡易耐火建築物の構造は、法第2条第九号の三、令第109条及び第109条の
2で規定されましたが、法第2条第九号の三のイとロの2種類あり、イが通
称外壁耐火構造建築物、ロが不燃構造建築物と称するもので、共に前に述べ
たような防火性能を有し、耐火建築物に準じた防火性能をもったものでした。

2 準耐火建築物の創設

○法第2条第九号の三（用語の定義）

改正 公布：平成4年法律第82号　施行：平成5年6月25日

> 九の三　準耐火建築物　耐火建築物以外の建築物で、イ又はロのいずれかに該
> 当し、外壁の開口部で延焼のおそれのある部分に政令で定める構造の防火戸
> その他の防火設備を有するものをいう。
> 　イ　主要構造部を準耐火構造又は準耐火構造及び耐火構造としたもの
> 　ロ　イに掲げる建築物以外の建築物であつて、イに掲げるものと同等の耐火
> 　　性能を有するものとして主要構造部の防火の措置その他の事項について政
> 　　令で定める技術的基準に適合するもの

○令第109条の2（主要構造部を準耐火構造等とした建築物の層間変形角）〔現
　行第109条の2の2〕

制定 公布：平成5年政令第170号　施行：平成5年6月25日

> 　法第2条第九号の三イに該当する建築物の地上部分の層間変形角は、1／
> 150以内でなければならない。ただし、主要構造部が防火上有害な変形、き裂そ
> の他の損傷を生じないことが計算又は実験によつて確かめられた場合において
> は、この限りでない。

60　　1－6　準耐火建築物

○令第109条の3（主要構造部を準耐火構造とした建築物と同等の耐火性能を有する建築物の技術的基準）

制定 公布：平成5年政令第170号　施行：平成5年6月25日

法第2条第九号の三ロの政令で定める技術的基準は、次の各号の一に掲げるものとする。

一　外壁が耐火構造であり、かつ、屋根が不燃材料で造られ、又はふかれているほか、法第86条第8項の場合を除き、屋根の延焼のおそれのある部分が耐火構造、準耐火構造又は防火構造であること。

二　主要構造部である柱及びはりが不燃材料で、その他の主要構造部が不燃材料又は準不燃材料で造られ、外壁の延焼のおそれのある部分、屋根及び床が次に掲げる構造であること。

　　イ　外壁の延焼のおそれのある部分にあつては、耐火構造、準耐火構造又は防火構造としたもの

　　ロ　屋根にあつては、不燃材料で造り、若しくはふいたもの又は建設大臣が消防庁長官の意見を聴いて、これらと同等以上の防火性能を有すると認めて指定するもの

　　ハ　床にあつては、不燃材料又は準不燃材料で造るほか、3階以上の階におけるもの（直下の天井を第108条第一号イからハまでの一に該当する構造又は建設大臣が消防庁長官の意見を聴いて、これらと同等以上の防火性能を有すると認めて指定する構造とし、かつ、そのつり木、受木その他これらに類するものを不燃材料で造つた部分を除く。）を耐火構造、準耐火構造又は防火構造としたもの

〔趣旨・内容〕

　従来の建築基準法においては、木造の建築物について防火性能に関する評価がなされていませんでしたが、防火性能向上や技術の進展などにより、一定の防火性能を有する木造建築物の建築が可能になってきたことを踏まえ、木造などで主要構造部を耐火性能に準ずる性能を有する準耐火構造とし、外壁の開口部で延焼のおそれのある部分に一定の構造の防火戸その他の防火設備を有する建築物及び従来の簡易耐火建築物が新たに準耐火建築物として位置付けられました。これにより、木造建築物の建築可能な用途、階数、規模、立地の範囲が大きく広がりました。

　また、準耐火構造に用いられる防火被覆は、地震時に想定される変形により、所要の耐火性能を確保できなくなることから、層間変形角が1／150以内

でなければならないこととされました。

　ただし、防火被覆を設けた架構について、水平加力実験、耐火実験等あるいは計算により、その安全性が確認されている場合は、これによることができるものとしています。

3 　準耐火建築物の主要構造部の性能規定化

○令第109条の3（主要構造部を準耐火構造とした建築物と同等の耐火性能を有する建築物の技術的基準）

| 改正 | 公布：平成12年政令第211号　施行：平成12年6月1日

　法第2条第九号の三ロの政令で定める技術的基準は、次の各号のいずれかに掲げるものとする。
一　外壁が耐火構造であり、かつ、屋根の構造が法第22条第1項に規定する構造であるほか、法第86条の4の場合を除き、屋根の延焼のおそれのある部分の構造が、当該部分に屋内において発生する通常の火災による火熱が加えられた場合に、加熱開始後20分間屋外に火炎を出す原因となるき裂その他の損傷を生じないものとして、建設大臣が定めた構造方法を用いるもの又は建設大臣の認定を受けたものであること。
二　主要構造部である柱及びはりが不燃材料で、その他の主要構造部が準不燃材料で造られ、外壁の延焼のおそれのある部分、屋根及び床が次に掲げる構造であること。
　　イ　外壁の延焼のおそれのある部分にあつては、防火構造としたもの
　　ロ　屋根にあつては、法第22条第1項に規定する構造としたもの
　　ハ　床にあつては、準不燃材料で造るほか、3階以上の階における床又はその直下の天井の構造を、これらに屋内において発生する通常の火災による火熱が加えられた場合に、加熱開始後30分間構造耐力上支障のある変形、溶融、き裂その他の損傷を生じず、かつ、当該加熱面以外の面（屋内に面するものに限る。）の温度が可燃物燃焼温度以上に上昇しないものとして、建設大臣が定めた構造方法を用いるもの又は建設大臣の認定を受けたものとしたもの

○関係告示　準耐火建築物と同等の性能を有する建築物等の屋根の構造方法を定める件〔平12建告1367号〕

| 制定 | 公布：平成12年建設省告示第1367号　施行：平成12年6月1日

　第1　屋内において発生する通常の火災による火熱が加えられた場合に、加熱開始後20分間屋外に火炎を出す原因となるき裂その他の損傷を生じない屋根

の構造方法は、次に定めるものとする。

一　準耐火構造とすること。

二　次のイからハまでのいずれかに該当する構造とすること。ただし、イ及びロに掲げるものにあっては、野地板及びたるきが準不燃材料で造られている場合又は軒裏が防火構造である場合に限り、ハに掲げるものにあっては、金属板に接するたるき（たるきがない場合においては、もや）が不燃材料で造られている場合に限る。

　　イ　瓦又は石綿スレートでふいたもの

　　ロ　木毛セメント板の上に金属板をふいたもの

　　ハ　金属板でふいたもの

○関係告示　床又はその直下の天井の構造方法を定める件〔平12建告1368号〕

制定　公布：平成12年建設省告示第1368号　施行：平成12年6月1日

第1　屋内において発生する通常の火災による火熱が加えられた場合に、加熱開始後30分間構造耐力上支障のある変形、溶融、き裂その他の損傷を生じず、かつ、加熱面以外の面（屋内に面するものに限る。）の温度が可燃物燃焼温度以上に上昇しない床又はその直下の天井の構造方法は、次に定めるものとする。

一　準耐火構造とすること。

二　根太及び下地を不燃材料で造った床又はつり木、受け木その他これらに類するものを不燃材料で造った天井にあっては、次のイからハまでのいずれかに該当する構造とすること。

　　イ　鉄網モルタル塗で塗厚さが1.5cm以上のもの

　　ロ　木毛セメント板張又はせっこうボード張の上に厚さ1cm以上モルタル又はしっくいを塗ったもの

　　ハ　木毛セメント板の上にモルタル又はしっくいを塗り、その上に金属板を張ったもの

三　根太若しくは下地を不燃材料以外の材料で造った床にあっては、次のイからヌまでのいずれかに該当するもの

　　イ　鉄網モルタル塗又は木ずりしっくい塗で塗厚さが2cm以上のもの

　　ロ　木毛セメント板張又はせっこうボード張の上に厚さ1.5cm以上モルタル又はしっくいを塗ったもの

　　ハ　モルタル塗の上にタイルを張ったものでその厚さの合計が2.5cm以上のもの

> ニ　セメント板張又は瓦張の上にモルタルを塗ったものでその厚さの合計
> 　が2.5cm以上のもの
> ホ　土蔵造
> ヘ　土塗真壁造で裏返塗りをしたもの
> ト　厚さが1.2cm以上のせっこうボード張の上に亜鉛鉄板又は石綿スレー
> 　トを張ったもの
> チ　厚さが2.5cm以上の岩綿保温板張の上に亜鉛鉄板又は石綿スレートを
> 　張ったもの
> リ　厚さが2.5cm以上の木毛セメント板張の上に厚さが0.6cm以上の石綿ス
> 　レートを張ったもの
> ヌ　石綿スレート又は石綿パーライト板を2枚以上張ったもので、その厚
> 　さの合計が1.5cm以上のもの

〔趣旨・内容〕

　性能規定化に伴い、防火構造等とすることとされていた屋根及び3階以上
の階における床（又は直下の天井）についての必要な性能を、屋内において
発生する通常の火災による火熱を加えた場合に、屋根については加熱開始後
20分間耐える（遮炎性）性能を有するものであること、床については加熱開
始後30分間耐える（非損傷性、遮熱性）性能を有するものであることとし、
「建設大臣が定めた構造方法を用いるもの又は建設大臣の認定を受けたも
の」であることとされました。これを受けて、構造方法の例示仕様が告示に
規定されました。

参　考

・昭和34年5月29日住発第164号「建築基準法の一部を改正する法律の公布につい
　て」
・日本建築センター編『詳解建築基準法』（帝国地方行政学会、1973）
・日本建築センターほか編『平成5年6月25日施行　改正建築基準法・施行令の解
　説』（日本建築センター、1993）
・建設省住宅局建築指導課監『平成12年6月1日施行　改正建築基準法（2年目施
　行）の解説』（新日本法規出版、2000）

64   2-1 屋 根

第2章　単体規定

2-1　屋根（法第22条、令第109条の9）

現行規制の内容

（1）　屋根の不燃性能についての技術的基準

　特定行政庁が防火地域及び準防火地域以外の市街地について指定した区域
内（いわゆる法22条区域）にある建築物の屋根の性能は、不燃材料とするな
ど一定の不燃性能を有する構造としなければなりません。

　この屋根の性能に係る技術的基準において、①屋根が、通常の火災による
火の粉により、防火上有害な発炎をしないこと、②屋根が、通常の火災によ
る火の粉により、屋内に達する防火上有害な溶融、亀裂その他の損傷を生じ
ないものであることを求めています（建基令109の9）。

　ただし、茶室、あずまや又は延べ面積が10㎡以内の物置、納屋等の屋根で
延焼のおそれのある部分以外の部分については、規制の対象外とされていま
す（建基22①）。

（2）　不燃性の物品を保管する倉庫等の屋根の技術的基準

　不燃性の物品を保管する倉庫等で大臣が定める用途の建築物については、
火災による火の粉が屋内に到達した場合においても火災の発生のおそれがな
いことから、前述の技術的基準の②に係る性能が不要とされています（平28国
交通告693）。

主な改正履歴と改正の趣旨・内容

主な改正	施行・適用
1　屋根の不燃性能についての規定の制定	S 25.11.23
2　屋根の不燃性能についての技術的基準の制定（性能規定化）及び不燃性の物品を保管する倉庫等の屋根の技術的基準の制定	H 12.6.1
3　不燃性の物品を保管する倉庫等の屋根の技術的基準の改正	H 27.5.29

2－1　屋　根　65

1　屋根の不燃性能についての規定の制定
○法第22条（屋根）

制定 公布：昭和25年法律第201号　施行：昭和25年11月23日

> 特定行政庁が防火地域及び準防火地域以外の市街地について関係市町村の同
> 意を得て指定する区域内においては、建築物の屋根は、不燃材料で造り、又は
> ふかなければならない。但し、茶室、あづまやその他これらに類する建築物又
> は延べ面積が10㎡以内の物置、納屋その他これらに類する建築物の屋根の延焼
> のおそれのある部分以外の部分については、この限りでない。

〔趣旨・内容〕

　屋根については市街地建築物法施行規則により施行されていましたが、法
第22条（屋根）の規定で、防火地域、準防火地域内の屋根の構造に準じ特定
行政庁が市街地について指定する区域内では、延焼時に飛火について安全で
あるよう屋根及び外壁を防火上有効であるようにしたものです。

2　屋根の不燃性能についての技術的基準の制定（性能規定化）及び不燃性の物品を保管する倉庫等の屋根の技術的基準の制定
○法第22条（屋根）

改正 公布：平成10年法律第100号　施行：平成12年6月1日

> 1　特定行政庁が防火地域及び準防火地域以外の市街地について指定する区域
> 　内にある建築物の屋根の構造は、通常の火災を想定した火の粉による建築物
> 　の火災の発生を防止するために屋根に必要とされる性能に関して建築物の構
> 　造及び用途の区分に応じて政令で定める技術的基準に適合するもので、建設
> 　大臣が定めた構造方法を用いるもの又は建設大臣の認定を受けたものとしな
> 　ければならない。ただし、茶室、あずまやその他これらに類する建築物又は
> 　延べ面積が10㎡以内の物置、納屋その他これらに類する建築物の屋根の延焼
> 　のおそれのある部分以外の部分については、この限りでない。

○令第109条の5（法第22条第1項の市街地の区域内にある建築物の屋根の
　性能に関する技術的基準）〔現行第109条の8〕

制定 公布：平成12年政令第211号　施行：平成12年6月1日

> 　法第22条第1項の政令で定める技術的基準は、次の各号（不燃性の物品を保
> 管する倉庫その他これに類するものとして建設大臣が定める用途に供する建築

66   2－1 屋 根

物又は建築物の部分で、屋根以外の主要構造部が準不燃材料で造られたものの
屋根にあつては、第一号）に掲げるものとする。
　一　屋根が、通常の火災による火の粉により、防火上有害な発炎をしないも
　　のであること。
　二　屋根が、通常の火災による火の粉により、屋内に達する防火上有害な溶
　　融、き裂その他の損傷を生じないものであること。

○関係告示　特定行政庁が防火地域及び準防火地域以外の市街地について指
　　　　　　定する区域内における屋根の構造方法を定める件〔平12建告
　　　　　　1361号〕

制定　公布：平成12年建設省告示第1361号　施行：平成12年6月1日

　第1　建築基準法施行令（昭和25年政令第338号。以下「令」という。）第109条
　　の5各号に掲げる技術的基準に適合する屋根の構造方法は、建築基準法第63
　　条に規定する屋根の構造（令第136条の2の2各号に掲げる技術的基準に適
　　合するものに限る。）とすることとする。
　第2　令第109条の5第一号に掲げる技術的基準に適合する屋根の構造方法は、
　　建築基準法第63条に規定する屋根の構造とすることとする。

○関係告示　防火地域又は準防火地域内の建築物の屋根の構造方法を定める
　　　　　　件〔平12建告1365号〕

制定　公布：平成12年建設省告示第1365号　施行：平成12年6月1日

　第1　建築基準法施行令（昭和25年政令第338号。以下「令」という。）第136条
　　の2の2各号に掲げる技術的基準に適合する屋根の構造方法は、次に定める
　　ものとする。
　一　不燃材料で造るか、又はふくこと。
　二　屋根を準耐火構造（屋外に面する部分を準不燃材料で造ったものに限
　　る。）とすること。
　三　屋根を耐火構造（屋外に面する部分を準不燃材料で造ったもので、かつ、
　　その勾配が水平面から30度以内のものに限る。）の屋外面に断熱材（ポリエ
　　チレンフォーム、ポリスチレンフォーム、硬質ポリウレタンフォームその
　　他これらに類する材料を用いたもので、その厚さの合計が50mm以下のもの
　　に限る。）及び防水材（アスファルト防水工法、改質アスファルトシート防
　　水工法、塩化ビニル樹脂系シート防水工法、ゴム系シート防水工法又は塗
　　膜防水工法を用いたものに限る。）を張ったものとすること。

　　　　　　　　　　　　　　　　　　　　　2－1　屋　根　67

> 第2　令第136条の2の2第一号に掲げる技術的基準に適合する屋根の構造方
> 　法は、第1に定めるもののほか、難燃材料で造るか、又はふくこととする。

○関係告示　不燃性の物品を保管する倉庫に類する用途を定める件〔平12建
　　　　　　告1434号〕〔現行平28国交通告693号〕

制定　公布：平成12年建設省告示第1434号　施行：平成12年6月1日

> 　建築基準法施行令第109条の5及び第136条の2の2に規定する不燃性の物品
> を保管する倉庫に類する用途は、次に掲げるものとする。
> 一　スケート場、水泳場、スポーツの練習場その他これらに類する運動施設
> 二　不燃性の物品を取り扱う荷捌き場その他これと同等以上に火災の発生のお
> 　それの少ない用途
> 三　畜舎、堆肥舎並びに水産物の増殖場及び養殖場

〔趣旨・内容〕

　従来、不燃材料で造り又はふくこととされていた屋根不燃区域の屋根の構
造について性能規定化を行い、火の粉による火災の発生を防止するために必
要な性能に関して建築物の用途に応じて政令で定める技術基準に適合するも
のとして、建設大臣の定めた構造方法を用いるもの又は建設大臣の認定を受
けたものであることとされました。

　法の改正を受けて政令においては、屋根の性能の内容を具体化した上で、
それに対応した技術的基準を定め、屋根に必要な性能については、①（市街
地における）通常の火災による火の粉により防火上有害な発炎をしないこと、
②（市街地における）通常の火災による火の粉により屋内に達する溶融、亀
裂等の損傷を生じないこと、の2点を位置付けることとしました。

　従来はこれらの性能を直接確認するための試験方法がなかったため、不燃
性能を有すると認められる材料を指定し、その使用を義務付けることによっ
てこれらの性能を確保していましたが、屋根に必要な性能を検証するために
適切な試験方法があることが明らかとなったことから、性能規定化が措置さ
れたものです。

　併せて、法第22条第1項及び第63条に基づき屋根の例示仕様を定める告示
を制定し、令第109条の5及び第136条の2の2に定める技術的基準に適合す
る屋根の構造方法がそれぞれ定められました。従来、準耐火構造である屋根
が適用除外され、また耐火構造に一定の防水工事を行ったもの等についても

68　　2－1　屋　根

法第22条に適合するものとして取り扱われてきましたが、これらの構造については、今回政令において定めた技術的基準に適合するものであることが確かめられたため、例示仕様として告示に定められました。この場合に、耐火構造及び準耐火構造の被覆等の主要な構成材料を準不燃材料以上とすることとされてきたため、準耐火構造のうち、屋外に面する部分を準不燃材料で造ったものに限定されています。

　また、政令において上記の屋根に必要な性能の2点が位置付けられましたが、不燃性の物品を保管する倉庫等の屋内に可燃物がほとんど存在しない用途に供し、主要構造部が準不燃材料で造られている建築物又は建築物の部分については、火の粉によって屋根が燃え抜けた場合にも火災が発生するおそれがないため、①の（市街地における）通常の火災による火の粉により防火上有害な発炎をしない性能のみを必要な性能として位置付けることとしました。

　告示においては、不燃性の物品を保管する倉庫に類する用途が定められましたが、これらの用途は、①スケート場等の可燃物が少なく屋外的な用途に供するもの、②荷さばき場等の倉庫に準ずるもの、③畜舎等の屋根が燃え抜けることが問題とならないもの、について定められたものです。

3　不燃性の物品を保管する倉庫等の屋根の技術的基準の改正

〇関係告示　不燃性の物品を保管する倉庫に類する用途を定める件〔平12建告1434号〕〔現行平28国交通告693号〕

改正　公布：平成27年国土交通省告示第685号　施行：平成27年5月29日

建築基準法施行令（以下「令」という。）第109条の6及び第136条の2の2に規定する不燃性の物品を保管する倉庫に類する用途は、次に掲げるものとする。

（略）

四　劇場、映画館、演芸場、観覧場、公会堂及び集会場の主たる用途に供する居室で、次のイ及びロに掲げる基準に適合するもの

　イ　屋内の客席が固定席その他これに類するもので、難燃材料で造られたものその他通常の火災又は市街地の火災を想定した火の粉による屋根の損傷によって屋内に到達した火の粉（以下「火の粉」という。）により建築物の火災が発生するおそれがない構造のものであること。

　ロ　特定屋根部分（建築基準法（昭和25年法律第201号）第22条第1項の市街地の区域内にある建築物にあっては令第109条の5第二号、防火地域又は準防火地域内にある建築物にあっては令第136条の2の2第二号に掲げる

2－1　屋　根　69

基準に適合しない屋根の部分をいう。以下同じ。）が面する居室（特定屋根部分の直下に天井がある場合においては、当該天井が面する居室及び天井裏。以下同じ。）の壁（主要構造部を除く。）、天井及び屋根（特定屋根部分を除く。）の当該室内に面する部分の仕上げを難燃材料でしたものであること。ただし、床、壁その他の建築物の部分で防火上有効に遮られている部分その他当該居室の構造又は特定屋根部分からの距離により火の粉が到達しないことが明らかな部分は、この限りでない。
五　アトリウムその他の大規模な空間を通行の用に供する用途で、前号ロに掲げる基準に適合するもの

〔趣旨・内容〕

　建築技術の高度化等に伴い、多様な形態の屋根が出現してきていることを踏まえ、これらの建築ニーズに対応するため、特に屋根の形態に多様性が見られる観覧場等の用途について防火上の検証が行われ、その結果を踏まえ、平成27年5月29日に「不燃性の物品を保管する倉庫に類する用途を定める件」（平12建告1434）を改正し、難燃性を有する客席（試験によって性能を確認した木製いすなど）を設けた観覧場などを、不燃性の物品を保管する倉庫に類するものとして同告示中に規定されました。なお、平成28年の法改正に併せ、同告示は廃止され、表現の適正化の上、新たに平成28年国土交通省告示第693号として制定されています。

参　考

・平成27年5月29日国住指第837号「不燃性の物品を保管する倉庫に類する用途を定める件の一部を改正する件の施行について（技術的助言）」
・平成28年6月1日国住指第669号「建築基準法の一部を改正する法律等の施行について（技術的助言）」
・建設省住宅局建築指導課監『平成12年6月1日施行　改正建築基準法（2年目施行）の解説』（新日本法規出版、2000）

70   2－2   耐火建築物等としなければならない特殊建築物

2－2   耐火建築物等としなければならない特殊建築物（法第27条・別表第1・令第109条の8・第110条・第110条の2・第110条の3・第110条の4・第110条の5・第115条の3）

現行規制の内容

（1）   耐火建築物等としなければならない特殊建築物

　不特定多数が利用する用途、宿泊や就寝を伴う用途、火災危険度の高い用途の建築物については、当該用途が存する階数やその規模に応じて、耐火建築物等とすることが求められています（建基27）。

（2）   耐火建築物等

　本規制において求められる耐火建築物等とは、耐火建築物、準耐火建築物の他、火災時に在館者が避難を終了するまでの間、構造耐力上の変形等を生じない避難時倒壊防止建築物を指し、建築物の用途や規模によって求められる性能が異なっています（建基27、建基令110・110の2・110の3）。

主な改正履歴と改正の趣旨・内容

主な改正	施行・適用
⒈ 各種特殊建築物ごとの構造制限の制定	S 25.11.23
⒉ 用途・規模・階数に応じた構造制限	S 34.12.23
⒊ 各種特殊建築物に類する用途の建築物の構造制限	S 46.1.1
⒋ 木造建築物に係る建築規制の合理化（木造3階建共同住宅等）	H 5.6.25
⒌ 特殊建築物の主要構造部に必要とされる性能（特定避難時間倒壊等防止建築物）	H 27.6.1
⒍ 準耐火構造の位置付けの明確化に伴う見直し	R 1.6.25
⒎ 小規模な建築物の主要構造部の規制の合理化	R 1.6.25
⒏ 別棟みなし規定の制定	R 6.4.1

2－2　耐火建築物等としなければならない特殊建築物　　71

1　各種特殊建築物ごとの構造制限の制定
○法第27条（特殊建築物の耐火構造）

制定 公布：昭和25年法律第201号　施行：昭和25年11月23日

> 　左の各号の一に該当する特殊建築物は、主要構造部を耐火構造としなければ
> ならない。但し、延べ面積が50㎡以内の平家建の附属建築物で外壁及び軒裏を
> 防火構造としたもの、第六号の建築物の屋根で不燃材料で造られたもの又は舞
> 台の床は、この限りでない。
> 　一　劇場、映画館、演芸場、観覧場、公会堂又は集会場の用途に供するもので、そ
> 　　　の客席の床面積の合計が200㎡（屋外観覧席にあつては、1,000㎡）をこえるもの
> 　二　建築物の2階を病院、共同住宅、寄宿舎、下宿又は倉庫の用途に供するも
> 　　　ので、その用途に供する部分の床面積の合計が400㎡をこえるもの
> 　三　建築物の3階以上の階を学校、病院、劇場、映画館、演芸場、観覧場、公
> 　　　会堂、集会場、共同住宅、寄宿舎又は下宿の用途に供するもの
> 　四　建築物の3階以上の階を百貨店、市場、展覧会場、舞踏場、遊技場又は倉
> 　　　庫の用途に供するもので、その用途に供する部分の床面積の合計が200㎡を
> 　　　こえるもの
> 　五　自動車車庫の用途に供するもので、その用途に供する部分の床面積の合計
> 　　　が300㎡をこえるもの
> 　六　別表第1（は）項二号に掲げる危険物の貯蔵場又は処理場の用途に供するも
> 　　　の（貯蔵又は処理に係る危険物の数量が政令で定める限度をこえないものを
> 　　　除く。）

〔趣旨・内容〕

　特殊建築物は、利用者が多数又は不特定であることや火災発生の可能性等
から、それ以外の建築物に比べて、防火性能や避難安全性等に配慮が必要な
ものとして、本規定が定められました。

　それぞれの規定に掲げる「用途に供するもの」とは、これらの用途に供す
る部分が建築物の一部分である場合を含み、「その用途に供する部分」とは、
規定された階における部分をいうものとされています。

2　用途・規模・階数に応じた構造制限
○法第27条（耐火建築物又は簡易耐火建築物としなければならない特殊建築
　物）

改正 公布：昭和34年法律第156号　施行：昭和34年12月23日

> 　1　次の各号の一に該当する特殊建築物は、耐火建築物としなければならない。

72   2－2　耐火建築物等としなければならない特殊建築物

　　一　別表第1(ろ)欄に掲げる階を同表(い)欄の当該各項に掲げる用途に供す
　　　るもの
　　二　別表第1(い)欄に掲げる用途に供するもので、その用途に供する部分(同
　　　表(1)項の場合にあつては客席、(5)項の場合にあつては3階以上の部分
　　　に限る。)の床面積の合計が同表(は)欄の当該各項に該当するもの
　　三　劇場、映画館又は演芸場の用途に供するもので、主階が1階にないもの
　2　次の各号の一に該当する特殊建築物は、耐火建築物又は簡易耐火建築物(別
　　表第1(い)欄(6)項に掲げる用途に供するものにあつては、第2条第九号の
　　三イに該当する簡易耐火建築物を除く。)としなければならない。
　　一　別表第1(い)欄に掲げる用途に供するもので、その用途に供する部分(同
　　　表(2)項及び(4)項の場合にあつては2階の部分に限り、かつ、病院につ
　　　いてはその部分に患者の収容施設がある場合に限る。)の床面積の合計が
　　　同表(に)欄の当該各項に該当するもの
　　二　別表第2(い)項第八号に規定する危険物の貯蔵場又は処理場の用途に供
　　　するもの（貯蔵又は処理に係る危険物の数量が政令で定める限度をこえな
　　　いものを除く。）

○法別表第1（耐火建築物又は簡易耐火建築物としなければならない特殊建
　築物）

制定　公布：昭和34年法律第156号　施行：昭和34年12月23日

	（い）	（ろ）	（は）	（に）
	用途	(い)欄の用途に供する階	(い)欄の用途に供する部分（(1)項の場合にあつては客席、(5)項の場合にあつては3階以上の部分に限る。）の床面積の合計	(い)欄の用途に供する部分（(2)項及び(4)項の場合にあつては2階の部分に限り、かつ、病院についてはその部分に患者の収容施設がある場合に限る。）の床面積の合計
（1）	劇場、映画館、演芸場、観覧場、公会堂又は集会場	3階以上の階	200㎡（屋外観覧席にあつては、1,000㎡）以上	

2－2　耐火建築物等としなければならない特殊建築物　　73

（2）	病院、ホテル、旅館、下宿、共同住宅、寄宿舎又は養老院	3階以上の階		300㎡以上
（3）	学校又は体育館	3階以上の階		2,000㎡以上
（4）	百貨店、マーケット、展示場、舞踏場又は遊技場	3階以上の階	3,000㎡以上	500㎡以上
（5）	倉庫		200㎡以上	1,500㎡以上
（6）	自動車車庫	3階以上の階		150㎡以上

〔趣旨・内容〕

　建築材料及び工法の進歩に伴い、従来の耐火構造と木造の防火構造との中間の防火性能を有するものとして、新たに簡易耐火建築物に関する規定が設けられ、これにより特殊建築物の構造規定の強化整備が図られました。

　主として別表に定めている各種特殊建築物を、その規模、階数等によって構造制限を行い、耐火建築物又は簡易耐火建築物とすることとされました。

　なお、法別表第1（い）欄（6）項に掲げる用途については、火災が急速に拡大するおそれのある危険物が存在する可能性があることから、簡易耐火建築物のうち建築物の内部の構造部分（柱、床、はり）を防火措置の講じられていない木造とし得る法第2条第九号の三イ（現行令第109条の3第一号）に該当するものは認められないものとされています。

3　各種特殊建築物に類する用途の建築物の構造制限

〇法別表第1（耐火建築物又は簡易耐火建築物としなければならない特殊建築物）

改正　公布：昭和45年法律第109号　施行：昭和46年1月1日

	（い）	（ろ）	（は）	（に）
	用途	（い）欄の用途に供する階	（い）欄の用途に供する部分（（1）項の場合にあつては客席、	（い）欄の用途に供する部分（（2）項及び（4）項の場合にあつては2

74 　2－2 　耐火建築物等としなければならない特殊建築物

			（5）項の場合にあつては3階以上の部分に限る。）の床面積の合計	階の部分に限り、かつ、病院についてはその部分に患者の収容施設がある場合に限る。）の床面積の合計
（1）	劇場、映画館、演芸場、観覧場、公会堂、集会場その他これらに類するもので政令で定めるもの	3階以上の階	200㎡（屋外観覧席にあつては、1,000㎡）以上	
（2）	病院、ホテル、旅館、下宿、共同住宅、寄宿舎、養老院その他これらに類するもので政令で定めるもの	3階以上の階		300㎡以上
（3）	学校、体育館その他これらに類するもので政令で定めるもの	3階以上の階		2,000㎡以上
（4）	百貨店、マーケット、展示場、キヤバレー、カフエー、ナイトクラブ、バー、舞踏場、遊技場その他これらに類するもので政令で定めるもの	3階以上の階	3,000㎡以上	500㎡以上
（5）	倉庫その他これに類するもので政令で定めるもの		200㎡以上	1,500㎡以上
（6）	自動車車庫、自動車修理工場その他これらに類するもので政令で定めるもの	3階以上の階		150㎡以上

2−2　耐火建築物等としなければならない特殊建築物　75

○令第115条の２（耐火建築物又は簡易耐火建築物としなければならない特殊建築物）〔現行第115条の３〕

制定 公布：昭和45年政令第333号　施行：昭和46年１月１日

法別表第１（い）欄の（２）項から（４）項まで及び（６）項に掲げる用途に類するもので政令で定めるものは、それぞれ次の各号に掲げるものとする。
一　（２）項の用途に類するもの　児童福祉施設等
二　（３）項の用途に類するもの　博物館、美術館、図書館、ボーリング場、スキー場、スケート場、水泳場又はスポーツの練習場
三　（４）項の用途に類するもの　公衆浴場、待合、料理店、飲食店又は物品販売業を営む店舗（床面積が10㎡以内のものを除く。）
四　（６）項の用途に類するもの　映画スタジオ又はテレビスタジオ

〔趣旨・内容〕
　耐火建築物又は簡易耐火建築物としなければならない建築物の範囲が拡大されました。法別表第１（い）欄（１）項から（６）項までの各用途に、それぞれ類似の用途が政令で定められ、それらについても同一の制限が課せられることとなりました。

④　木造建築物に係る建築規制の合理化（木造３階建共同住宅等）
○法第27条（耐火建築物又は準耐火建築物としなければならない特殊建築物）

改正 公布：平成４年法律第82号　施行：平成５年６月25日

1　次の各号の一に該当する特殊建築物は、耐火建築物としなければならない。ただし、地階を除く階数が３で、３階を下宿、共同住宅又は寄宿舎の用途に供するもの（３階の一部を別表第１（い）欄に掲げる用途（下宿、共同住宅及び寄宿舎を除く。）に供するもの及び第二号又は第三号に該当するものを除く。）のうち防火地域及び準防火地域以外の区域内にあるものにあつては、第２条第九号の三イに該当する準耐火建築物（主要構造部の耐火性能その他の事項について政令で定める技術的基準に適合するものに限る。）とすることができる。
（略）

○令第115条の２の２（耐火建築物とすることを要しない特殊建築物の技術的基準等）〔現行上の規定なし〕

制定 公布：平成５年政令第170号　施行：平成５年６月25日

1　法第27条第１項ただし書の政令で定める技術的基準は、次のとおりとする。

76　2－2　耐火建築物等としなければならない特殊建築物

一　主要構造部である壁、柱、床及びはりが、耐火構造又は建設大臣が通常
　の火災時の加熱にそれぞれ次の表の時間以上耐える性能を有すると認めて
　指定する準耐火構造であること。

壁	間仕切壁		1時間
	外壁	耐力壁	1時間
		非耐力壁の延焼のおそれのある部分	1時間
柱			1時間
床			1時間
はり			1時間

二　下宿の各宿泊室、共同住宅の各住戸又は寄宿舎の各寝室（以下「各宿泊
　室等」という。）に避難上有効なバルコニーその他これに類するものが設け
　られていること。ただし、各宿泊室等から地上に通ずる主たる廊下、階段
　その他の通路が直接外気に開放されたものであり、かつ、各宿泊室等の当
　該通路に面する開口部に甲種防火戸又は乙種防火戸が設けられている場合
　においては、この限りでない。
三　3階の各宿泊室等の外壁面（各宿泊室等から地上に通ずる主たる廊下、
　階段その他の通路に面するものを除く。）に窓その他の開口部（直径1m以
　上の円が内接することができるもの又はその幅及び高さが、それぞれ、75cm
　以上及び1.2m以上のもので、格子その他の屋外からの進入を妨げる構造
　を有しないものに限る。）が道又は道に通ずる幅員4m以上の通路その他
　の空地に面して設けられていること。
四　建築物の周囲（道に接する部分を除く。）に幅員が3m以上の通路（敷地
　の接する道まで達するものに限る。）が設けられていること。ただし、次に
　掲げる基準に適合しているものについては、この限りでない。
　イ　各宿泊室等に避難上有効なバルコニーその他これに類するものが設け
　　られていること。
　ロ　各宿泊室等から地上に通ずる主たる廊下、階段その他の通路が、直接
　　外気に開放されたものであり、かつ、各宿泊室等の当該通路に面する開
　　口部に甲種防火戸又は乙種防火戸が設けられていること。
　ハ　外壁の開口部から当該開口部のある階の上階の開口部へ延焼するおそ
　　れがある場合においては、当該外壁の開口部の上部にひさしその他これ
　　に類するもので耐火構造、準耐火構造若しくは防火構造としたもの又は
　　不燃材料で造られたものが防火上有効に設けられていること。

2-2 耐火建築物等としなければならない特殊建築物 77

〔趣旨・内容〕

近年の木造に関する防火技術の構造等を踏まえ、一定の耐火性能を有する木造建築物等について、従来の耐火構造及び耐火建築物に準じた性能基準として、準耐火構造及び準耐火建築物の規定が創設されました。

また、このうち、特に防火性能の高い木造建築物は、原則として用途、立地、規模、構造等に関する条件（①用途は、共同住宅、下宿、寄宿舎、②建設地域は、防火・準防火地域以外の地域、③階数は3以下、延べ面積は3,000㎡以下、④倒壊による近隣への危害を防止する措置、避難安全性及び消防活動の確保のための措置並びに大地震時においても防火被覆がその有効性を損なう破壊、脱落等を生じることを防止するための措置を講ずること）の下で、耐火建築物とすることが要求されている特殊建築物としても建築できるよう措置されました。

従来、3階建共同住宅等については、耐火建築物とすることが要求されていたことから、耐火建築物とほぼ同等の耐火性能を確保するため、主要構造部を構成する準耐火構造については、通常の45分以上の耐火性能ではなく、1時間以上の耐火性能を有するものとされました。④の避難安全性、消火活動の円滑性及び倒壊防止性の確保のための措置としては、避難上有効はバルコニーの設置等、非常用の進入口・通路等の確保、建築物周囲の通路の確保が規定されました。

5 特殊建築物の主要構造部に必要とされる性能（特定避難時間倒壊等防止建築物）

○法第27条（耐火建築物等としなければならない特殊建築物）

改正 公布：平成26年法律第54号　施行：平成27年6月1日

1　次の各号のいずれかに該当する特殊建築物は、その主要構造部を当該特殊建築物に存する者の全てが当該特殊建築物から地上までの避難を終了するまでの間通常の火災による建築物の倒壊及び延焼を防止するために主要構造部に必要とされる性能に関して政令で定める技術的基準に適合するもので、国土交通大臣が定めた構造方法を用いるもの又は国土交通大臣の認定を受けたものとし、かつ、その外壁の開口部であつて建築物の他の部分から当該開口部へ延焼するおそれがあるものとして政令で定めるものに、防火戸その他の政令で定める防火設備（その構造が遮炎性能に関して政令で定める技術的基

78　　2－2　耐火建築物等としなければならない特殊建築物

準に適合するもので、国土交通大臣が定めた構造方法を用いるもの又は国土
交通大臣の認定を受けたものに限る。）を設けなければならない。
（略）

○令第110条（法第27条第１項に規定する特殊建築物の主要構造部の性能に
　関する技術的基準）

制定　公布：平成27年政令第11号　施行：平成27年６月１日

　主要構造部の性能に関する法第27条第１項の政令で定める技術的基準は、次
の各号のいずれかに掲げるものとする。
一　次に掲げる基準
　イ　次の表に掲げる建築物の部分にあつては、当該部分に通常の火災による
　　火熱が加えられた場合に、加熱開始後それぞれ同表に掲げる時間構造耐力
　　上支障のある変形、溶融、破壊その他の損傷を生じないものであること。

壁	間仕切壁（耐力壁に限る。）	特定避難時間（特殊建築物の構造、建築設備及び用途に応じて当該特殊建築物に存する者の全てが当該特殊建築物から地上までの避難を終了するまでに要する時間をいう。以下同じ。）
	外壁（耐力壁に限る。）	特定避難時間
柱		特定避難時間
床		特定避難時間
はり		特定避難時間
屋根（軒裏を除く。）		30分間（特定避難時間が30分間未満である場合にあつては、特定避難時間。以下この号において同じ。）
階段		30分間

　ロ　壁、床及び屋根の軒裏（外壁によつて小屋裏又は天井裏と防火上有効に
　　遮られているものを除き、延焼のおそれのある部分に限る。）にあつては、
　　これらに通常の火災による火熱が加えられた場合に、加熱開始後特定避難
　　時間（非耐力壁である外壁の延焼のおそれのある部分以外の部分及び屋根
　　の軒裏（外壁によつて小屋裏又は天井裏と防火上有効に遮られているもの
　　を除き、延焼のおそれのある部分以外の部分に限る。）にあつては、30分間）
　　当該加熱面以外の面（屋内に面するものに限る。）の温度が可燃物燃焼温度

以上に上昇しないものであること。

ハ　外壁及び屋根にあつては、これらに屋内において発生する通常の火災による火熱が加えられた場合に、加熱開始後特定避難時間（非耐力壁である外壁の延焼のおそれのある部分以外の部分及び屋根にあつては、30分間）屋外に火炎を出す原因となる亀裂その他の損傷を生じないものであること。

二　第107条各号又は第108条の３第１項第一号イ及びロに掲げる基準

○令第110条の２（延焼するおそれがある外壁の開口部）

制定　公布：平成27年政令第11号　施行：平成27年６月１日

法第27条第１項の政令で定める外壁の開口部は、次に掲げるものとする。
一　延焼のおそれのある部分であるもの（法第86条の４第１項各号のいずれかに該当する建築物の外壁の開口部を除く。）
二　他の外壁の開口部から通常の火災時における火炎が到達するおそれがあるものとして国土交通大臣が定めるもの（前号に掲げるものを除く。）

○令第110条の３（法第27条第１項に規定する特殊建築物の防火設備の遮炎性能に関する技術的基準）

制定　公布：平成27年政令第11号　施行：平成27年６月１日

防火設備の遮炎性能に関する法第27条第１項の政令で定める技術的基準は、防火設備に通常の火災による火熱が加えられた場合に、加熱開始後20分間当該加熱面以外の面（屋内に面するものに限る。）に火炎を出さないものであることとする。

〔趣旨・内容〕

　従来は、法別表第１（１）項から（４）項までに掲げる特殊建築物について、その用途、規模等に応じ、耐火建築物又は準耐火建築物としなければならないと一律に規定されていましたが、特殊建築物の在館者の全てが当該特殊建築物から地上までの避難を終了するまでの間（特定避難時間）、通常の火災による建築物の倒壊及び延焼を防止するという主要構造部に求める性能を明確化し、性能に対応する技術的基準を定めることにより性能規定化が行われました。

80　2－2　耐火建築物等としなければならない特殊建築物

　特殊建築物の主要構造部に必要とされる性能に関する技術的基準は、特定避難時間倒壊及び延焼を防止できるものとして、令第110条第一号イ（非損傷性）、ロ（遮熱性）、ハ（遮炎性）の基準を満たすこと、又は火災終了まで倒壊及び延焼を防止できるものとして、令第107条各号（耐火性能）若しくは令第108条の３第１項イ及びロ（耐火性能検証法）に掲げる基準に適合するものであることとされました。

　また、外壁の開口部についても、耐火建築物等の場合、「延焼のおそれのある部分」に防火設備を設けることとなっていましたが、「外壁の開口部で建築物の他の部分から当該開口部へ延焼するおそれがあるもの」を政令で定め、これに防火設備を設けることとされました。防火設備を設ける必要がある「外壁の開口部で建築物の他の部分から当該開口部へ延焼するおそれがあるもの」として、隣地等との関係で延焼のおそれのある部分（建基２六）、及び特殊建築物に設けられた他の外壁の開口部から火災が到達するおそれがあるものとして国土交通大臣が定める部分が規定されました（建基令110の２）。後者は、近年の実大火災実験により、屋外を通じ区画を超えた延焼を防止する対策の必要性が明らかになったものについて、新たに規制対象として定められたものです。

　従来、法第27条により耐火建築物又は準耐火建築物とすることとされていたものについて、延焼のおそれのある部分には、屋内及び屋外への遮炎性能が求められていましたが、今回の見直しにより、屋内から屋外への性能については不要とされました。これは在館者の避難安全の確保という求める性能を明確化し、規制の合理化が図られたものです。

6　準耐火構造の位置付けの明確化に伴う見直し

○令第110条（法第27条第１項に規定する特殊建築物の主要構造部の性能に関する技術的基準）

改正 公布：令和元年政令第30号　施行：令和元年６月25日

一	（略）

イ　次の表に掲げる建築物の部分にあつては、当該部分に通常の火災による火熱が加えられた場合に、加熱開始後それぞれ同表に掲げる時間構造耐力上支障のある変形、溶融、破壊その他の損傷を生じないものであること。

壁	間仕切壁（耐力壁に限る。）	特定避難時間（特殊建築物の構造、建築設備及び用途に応じて当該特殊建築物に存する者の全てが当該特殊建築

2－2 耐火建築物等としなければならない特殊建築物　81

		物から地上までの避難を終了するまでに要する時間をいう。以下同じ。）（特定避難時間が45分間未満である場合にあつては、45分間。以下この号において同じ。）
	外壁（耐力壁に限る。）	特定避難時間
柱		特定避難時間
床		特定避難時間
はり		特定避難時間
屋根（軒裏を除く。）		30分間
階段		30分間

ロ　壁、床及び屋根の軒裏（外壁によつて小屋裏又は天井裏と防火上有効に遮られているものを除く。以下このロにおいて同じ）にあつては、これらに通常の火災による火熱が加えられた場合に、加熱開始後特定避難時間（非耐力壁である外壁及び屋根の軒裏（いずれも延焼のおそれのある部分以外の部分に限る。）にあつては、30分間）当該加熱面以外の面（屋内に面するものに限る。）の温度が可燃物燃焼温度以上に上昇しないものであること。

ハ　外壁及び屋根にあつては、これらに屋内において発生する通常の火災による火熱が加えられた場合に、加熱開始後特定避難時間（非耐力壁である外壁（延焼のおそれのある部分以外の部分に限る。）及び屋根にあつては、30分間）屋外に火炎を出す原因となる亀裂その他の損傷を生じないものであること。

〔趣旨・内容〕

　主要構造部規制は、法令上は、具体的には①規模の観点、②用途の観点、③立地の観点の３つの観点からなされています。平成26年改正（平成27年6月施行）により、「用途の観点」（建基27）に対応する性能規定化が図られましたが、今回の改正により３つの観点全てについて、同様の性能規定化が図られました。これにより、従来は時間について定めのなかった特定避難時間について、その下限が45分とされたことで、法第27条第1項の規定に適合する特殊建築物（特定避難時間倒壊等防止建築物）の主要構造部の構造が準耐火構造に包含されるものとして再整理されました。

82　2－2　耐火建築物等としなければならない特殊建築物

7　小規模な建築物の主要構造部の規制の合理化
○法第27条（耐火建築物等としなければならない特殊建築物）

改 正 公布：平成30年法律第67号　施行：令和元年6月25日

> 1　（略）
> 一　別表第一（ろ）欄に掲げる階を同表（い）欄（1）項から（4）項までに掲げる
> 　用途に供するもの（階数が3で延べ面積が200㎡未満のもの（同表（ろ）欄に
> 　掲げる階を同表（い）欄（2）項に掲げる用途で政令で定めるものに供するも
> 　のにあつては、政令で定める技術的基準に従つて警報設備を設けたものに
> 　限る。）を除く。）
> 　（略）
> 四　劇場、映画館又は演芸場の用途に供するもので、主階が1階にないもの
> 　（階数が3以下で延べ面積が200㎡未満のものを除く。）

○令第110条の4（警報設備を設けた場合に耐火建築物等とすることを要し
　ないこととなる用途）

制 定 公布：令和元年政令第30号　施行：令和元年6月25日

> 　法第27条第1項第一号の政令で定める用途は、病院、診療所（患者の収容施
> 設があるものに限る。）、ホテル、旅館、下宿、共同住宅、寄宿舎及び児童福祉
> 施設等（入所する者の寝室があるものに限る。）とする。

○令第110条の5（警報設備の技術的基準）

制 定 公布：令和元年政令第30号　施行：令和元年6月25日

> 　法第27条第1項第一号の政令で定める技術的基準は、当該建築物のいずれの
> 室（火災の発生のおそれの少ないものとして国土交通大臣が定める室を除く。）
> で火災が発生した場合においても、有効かつ速やかに、当該火災の発生を感知
> し、当該建築物の各階に報知することができるよう、国土交通大臣が定めた構
> 造方法を用いる警報設備が、国土交通大臣が定めるところにより適当な位置に
> 設けられていることとする。

〔趣旨・内容〕
　法別表第1（い）欄（1）項から（4）項までに掲げる用途に供する特殊建築物
について、規模に応じて主要構造部に性能要求することとされていますが、
既存建築ストックの用途変更による有効活用を促進するため、階数3で延べ

2-2 耐火建築物等としなければならない特殊建築物 83

面積が200㎡未満のものについて、一定の基準を満たすものをその例外とすることとされました。

　従来の基準において、「3階以上の階」に対象用途がある場合については、床面積の規模にかかわらず主要構造部に規制を求めることとされていたものの、避難上の安全性の確保という趣旨を鑑みると、床面積が小さい場合は避難経路も短いことから、避難に要する時間が比較的短くなるという技術的な知見を踏まえて、基準の合理化を図ることとされました。

　法別表第1（い）欄（2）項に掲げる用途については、その一部において就寝利用する用途が含まれており、避難の歩行時間が短くても、火災の覚知が遅れることで安全に避難することが困難となるおそれがあることから、政令で定める用途であって、政令で定める技術的基準に従って警報設備を設けた場合に限って、主要構造部規制の対象外とされました。

　なお、ここでいう警報設備とは、建築基準法上の建築設備として扱われるものですが、具体の設備としては消防法令において既に位置付けのある「自動火災報知設備」又は「特定小規模施設用自動火災報知設備」の基準が告示において規定されています。

⑧　別棟みなし規定の制定

○法第27条（耐火建築物等としなければならない特殊建築物）

改正 公布：令和4年法律第69号　施行：令和6年4月1日

> 4　前3項に規定する基準の適用上一の建築物であつても別の建築物とみなすことができる部分として政令で定める部分が2以上ある建築物の当該建築物の部分は、これらの規定の適用については、それぞれ別の建築物とみなす。

○令第109条の8（別の建築物とみなすことができる部分）

制定 公布：令和5年政令第280号　施行：令和6年4月1日

> 　法第21条第3項、法第27条第4項（法第87条第3項において準用する場合を含む。）及び法第61条第2項の政令で定める部分は、建築物が火熱遮断壁等（壁、柱、床その他の建築物の部分又は第109条に規定する防火設備（以下この条において「壁等」という。）のうち、次に掲げる技術的基準に適合するもので、国土交通大臣が定めた構造方法を用いるもの又は国土交通大臣の認定を受けたものをいう。以下同じ。）で区画されている場合における当該火熱遮断壁等により分離された部分とする。

84　2－2　耐火建築物等としなければならない特殊建築物

一　当該壁等に通常の火災による火熱が火災継続予測時間（建築物の構造、建築設備及び用途に応じて火災が継続することが予測される時間をいう。以下この条において同じ。）加えられた場合に、当該壁等が構造耐力上支障のある変形、溶融、破壊その他の損傷を生じないものであること。

二　当該壁等に通常の火災による火熱が火災継続予測時間加えられた場合に、当該加熱面以外の面（屋内に面するものに限る。）のうち防火上支障がないものとして国土交通大臣が定めるもの以外のもの（ロにおいて「特定非加熱面」という。）の温度が、次のイ又はロに掲げる場合の区分に応じ、それぞれ当該イ又はロに定める温度以上に上昇しないものであること。

　イ　ロに掲げる場合以外の場合　可燃物燃焼温度

　ロ　当該壁等が第109条に規定する防火設備である場合において、特定非加熱面が面する室について、国土交通大臣が定める基準に従い、内装の仕上げを不燃材料でし、かつ、その下地を不燃材料で造ることその他これに準ずる措置が講じられているとき　可燃物燃焼温度を超える温度であつて当該措置によつて当該室における延焼を防止することができる温度として国土交通大臣が定める温度

三　当該壁等に屋内において発生する通常の火災による火熱が火災継続予測時間加えられた場合に、当該壁等が屋外に火炎を出す原因となる亀裂その他の損傷を生じないものであること。

四　当該壁等に通常の火災による当該壁等以外の建築物の部分の倒壊によつて生ずる応力が伝えられた場合に、当該壁等の一部が損傷してもなおその自立する構造が保持されることその他国土交通大臣が定める機能が確保されることにより、当該建築物の他の部分に防火上有害な変形、亀裂その他の損傷を生じさせないものであること。

五　当該壁等が、通常の火災時において、当該壁等以外の建築物の部分から屋外に出た火炎による当該建築物の他の部分への延焼を有効に防止できるものであること。

〔趣旨・内容〕
　法第27条（法第21条第1項及び第2項並びに法第61条含みます。）の適用について、2以上の部分で構成される建築物において、高い耐火性能の壁等で区画されている等の一定要件を満たす場合には、当該2以上の部分を別の建築物として取り扱い、各々の建築物ごとにこれらの防火規制を適用することとなり、低層棟など一部の部分については適用を除外することが可能となりました。

２−２ 耐火建築物等としなければならない特殊建築物 85

> **参　考**

・昭和34年５月29日住発第164号「建築基準法の一部を改正する法律の公布について」
・平成５年６月25日建設省都計発第90号「都市計画法及び建築基準法の一部を改正等について」
・令和元年６月24日国住指第653号・国住街第40号「建築基準法の一部を改正する法律等の施行について（技術的助言）」
・令和６年３月29日国住指第433号・国住街第159号「脱炭素社会の実現に資するための建築物のエネルギー消費性能の向上に関する法律等の一部を改正する法律等の施行について」
・日本建築センター編『詳解建築基準法』（帝国地方行政学会、1973）
・日本建築センターほか編『平成５年６月25日施行　改正建築基準法・施行令の解説』（日本建築センター、1993）
・建築基準法研究会編『平成26年改正　建築基準法・同施行令等の解説』（ぎょうせい、2015）
・建築規制基準研究会　編『建築関係規制・基準チェックの手引』（新日本法規出版、2016）
・建築基準法研究会編『平成30年改正　建築基準法・同施行令等の解説』（ぎょうせい、2019）

86   2－3　居室の採光及び換気

2－3　居室の採光及び換気（法第28条、令第19条・第20条・第20条の2・第20条の3）

現行規制の内容

（1）　採光規定が適用される居室

　住宅、学校、病院、診療所、寄宿舎、下宿等の居室には、採光のための開口部を設け、その開口部の有効面積は、居室の床面積に対し用途ごとに定められた一定以上の割合としなければなりません（建基28、建基令19）。

（2）　有効採光面積の割合

　居室の有効採光面積の割合は、居室の用途ごとに定められています（建基令19）。

（3）　居室の換気上必要な開口面積

　居室には換気のための開口部を設け、その開口部の有効面積は、居室の床面積に対して1／20以上としなければなりません（建基28②）。

（4）　換気設備等の設置

　換気に有効な開口部がない又は少ない場合は、不足する有効換気量を有する換気設備等を設けることとされています。

　また、火気使用室については、開口部の状況に関わらず換気設備等を設けなければなりません（建基28②③）。

主な改正履歴と改正の趣旨・内容

主な改正	施行・適用
1　居室の採光・換気についての規定の制定	S25.11.23
2　特殊建築物の居室、火気使用室の換気	S46.1.1
3　学校等の居室における採光規定の合理化	S56.6.1
4　換気設備の構造の性能規定の導入	H12.6.1
5　採光規定が適用される居室の限定	H12.6.1

2－3　居室の採光及び換気　87

⑥	有効面積の算定方法の合理化（採光補正係数）	H12.6.1
⑦	一定の照度を確保できる照明設備を設けた場合の採光規定の緩和	R5.4.1

① 居室の採光・換気についての規定の制定
〇法第28条（居室の採光及び換気）

制定　公布：昭和25年法律第201号　施行：昭和25年11月23日

> 1　居室の窓その他の開口部で採光に有効な部分の面積は、その居室の床面積に対して、住宅にあつては1／7以上、学校、病院、診療所、寄宿舎又は下宿にあつては1／5から1／10までの間において政令で定める割合以上、その他の建築物にあつては1／10以上でなければならない。但し、映画館、地下工作物内に設ける事務所、店舗その他これらに類するものの居室については、この限りでない。
> 2　居室の窓その他の開口部で換気に有効な部分の面積は、その居室の床面積に対して、1／20以上でなければならない。但し、適当な換気装置があつて衛生上支障がない場合においては、この限りでない。
> 3　ふすま、障子その他随時開放することができるもので仕切られた2室は、前2項の規定の適用については、1室とみなす。

〇令第19条（学校、病院、寄宿舎等の居室の採光）

制定　公布：昭和25年政令第338号　施行：昭和25年11月23日

> 法第28条第1項に規定する学校、病院、診療所、寄宿舎又は下宿における居室の窓その他の開口部で採光に有効な部分の面積のその床面積に対する割合は、それぞれ左の表に掲げる割合以上でなければならない。
>
> | 居室の種類 | | 割合 |
> |---|---|---|
> | （1） | 小学校、中学校又は高等学校の教室 | 1／5 |
> | （2） | 病院又は診療所の病室 | 1／7 |
> | （3） | 寄宿舎の寝室又は下宿の宿泊室 | |
> | （4） | 学校、病院、診療所、寄宿舎又は下宿の（1）から（3）までに掲げる居室以外の居室 | 1／10 |

88   2－3　居室の採光及び換気

○令第20条（有効面積の算定方法）

制定　公布：昭和25年政令第338号　施行：昭和25年11月23日

1　法第28条第1項に規定する居室の窓その他の開口部（以下この条において「開口部」という。）で採光に有効な部分の面積は、左の各号の一に該当する開口部の部分について算定する。

一　隣地境界線又は同一敷地内の他の建築物若しくは当該建築物の他の部分に面する開口部の部分で、その開口部の直上にある建築物の各部分（開口部の直上垂直面から後退し、又は突出する部分がある場合においては、その部分を含み、半透明のひさしその他採光上支障のないひさしがある場合においては、これを除くものとする。）からその部分の面する隣地境界線又は同一敷地内の他の建築物若しくは当該建築物の他の部分の対向部までの水平距離を、その部分から開口部までの垂直距離で除した割合が左の表に掲げる割合以上であるもの

地域又は区域		割　合
（1）	住居地域	4／10
（2）	工業地域又は準工業地域	2.5／10
（3）	商業地域又は用途地域の指定のない区域	2／10

二　前号の表の（2）又は（3）の地域又は区域内における隣地境界線又は同一敷地内の他の建築物若しくは当該建築物の他の部分に面する開口部の部分で、同号に規定する水平距離が5m以上あるもの

三　道（都市計画区域内においては、法第42条に規定する道路をいう。以下同様とする。）、公園、広場、川その他これらに類する空地又は水面に面するもの

2　天窓の採光に有効な部分の面積は、法第28条第1項の規定の適用に関しては、その面積の3倍の面積を有するものとみなす。

3　開口部の外側に幅90cm以上の縁側（ぬれ縁を除く。）その他これに類するものがある場合においては、その採光に有効な部分の面積は、法第28条第1項の規定の適用に関しては、その面積の7／10の面積を有するものとみなす。

〔趣旨・内容〕

　衛生上、自然採光によることが必要とされる建築物の居室について、採光上有効な部分の面積の当該居室の床面積に対する割合を、その居室の種類と

2－3　居室の採光及び換気　　89

それに伴う自然採光を必要とする程度に応じて採光の規定が定められるとともに、居室における室内空気の汚染によってもたらされる室内環境の悪化を防止する目的で換気の規定が定められました。

2　特殊建築物の居室、火気使用室の換気

○法第28条（居室の採光及び換気）

改　正　公布：昭和45年法律第109号　施行：昭和46年1月1日

> 2　居室には換気のための窓その他の開口部を設け、その換気に有効な部分の面積は、その居室の床面積に対して、1／20以上としなければならない。ただし、政令で定める技術的基準に従つて換気設備を設けた場合においては、この限りでない。
>
> 3　別表第1（い）欄（1）項に掲げる用途に供する特殊建築物の居室又は建築物の調理室、浴室その他の室でかまど、こんろその他火を使用する設備若しくは器具を設けたもの（政令で定めるものを除く。）には、政令で定める技術的基準に従つて、換気設備を設けなければならない。

○令第20条の2（換気設備の技術的基準）

制　定　公布：昭和45年政令第333号　施行：昭和46年1月1日

> 　法第28条第2項ただし書の規定により政令で定める技術的基準は、次のとおりとする。
> 一　自然換気設備にあつては、第129条の2の2第1項の規定によるほか、次のイからニまでに定める構造とすること。
> 　イ　排気筒は、不燃材料で造ること。
> 　ロ　排気筒の有効断面積は、次の式によつて計算した数値以上とすること。
>
> $$A_v = \frac{A_f}{250\sqrt{h}}$$
>
> 　　この式において、A_v、A_f及びhは、それぞれ次の数値を表わすものとする。
> 　A_v　排気筒の有効断面積（単位　㎡）
> 　A_f　居室の床面積（当該居室が換気上有効な窓その他の開口部を有する場合においては、当該開口部の換気上有効な面積に20を乗じて得た面積を当該居室の床面積から減じた面積）（単位　㎡）
> 　h　給気口の中心から排気筒の頂部の外気に開放された部分の中心までの高さ（単位　m）

90　　2－3　居室の採光及び換気

　　ハ　給気口及び排気口の有効開口面積は、ロに規定する排気筒の有効断面積
　　　以上とすること。
　　ニ　イからハまでに定めるもののほか、建設大臣が衛生上有効な換気を確保
　　　するために必要があると認めて定める構造とすること。
　二　機械換気設備（中央管理方式の空気調和設備（空気を浄化し、その温度、
　　湿度及び流量を調節して供給（排出を含む。）をすることができる設備をい
　　う。）を除く。以下同じ。）にあつては、第129条の2の2第2項の規定による
　　ほか、次のイからニまでに定める構造とすること。
　　イ　有効換気量は、次の式によつて計算した数値以上とすること。

$$V = \frac{20A_f}{N}$$

　　　　この式において、V、A_f及びNは、それぞれ次の数値を表わすもの
　　　とする。
　　　V　有効換気量（単位　㎥/h）
　　　A_f　居室の床面積（当該居室が換気上有効な窓その他の開口部を有す
　　　　る場合においては、当該開口部の換気上有効な面積に20を乗じて得
　　　　た面積を当該居室の床面積から減じた面積）（単位　㎡）
　　　N　実況に応じた一人あたりの占有面積（10をこえるときは、10とす
　　　　る。）（単位　㎡）
　　ロ　一の機械換気設備が2以上の居室その他の建築物の部分に係る場合にあ
　　　つては、当該換気設備の有効換気量は、当該2以上の居室その他の建築物
　　　の部分のそれぞれについて必要な有効換気量の合計以上とすること。
　　ハ　法第34条第2項に規定する建築物又は各構えの床面積の合計が1,000㎡
　　　をこえる地下街に設ける機械換気設備（一の居室その他の建築物の部分の
　　　みに係るものを除く。）の制御及び作動状態の監視は、当該建築物、同一敷
　　　地内の他の建築物又は一団地内の他の建築物の内にある管理事務所、守衛
　　　所その他常時当該建築物を管理する者が勤務する場所で避難階（直接地上
　　　へ通ずる出入口のある階をいう。以下同じ。）又はその直上階若しくは直
　　　下階に設けたもの（以下「中央管理室」という。）において行なうことがで
　　　きるものとすること。
　　ニ　イからハまでに定めるもののほか、建設大臣が衛生上有効な換気を確保
　　　するために必要があると認めて定める構造とすること。
　三　中央管理方式の空気調和設備にあつては、第129条の2の2第3項の規定
　　によるほか、次のイ及びロ（法第34条第2項に規定する建築物以外の建築物
　　又は各構えの床面積の合計が1,000㎡以内の地下街に設けるものにあつては、

2－3　居室の採光及び換気　　91

イを除く。）に定める構造とすること。

　イ　空気調和設備の制御及び作動状態の監視は、中央管理室において行なう
　　　ことができるものとすること。

　ロ　イに定めるもののほか、建設大臣が衛生上有効な換気を確保するために
　　　必要があると認めて定める構造とすること。

○令第20条の３（集会場、火を使用する室等に設けなければならない換気設
　備等）

制定｜公布：昭和45年政令第333号　施行：昭和46年１月１日

　1　法第28条第３項に規定する特殊建築物の居室に設ける換気設備は、機械換
　　気設備又は中央管理方式の空気調和設備でなければならない。

　2　前条第二号の規定は前項の機械換気設備について、同条第三号の規定は前
　　項の中央管理方式の空気調和設備について準用する。この場合において、同
　　条第二号中「居室の床面積（当該居室が換気上有効な窓その他の開口部を有
　　する場合においては、当該開口部の換気上有効な面積に20を乗じて得た面積
　　を当該居室の床面積から減じた面積）」とあるのは「居室の床面積」と、「10
　　をこえるときは、10とする」とあるのは「３をこえるときは、３とする」と
　　読み替えるものとする。

○令第20条の４〔現行上の規定なし〕

制定｜公布：昭和45年政令第333号　施行：昭和46年１月１日

　1　法第28条第３項の規定により政令で定める室は、次の各号に掲げるものと
　　する。

　　一　火を使用する設備又は器具で直接屋外から空気を取り入れ、かつ、廃ガ
　　　スその他の生成物を直接屋外に排出する構造を有するものその他室内の空
　　　気を汚染するおそれがないものを設けた室

　　二　床面積の合計が100㎡以内の住宅又は住戸に設けられた調理室（発熱量
　　　の合計が10,000kcal/h以下の火を使用する設備又は器具を設けたものに限
　　　る。）で、当該調理室の床面積の１／10（0.8㎡未満のときは0.8㎡とする。）
　　　以上の有効開口面積を有する窓その他の開口部を換気上有効に設けたもの

　2　建築物の調理室、浴室、その他の室でかまど、こんろその他火を使用する
　　設備又は器具を設けたもの（前項に規定するものを除く。以下この項及び第
　　129条の２の２において「換気設備を設けるべき調理室等」という。）に設け
　　る換気設備は、次の各号に定める構造としなければならない。

92   2－3　居室の採光及び換気

一　給気口は、換気設備を設けるべき調理室等の天井の高さの１／２以下の高さの位置（煙突を設ける場合又は換気上有効な排気のための換気扇その他これに類するものを設ける場合には、適当な位置）に設け、かつ、火を使用する設備又は器具の燃焼を妨げないように設けること。

二　排気口は、換気設備を設けるべき調理室等の天井又は天井から下方80cm以内の高さの位置（煙突又は排気フードを有する排気筒を設ける場合には、適当な位置）に設け、かつ、直接外気に開放し、又は排気筒に直結すること。

三　給気口の有効開口面積又は給気筒の有効断面積は、建設大臣が定める数値以上とすること。

四　排気口の有効開口面積又は排気筒の有効断面積は、排気口又は排気筒に換気上有効な排気のための換気扇その他これに類するものを設ける場合を除き、建設大臣が定める数値以上とすること。

五　火を使用する設備又は器具に煙突（第115条第１項第七号及び第八号の規定が適用される煙突を除く。）を設ける場合においては、その有効断面積は、当該煙突に換気上有効な換気扇その他これに類するものを設ける場合を除き、建設大臣が定める数値以上とすること。

六　火を使用する設備又は器具の近くに排気フードを有する排気筒を設ける場合においては、排気フードは、不燃材料で造るものとし、排気筒の有効断面積は、当該排気筒に換気上有効な換気扇その他これに類するものを設ける場合を除き、建設大臣が定める数値以上とすること。

七　直接外気に開放された排気口又は排気筒の頂部は、外気の流れによつて排気が妨げられない構造とすること。

八　前各号に定めるもののほか、建設大臣が衛生上有効な換気を確保するために必要があると認めて定める構造とすること。

〔趣旨・内容〕

　換気設備の構造に関しては、換気設備を設ける目的等に応じて令第20条の２から第20条の４まで、及び令第129条の２の２について規定されました。令第20条の２その他に規定する換気上有効な窓その他の開口部の面積は開放できる部分の面積について算定するものとされています。

　法第28条第３項は、劇場、映画館、集会場等、人が集合又は集会する用途に供される特殊建築物の居室にあっては、多数の者の呼気等による室内空気の汚染が、調理室、浴室等の火気使用室においては、燃焼器具の使用による

2－3　居室の採光及び換気　　93

廃ガスの発生、酸素の欠乏のための不完全燃焼による一酸化炭素の発生が、それぞれ予想されるため、それらの衛生上有害な要素を排除するため換気設備を設置すべきことが規定されたものです。

3　学校等の居室における採光規定の合理化

○令第19条（学校、病院、児童福祉施設等の居室の採光）

改正 公布：昭和55年政令第196号　施行：昭和56年6月1日

> 2　法第28条第1項に規定する学校等における居室の窓その他の開口部で採光に有効な部分の面積のその床面積に対する割合は、それぞれ次の表に掲げる割合以上でなければならない。ただし、同表の(1)から(5)までに掲げる居室で、建設大臣が定める基準に従い、照明設備の設置、有効な採光方法の確保その他これらに準ずる措置が講じられているものにあつては、それぞれ同表に掲げる割合から1／10までの範囲内において建設大臣が別に定める割合以上とすることができる。
>
> （略）

○関係告示　照明設備の設置、有効な採光方法の確保その他これらに準ずる
　　　　　　措置の基準等を定める件〔昭55建告1800号〕

制定 公布：昭和55年建設省告示第1800号　施行：昭和56年6月1日

> 建築基準法施行令（昭和25年政令第338号）第19条第2項ただし書の規定に基づき、照明設備の設置、有効な採光方法の確保その他これらに準ずる措置の基準及び居室の窓その他の開口部で採光に有効な部分の面積のその床面積に対する割合で別に定めるものを次のように定める。
>
> 第1　照明設備の設置、有効な採光方法の確保その他これらに準ずる措置の基準
>
> 　一　幼稚園、小学校、中学校若しくは高等学校の教室又は保育所の保育室にあつては、次のイ及びロに定めるものとする。
>
> 　　イ　床面からの高さが50cmの水平面において200lx以上の照度を確保することができるよう照明設備を設置すること。
>
> 　　ロ　窓その他の開口部で採光に有効な部分のうち床面からの高さが50cm以上の部分の面積が、当該教室又は保育室の床面積の1／7以上であること。
>
> 　二　小学校、中学校又は高等学校の音楽教室又は視聴覚教室で建築基準法施行令第20条の2に規定する技術的基準に適合する換気設備が設けられたものにあつては、前号イに定めるものとする。

94　2－3　居室の採光及び換気

> 第2　窓その他の開口部で採光に有効な部分の面積のその床面積に対する割合
> で建設大臣が別に定めるもの
> 一　第1第一号に定める措置が講じられている居室にあつては、1／7とす
> る。
> 二　第1第二号に定める措置が講じられている居室にあつては、1／10とす
> る。

〔趣旨・内容〕

　設計の合理化を図るとともに耐震性の向上に資するため、採光・照明上支障のない範囲において学校等の居室の開口部の面積を低減できるようになりました。

④　換気設備の構造の性能規定の導入

○令第20条の2（換気設備の技術的基準）

改正　公布：平成12年政令第211号　施行：平成12年6月1日

> 　法第28条第2項ただし書の政令で定める技術的基準及び同条第3項（法第87条第3項において準用する場合を含む。次条第1項において同じ。）の政令で定める特殊建築物（以下この条において「特殊建築物」という。）の居室に設ける換気設備の技術的基準は、次のとおりとする。
> 一　換気設備の構造は、次のイからニまで（特殊建築物の居室に設ける換気設備にあつては、ロからニまで）のいずれかに適合するものであること。
> 　イ　自然換気設備にあつては、第129条の2の6第1項の規定によるほか、次に定める構造とすること。
> 　（1）　排気筒の有効断面積は、次の式によつて計算した数値以上とすること。
>
> $$A_v = \frac{A_f}{250\sqrt{h}}$$
>
> > この式において、A_v、A_f及びhは、それぞれ次の数値を表すものとする。
> > A_v　排気筒の有効断面積（単位　㎡）
> > A_f　居室の床面積（当該居室が換気上有効な窓その他の開口部を有する場合においては、当該開口部の換気上有効な面積に20を乗じて得た面積を当該居室の床面積から減じた面積）（単位　㎡）
> > h　給気口の中心から排気筒の頂部の外気に開放された部分の中心までの高さ（単位　m）

2－3　居室の採光及び換気　95

（2）　給気口及び排気口の有効開口面積は、（1）に規定する排気筒の有効断面積以上とすること。

（3）　（1）及び（2）に定めるもののほか、衛生上有効な換気を確保することができるものとして建設大臣が定めた構造方法を用いる構造とすること。

ロ　機械換気設備（中央管理方式の空気調和設備（空気を浄化し、その温度、湿度及び流量を調節して供給（排出を含む。）をすることができる設備をいう。）を除く。以下同じ。）にあつては、第129条の2の6第2項の規定によるほか、次に定める構造とすること。

（1）　有効換気量は、次の式によつて計算した数値以上とすること。

$$V = \frac{20A_f}{N}$$

この式において、V、A_f及びNは、それぞれ次の数値を表すものとする。

V　有効換気量（単位　㎥/h）

A_f　居室の床面積（特殊建築物の居室以外の居室が換気上有効な窓その他の開口部を有する場合においては、当該開口部の換気上有効な面積に20を乗じて得た面積を当該居室の床面積から減じた面積）（単位　㎡）

N　実況に応じた一人当たりの占有面積（特殊建築物の居室にあつては、3を超えるときは3と、その他の居室にあつては、10を超えるときは10とする。）（単位　㎡）

（2）　一の機械換気設備が2以上の居室その他の建築物の部分に係る場合にあつては、当該換気設備の有効換気量は、当該2以上の居室その他の建築物の部分のそれぞれについて必要な有効換気量の合計以上とすること。

（3）　（1）及び（2）に定めるもののほか、衛生上有効な換気を確保することができるものとして建設大臣が定めた構造方法を用いる構造とすること。

ハ　中央管理方式の空気調和設備にあつては、第129条の2の6第3項の規定によるほか、衛生上有効な換気を確保することができるものとして建設大臣が定めた構造方法を用いる構造とすること。

ニ　イからハまでに掲げる構造とした換気設備以外の設備にあつては、次に掲げる基準に適合するものとして、建設大臣の認定を受けたものとすること。

96   2－3　居室の採光及び換気

（1）　当該居室で想定される通常の使用状態において、当該居室内の人が通常活動することが想定される空間の炭酸ガスの含有率をおおむね1,000／1,000,000以下に、当該空間の一酸化炭素の含有率をおおむね10／1,000,000以下に保つ換気ができるものであること。

（2）　給気口及び排気口から雨水又はねずみ、ほこりその他衛生上有害なものが入らないものであること。

（3）　風道から発散する物質及びその表面に付着する物質によつて居室の内部の空気が汚染されないものであること。

（4）　中央管理方式の空気調和設備にあつては、第129条の2の6第3項の表の（1）及び（4）から（6）までに掲げる基準に適合するものであること。

二　法第34条第2項に規定する建築物又は各構えの床面積の合計が1,000㎡を超える地下街に設ける機械換気設備（一の居室その他の建築物の部分のみに係るものを除く。）及び中央管理方式の空気調和設備の制御及び作動状態の監視は、当該建築物、同一敷地内の他の建築物又は一団地内の他の建築物の内にある管理事務所、守衛所その他常時当該建築物を管理する者が勤務する場所で避難階又はその直上階若しくは直下階に設けたもの（以下「中央管理室」という。）において行うことができるものであること。

○令第20条の3（火を使用する室に設けなければならない換気設備等）

改正　公布：平成12年政令第211号　施行：平成12年6月1日

1　法第28条第3項の規定により政令で定める室は、次に掲げるものとする。
　一　火を使用する設備又は器具で直接屋外から空気を取り入れ、かつ、廃ガスその他の生成物を直接屋外に排出する構造を有するものその他室内の空気を汚染するおそれがないもの（以下この項及び次項において「密閉式燃焼器具等」という。）以外の火を使用する設備又は器具を設けていない室
　二　床面積の合計が100㎡以内の住宅又は住戸に設けられた調理室（発熱量の合計（密閉式燃焼器具等又は煙突を設けた設備若しくは器具に係るものを除く。次号において同じ。）が12kw以下の火を使用する設備又は器具を設けたものに限る。）で、当該調理室の床面積の1／10（0.8㎡未満のときは、0.8㎡とする。）以上の有効開口面積を有する窓その他の開口部を換気上有効に設けたもの
　三　発熱量の合計が6kw以下の火を使用する設備又は器具を設けた室（調理室を除く。）で換気上有効な開口部を設けたもの

2　建築物の調理室、浴室、その他の室でかまど、こんろその他火を使用する
設備又は器具を設けたもの（前項に規定するものを除く。以下この項及び第
129条の２の６において「換気設備を設けるべき調理室等」という。）に設け
る換気設備は、次に定める構造としなければならない。
一　換気設備の構造は、次のイ又はロのいずれかに適合するものとすること。
　イ　次に掲げる基準に適合すること。
　　（1）　給気口は、換気設備を設けるべき調理室等の天井の高さの１／２
　　　　以下の高さの位置（煙突を設ける場合又は換気上有効な排気のための
　　　　換気扇その他これに類するもの（以下この号において「換気扇等」と
　　　　いう。）を設ける場合には、適当な位置）に設けること。
　　（2）　排気口は、換気設備を設けるべき調理室等の天井又は天井から下
　　　　方80cm以内の高さの位置（煙突又は排気フードを有する排気筒を設け
　　　　る場合には、適当な位置）に設け、かつ、換気扇等を設けて、直接外
　　　　気に開放し、若しくは排気筒に直結し、又は排気上有効な立上り部分
　　　　を有する排気筒に直結すること。
　　（3）　給気口の有効開口面積又は給気筒の有効断面積は、建設大臣が定
　　　　める数値以上とすること。
　　（4）　排気口又は排気筒に換気扇等を設ける場合にあつては、その有効
　　　　換気量は建設大臣が定める数値以上とし、換気扇等を設けない場合に
　　　　あつては、排気口の有効開口面積又は排気筒の有効断面積は建設大臣
　　　　が定める数値以上とすること。
　　（5）　ふろがま又は発熱量が12kwを超える火を使用する設備若しくは
　　　　器具（密閉式燃焼器具等を除く。）を設けた換気設備を設けるべき調理
　　　　室等には、当該ふろがま又は設備若しくは器具に接続して煙突を設け
　　　　ること。ただし、用途上、構造上その他の理由によりこれによること
　　　　が著しく困難である場合において、排気フードを有する排気筒を設け
　　　　たときは、この限りでない。
　　（6）　火を使用する設備又は器具に煙突（第115条第１項第七号の規定
　　　　が適用される煙突を除く。）を設ける場合において、煙突に換気扇等を
　　　　設ける場合にあつてはその有効換気量は建設大臣が定める数値以上と
　　　　し、換気扇等を設けない場合にあつては煙突の有効断面積は建設大臣
　　　　が定める数値以上とすること。
　　（7）　火を使用する設備又は器具の近くに排気フードを有する排気筒を
　　　　設ける場合において、排気筒に換気扇等を設ける場合にあつてはその
　　　　有効換気量は建設大臣が定める数値以上とし、換気扇等を設けない場

98　　2−3　居室の採光及び換気

　　　　合にあつては排気筒の有効断面積は建設大臣が定める数値以上とする
　　　　こと。
　　（8）　直接外気に開放された排気口又は排気筒の頂部は、外気の流れに
　　　　よつて排気が妨げられない構造とすること。
　ロ　火を使用する設備又は器具の通常の使用状態において、異常な燃焼が
　　生じないよう当該居室内の酸素の含有率をおおむね20.5％以上に保つ換
　　気ができるものとして、建設大臣の認定を受けたものとすること。
二　給気口は、火を使用する設備又は器具の燃焼を妨げないように設けるこ
　と。
三　排気口及びこれに接続する排気筒並びに煙突の構造は、当該居室に廃ガ
　スその他の生成物を逆流させず、かつ、他の室に廃ガスその他の生成物を
　漏らさないものとして建設大臣が定めた構造方法を用いるものとするこ
　と。
四　火を使用する設備又は器具の近くに排気フードを有する排気筒を設ける
　場合においては、排気フードは、不燃材料で造ること。

〔趣旨・内容〕
　従来、居室の換気設備は、自然換気設備に設ける排気筒の有効断面積、機
械換気設備の有効換気量等の項目について仕様規定を定め制限が行われてき
ました。また、調理室等の火気使用室の換気設備についても、適切に換気を
行うために給気口、排気口の面積等の項目について仕様規定を定め制限が行
われてきました。この政令改正において、性能規定が定められ、換気設備の
構造は、仕様規定に適合しているもの又は性能規定に適合することについて、
建設大臣の認定を受けたもののいずれかとすることとされました。
　性能規定の導入により、居室では、より少ない換気量で最低限の室内環境
を確保する方法を開発することが可能となるため、冷房や暖房を効率よく行
うことができるようになり、火気使用室では、より効率的な換気設備の開発
が期待されました。

5 　採光規定が適用される居室の限定
○令第19条（学校、病院、児童福祉施設等の居室の採光）
改正 公布：平成12年政令第211号　施行：平成12年6月1日

　1　法第28条第1項（法第87条第3項において準用する場合を含む。以下この
　　条及び次条において同じ。）の政令で定める建築物は、児童福祉施設、助産所、

身体障害者更生援護施設（補装具製作施設及び視聴覚障害者情報提供施設を除く。）、精神障害者社会復帰施設、保護施設（医療保護施設を除く。）、婦人保護施設、知的障害者援護施設、老人福祉施設、有料老人ホーム又は母子保健施設（以下「児童福祉施設等」という。）とする。

2　法第28条第1項の政令で定める居室は、次に掲げるものとする。

一　保育所の保育室

二　診療所の病室

三　児童福祉施設等の寝室（入所する者の使用するものに限る。）

四　児童福祉施設等（保育所を除く。）の居室のうちこれらに入所し、又は通う者に対する保育、訓練、日常生活に必要な便宜の供与その他これらに類する目的のために使用されるもの

五　病院、診療所及び児童福祉施設等の居室のうち入院患者又は入所する者の談話、娯楽その他これらに類する目的のために使用されるもの

3　法第28条第1項に規定する学校等における居室の窓その他の開口部で採光に有効な部分の面積のその床面積に対する割合は、それぞれ次の表に掲げる割合以上でなければならない。ただし、同表の（1）から（5）までに掲げる居室で、建設大臣が定める基準に従い、照明設備の設置、有効な採光方法の確保その他これらに準ずる措置が講じられているものにあつては、それぞれ同表に掲げる割合から1／10までの範囲内において建設大臣が別に定める割合以上とすることができる。

居室の種類		割　合
（1）	幼稚園、小学校、中学校、高等学校又は中等教育学校の教室	1／5
（2）	前項第一号に掲げる居室	
（3）	病院又は診療所の病室	1／7
（4）	寄宿舎の寝室又は下宿の宿泊室	
（5）	前項第三号及び第四号に掲げる居室	
（6）	（1）に掲げる学校以外の学校の教室	1／10
（7）	前項第五号に掲げる居室	

〔趣旨・内容〕

採光規定では、自然光の健康に与える影響が大きいと考えられる発育過程の児童や老人等が利用する「住宅、病院、診療所、寄宿舎、下宿、児童福祉

100   2－3　居室の採光及び換気

施設等」の用途の建築物の居室について規制の対象とされていました。

　しかし、建築物の複雑化・大規模化に伴い必ずしも採光上の規制の必要の
ない居室についても規制対象となっているなど不合理な点も出てきたため、
建築物単位で規制する方式から「住宅、学校、病院、診療所、寄宿舎、下宿
その他これらに類するものとして政令で定めるものの居室（居住のための居
室、学校の教室、病院の病室その他これらに類するものとして政令で定める
ものに限る。）」と居室単位で規制する方式となり、採光規定の目的である児
童や老人等衛生上の配慮を必要とするものが長時間継続的に利用する可能性
が高い次のような居室へ適用範囲が限定されました。

・居住する場所、入院する場所のように就寝、休息等日常生活の基本となる
　場である居室
・児童、老人、障害者等健康上の配慮を要する者が継続的に通い、日中の大
　部分を過ごす居室

6　有効面積の算定方法の合理化（採光補正係数）

○令第20条（有効面積の算定方法）

改 正 公布：平成12年政令第211号　施行：平成12年 6 月 1 日

1　法第28条第 1 項に規定する居室の窓その他の開口部（以下この条において
　「開口部」という。）で採光に有効な部分の面積は、当該居室の開口部ごとの
　面積に、それぞれ採光補正係数を乗じて得た面積を合計して算定するものと
　する。ただし、建設大臣が別に算定方法を定めた建築物の開口部については、
　その算定方法によることができる。

2　前項の採光補正係数は、次の各号に掲げる地域又は区域の区分に応じ、そ
　れぞれ当該各号に定めるところにより計算した数値（天窓にあつては当該数
　値に3.0を乗じて得た数値、その外側に幅90cm以上の縁側（ぬれ縁を除く。）
　その他これに類するものがある開口部にあつては当該数値に0.7を乗じて得
　た数値）とする。ただし、採光補正係数が3.0を超えるときは、3.0を限度と
　する。

一　第一種低層住居専用地域、第二種低層住居専用地域、第一種中高層住居
　　専用地域、第二種中高層住居専用地域、第一種住居地域、第二種住居地域
　　又は準住居地域　隣地境界線（法第86条第 8 項に規定する公告対象区域（以
　　下「公告対象区域」という。）内の建築物にあつては、当該公告対象区域内
　　の他の法第86条の 2 第 1 項に規定する同一敷地内建築物（同条第 5 項の規

定により同一敷地内建築物とみなされるものを含む。以下この号において「同一敷地内建築物」という。）との隣地境界線を除く。以下この号において同じ。）又は同一敷地内の他の建築物（公告対象区域内の建築物にあつては、当該公告対象区域内の他の同一敷地内建築物を含む。以下この号において同じ。）若しくは当該建築物の他の部分に面する開口部の部分で、その開口部の直上にある建築物の各部分（開口部の直上垂直面から後退し、又は突出する部分がある場合においては、その部分を含み、半透明のひさしその他採光上支障のないひさしがある場合においては、これを除くものとする。）からその部分の面する隣地境界線（開口部が、道（都市計画区域内においては、法第42条に規定する道路をいう。第144条の4を除き、以下同じ。）に面する場合にあつては当該道の反対側の境界線とし、公園、広場、川その他これらに類する空地又は水面に面する場合にあつては当該公園、広場、川その他これらに類する空地又は水面の幅の1／2だけ隣地境界線の外側にある線とする。）又は同一敷地内の他の建築物若しくは当該建築物の他の部分の対向部までの水平距離（以下この項において「水平距離」という。）を、その部分から開口部の中心までの垂直距離で除した数値のうちの最も小さい数値（以下「採光関係比率」という。）に6.0を乗じた数値から1.4を減じて得た算定値（次のイからハまでに掲げる場合にあつては、それぞれイからハまでに定める数値）

イ　開口部が道に面する場合であつて、当該算定値が1.0未満となる場合　1.0

ロ　開口部が道に面しない場合であつて、水平距離が7m以上であり、かつ、当該算定値が1.0未満となる場合　1.0

ハ　開口部が道に面しない場合であつて、水平距離が7m未満であり、かつ、当該算定値が負数となる場合　0

二　準工業地域、工業地域又は工業専用地域　採光関係比率に8.0を乗じた数値から1.0を減じて得た算定値（次のイからハまでに掲げる場合にあつては、それぞれイからハまでに定める数値）

イ　開口部が道に面する場合であつて、当該算定値が1.0未満となる場合　1.0

ロ　開口部が道に面しない場合であつて、水平距離が5m以上であり、かつ、当該算定値が1.0未満となる場合　1.0

ハ　開口部が道に面しない場合であつて、水平距離が5m未満であり、かつ、当該算定値が負数となる場合　0

三　近隣商業地域、商業地域又は用途地域の指定のない区域　採光関係比率

2-3 居室の採光及び換気

に10を乗じた数値から1.0を減じて得た算定値（次のイからハまでに掲げる場合にあつては、それぞれイからハまでに定める数値）
  イ 開口部が道に面する場合であつて、当該算定値が1.0未満となる場合 1.0
  ロ 開口部が道に面しない場合であつて、水平距離が4m以上であり、かつ、当該算定値が1.0未満となる場合 1.0
  ハ 開口部が道に面しない場合であつて、水平距離が4m未満であり、かつ、当該算定値が負数となる場合 0

〔趣旨・内容〕

採光に有効な面積の算定を行うため、これまでは隣地境界線までの距離に応じ、一定の高さを境に一律にそれより上を採光上有効とし、それより下を有効ではないとする方法としていました。

しかし、実際に窓に入射する光の量は、連続的に変化し下に行くほど次第に少なくなることから、下の方の窓もその面積を大きくすることで同一の光の量を屋内に取り入れることができます。

このため、これまでの規定で採光上有効とされている場所の明るさを基準として、どの程度明るくなっているかを、隣地境界線までの距離と建築物の高さに応じて算定する採光補正係数を定義し、これを窓の面積に乗じて、採光上有効な窓の面積を求める方式が採用されました。

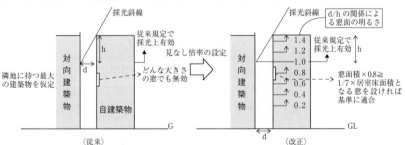

(出典：建設省住宅局建築指導課監『平成12年6月1日施行 改正建築基準法（2年目施行）の解説』373頁（新日本法規出版、2000））

なお、この隣地境界線と建築物の距離が離れてくると、地盤面から反射して入ってくる光の影響が大きくなり、単に隣地境界線までの距離と建築物の高さにより求めた値よりも実際には、多くの光の量が室内に入ることとなります。

2−3 居室の採光及び換気　103

　このため、従来より工場系・商業系地域では、この影響を勘案し5m以上隣地境界線から離れた場合は、建築物の高さによらず、全ての窓が採光上有効とされていました。改正により採光の算定が採光補正係数で定めることとなるため、この距離は、採光補正係数が1未満となる場合であっても、これを1とする距離とすることとされました。

　また、近年住居系地域においても同様の考え方で、住居系地域の距離を7mとし、商業系地域においては4mと改められました。

7　一定の照度を確保できる照明設備を設けた場合の採光規定の緩和

○関係告示　照明設備の設置、有効な採光方法の確保その他これらに準ずる
　　　　　　措置の基準等を定める件〔昭55建告1800号〕

改正 公布：令和5年国土交通省告示第86号　施行：令和5年4月1日

第1　照明設備の設置、有効な採光方法の確保その他これらに準ずる措置の基準

　一　幼稚園の教室、幼保連携型認定こども園の教室若しくは保育室又は保育所の保育室にあつては、床面において200lx以上の照度を確保することができるよう照明設備を設置すること。

　二　小学校、中学校、義務教育学校、高等学校又は中等教育学校の教室にあつては、次のイ及びロに定めるものとする。

　　イ　床面からの高さが50cmの水平面において200lx以上の照度を確保することができるよう照明設備を設置すること。

　　ロ　窓その他の開口部で採光に有効な部分のうち床面からの高さが50cm以上の部分の面積が、当該教室の床面積の1／7以上であること。

　三　小学校、中学校、高等学校又は中等教育学校の音楽教室又は視聴覚教室で建築基準法施行令第20条の2に規定する技術的基準に適合する換気設備が設けられたものにあつては、前号イに定めるものとする。

　四　住宅の居住のための居室にあつては、床面において50lx以上の照度を確保することができるよう照明設備を設置すること。

第2　窓その他の開口部で採光に有効な部分の面積のその床面積に対する割合で国土交通大臣が別に定めるもの

　一　第1第一号又は第二号に定める措置が講じられている居室にあつては、1／7とする。

　二　第1第三号又は第四号に定める措置が講じられている居室にあつては、1／10とする。

104   2－3　居室の採光及び換気

〔趣旨・内容〕
　法第28条第1項の規定に基づき、従来、住宅の居室における窓その他の開口部の採光に有効な面積は、その居室の床面積に対して1／7以上としなければならないとされていたところ、原則として1／7以上としつつ、床面において50lx以上の照度を確保することができる照明設備を設置する居室にあっては、1／10以上でよいこととされました。

参　考

・昭和46年1月29日住指発第44号「建築基準法の一部を改正する法律等の施行及び運用について」
・昭和55年9月18日住指発第231号「建築基準法施行令の一部改正について」
・令和5年3月24日国住指第533号・国住街第240号「脱炭素社会の実現に資するための建築物のエネルギー消費性能の向上に関する法律等の一部を改正する法律等の施行について」
・日本建築センター編『詳解建築基準法』（帝国地方行政学会、1973）
・建設省住宅局建築指導課監『平成12年6月1日施行　改正建築基準法（2年目施行）の解説』（新日本法規出版、2000）

2－4　石綿その他の物質の飛散又は発散に対する衛生上の措置　105

2－4　石綿その他の物質の飛散又は発散に対する衛生上の措置
（法第28条の2、令第20条の4・第20条の5・第20条の6・第20条の7・第20条の8・第20条の9）

現行規制の内容

（1）　クロルピリホスを添加した建築材料の使用禁止

　居室を有する建築物には、クロルピリホスを添加した建築材料を使用してはいけません（建基28の2、建基令20の6）。

（2）　居室に設ける機械換気設備

　家具等からホルムアルデヒドが発散するおそれがあることから、内装の仕上げ等にホルムアルデヒド発散建築材料を使用の有無に関わらず、居室には機械換気設備を設置しなければなりません（建基28の2、建基令20の8）。

（3）　石綿、石綿等を添加した建築材料の使用禁止

　建築物には、石綿、石綿等をあらかじめ添加した建築材料（吹付け石綿、吹付けロックウール（含有率0.1％超））を使用してはいけません（建基28の2、平18国交通告1172）。

主な改正履歴と改正の趣旨・内容

主な改正	施行・適用
1　クロルピリホスを添加した建築材料の使用禁止	H15.7.1
2　ホルムアルデヒド発散建築材料の使用制限	H15.7.1
3　居室に設ける機械換気設備	H15.7.1
4　建築材料における石綿等の使用制限	H18.10.1

1　クロルピリホスを添加した建築材料の使用禁止

○法第28条の2（居室内における化学物質の発散に対する衛生上の措置）

制定 公布：平成14年法律第85号　施行：平成15年7月1日

　居室を有する建築物は、その居室内において政令で定める化学物質の発散に

106   2－4　石綿その他の物質の飛散又は発散に対する衛生上の措置

よる衛生上の支障がないよう、建築材料及び換気設備について政令で定める技
術的基準に適合するものとしなければならない。

○令第20条の４（発散により衛生上の支障を生じさせるおそれのある化学物
　質）〔現行第20条の５〕

制定　公布：平成14年政令第393号　施行：平成15年７月１日

　法第28条の２の政令で定める化学物質は、クロルピリホス及びホルムアルデ
ヒドとする。

○令第20条の５（化学物質の発散に対する衛生上の措置に関する技術的基準）
　〔現行第20条の６〕

制定　公布：平成14年政令第393号　施行：平成15年７月１日

　１　法第28条の２の政令で定める技術的基準で建築材料に係るものは、次のと
　　おりとする。
　　一　建築材料にクロルピリホスを添加しないこと。
　　二　クロルピリホスをあらかじめ添加した建築材料を用いないこと。ただ
　　　し、その添加から長期間経過していることその他の理由によりクロルピリ
　　　ホスを発散するおそれがないものとして国土交通大臣が定める建築材料に
　　　ついては、この限りでない。
　　（略）

〔趣旨・内容〕
　クロルピリホスは防蟻剤として、木造住宅の土台等に使用する建築材料に
塗布、散布又は浸漬の方法により添加され用いられていました。しかし、建築
物の床下、土台等の部分にクロルピリホスを添加した建築材料を使用した場
合、通常の換気等で室内濃度を指針値以下に抑制することは困難であること
が明らかになったため、建築材料にクロルピリホスを添加すること及びクロ
ルピリホスをあらかじめ添加した建築材料を用いることは禁止されました。
　ただし、「添加から長期間経過していることその他の理由によりクロルピ
リホスを発散するおそれがないものとして国土交通大臣が定める建築材料」
が平成14年国土交通省告示第1112号に規定され、建築物に用いられた状態で、
その添加から５年以上経過した建築材料はクロルピリホスが大気中に発散し
ていくことから、使用禁止の対象から除外することになりました。

2-4　石綿その他の物質の飛散又は発散に対する衛生上の措置　　107

2　ホルムアルデヒド発散建築材料の使用制限
○令第20条の5（化学物質の発散に対する衛生上の措置に関する技術的基準）
　〔現行第20条の7〕

制定　公布：平成14年政令第393号　施行：平成15年7月1日

1　法第28条の2の政令で定める技術的基準で建築材料に係るものは、次のとおりとする。

（略）

三　居室（常時開放された開口部を通じてこれと相互に通気が確保される廊下その他の建築物の部分を含む。以下この節において同じ。）の壁、床及び天井（天井のない場合においては、屋根）並びにこれらの開口部に設ける戸その他の建具の室内に面する部分（回り縁、窓台その他これらに類する部分を除く。以下この条において「内装」という。）の仕上げには、夏季においてその表面積1㎡につき0.12mg/hを超える量のホルムアルデヒドを発散するものとして国土交通大臣が定める建築材料（以下この条において「第一種ホルムアルデヒド発散建築材料」という。）を用いないこと。

四　居室の内装の仕上げに、夏季においてその表面積1㎡につき0.02mg/hを超え0.12mg/h以下の量のホルムアルデヒドを発散するものとして国土交通大臣が定める建築材料（以下この条において「第二種ホルムアルデヒド発散建築材料」という。）又は夏季においてその表面積1㎡につき0.005mg/hを超え0.02mg/h以下の量のホルムアルデヒドを発散するものとして国土交通大臣が定める建築材料（以下この条において「第三種ホルムアルデヒド発散建築材料」という。）を用いるときは、それぞれ、第二種ホルムアルデヒド発散建築材料を用いる内装の仕上げの部分の面積に次の表（1）の項に定める数値を乗じて得た面積又は第三種ホルムアルデヒド発散建築材料を用いる内装の仕上げの部分の面積に同表（2）の項に定める数値を乗じて得た面積（居室の内装の仕上げに第二種ホルムアルデヒド発散建築材料及び第三種ホルムアルデヒド発散建築材料を用いるときは、これらの面積の合計）が、当該居室の床面積を超えないこと。

住宅等の居室		住宅等の居室以外の居室		
換気回数が0.7以上の機械換気設備を設け、又はこれに相当する換気が確保されるものとして、国土	その他の居室	換気回数が0.7以上の機械換気設備を設け、又はこれに相当する換気が確保されるものとして、国土	換気回数が0.5以上0.7未満の機械換気設備を設け、又はこれに相当する換気が確保されるものとして、国土交通	その他の居室

108　2－4　石綿その他の物質の飛散又は発散に対する衛生上の措置

	交通大臣が定めた構造方法を用い、若しくは国土交通大臣の認定を受けた居室		交通大臣が定めた構造方法を用い、若しくは国土交通大臣の認定を受けた居室	大臣が定めた構造方法を用い、若しくは国土交通大臣の認定を受けた居室	
（1）	1.2	2.8	0.88	1.4	3.0
（2）	0.2	0.5	0.15	0.25	0.5

備考
一　この表において、住宅等の居室とは、住宅の居室並びに下宿の宿泊室、寄宿舎の寝室及び家具その他これに類する物品の販売業を営む店舗の売場（常時開放された開口部を通じてこれらと相互に通気が確保される廊下その他の建築物の部分を含む。）をいうものとする。

二　この表において、換気回数とは、次の式によつて計算した数値をいうものとする。

$$n = \frac{V}{Ah}$$

この式において、n、V、A及びhは、それぞれ次の数値を表すものとする。

n　1時間当たりの換気回数

V　機械換気設備の有効換気量（次条第1項第一号ロに規定する方式を用いる機械換気設備で同号ロ（1）から（3）までに掲げる構造とするものにあつては、同号ロ（1）に規定する有効換気換算量）（単位　㎥/h）

A　居室の床面積（単位　㎡）

h　居室の天井の高さ（単位　m）

2　第一種ホルムアルデヒド発散建築材料のうち、夏季においてその表面積1㎡につき0.12mg/hを超える量のホルムアルデヒドを発散しないものとして国土交通大臣の認定を受けたもの（次項及び第4項の規定により国土交通大臣の認定を受けたものを除く。）については、第二種ホルムアルデヒド発散建築材料に該当するものとみなす。

3　第一種ホルムアルデヒド発散建築材料又は第二種ホルムアルデヒド発散建築材料のうち、夏季においてその表面積1㎡につき0.02mg/hを超える量のホルムアルデヒドを発散しないものとして国土交通大臣の認定を受けたもの（次項の規定により国土交通大臣の認定を受けたものを除く。）については、第三種ホルムアルデヒド発散建築材料に該当するものとみなす。

２－４　石綿その他の物質の飛散又は発散に対する衛生上の措置　　109

4　第一種ホルムアルデヒド発散建築材料、第二種ホルムアルデヒド発散建築材料又は第三種ホルムアルデヒド発散建築材料のうち、夏季においてその表面積１㎡につき0.005mg/hを超える量のホルムアルデヒドを発散しないものとして国土交通大臣の認定を受けたものについては、これらの建築材料に該当しないものとみなす。
5　次条第１項第一号ハに掲げる基準に適合する中央管理方式の空気調和設備を設ける建築物の居室については、第１項第三号及び第四号の規定は、適用しない。

○令第20条の７〔現行第20条の９〕

制定　公布：平成14年政令第393号　施行：平成15年７月１日

前２条（第20条の５第１項第一号及び第二号を除く。）の規定は、１年を通じて、当該居室内の人が通常活動することが想定される空間のホルムアルデヒドの量を空気１㎡につきおおむね0.1mg以下に保つことができるものとして、国土交通大臣の認定を受けた居室については、適用しない。

〔趣旨・内容〕

　ホルムアルデヒドに関する規制の対象となる建築材料はホルムアルデヒドの発散速度に応じて、４つの区分（第一種ホルムアルデヒド発散建築材料、第二種ホルムアルデヒド建築発散材料、第三種ホルムアルデヒド発散建築材料、発散速度が0.005mg/㎡h以下のもの）に分類されます。規制の対象となる建築材料は、告示により限定的に列挙され、これらに列挙されていない建築材料は規制を受けません。

　第一種ホルムアルデヒド発散建築材料については、居室の内装仕上への使用が禁止され、第二種・第三種ホルムアルデヒド発散建築材料については、居室の内装仕上の使用面積が制限されました。

　令第20条の５第三号及び第四号に規定される第一種、第二種及び第三種ホルムアルデヒド発散建築材料は、主としてJIS、JASの製品規格を引用して告示で定められていますが、これらの製品規格等に該当しないもので、同条第２項から第４項までの規定に基づき、国土交通大臣の認定を受けたものは、その認定区分に応じて、第二種ホルムアルデヒド発散建築材料、第三種ホルムアルデヒド発散建築材料、規制対象外とみなされます。

　また、一定の基準に適合する中央管理方式の空気調査設備を設ける居室や

110   2－4   石綿その他の物質の飛散又は発散に対する衛生上の措置

1年を通じて、居室内の人が通常活動することが想定される空間のホルムアルデヒドの濃度を100μg/㎥（0.1mg/㎥）以下に保つことのできるものとして国土交通大臣の認定を受けた居室は、別途の基準等により判断するため、内装の仕上の制限について適用除外とされました。

3   居室に設ける機械換気設備
○令第20条の6〔現行第20条の8〕

制定 公布：平成14年政令第393号　施行：平成15年7月1日

1　法第28条の2の政令で定める技術的基準で換気設備に係るものは、次のとおりとする。
　一　居室には、次のいずれかに適合する構造の換気設備を設けること。
　　イ　機械換気設備（ロに規定する方式を用いるもので ロ(1)から(3)までに掲げる構造とするものを除く。）にあつては、第129条の2の6第2項の規定によるほか、次に掲げる構造とすること。
　　（1）　有効換気量（㎥/hで表した量とする。（2）において同じ。）が、次の式によつて計算した必要有効換気量以上であること。

$$Vr=nAh$$

　　　　（この式において、Vr、n、A及びhは、それぞれ次の数値を表すものとする。
　　　　Vr　必要有効換気量（単位　㎥/h）
　　　　n　前条第1項第四号の表備考一の号に規定する住宅等の居室（次項において単に「住宅等の居室」という。）にあつては0.5、その他の居室にあつては0.3
　　　　A　居室の床面積（単位　㎡）
　　　　h　居室の天井の高さ（単位　m））

　　（2）　一の機械換気設備が2以上の居室に係る場合にあつては、当該換気設備の有効換気量が、当該2以上の居室のそれぞれの必要有効換気量の合計以上であること。
　　（3）　（1）及び（2）に掲げるもののほか、ホルムアルデヒドの発散による衛生上の支障がないようにするために必要な換気を確保することができるものとして、国土交通大臣が定めた構造方法を用いるものであること。
　　ロ　居室内の空気を浄化して供給する方式を用いる機械換気設備にあつては、第129条の2の6第2項の規定によるほか、次に掲げる構造とすること。

２－４　石綿その他の物質の飛散又は発散に対する衛生上の措置　111

　　　　（１）　次の式によつて計算した有効換気換算量がイ（１）の式によつて計
　　　　　　算した必要有効換気量以上であるものとして、国土交通大臣が定めた
　　　　　　構造方法を用いるもの又は国土交通大臣の認定を受けたものであるこ
　　　　　　と。

$$Vq=Q\frac{C-Cp}{C}+V$$

　　　　　　この式において、Vq、Q、C、Cp及びVは、それぞれ次の数値を
　　　　　表すものとする。
　　　　　Vq　有効換気換算量（単位　㎥/h）
　　　　　Q　　浄化して供給する空気の量（単位　㎥/h）
　　　　　C　　浄化前の空気に含まれるホルムアルデヒドの量（単位　mg
　　　　　　　/㎥）
　　　　　Cp　浄化して供給する空気に含まれるホルムアルデヒドの量（単
　　　　　　　位　mg/㎥）
　　　　　V　　有効換気量（単位　㎥/h）

　　　　（２）　一の機械換気設備が２以上の居室に係る場合にあつては、当該換
　　　　　　気設備の有効換気換算量が、当該２以上の居室のそれぞれの必要有効
　　　　　　換気量の合計以上であること。
　　　　（３）　（１）及び（２）に掲げるもののほか、ホルムアルデヒドの発散によ
　　　　　　る衛生上の支障がないようにするために必要な換気を確保することが
　　　　　　できるものとして、国土交通大臣が定めた構造方法を用いるものであ
　　　　　　ること。
　　　ハ　中央管理方式の空気調和設備にあつては、第129条の２の６第３項の
　　　　規定によるほか、ホルムアルデヒドの発散による衛生上の支障がないよ
　　　　うにするために必要な換気を確保することができるものとして、国土交
　　　　通大臣が定めた構造方法を用いる構造又は国土交通大臣の認定を受けた
　　　　構造とすること。
　二　法第34条第２項に規定する建築物又は各構えの床面積の合計が1,000㎡
　　を超える地下街に設ける機械換気設備（一の居室のみに係るものを除く。）
　　又は中央管理方式の空気調和設備にあつては、これらの制御及び作動状態
　　の監視を中央管理室において行うことができるものとすること。
２　前項の規定は、同項に規定する基準に適合する換気設備を設ける住宅等の
　居室又はその他の居室とそれぞれ同等以上にホルムアルデヒドの発散による
　衛生上の支障がないようにするために必要な換気を確保することができるも

112　　2－4　石綿その他の物質の飛散又は発散に対する衛生上の措置

のとして、国土交通大臣が定めた構造方法を用いる住宅等の居室若しくはその他の居室又は国土交通大臣の認定を受けた住宅等の居室若しくはその他の居室については、適用しない。

○関係告示　ホルムアルデヒドの発散による衛生上の支障がないようにするために必要な換気を確保することができる居室の構造方法を定める件〔平15国交通告273号〕

制定　公布：平成15年国土交通省告示第273号　施行：平成15年7月1日

建築基準法施行令（昭和25年政令第338号）第20条の5第1項第四号の表及び第20条の6第2項の規定に基づき、ホルムアルデヒドの発散による衛生上の支障がないようにするために必要な換気を確保することができる居室の構造方法を次のように定める。

第1　換気回数が0.7以上の機械換気設備を設けるものに相当する換気が確保される居室

建築基準法施行令（以下「令」という。）第20条の5第1項第四号の表に規定する換気回数が0.7以上の機械換気設備を設けるものに相当する換気が確保される居室の構造方法は、天井の高さを2.7m以上とし、かつ、次の各号に適合する機械換気設備を設けるものとする。

一　有効換気量（㎥/hで表した量とする。以下同じ。）又は有効換気換算量（㎥/hで表した量とする。以下同じ。）が次の式によって計算した必要有効換気量以上とすること。

$$Vr = nAh$$

この式において、Vr、n、A及びhは、それぞれ次の数値を表すものとする。

Vr　必要有効換気量（単位　㎥/h）

n　居室の天井の高さの区分に応じて次の表に掲げる数値

3.3m未満	0.6
3.3m以上4.1m未満	0.5
4.1m以上5.4m未満	0.4
5.4m以上8.1m未満	0.3
8.1m以上16.1m未満	0.2
16.1m以上	0.1

2－4　石綿その他の物質の飛散又は発散に対する衛生上の措置　113

$$\left|\begin{array}{l}\text{A　居室の床面積（単位　㎡）}\\\text{h　居室の天井の高さ（単位　m）}\end{array}\right.$$

二　令第129条の2の6第2項のほか、令第20条の6第1項第一号イ（2）及び（3）又はロ（2）及び（3）並びに同項第二号に適合するものとすること。

第2　換気回数が0.5以上0.7未満の機械換気設備を設けるものに相当する換気が確保される住宅等の居室以外の居室

令第20条の5第1項第四号の表に規定する換気回数が0.5以上0.7未満の機械換気設備を設けるものに相当する換気が確保される住宅等の居室以外の居室（第1に適合するものを除く。）の構造方法は、次の各号のいずれかに適合するものとする。

一　天井の高さを2.9m以上とし、かつ、次のイ及びロに適合する機械換気設備（第1の各号に適合するものを除く。）を設けるものとすること。

イ　有効換気量又は有効換気換算量が次の式によって計算した必要有効換気量以上とすること。

$$Vr = nAh$$

この式において、Vr、n、A及びhは、それぞれ次の数値を表すものとする。

Vr　必要有効換気量（単位　㎥/h）

n　居室の天井の高さの区分に応じて次の表に掲げる数値

3.9m未満	0.4
3.9m以上5.8m未満	0.3
5.8m以上11.5m未満	0.2
11.5m以上	0.1

A　居室の床面積（単位　㎡）

h　居室の天井の高さ（単位　m）

ロ　令第129条の2の6第2項のほか、令第20条の6第1項第一号イ（2）及び（3）又はロ（2）及び（3）並びに同項第二号に適合するものとすること。

二　外気に常時開放された開口部等の換気上有効な面積の合計が、床面積に対して、15／10,000以上とすること。

三　ホテル又は旅館の宿泊室その他これらに類する居室以外の居室（常時開放された開口部を通じてこれと相互に通気が確保される廊下その他の建築物の部分を含む。）で、使用時に外気に開放される開口部等の換気上有効な面積の合計が、床面積に対して、15／10,000以上とすること。

四　真壁造の建築物（外壁に合板その他これに類する板状に成型した建築材料を用いないものに限る。）の居室で、天井及び床に合板その他これに類する板状に成型した建築材料を用いないもの又は外壁の開口部に設ける建具（通気が確保できる空隙のあるものに限る。）に木製枠を用いるものとすること。

第3　ホルムアルデヒドの発散による衛生上の支障がないようにするために必要な換気を確保することができる住宅等の居室

令第20条の6第2項に規定する同条第1項に規定する基準に適合する換気設備を設ける住宅等の居室と同等以上にホルムアルデヒドの発散による衛生上の支障がないようにするために必要な換気を確保することができる住宅等の居室の構造方法は、次の各号のいずれかに適合するものとする。

一　第1に適合するものとすること。

二　第2の各号のいずれかに適合するものとすること。ただし、第2第三号中「ホテル又は旅館の宿泊室その他これらに類する居室以外の居室」とあるのは「家具その他これに類する物品の販売業を営む店舗の売場」と読み替えて適用するものとする。

第4　ホルムアルデヒドの発散による衛生上の支障がないようにするために必要な換気を確保することができる住宅等の居室以外の居室

令第20条の6第2項に規定する同条第1項に規定する基準に適合する換気設備を設ける住宅等の居室以外の居室と同等以上にホルムアルデヒドの発散による衛生上の支障がないようにするために必要な換気を確保することができる住宅等の居室以外の居室の構造方法は、次の各号のいずれかに適合するものとする。

一　第1に適合するものとすること。

二　第2の各号のいずれかに適合するものとすること。

三　天井の高さを3.5m以上とし、かつ、次のイ及びロに適合する機械換気設備を設けるものとすること。

　　イ　有効換気量又は有効換気換算量が次の式によって計算した必要有効換気量以上とすること。

　　　$Vr = nAh$

　　　　この式において、Vr、n、A及びhは、それぞれ次の数値を表すものとする。

　　　Vr　必要有効換気量（単位　㎥/h）

　　　n　居室の天井の高さの区分に応じて次の表に掲げる数値

6.9m未満	0.2

2－4　石綿その他の物質の飛散又は発散に対する衛生上の措置　115

| 6.9m以上13.8m未満 | 0.1 |
| 13.8m以上 | 0.05 |

A　居室の床面積（単位　㎡）

h　居室の天井の高さ（単位　m）

ロ　令第129条の２の６第２項のほか、令第20条の６第１項第一号イ（２）
及び（３）又はロ（２）及び（３）並びに同項第二号に適合するものとすること。

〔趣旨・内容〕

　内装仕上げ等にホルムアルデヒドを発散するおそれのある建築材料を使用しないときでも、家具等からのホルムアルデヒドの発散を考慮して、原則として機械換気設備又は中央管理方式の空気調和設備の設置が義務付けられました。

　具体的な機械換気設備等の構造方法については、３種類（イ～ハ）に区分し、それぞれ適合すべき規定が整理されました。

　なお、機械換気設備等の設置が不要の居室について、①外気に常時開放された開口部等、②使用時に外気に開放される開口部等、③真壁造の建築物の居室が告示で規定されています。天井の高さが高い居室については、必要有効換気量を求める際の換気回数を居室の天井の高さに応じて低減できることが告示で規定されています。

　また、令第20条の７の特例により、一年を通じて、居室内の人が通常活動することが想定される空間のホルムアルデヒドの濃度を$100\mu g/㎡$（0.1mg/㎡）以下に保つことのできるものとして国土交通大臣の認定を受けた居室は、適用除外とされました。

4　建築材料における石綿等の使用制限

○法第28条の２（石綿その他の物質の飛散又は発散に対する衛生上の措置）

改正 公布：平成18年法律第５号　施行：平成18年10月１日

　建築物は、石綿その他の物質の建築材料からの飛散又は発散による衛生上の支障がないよう、次に掲げる基準に適合するものとしなければならない。

一　建築材料に石綿その他の著しく衛生上有害なものとして政令で定める物質（次号及び第三号において「石綿等」という。）を添加しないこと。

116   2－4   石綿その他の物質の飛散又は発散に対する衛生上の措置

二   石綿等をあらかじめ添加した建築材料（石綿等を飛散又は発散させるおそ
れがないものとして国土交通大臣が定めたもの又は国土交通大臣の認定を受
けたものを除く。）を使用しないこと。
三   居室を有する建築物にあつては、前二号に定めるもののほか、石綿等以外
の物質でその居室内において衛生上の支障を生ずるおそれがあるものとして
政令で定める物質の区分に応じ、建築材料及び換気設備について政令で定め
る技術的基準に適合すること。

○令第20条の4（著しく衛生上有害な物質）

改 正 公布：平成18年政令第308号   施行：平成18年10月1日

法第28条の2第一号（法第88条第1項において準用する場合を含む。）の政令
で定める物質は、石綿とする。

〔趣旨・内容〕

平成17年に、石綿メーカーの従業員、工場の近隣の住民や従業員の家族が
中皮腫を発症・死亡していた状況を受けて、建築基準法において、建築物の
所有者等に対し、増改築時の除去等の義務付け、衛生上有害となるおそれが
ある場合に勧告及び命令を行う等の吹付け石綿等の使用を規制する改正が行
われました。

法第28条の2第一号及び第二号では、石綿の飛散のおそれのある建築材料
として、吹付け石綿及び石綿をその重量の0.1％を超えて含有する吹付けロッ
クウール（以下「吹付け石綿等」といいます。）を定め、建築物において、こ
れらの建築材料を使用しないこととされました。

なお、ここでは吹付け石綿等のみが規制の対象とされており、その他の石
綿含有建築材料（吹付けパーライト、吹付けバーミキュライト、成型品等）
は規制の対象とはなっていません。

参 考

・平成18年10月1日国住指第1539号「石綿による健康等に係る被害の防止のための
大気汚染防止法等の一部を改正する法律等の施行について（技術的助言）」
・国土交通省住宅局建築指導課ほか編『改正建築基準法に対応した建築物のシック
ハウス対策マニュアル―建築基準法・住宅性能表示制度の解説及び設計施工マニ
ュアル』（工学図書、2003）

2−5　直通階段・2以上の直通階段の設置　117

2−5　直通階段・2以上の直通階段の設置（令第120条・第121条）

現行規制の内容

（1）　直通階段の設置

　直通階段とは、建築物の各階から、その階段を通って直接地上に出られる出入口のある階（避難階）に迷うことなく、連続的かつ容易に到達できる階段のことをいいます（建基令120）。

	直通階段の設置が必要な建築物　（建基令117）
1	法別表第1（い）欄（1）〜（4）項の特殊建築物
2	階数3以上の建築物
3	採光有効な部分の面積が床面積の1／20未満の居室を有する階
4	延べ面積1,000㎡超の建築物

（2）　直通階段・2以上の直通階段の設置

　2以上の直通階段を設けて2方向に避難路を確保することにより、火災時に一方が通行不能になった場合も、他方へ避難できる道を残して、より安全性を高めることを目的としています（建基令121）。

主な改正履歴と改正の趣旨・内容

主な改正	施行・適用
① 直通階段と2以上の直通階段の設置に係る規定の制定	S25.11.23
② 2以上の直通階段の設置義務が課せられる面積の合理化	S31.7.1
③ 採光無窓居室の制限強化	S34.12.23
④ 高層階の歩行距離の制限強化	S39.1.15
⑤ 歩行距離の重複距離規定の制定	S44.5.1
⑥ 2以上の直通階段を設ける建築物の範囲の拡大	S49.1.1

118   2−5 直通階段・2以上の直通階段の設置

⑦	小規模建築物の2以上の直通階段の制限緩和	R2.4.1
⑧	採光無窓居室の制限緩和	R5.4.1

① 直通階段と2以上の直通階段の設置に係る規定の制定
○令第120条（階段までの歩行距離）

制定 公布：昭和25年政令第338号　施行：昭和25年11月23日

> 建築物の避難階（直接地上へ通ずる出入口のある階をいう。以下同様とする。）以外の階においては、居室の各部分から、避難階に通ずる直通階段（傾斜路を含む。以下同様とする。）の一に至る歩行距離は、左の表の数値以下としなければならない。
>
> | 構造
居室の種類 | 主要構造部が耐火構造であるか又は不燃材料で造られている場合（単位　m） | 上欄に掲げる場合以外の場合（単位　m） |
> |---|---|---|
> | （1） 百貨店の売場 | 30 | 30 |
> | （2） 病院の病室、ホテル、旅館若しくは下宿の宿泊室、共同住宅の居室又は寄宿舎の寝室 | 50 | 30 |
> | （3） （1）又は（2）に掲げる居室以外の居室 | 50 | 40 |

○令第121条（直通階段の設置及び構造）

制定 公布：昭和25年政令第338号　施行：昭和25年11月23日

> 1　建築物の避難階以外の階が左の各号の一に該当する場合においては、その階から避難階に通ずる2以上の直通階段を設けなければならない。但し、第二号から第四号までに掲げるもので、その主要構造部が耐火構造であるか、又は不燃材料で造られているものについては、当該建築物の階でその階における居室の床面積の合計が400㎡をこえるものに限る。
> 　一　劇場、映画館、演芸場、観覧場、公会堂若しくは百貨店又は集会場の用途に供するもの
> 　二　病院又は診療所の用途に供する階でその階における病室の床面積の合計が50㎡をこえるもの

2－5　直通階段・2以上の直通階段の設置　119

　　三　ホテル、旅館若しくは下宿の用途に供する階でその階における宿泊室の
　　　床面積の合計、共同住宅の用途に供する階でその階における居室の床面積
　　　の合計又は寄宿舎の用途に供する階でその階における寝室の床面積の合計
　　　が、それぞれ100㎡をこえるもの
　　四　前2号に掲げる階以外の階でその階における居室の床面積の合計が、避
　　　難階の直上又は直下の階にあつては200㎡を、その他の階にあつては100㎡
　　　をこえるもの
　　五　主要構造部が耐火構造であるか、又は不燃材料で造られている建築物の
　　　階でその階における居室の床面積の合計が400㎡をこえるもの
　2　前項各号の規定は、建築物が開口部のない耐火構造の壁で区画されている
　　場合においては、その区画された部分のそれぞれについて適用する。
　3　第1項の規定による直通階段で屋外に設けるものは、木造としてはならな
　　い。

〔趣旨・内容〕
　建築物の上層階又は地階において、直通階段を通じて屋外へ速やかに避難
できるよう、その階の直通階段から居室の最も遠い部分までの距離（歩行距
離）について規定が設けられました。
　この直通階段とは、各階で次の階段まで連続して誤りなく容易に避難階ま
で行けるものをいいます。また、火災時に一方が通行不能となった場合にも、
他方の避難できる道を残して安全を高める「二方向避難」を確保することを
目的に2以上の直通階段を設けることとされました。

② 2以上の直通階段の設置義務が課せられる面積の合理化
○令第121条

改正 公布：昭和31年政令第185号　施行：昭和31年7月1日

　1　建築物の避難階以外の階が左の各号の一に該当する場合においては、その
　　階から避難階に通ずる2以上の直通階段を設けなければならない。
　　一　劇場、映画館、演芸場、観覧場、公会堂若しくは百貨店又は集会場の用
　　　途に供する階でその階に客席、売場、集会室その他これらに類するものを
　　　有するもの
　　（略）
　　四　前各号に掲げる階以外の階でその階における居室の床面積の合計が、避
　　　難階の直上又は直下の階にあつては200㎡を、その他の階にあつては100㎡
　　　をこえるもの

120　2－5　直通階段・2以上の直通階段の設置

2　主要構造部が耐火構造であるか、又は不燃材料で造られている建築物について前項の規定を適用する場合には、同項中「50㎡」とあるのは「100㎡」と、「100㎡」とあるのは「200㎡」と、「200㎡」とあるのは「400㎡」とする。

3　前2項の規定は、建築物が開口部のない耐火構造の壁で区画されている場合においては、その区画された部分のそれぞれについて適用する。

〔趣旨・内容〕

　主要構造部を耐火構造又は不燃材料とした耐火性能の高い建築物については、居室面積の合計が規定の2倍以内であれば、1つの直通階段でも可能とした緩和規定が設けられました。

③　採光無窓居室の制限強化

○令第120条（直通階段の設置）

改正　公布：昭和34年政令第344号　施行：昭和34年12月23日

1　（略）		構造	主要構造部が耐火構造であるか又は不燃材料で造られている場合（単位　m）	上欄に掲げる場合以外の場合（単位　m）
居室の種類				
（1）	法第28条第1項ただし書に規定する居室で同項本文の規定に適合しないもの又は百貨店の売場		30	30
（略）				

〔趣旨・内容〕

　当時、増加の傾向にあった無窓工場等について起こり得べき災害に対処するため、避難施設について必要な制限が加えられました。

④　高層階の歩行距離の制限強化

○令第120条（直通階段の設置）

改正　公布：昭和39年政令第4号　施行：昭和39年1月15日

2　主要構造部が耐火構造であるか又は不燃材料で造られている建築物の居室で、当該居室及びこれから地上に通ずる主たる廊下、階段その他の通路の壁

（床面からの高さが1.2m以下の部分を除く。）及び天井（天井のない場合に
　　おいては、屋根）の室内に面する部分（回り縁、窓台その他これらに類する
　　部分を除く。）の仕上げを不燃材料又は準不燃材料でしたものについては、前
　　項の表の数値に10を加えた数値を同項の表の数値とする。ただし、15階以上
　　の階の居室については、この限りでない。
　3　15階以上の階の居室については、前項本文の規定に該当するものを除き、
　　第1項の表の数値から10を減じた数値を同項の表の数値とする。

〔趣旨・内容〕

　主要構造部を耐火構造又は不燃材料で造られた建築物で、居室から避難経
路の天井と壁の内装仕上げを準不燃材料とした場合の緩和規定が設けられる
一方、15階以上の高層建築物における歩行距離制限が強化されました。

5　歩行距離の重複距離規定の制定

○令第121条（二以上の直通階段を設ける場合）

改正　公布：昭和44年政令第8号　施行：昭和44年5月1日

　3　第1項の規定により避難階又は地上に通ずる2以上の直通階段を設ける場
　　合において、居室の各部分から各直通階段に至る通常の歩行経路のすべてに
　　共通の重複区間があるときにおける当該重複区間の長さは、前条に規定する
　　歩行距離の数値の1/2をこえてはならない。ただし、居室の各部分から、当該
　　重複区間を経由しないで、避難上有効なバルコニー、屋外通路その他これら
　　に類するものに避難することができる場合は、この限りでない。

〔趣旨・内容〕

　2以上の直通階段を設ける場合、居室の各部分から2以上の方向に避難す
ることがより有効にできるようにするために、居室の各部分から直通階段に
至る通常の歩行距離（一般には最短距離）の重複区間の長さは、令第120条第
1項の歩行距離の1／2を超えてはならないこととされました。

6　2以上の直通階段を設ける建築物の範囲の拡大

○令第121条（二以上の直通階段を設ける場合）

改正　公布：昭和48年政令第242号　施行：昭和49年1月1日

　1　（略）
　　二　キヤバレー、カフエー、ナイトクラブ又はバーの用途に供する階でその

122   2－5   直通階段・2以上の直通階段の設置

階に客席を有するもの（5階以下の階で、その階の居室の床面積の合計が100㎡をこえず、かつ、その階に避難上有効なバルコニー、屋外通路その他これらに類するもの及びその階から避難階又は地上に通ずる直通階段で第123条第2項又は第3項の規定に適合するものが設けられているもの並びに避難階の直上階又は直下階である5階以下の階でその階の居室の床面積の合計が100㎡をこえないものを除く。）

（略）

五　前各号に掲げる階以外の階で次のイ又はロに該当するもの

　　イ　6階以上の階でその階に居室を有するもの（第一号から第三号までに掲げる用途に供する階以外の階で、その階の居室の床面積の合計が100㎡をこえず、かつ、その階に避難上有効なバルコニー、屋外通路その他これらに類するもの及びその階から避難階又は地上に通ずる直通階段で第123条第2項又は第3項の規定に適合するものが設けられているものを除く。）

　　ロ　5階以下の階でその階における居室の床面積の合計が避難階の直上階にあつては200㎡を、その他の階にあつては100㎡をこえるもの

〔趣旨・内容〕

　特殊建築物の火災による被害の実情に照らして防火及び避難に関する基準が整備されました。

　災害時における2方向への避難経路を確保するため直通階段を2以上設けなければならない建築物の範囲が拡大され、6階以上の階に居室を有する場合及びキャバレー、カフェー、ナイトクラブ又はバーの用途に供する階については、原則として、2以上の直通階段を設けなければならないこととなりました。用途による規定についても、病院、診療所に類するものとして児童福祉施設等が加わりました。

7　小規模建築物の2以上の直通階段の制限緩和

○令第121条（二以上の直通階段を設ける場合）

改正　公布：令和元年政令第181号　施行：令和2年4月1日

4　第1項（第四号及び第五号（第2項の規定が適用される場合にあつては、第四号）に係る部分に限る。）の規定は、階数が3以下で延べ面積が200㎡未満の建築物の避難階以外の階（以下この項において「特定階」という。）（階段の部分（当該部分からのみ人が出入りすることのできる便所、公衆電話所

2－5　直通階段・2以上の直通階段の設置　123

その他これらに類するものを含む。）と当該階段の部分以外の部分（直接外気に開放されている廊下、バルコニーその他これらに類する部分を除く。）とが間仕切壁若しくは次の各号に掲げる場合の区分に応じ当該各号に定める防火設備で第112条第19項第二号に規定する構造であるもので区画されている建築物又は同条第15項の国土交通大臣が定める建築物の特定階に限る。）については、適用しない。
一　特定階を第1項第四号に規定する用途（児童福祉施設等については入所する者の寝室があるものに限る。）に供する場合　法第2条第九号の二ロに規定する防火設備（当該特定階がある建築物の居室、倉庫その他これらに類する部分にスプリンクラー設備その他これに類するものを設けた場合にあつては、10分間防火設備）
二　特定階を児童福祉施設等（入所する者の寝室があるものを除く。）の用途又は第1項第五号に規定する用途に供する場合　戸（ふすま、障子その他これらに類するものを除く。）

〔趣旨・内容〕
　階数が3以下で延べ面積が200㎡未満の小規模建築物について、直通階段の部分と当該直通階段の部分以外の部分を間仕切壁又は防火設備により区画した場合にあっては、二以上の直通階段の設置を要さないこととされました。

8　採光無窓居室の制限緩和
○令第120条（直通階段の設置）
改正　公布：令和5年政令第34号　施行：令和5年4月1日

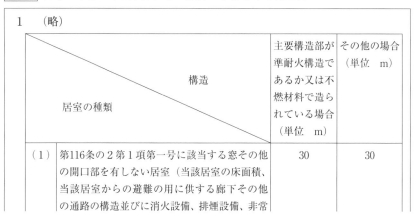

124　　2−5　直通階段・2以上の直通階段の設置

	用の照明装置及び警報設備の設置の状況及び構造に関し避難上支障がないものとして国土交通大臣が定める基準に適合するものを除く。）又は法別表第1（い）欄（4）項に掲げる用途に供する特殊建築物の主たる用途に供する居室		
（略）			

○関係告示　直通階段の一に至る歩行距離に関し建築基準法施行令第116条の2第1項第一号に該当する窓その他の開口部を有する居室と同等の規制を受けるものとして避難上支障がない居室の基準を定める件〔令5国交通告208号〕

制定　公布：令和5年国土交通省告示第208号　施行：令和5年4月1日

　建築基準法施行令（以下「令」という。）第120条第1項の表の（1）の項に規定する避難上支障がない居室の基準は、次に掲げるものとする。

一　次のイ又はロのいずれかに該当すること。

　イ　床面積が30㎡以内の居室（病院、診療所（患者の収容施設があるものに限る。）又は児童福祉施設等（令第115条の3第一号に規定する児童福祉施設等をいい、通所のみにより利用されるものを除く。）の用に供するもの及び地階に存するものを除く。以下同じ。）であること。

　ロ　居室及び当該居室から地上に通ずる廊下等（廊下その他の避難の用に供する建築物の部分をいう。以下同じ。）（採光上有効に直接外気に開放された部分を除く。）が、令第126条の5に規定する構造の非常用の照明装置を設けたものであること。

二　次のイ又はロのいずれかに該当すること。

　イ　居室から令第120条の規定による直通階段（以下単に「直通階段」という。）に通ずる廊下等が、不燃材料で造り、又は覆われた壁又は戸（ふすま、障子その他これらに類するものを除く。以下同じ。）で令第112条第19項第二号に規定する構造であるもので区画されたものであること。

　ロ　居室から直通階段に通ずる廊下等が、スプリンクラー設備（水源として、水道の用に供する水管を当該スプリンクラー設備に連結したものを除く。）、水噴霧消火設備、泡消火設備その他これらに類するもので自動式のもの（以下「スプリンクラー設備等」という。）を設けた室以外の室（令第128条の6第2項に規定する火災の発生のおそれの少ない室（以下単に「火

2－5　直通階段・2以上の直通階段の設置　125

災の発生のおそれの少ない室」という。）を除く。）に面しないものであり、かつ、火災の発生のおそれの少ない室に該当する場合を除き、スプリンクラー設備等を設けたものであること。

三　直通階段が次のイ又はロのいずれかに該当すること。

イ　直通階段の階段室が、その他の部分と準耐火構造の床若しくは壁又は建築基準法（昭和25年法律第201号）第2条第九号の二ロに規定する防火設備で令第112条第19項第二号に規定する構造であるもので区画されたものであること。

ロ　直通階段が屋外に設けられ、かつ、屋内から当該直通階段に通ずる出入口にイに規定する防火設備を設けたものであること。

四　居室から直通階段に通ずる廊下等が、火災の発生のおそれの少ない室に該当すること。ただし、不燃材料で造り、又は覆われた壁又は戸で令第112条第19項第二号に規定する構造であるもので区画された居室に該当する場合において、次のイからハまでに定めるところにより、当該居室で火災が発生した場合においても当該居室からの避難が安全に行われることを火災により生じた煙又はガスの高さに基づき検証する方法により確かめられたときは、この限りでない。

イ　当該居室に存する者（当該居室を通らなければ避難することができない者を含む。）の全てが当該居室において火災が発生してから当該居室からの避難を終了するまでの時間を、令和3年国土交通省告示第475号第一号イ及びロに掲げる式に基づき計算した時間を合計することにより計算すること。

ロ　イの規定によって計算した時間が経過したときにおける当該居室において発生した火災により生じた煙又はガスの高さを、令和3年国土交通省告示第475号第二号に掲げる式に基づき計算すること。

ハ　ロの規定によって計算した高さが、1.8mを下回らないことを確かめること。

五　令第110条の5に規定する基準に従って警報設備（自動火災報知設備に限る。）を設けた建築物の居室であること。

〔趣旨・内容〕

令第120条第1項において、採光無窓居室であって、避難上支障がないものについては、避難階以外の階における当該居室から直通階段までの歩行距離の上限を、採光無窓居室以外の居室と同等まで引き上げることを可能とする

ことで、規制の合理化が図られました。

　また、同室にかかる令第121条第3項の規定による重複区間の長さの上限
及び令第125条第1項の規定による屋外への出口の一に至る歩行距離の適用
についても、当該採光無窓居室に係る合理化後の歩行距離の上限の数値と同
等として差し支えないこととされています。

参　考

・昭和44年3月3日住指発第26号「建築基準法施行令の一部改正について」
・昭和48年9月17日住指発第660号「建築基準法施行令の一部改正について」
・令和2年4月1日国住指第4658号「建築基準法施行令の一部を改正する政令等の
　施行について（技術的助言）」
・令和5年3月24日国住指第536号・国住街第244号「建築基準法施行令の一部を改
　正する政令等の施行について」
・日本建築センター編『詳解建築基準法』（帝国地方行政学会、1973）

2－6 避難階段の設置・構造及び物品販売業を営む店舗における避難階段等の幅（令第122条・第123条・第124条）

現行規制の内容

（1） 避難階段・特別避難階段の設置

避難階段及び特別避難階段とは、火災時において最も安全性能が要求されるところから、直通階段に一定以上の防災措置を講じて安全性を高めたものです。下表に示すように、高層建築物等、地下階のように避難に多くの時間を要する部分等、下表に掲げる建築物について設置が求められます（建基令122）。

	避難階段・特別避難階段の設置が必要な建築物（建基令122）	
1	5階以上の階に通ずる直通階段	避難階段又は特別避難階段
2	地下2階以下の階に通ずる直通階段	
3	3階以上の階が物品販売業を営む店舗（床面積1,500㎡を超えるものに限る。）	
4	15階以上の階に通ずる直通階段	特別避難階段
5	地下3階以下の階に通ずる直通階段	
6	5階以上の階を物品販売業を営む店舗（床面積1,500㎡を超えるものに限る。）	

（2） 避難階段・特別避難階段の構造

避難階段は、その形態から、屋内避難階段と屋外避難階段に分かれ、構造基準も下表のように異なっています。

階段種別	構造基準
屋内避難階段	・階段室を耐火構造の壁で囲む（開口部除く。）。 ・天井及び壁の室内に面する部分は、下地・仕上げとも不燃材料で造る。 ・階段室の屋外に面する壁に設ける開口部は他の開口部から90cm以上の距離を設ける。 ・階段室の屋内に面する壁に窓を設ける場合は、1㎡以内の鉄製網入りガラス入りはめごろし戸とする。

	・屋内から階段に通ずる出入口の戸は、常時常閉式又は煙感知器連動閉鎖式の防火設備を設置
	・採光のための窓又は予備電源を有する照明設備を設置
	・耐火構造とし、避難階まで直通する。
屋外避難階段	・耐火構造とし、地上まで直通する。
	・出入口以外の開口部から2m以上の距離に設けること。
	・屋内から階段に通ずる出入口の戸は常時閉鎖式又は煙感知器連動閉鎖式の防火設備を設置

　特別避難階段は、屋内と階段室とが、バルコニー又は外気に開けることのできる窓若しくは排煙設備を設けた付室を通じて連絡するほか、階段室及び付室の構造は屋内避難階段の場合と同様の構造にしなければなりません。さらに、建築物の高層部分や地下部分では、非常時に一時的に逃げ込むことができる安全区画部分として階段室及びバルコニー又は付室の大きさを一定以上にしなければなりません（建基令123）。

（3）　物品販売業を営む店舗における避難階段等の幅

　物品販売業を営む店舗で、その用途に供する床面積が1,500㎡以上の建築物は、その用途の性質上、不特定多数が集中するものであるため、設置する階段に次のような制限を課しています。

①　3階以上の物品販売業を営む店舗の用途に供する建築物は、各階の売場及び屋上広場に通ずる二以上の直通階段（避難階段又は特別避難階段）を設置。また、5階以上の売場に通ずるものはその1以上を、15階以上の売場に通ずるものはその全てを特別避難階段とする。

②　物品販売業を営む店舗の用途に供する建築物の避難階段、特別避難階段の幅の合計は、直上階以上の階のうち床面積が最大の階の床面積における床面積100㎡につき60cmの割合で算出した数値以上とする。

③　物品販売業を営む店舗の用途に供する建築物の各階における避難階段及び特別避難階段に通ずる出入口の幅は各階ごとにその床面積100㎡につき、地上階にあっては27cm、地下階については36cmの割合で算出した数値以上とする（建基令124）。

$2-6$ 避難階段の設置・構造及び物品販売業を営む店舗における避難階段等の幅　129

主な改正履歴と改正の趣旨・内容

主な改正	施行・適用
① 避難階段・特別避難階段の設置と構造及び物品販売業を営む店舗における階段幅等に係る規定の制定	S 25.11.23
② 避難階段の設置を要さない居室の緩和	S 34.12.23
③ 高層階における特別避難階段の設置	S 39.1.15
④ 特別避難階段の設置強化・避難階段等の構造の制限強化	S 44.5.1
⑤ 物品販売業を営む店舗の階段幅等の制限強化	S 46.1.1
⑥ 特別避難階段の付室の排煙方法の合理化	H 28.6.1

① 避難階段・特別避難階段の設置と構造及び物品販売業を営む店舗における階段幅等に係る規定の制定

○令第122条（避難階段の設置）

制定 公布：昭和25年政令第338号　施行：昭和25年11月23日

> 1　地上の階数が5以上の建築物の5階以上の階に通ずる直通階段は、第123条の規定による避難階段又は特別避難階段としなければならない。
> 2　百貨店の用途に供する建築物で法第27条第四号に該当するものにあつては、各階の売場及び屋上広場に通ずる2以上の直通階段を設け、これを第123条の規定による避難階段又は特別避難階段としなければならない。
> 3　前項の直通階段で5階以上の売場に通ずるものは、その一以上を第123条第3項の規定による特別避難階段としなければならない。
> 4　建築物の5階以上の階で百貨店の用途に供する部分の床面積が3,000㎡をこえるものにあつては、その床面積3,000㎡ごとに4階以下の階の用に供しない第123条第3項の規定による特別避難階段を設けなければならない。

○令第123条（避難階段及び特別避難階段の構造）

制定 公布：昭和25年政令第338号　施行：昭和25年11月23日

> 1　屋内に設ける避難階段は、左の各号に定める構造としなければならない。

但し、最上部にあつては、第一号、第三号又は第四号の規定によらないことができる。

一　階段室は、直接外気に接する部分又は第三号の窓若しくは第四号の出入口の部分を除き、耐火構造の壁で囲むこと。

二　階段室には、窓その他の採光上有効な開口部又は予備電源を有する照明設備を設けること。

三　階段室の屋内に面する壁に窓を設ける場合においては、その面積は、各1㎡以内とし、且つ、鉄製網入ガラス入りのはめごろし戸を設けること。

四　屋内から階段に通ずる出入口には、随時開けることができる自動閉鎖の甲種防火戸又は鉄製網入ガラス入りの戸を設けること。

五　前号の戸又はこれに設けるくぐり戸は、避難の方向に開くようにすること。

六　階段は、耐火構造とし、避難階まで直通すること。

2　屋外に設ける避難階段は、左の各号に定める構造としなければならない。但し、最上部にあつては、第一号又は第二号の規定によらないことができる。

一　階段は、その階段に通ずる出入口以外の開口部（開口面積が各1㎡以内で、鉄製網入ガラス入りのはめごろし戸のあるものを除く。）から2m以上の距離に設けること。

二　屋内から階段に通ずる出入口には、随時開けることができる自動閉鎖の甲種防火戸又は鉄製網入ガラス入りの戸を設けること。

三　前号の戸又はこれに設けるくぐり戸は、避難の方向に開くようにすること。

四　階段は、耐火構造とし、地上まで直通すること。

3　特別避難階段は、左の各号に定める構造としなければならない。但し、最上部にあつては、第一号、第二号、第四号又は第五号の規定によらないことができる。

一　屋内と階段室とは、露台又は外気に向つて開けることができる窓を有する附室を通じて連絡すること。

二　階段室及び附室は、直接外気に接する部分、第五号の窓の部分又は第七号若しくは第八号の出入口の部分を除き、耐火構造の壁で囲むこと。

三　階段室には、附室に面する窓その他の採光上有効な開口部又は予備電源を有する照明設備を設けること。

四　階段室には、露台及び附室に面する部分以外に屋内に面して開口部を設けないこと。

2－6　避難階段の設置・構造及び物品販売業を営む店舗における避難階段等の幅　131

　　五　階段室の露台又は附室に面する部分に窓を設ける場合においては、はめごろし戸を設けること。

　　六　露台及び附室には、階段室以外の屋内に面する壁に出入口以外の開口部を設けないこと。

　　七　屋内から露台又は附室に通ずる出入口には、随時開けることができる自動閉鎖の甲種防火戸を設けること。

　　八　露台又は附室から階段室に通ずる出入口には、随時開けることができる自動閉鎖の戸を設けること。

　　九　前2号の戸又はこれに設けるくぐり戸は、避難の方向に開くようにすること。

　　十　階段は、耐火構造とし、避難階まで直通すること。

〇令第124条（百貨店における避難階段等の幅）

制定　公布：昭和25年政令第338号　施行：昭和25年11月23日

1　百貨店の用途に供する建築物における避難階段、特別避難階段及びこれらに通ずる出入口の幅は、左の各号に定めるところによらなければならない。

　　一　各階における避難階段及び特別避難階段の幅の合計は、地上階にあつては、その避難階段及び特別避難階段を使用して避難すべきその直上階以上の各階の床面積（百貨店の用途に供する部分の床面積の合計とする。以下この条及び第125条において同様とする。）の合計100㎡につき6㎝、且つ、その直上階の床面積100㎡につき30㎝、地階にあつては、その階の床面積100㎡につき40㎝の割合で計算した数値以上とすること。

　　二　各階における避難階段及び特別避難階段に通ずる出入口の幅の合計は、各階ごとにその階の床面積100㎡につき、地上階にあつては27㎝、地階にあつては36㎝の割合で計算した数値以上とすること。

2　前項に規定する所要幅の計算に関しては、もつぱら1又は2の地上階から避難階に通ずる避難階段及び特別避難階段又はこれらに通ずる出入口については、その幅が1.5倍あるものとみなすことができる。

3　前2項の規定の適用に関しては、屋上広場は、階とみなす。

〔趣旨・内容〕

　高層建築物等や地下階などでは、単なる直通階段での設置だけでは避難上危険な場合が多く発生すると考えられることから、一定の基準に適合した階段形式として、避難階段及び特別避難階段のどちらかを設置する必要があるため制定されました。

132　　2－6　避難階段の設置・構造及び物品販売業を
　　　　　　　営む店舗における避難階段等の幅

　避難階段は、耐火構造の壁で区画し、天井及び壁の仕上げ下地は共に不燃
材料とし、階段室に入る出入口は防火戸（遮煙性）の設置が必要です。また、
特別避難階段は、階段室の手前に附室又はバルコニーを設けて、避難上の安
全性を高めるために制定されました。
　特に不特定多数が群に集まる物品販売業を営む店舗については、非常の際、
各売場の大勢の人々を短時間で避難させる必要があるため避難階段等の設置
や避難階段等の幅等が制定されました。

[2]　避難階段の設置を要さない居室の緩和

○令第122条（避難階段の設置）

改 正 　公布：昭和34年政令第344号　施行：昭和34年12月23日

　1　建築物の５階以上の階に通ずる直通階段は、第123条の規定による避難階
　　段又は特別避難階段としなければならない。ただし、主要構造部が耐火構造
　　であるか、若しくは不燃材料で造られている建築物で５階以上の階の床面積
　　の合計が100㎡以下の場合又は主要構造部が耐火構造である建築物で床面積
　　の合計100㎡以内ごとに耐火構造の床若しくは壁若しくは甲種防火戸（直接
　　外気に開放されている階段室に面する換気のための窓で開口面積が0.2㎡以
　　下のものに設けられる鉄製網入ガラス入りの戸を含む。）で区画されている
　　場合においては、この限りでない。
　2　３階以上の階を百貨店の用途に供する建築物にあつては、各階の売場及び
　　屋上広場に通ずる２以上の直通階段を設け、これを第123条の規定による避
　　難階段又は特別避難階段としなければならない。

〔趣旨・内容〕
　建築物の主要構造部が耐火構造等でかつ５階以上の階の床面積が100㎡以
下、若しくは100㎡以内ごとに耐火構造の床若しくは壁若しくは甲種防火戸
等で小規模に区画した場合は、一定の安全が確保されるものとして緩和制定
されました。

[3]　高層階における特別避難階段の設置

○令第122条（避難階段の設置）

改 正 　公布：昭和39年政令第４号　施行：昭和39年１月15日

　1　建築物の５階以上の階に通ずる直通階段は第123条の規定による避難階段
　　又は特別避難階段とし、建築物の15階以上の階に通ずる直通階段は同条第３

項の規定による特別避難階段としなければならない。ただし、主要構造部が耐火構造であるか、若しくは不燃材料で造られている建築物で5階以上の階の床面積の合計が100㎡以下の場合又は主要構造部が耐火構造である建築物で床面積の合計100㎡以内ごとに耐火構造の床若しくは壁若しくは甲種防火戸（直接外気に開放されている階段室に面する換気のための窓で開口面積が0.2㎡以下のものに設けられる鉄製網入ガラス入りの戸を含む。）で区画されている場合においては、この限りでない。

（略）

3　前項の直通階段で、5階以上の売場に通ずるものはその一以上を、15階以上の売場に通ずるものはそのすべてを第123条第3項の規定による特別避難階段としなければならない。

○令第123条（避難階段及び特別避難階段の構造）

改正　公布：昭和39年政令第4号　施行：昭和39年1月15日

1　屋内に設ける避難階段は、次の各号に定める構造としなければならない。ただし、最上部にあつては、第一号、第四号又は第五号の規定によらないことができる。

（略）

二　階段室の天井及び壁の室内に面する部分は、仕上げを不燃材料でし、かつ、その下地を不燃材料で造ること。

（略）

3　特別避難階段は、次の各号に定める構造としなければならない。ただし、最上部にあつては、第一号、第二号、第五号又は第六号の規定によらないことができる。

（略）

三　階段室及び附室の天井及び壁の室内に面する部分は、仕上げを不燃材料でし、かつ、その下地を不燃材料で造ること。

（略）

十二　建築物の15階以上の階に通ずる特別避難階段の15階以上の各階における階段室及びこれと屋内とを連絡するバルコニー又は附室の床面積（バルコニーで床面積がないものにあつては、床部分の面積）の合計は、当該階に設ける各居室の床面積に、法別表第1（い）欄（1）項又は（4）項に掲げる用途に供する居室にあつては8／100、その他の居室にあつては3／100を乗じたものの合計以上とすること。

134　2－6　避難階段の設置・構造及び物品販売業を
　　　　　営む店舗における避難階段等の幅

〔趣旨・内容〕

　建築物の高層化が進み、高層建築物が火災になると避難困難性が高くなり
ます。15階以上の高層建築物において、避難階まで安全に避難が可能となる
避難階段等の構造規模を見直し、附室又はバルコニーを設ける特別避難階段
の設置を強化することにより、避難上の安全性を高める制定がされました。

4　特別避難階段の設置強化・避難階段等の構造の制限強化

○令第122条（避難階段の設置）

改正　公布：昭和44年政令第8号　施行：昭和44年5月1日

1　建築物の5階以上の階又は地下2階以下の階に通ずる直通階段は第123条
　の規定による避難階段又は特別避難階段とし、建築物の15階以上の階又は地
　下3階以下の階に通ずる直通階段は同条第3項の規定による特別避難階段と
　しなければならない。ただし、主要構造部が耐火構造であるか、若しくは不
　燃材料で造られている建築物で5階以上の階の床面積の合計が100㎡以下の
　場合又は主要構造部が耐火構造である建築物で床面積の合計100㎡以内ごと
　に耐火構造の床若しくは壁若しくは甲種防火戸（直接外気に開放されている
　階段室に面する換気のための窓で開口面積が0.2㎡以下のものに設けられる
　鉄製網入ガラス入りの戸を含む。）で区画されている場合においては、この限
　りでない。

○令第123条（避難階段及び特別避難階段の構造）

改正　公布：昭和44年政令第8号　施行：昭和44年5月1日

1　屋内に設ける避難階段は、次の各号に定める構造としなければならない。
　一　階段室は、第四号の開口部、第五号の窓又は第六号の出入口の部分を除
　　き、耐火構造の壁で囲むこと。
　二　階段室の天井（天井のない場合にあつては、屋根。第3項第三号におい
　　て同じ。）及び壁の室内に面する部分は、仕上げを不燃材料でし、かつ、そ
　　の下地を不燃材料で造ること。
　　（略）
　四　階段室の屋外に面する壁に設ける開口部（開口面積が各1㎡以内で、鉄
　　製網入ガラス入りのはめごろし戸のあるものを除く。）は、階段室以外の当
　　該建築物の部分に設けた開口部並びに階段室以外の当該建築物の壁及び屋
　　根（耐火構造の壁及び屋根を除く。）から90cm以上の距離に設けること。た
　　だし、第112条第9項ただし書に規定する場合は、この限りでない。
　　（略）

六　階段に通ずる出入口には、次の各号に定める構造の甲種防火戸又は鉄製
網入ガラス入りの乙種防火戸を設けること。
　イ　随時閉鎖することができ、かつ、火災により温度が急激に上昇した場
合に自動的に閉鎖すること。
　ロ　直接手で避難の方向に開くことができ、かつ、自動的に閉鎖する部分
を有し、その部分の幅、高さ及び下端の床面からの高さが、それぞれ、
75cm以上、1.8m以上及び15cm以下であること。
（略）
3　特別避難階段は、次の各号に定める構造としなければならない。
一　屋内と階段室とは、バルコニー又は外気に向つて開けることができる窓
若しくは排煙設備であつて建設大臣の定める基準に適合するものを有する
附室を通じて連絡すること。
二　階段室、バルコニー及び附室は、第五号の開口部、第七号の窓又は第九
号の出入口の部分を除き、耐火構造の壁で囲むこと。
（略）
五　階段室、バルコニー又は附室の屋外に面する壁に設ける開口部（開口面
積が各1㎡以内で、鉄製網入ガラス入りのはめごろし戸のあるものを除
く。）は、階段室、バルコニー又は附室以外の当該建築物の部分に設けた開
口部並びに階段室、バルコニー又は附室以外の当該建築物の部分の壁及び
屋根（耐火構造の壁及び屋根を除く。）から90cm以上の距離にある部分で、
延焼のおそれのある部分以外の部分に設けること。ただし、第112条第9
項ただし書に規定する場合は、この限りでない。
（略）
九　屋内からバルコニー又は附室に通ずる出入口には、第1項第六号の甲種
防火戸を、バルコニー又は附室から階段室に通ずる出入口には同号イ及び
ロに定める甲種防火戸又は乙種防火戸を設けること。
（略）
十一　建築物の15階以上の階又は地下3階以下の階に通ずる特別避難階段の
15階以上の各階又は地下3階以下の各階における階段室及びこれと屋内と
を連絡するバルコニー又は附室の床面積（バルコニーで床面積がないもの
にあつては、床部分の面積）の合計は、当該階に設ける各居室の床面積に、
法別表第1（い）欄（1）項又は（4）項に掲げる用途に供する居室にあつては
8／100、その他の居室にあつては3／100を乗じたものの合計以上とする
こと。

136   2－6   避難階段の設置・構造及び物品販売業を
営む店舗における避難階段等の幅

〔趣旨・内容〕

　安全な避難を確保するために、地下２階又は地下３階以下の階に通ずる直通階段についても、５階以上又は15階以上の階も同様に避難階段又は特別避難階段としなければならないこととされました。

　階段室の屋外に面する壁に設ける開口部は、外部からの煙及び火災の侵入を防止するため、他の開口部から90cm以上の距離に設けること、また、避難階段等の開口部及び出入口は火災時に火炎の侵入を防ぐ構造とし、特に出入口の戸については火災発生時に自動的に閉鎖するものとするほか、直接手で避難の方向に開くことができる部分を有することを求めています。

5　物品販売業を営む店舗の階段幅等の制限強化

○令第124条（物品販売業を営む店舗における避難階段等の幅）

改正　公布：昭和45年政令第333号　施行：昭和46年１月１日

> 1　物品販売業を営む店舗の用途に供する建築物における避難階段、特別避難階段及びこれらに通ずる出入口の幅は、次の各号に定めるところによらなければならない。
> 　一　各階における避難階段及び特別避難階段の幅の合計は、その直上階以上の階のうち床面積が最大の階における床面積100㎡につき60cmの割合で計算した数値以上とすること。
> 　（略）

〔趣旨・内容〕

　従来から百貨店に課していた避難階段及び特別避難階段に関する規定を、物品販売業を営む店舗の用途に供する建築物にも適用するとともに、その幅についても、従来の百貨店における階段の幅の算定方法を見直し、より避難の安全性を高めるために改正されました。

6　特別避難階段の付室の排煙方法の合理化

○令第123条（避難階段及び特別避難階段の構造）

改正　公布：平成28年政令第６号　施行：平成28年６月１日

> 3　特別避難階段は、次に定める構造としなければならない。
> 　一　屋内と階段室とは、バルコニー又は付室を通じて連絡すること。
> 　二　屋内と階段室とが付室を通じて連絡する場合においては、階段室又は付室の構造が、通常の火災時に生ずる煙が付室を通じて階段室に流入するこ

2-6 避難階段の設置・構造及び物品販売業を営む店舗における避難階段等の幅 137

とを有効に防止できるものとして、国土交通大臣が定めた構造方法を用いるもの又は国土交通大臣の認定を受けたものであること。

（略）

○関係告示　特別避難階段の階段室又は付室の構造方法を定める件〔平28国交通告696号〕

制定　公布：平成28年国土交通省告示第696号　施行：平成28年6月1日

　建築基準法施行令（以下「令」という。）第123条第3項第二号に規定する特別避難階段の付室の構造方法は、次の各号に定めるものとする。

一　通常の火災時に生ずる煙を付室から有効に排出できるものとして、外気に向かって開くことのできる窓（常時開放されている部分を含む。以下同じ。）（次に掲げる基準に適合するものに限る。）を設けたものであること。

　イ　排煙時に煙に接する部分は、不燃材料で造ること。

　ロ　付室の天井（天井のない場合においては、屋根。以下同じ。）又は壁の上部（床面からの高さが天井の高さの1／2以上の部分をいう。）に設けること。

　ハ　開口面積は、2㎡（付室を令第129条の13の3第3項に規定する非常用エレベーターの乗降ロビーの用に供する場合（以下「兼用する場合」という。）にあっては、3㎡）以上とすること。

　ニ　常時閉鎖されている部分の開放は、手動開放装置により行なうものとすること。

　ホ　ニの手動開放装置のうち手で操作する部分は、付室内の壁面の床面から0.8m以上1.5m以下の高さの位置に設け、かつ、見やすい方法でその使用方法を示す標識を設けること。

二　通常の火災時に生ずる煙を付室から有効に排出できるものとして、最上部を直接外気に開放する排煙風道による排煙設備（次に掲げる基準に適合するものに限る。）を設けたものであること。

　イ　排煙設備の排煙口、排煙風道、給気口、給気風道その他排煙時に煙に接する排煙設備の部分は、不燃材料で造ること。

　ロ　排煙口は、開口面積を4㎡（兼用する場合にあっては、6㎡）以上とし、前号ロの例により設け、かつ、排煙風道に直結すること。

　ハ　排煙口には、前号ホの例により手動開放装置を設けること。

　ニ　排煙口は、ハの手動開放装置、煙感知器と連動する自動開放装置又は遠隔操作方式による開放装置により開放された場合を除き、閉鎖状態を保持し、かつ、開放時に排煙に伴い生ずる気流により閉鎖されるおそれのない

構造の戸その他これに類するものを有すること。

ホ　排煙風道は、内部の断面積を6㎡（兼用する場合にあっては、9㎡）以上とし、鉛直に設けること。

ヘ　給気口は、開口面積を1㎡（兼用する場合にあっては、1.5㎡）以上とし、付室の床又は壁の下部（床面からの高さが天井の高さの1／2未満の部分をいう。）に設け、かつ、内部の断面積が2㎡（兼用する場合にあっては、3㎡）以上で直接外気に通ずる給気風道に直結すること。

ト　電源を必要とする排煙設備には、予備電源を設けること。

チ　電源、電気配線及び電線については、昭和45年建設省告示第1829号の規定に適合するものであること。

三　通常の火災時に生ずる煙を付室から有効に排出できるものとして、排煙機による排煙設備（次に掲げる基準に適合するものに限る。）を設けたものであること。

イ　排煙口は、第一号ロの例により設け、かつ、排煙風道に直結すること。

ロ　排煙機は、1秒間につき4㎡（兼用する場合にあっては、6㎡）以上の空気を排出する能力を有し、かつ、排煙口の一の開放に伴い、自動的に作動するものとすること。

ハ　前号イ、ハ、ニ及びへからチまでに掲げる基準に適合すること。

四　通常の火災時に生ずる煙を付室から有効に排出できるものとして、令第126条の3第2項に規定する送風機を設けた排煙設備その他の特殊な構造の排煙設備（平成12年建設省告示第1437号第一号又は第二号に掲げる基準に適合するものに限る。）を設けたものであること。

五　通常の火災時に生ずる煙が付室に流入することを有効に防止することができるものとして、加圧防排煙設備（次に掲げる基準に適合するものに限る。）を設けたものであること。

イ　付室に設ける給気口その他の排煙設備の部分にあつては、次に掲げる基準に適合する構造であること。

（1）　給気口その他の排煙設備の煙に接する部分は、不燃材料で造ること。

（2）　給気口は、次に掲げる基準に適合する構造であること。

（i）　第一号ホの例により手動開放装置を設けること。

（ii）　給気風道に直結すること。

（iii）　開放時に給気に伴い生ずる気流により閉鎖されるおそれのない構造の戸その他これに類するものを有するものであること。

（3）　給気風道は、煙を屋内に取り込まない構造であること。

（4）　（2）の給気口には、送風機が設けられていること。

（5）　送風機の構造は、給気口の開放に伴い、自動的に作動するものであ

2－6 避難階段の設置・構造及び物品販売業を営む店舗における避難階段等の幅 139

ること。

ロ　付室は、次の(1)から(5)までに該当する空気逃し口を設けている隣接室（付室と連絡する室のうち階段室以外の室をいう。以下同じ。）又は当該空気逃し口を設けている一般室（隣接室と連絡する室のうち付室以外の室をいう。以下同じ。）と連絡する隣接室と連絡しているものであること。

(1)　イ(2)の給気口の開放に伴つて開放されるものであること。

(2)　次の(ⅰ)又は(ⅱ)のいずれかに該当するものであること。

(ⅰ)　直接外気に接するものであること。

(ⅱ)　厚さが0.15cm以上の鉄板及び厚さが2.5cm以上の金属以外の不燃材料で造られており、かつ、常時開放されている排煙風道と直結するものであること。

(3)　次の(ⅰ)及び(ⅱ)に該当する構造の戸その他これに類するものを設けること。

(ⅰ)　(1)の規定により開放された場合を除き、閉鎖状態を保持すること。ただし、当該空気逃し口に直結する排煙風道が、他の排煙口その他これに類するものに直結する風道と接続しない場合は、この限りでない。

(ⅱ)　開放時に生ずる気流により閉鎖されるおそれのない構造であること。

(4)　不燃材料で造られていること。

(5)　開口面積（㎡で表した面積とする。ハ(2)(ⅰ)(ロ)において同じ。）が、次の式で定める必要開口面積以上であること。ただし、必要開口面積の値が零以下となる場合は、この限りでない。

$$Ap = \frac{(VH - Ve)}{7}$$

この式において、Ap、V、H及びVeは、それぞれ次の数値を表すものとする。

Ap　必要開口面積（単位　㎡）

V　付室と隣接室を連絡する開口部（以下「遮煙開口部」という。）を通過する排出風速（単位　m/sec）

H　遮煙開口部の開口高さ（単位　m）

Ve　当該隣接室又は一般室において当該空気逃し口からの水平距離が30m以下となるように設けられた排煙口のうち、令第126条の3第1項第七号の規定に適合する排煙風道で、かつ、開放されているものに直結する排煙口（不燃材料で造られ、かつ、付室の給気口の

開放に伴い自動的に開放されるものに限る。）の排煙機（当該排煙口の開放に伴い自動的に作動するものに限る。）による排出能力（単位　㎥/sec）

ハ　遮煙開口部にあっては、次の（1）及び（2）に定める基準に適合する構造であること。

（1）　遮煙開口部における排出風速（m/secで表した数値とする。）が、当該遮煙開口部の開口幅を40cmとしたときに、次の（i）から（iii）までに掲げる場合に応じ、それぞれ（i）から（iii）までの式によって計算した必要排出風速以上であること。

（i）　隣接室が、1時間準耐火基準に適合する準耐火構造の壁（小屋裏又は天井裏に達したもので、かつ、給水管、配電管その他の管が当該壁を貫通する場合においては、当該管と当該壁との隙間をモルタルその他の不燃材料で埋めたものに限る。）又は特定防火設備（当該特定防火設備を設ける開口部の幅の総和を当該壁の長さの1／4以下とする場合に限る。）で区画され、かつ、令第129条第2項に規定する火災の発生のおそれの少ない室（以下単に「火災の発生のおそれの少ない室」という。）である場合

$V = 2.7\sqrt{H}$

（ii）　隣接室が、平成12年建設省告示第1400号第十五号に規定する不燃材料の壁（小屋裏又は天井裏に達したもので、かつ、給水管、配電管その他の管が当該壁を貫通する場合においては、当該管と当該壁との隙間をモルタルその他の不燃材料で埋めたものに限る。）又は建築基準法（昭和25年法律第201号。以下「法」という。）第2条第九号の二ロに規定する防火設備で区画され、かつ、火災の発生のおそれの少ない室である場合

$V = 3.3\sqrt{H}$

（iii）　（i）又は（ii）に掲げる場合以外の場合

$V = 3.8\sqrt{H}$

（i）から（iii）までの式において、V及びHは、それぞれ次の数値を表すものとする。
V　必要排出風速（単位　m/sec）
H　遮煙開口部の開口高さ（単位　m）

（2）　次に掲げる基準のいずれかに適合するものであること。

（i）　次の（イ）及び（ロ）に適合するものであること。

（イ）　遮煙開口部に設けられている戸の部分のうち、天井から80cmを

2－6　避難階段の設置・構造及び物品販売業を営む店舗における避難階段等の幅　141

超える距離にある部分にガラリその他の圧力調整装置が設けられていること。ただし、遮煙開口部に近接する部分（当該遮煙開口部が設けられている壁の部分のうち、天井から80cmを超える距離にある部分に限る。）に(ロ)に規定する必要開口面積以上の開口面積を有する圧力調整ダンパーその他これに類するものが設けられている場合においては、この限りでない。

(ロ)　(イ)の圧力調整装置の開口部の開口面積が、次の式で定める必要開口面積以上であること。

$$Admp = 0.04VH$$

この式において、Admp、V及びHは、それぞれ次の数値を表すものとする。

Admp　必要開口面積（単位　㎡）

V　遮煙開口部を通過する排出風速（単位　m/sec）

H　遮煙開口部の開口高さ（単位　m）

(ⅱ)　遮煙開口部に設けられた戸が、イ(4)の送風機を作動させた状態で、100N以下の力で開放することができるものであること。

ニ　第二号ト及びチに掲げる基準に適合すること。

ホ　法第34条第2項に規定する建築物に設ける加圧防排煙設備の制御及び作動状態の監視は、中央管理室において行うことができるものとすること。

〔趣旨・内容〕

　特別避難階段の付室については、火災時における避難上の重要な拠点となることから、従来の告示で定める構造方法の外気に向かって開くことができる窓又は排煙設備を設けることとされていました。

　改正により、「煙が付室を通じて階段室に流入することを有効に防止する」という性能の実現を求める方式に改められました。これに伴い、所要の性能を実現する構造方法として、窓又は排煙設備を義務付ける仕様規定に加えて、国土交通大臣が認定する構造方法を用いることが可能となりました。

参　考

・昭和44年3月3日住指発第25号「建築基準法施行令の一部改正について」
・平成28年6月1日国住指第669号「建築基準法の一部を改正する法律等の施行について（技術的助言）」
・日本建築センター編『詳解建築基準法』（帝国地方行政学会、1973）

142   2－7　屋外への出口

2－7　屋外への出口（令第125条）

現行規制の内容

（1）　避難階における屋外への出口までの歩行距離

① 階段から屋外への出口までの距離

　　火災発生時において、在館者が屋外の出口まで円滑に避難できるよう、避難階においては、階段から屋外への出口の一に至る歩行距離を建築基準法施行令第120条に規定する数値以下とするよう規定されています。

② 居室から屋外への出口までの距離

　　①と同様に、避難階の居室（避難上有効な開口部を有するものを除きます。）の各部分から屋外への出口の一に至る歩行距離についても同令に規定する数値の2倍以下とするよう規定されています（建基令125①）。

構造／居室の種類	主要構造部が準耐火構造であるか又は不燃材料で造られている場合		その他の場合	
	階段から屋外への出口までの距離（単位m）	居室から屋外への出口までの距離（単位m）	階段から屋外への出口までの距離（単位m）	居室から屋外への出口までの距離（単位m）
（1）令116条の2第1項一号に該当する窓その他の開口部を有しない居室（※）又は法別表第1（い）欄（4）項に掲げる用途に供する特殊建築物の主たる居室	30	60	30	60
（2）法別表第1（い）欄（2）項に掲げる用途に供する特殊建築物の主たる用途に供する居室	50	100	30	60
（3）（1）（2）に掲げる居室以外の居室	50	100	40	80

※　大臣の定める基準に適合するものを除きます。

2－7　屋外への出口　143

（2）　劇場等の出口の戸

　屋外への避難に支障を来さないよう、劇場、映画館、演芸場、観覧場、公会堂又は集会場の客用に供する屋外への出口の戸は、内開きとしてはならないとされています（建基令125②）。

（3）　物品販売業を営む店舗の屋外への出口の幅

　多数の在館者が一斉に避難することができるよう、物品販売業を営む店舗の避難階に設ける屋外への出口の幅の合計は、床面積が最大の階における床面積100㎡につき60cmの割合で計算した数値以上としなければなりません（建基令125③）。

主な改正履歴と改正の趣旨・内容

主な改正	施行・適用
1　屋外への出口に対する規定の制定	S 25.11.23
2　避難階の居室の各部分からの避難距離に係る制限強化	S 44.5.1
3　物品販売業を営む店舗における屋外への出口の幅に係る制限強化	S 46.1.1

1　屋外への出口に対する規定の制定

○令第125条（屋外への出口）

制定　公布：昭和25年政令第338号　施行：昭和25年11月23日

> 1　避難階においては、階段から屋外への出口の一に至る歩行距離は、第120条に規定する数値以下としなければならない。
> 2　劇場、映画館、演芸場、観覧場若しくは公会堂又は集会場の客用に供する屋外への出口の戸は、内開きとしてはならない。
> 3　百貨店の避難階に設ける屋外への出口の幅の合計は、各階の床面積の合計100㎡につき6cm、且つ、床面積が最大の階における床面積100㎡につき40cmの割合で計算した数値以上としなければならない。
> 4　前条第3項の規定は、前項の場合に準用する。

〔趣旨・内容〕

　建築基準法制定当初から定められた規定です。

144   2－7　屋外への出口

　火災等の災害の際に、多数の在館者の安全な避難が確保できるよう、階段から屋外への出口までの歩行距離等の基準が定められました。

② 避難階の居室の各部分からの避難距離に係る制限強化

○令第125条（屋外への出口）

| 改正 | 公布：昭和44年政令第8号　施行：昭和44年5月1日

> 1　避難階においては、階段から屋外への出口の一に至る歩行距離は第120条に規定する数値以下と、居室（避難上有効な開口部を有するものを除く。）の各部分から屋外への出口の一に至る歩行距離は同条に規定する数値の2倍以下としなければならない。

〔趣旨・内容〕

　建築物における火災の発生の現況その他に鑑み、建築物の防災衛生に関する基準である本条が改正されました。

　安全な避難を確保するため、避難階においては、居室の各部分から屋外への出口に至る歩行経路を、令第120条第1項に規定する歩行距離の2倍以下としなければならないこととされています。

③ 物品販売業を営む店舗における屋外への出口の幅に係る制限強化

○令第125条（屋外への出口）

| 改正 | 公布：昭和45年政令第333号　施行：昭和46年1月1日

> 3　物品販売業を営む店舗の避難階に設ける屋外への出口の幅の合計は、床面積が最大の階における床面積100㎡につき60cmの割合で計算した数値以上としなければならない。

〔趣旨・内容〕

　従来、百貨店に課していた避難階に設ける屋外への出口の幅に関する規定を物品販売業を営む店舗の用途に供する建築物にも適用するものとするとともにその幅については、従来の百貨店における階段の幅の算定方法が緩和されました。

参　考

・昭和44年3月3日住指発第26号「建築基準法施行令の一部改正について」
・昭和46年1月29日住指発第44号「建築基準法の一部を改正する法律等の施行及び運用について」

2－8　屋上広場等　145

2－8　屋上広場等（令第126条）

現行規制の内容

（1）　屋上広場等における手すり等の設置

　屋上広場又は2階以上の階にあるバルコニーその他これに類するものの周囲には、安全上必要な高さが1.1m以上の手すり壁、さく又は金網を設けなければなりません（建基令126①）。

（2）　百貨店における屋上広場の設置

　5階以上の階を百貨店の売場の用途とする場合には、避難の用に供することができる屋上広場を設置しなければなりません（建基令126②）。

主な改正履歴と改正の趣旨・内容

主な改正	施行・適用
1　屋上広場等に対する規定の制定	S 25.11.23
2　手すり壁、さく等の設置を要する対象の拡大（バルコニー等）	S 34.12.23

1　屋上広場等に対する規定の制定

○令第126条（屋上広場）

制定　公布：昭和25年政令第338号　施行：昭和25年11月23日

> 1　屋上広場の周囲には、安全上必要な高さが1.1m以上の手すり壁又は金網を設けなければならない。
> 2　建築物の5階以上の階を百貨店の売場の用途に供する場合においては、避難の用に供することができる屋上広場を設けなければならない。

〔趣旨・内容〕

　屋上広場等における安全性を確保するために手すり壁、金網の設置を求めるとともに高層階に百貨店の売場を有する場合には火災時における避難に供するための屋上広場を設置する規定が定められました。

146   2−8　屋上広場等

2　手すり壁、さく等の設置を要する対象の拡大（バルコニー等）
○令第126条（屋上広場等）

改正　公布：昭和34年政令第344号　施行：昭和34年12月23日

> 1　屋上広場又は2階以上の階にあるバルコニーその他これに類するものの周
>   囲には、安全上必要な高さが1.1m以上の手すり壁、さく又は金網を設けなけ
>   ればならない。

〔趣旨・内容〕
　従来、屋上広場にだけ手すり等の設置が課されていましたが、転落のおそ
れのある2階以上の階にあるバルコニー等も対象に加えられました。

2−9 排煙設備 （令第126条の2・第126条の3）

現行規制の内容

（1） 排煙設備の設置

　火災発生時に煙を有効に屋外に排出するため、建築物の用途や規模等に応じて排煙設備を設置しなければなりません（建基令126の2）。

排煙設備の設置が必要な場合 （建基令126の2）
特殊建築物 （建基別表第1（い）欄（1）～（4）項） で延べ面積500㎡超
階数3以上で延べ面積500㎡超の建築物
延べ面積1,000㎡超の建築物の居室 （床面積200㎡超のもの）
開放できる部分（天井から下方80cm以内）の面積の合計が、居室の床面積の1／50未満

　また、開口部のない準耐火構造の床若しくは壁又は遮煙性能を有する防火設備により区画された部分や国土交通大臣が定めた構造方法により区画した部分については、排煙設備の規定については、それぞれ、別の建築物としてみなされます。

（2） 排煙設備の構造

　排煙設備の構造及び仕様は、500㎡以内ごとに防煙壁で区画、排煙口等を不燃材料で造ること、排煙口は防煙区画の各部分から30m以下とすること等が規定されており、排煙口の面積や設置位置、機械排煙設備の構造等について定められています（建基令126の3）。

主な改正履歴と改正の趣旨・内容

主な改正	施行・適用
1　排煙設備に係る規定の制定	S46.1.1
2　排煙設備の設置義務等の合理化	S62.11.16
3　排煙設備の設置基準の見直し	H12.6.1

4	避難上支障のない居室における排煙設備の設置緩和	H27.3.18
5	別棟規定の緩和	R2.4.1
6	特定配慮特殊建築物以外の建築物に関する排煙設備の設置緩和	R6.4.1

1 排煙設備に係る規定の制定
○令第126条の2（設置）

制定 公布：昭和45年政令第333号　施行：昭和46年1月1日

1　法別表第1（い）欄（1）項から（4）項までに掲げる用途に供する特殊建築物で延べ面積が500㎡を超えるもの、階数が3以上で延べ面積が500㎡を超える建築物（建築物の高さ31m以下の部分にある居室で、床面積100㎡以内ごとに、間仕切壁、天井面から50cm以上下方に突出した垂れ壁その他これらと同等以上に煙の流動を妨げる効力のあるもので不燃材料で造り、又はおおわれたもの（以下「防煙壁」という。）によつて区画されたものを除く。）、第116条の2第1項第二号に該当する窓その他の開口部を有しない居室又は延べ面積が1,000㎡を超える建築物の居室で、その床面積が200㎡を超えるもの（建築物の高さ31m以下の部分にある居室で、床面積100㎡以内ごとに防煙壁で区画されたものを除く。）には、排煙設備を設けなければならない。ただし、次の各号の一に該当する建築物又は建築物の部分については、この限りでない。
一　法別表第1（い）欄（2）項に掲げる用途に供する特殊建築物のうち、耐火構造の床若しくは壁又は甲種防火戸若しくは乙種防火戸で区画された部分で、その床面積が100㎡以内のもの
二　学校又は体育館
三　階段の部分、昇降機の昇降路の部分（当該昇降機の乗降のための乗降ロビーの部分を含む。）その他これらに類する建築物の部分
四　機械製作工場、不燃性の物品を保管する倉庫その他これらに類する用途に供する建築物で主要構造部が不燃材料で造られたものその他これらと同等以上に火災の発生のおそれの少ない構造のもの
2　建築物が開口部のない耐火構造の床若しくは壁又は煙感知器と連動して自動的に閉鎖する構造の甲種防火戸若しくは乙種防火戸で区画されている場合においては、その区画された部分は、この節の規定の適用については、それぞれ別の建築物とみなす。

　　　　　　　　　　　　　　　　　　　　2－9　排煙設備　　149

○令第126条の３（構造）

制定　公布：昭和45年政令第333号　施行：昭和46年１月１日

　　前条第１項の排煙設備は、次の各号に定める構造としなければならない。
一　建築物をその床面積500㎡以内ごとに、防煙壁で区画すること。
二　排煙設備の排煙口、風道その他煙に接する部分は、不燃材料で造ること。
三　排煙口は、第一号の規定により区画された部分（以下「防煙区画部分」と
　　いう。）のそれぞれについて、当該防煙区画部分の各部分から排煙口の一に至
　　る水平距離が30m以下となるように、天井又は壁の上部（天井から80㎝（た
　　けの最も短い防煙壁のたけが80㎝に満たないときは、その値）以内の距離に
　　ある部分をいう。）に設け、直接外気に接する場合を除き、排煙風道に直結す
　　ること。
四　排煙口には、手動開放装置を設けること。
五　前号の手動開放装置のうち手で操作する部分は、壁に設ける場合において
　　は床面から80㎝以上1.5m以下の高さの位置に、天井からつり下げて設ける
　　場合においては床面からおおむね1.8mの高さの位置に設け、かつ、見やすい
　　方法でその使用方法を表示すること。
六　排煙口には、第四号の手動開放装置若しくは煙感知器と連動する自動開放
　　装置又は遠隔操作方式による開放装置により開放された場合を除き閉鎖状態
　　を保持し、かつ、開放時に排煙に伴い生ずる気流により閉鎖されるおそれの
　　ない構造の戸その他これに類するものを設けること。
七　排煙風道は、第115条第１項第三号及び第四号に定める構造とし、かつ、防
　　煙壁を貫通する場合においては、当該風道と防煙壁とのすき間をモルタルそ
　　の他の不燃材料で埋めること。
八　排煙口が防煙区画部分の床面積の１／50以上の開口面積を有し、かつ、直
　　接外気に接する場合を除き、排煙機を設けること。
九　前号の排煙機は、一の排煙口の開放に伴い自動的に作動し、かつ、１分間
　　に、120㎥以上で、かつ、防煙区画部分の床面積１㎡につき１㎥（２以上の防
　　煙区画部分に係る排煙機にあつては、当該防煙区画部分のうち床面積の最大
　　のものの床面積１㎡につき２㎥）以上の空気を排出する能力を有するものと
　　すること。
十　電源を必要とする排煙設備には、予備電源を設けること。
十一　法第34条第２項に規定する建築物又は各構えの床面積の合計が1,000㎡
　　をこえる地下街における排煙設備の制御及び作動状態の監視は、中央管理室
　　において行なうことができるものとすること。

150   2－9 排煙設備

十二 前各号に定めるもののほか、建設大臣が火災時に生ずる煙を有効に排出
　　するために必要があると認めて定める基準に適合する構造とすること。

○関係告示　排煙設備の構造基準を定める件〔昭45建告1829号〕

制定　公布：昭和45年建設省告示第1829号　施行：昭和46年1月1日

建築基準法施行令（昭和25年政令第338号）第126条の3第十二号の規定に基
づき、火災時に生ずる煙を有効に排出するために必要な排煙設備の構造の基準
を次のように定める。
一　排煙設備の電気配線は、他の電気回路（電源に接続する部分を除く。）に接
　続しないものとし、かつ、その途中に一般の者が容易に電源を遮断すること
　のできる開閉器を設けないこと。
二　排煙設備の電気配線は、耐火構造の主要構造部に埋設した配線、次のイか
　らニまでの一に該当する配線又はこれらと同等以上の防火措置を講じたもの
　とすること。
　イ　下地を不燃材料で造り、かつ、仕上げを不燃材料でした天井の裏面に鋼
　　製電線管を用いて行なう配線
　ロ　耐火構造の床若しくは壁又は甲種防火戸若しくは乙種防火戸で区画され
　　たダクトスペースその他これに類する部分に行なう配線
　ハ　バスダクトを用いて行なう配線
　ニ　MIケーブルを用いて行なう配線
三　排煙設備に用いる電線は、600ボルト耐熱ビニール電線又はこれと同等以
　上の耐熱性を有するものとすること。
四　電源を必要とする排煙設備の予備電源は、自動充電装置又は時限充電装置
　を有する蓄電池（充電を行なうことなく30分間継続して排煙設備を作動させ
　ることができる容量以上で、かつ、開放型の蓄電池にあつては、減液警報装
　置を有するものに限る。）、自家用発電装置その他これらに類するもので、か
　つ、常用の電源が断たれた場合に自動的に切り替えられて接続されるものと
　すること。

○関係告示　排煙設備を設けた建築物又は建築物の部分と同等以上の効力が
　　　　　あると認める件〔昭47建告33号〕〔現行廃止〕

制定　公布：昭和47年建設省告示第33号　施行：昭和47年1月13日

建築基準法（昭和25年法律第201号。以下「法」という。）第38条の規定に基

づき、建築物又は建築物の部分で、次の各号に該当するものについては、それ
ぞれ建築基準法施行令（昭和25年政令第338号。以下「令」という。）第126条の
3の規定に適合する排煙設備を設けた建築物又は建築物の部分と同等以上の効
力があると認める。

一　階数が2以下で、延べ面積が200㎡以下の住宅又は床面積の合計が200㎡以
　　下の長屋の住戸の居室で、当該居室の床面積の1／20以上の換気上有効な窓
　　その他の開口部を有するもの

二　法第27条第2項第二号に該当する危険物の貯蔵場若しくは処理場、自動車
　　車庫、通信機械室、繊維工場その他これらに類する建築物又は建築物の部分
　　で、法令の規定に基づき、不燃性ガス消火設備又は粉末消火設備を設けたも
　　の

三　高さ31m以下の建築物の部分（法別表第1（い）欄に掲げる用途に供する特
　　殊建築物の主たる用途に供する部分で、地階に存するものを除く。）で、室（居
　　室を除く。次号において同じ。）にあつては、次のイ又はロに、居室にあつて
　　は、次のハ又はニに該当するもの

　　イ　壁及び天井（天井のない場合においては、屋根。以下同じ。）の室内に面
　　　する部分の仕上げを不燃材料又は準不燃材料でし、かつ、屋外に面する開
　　　口部以外の開口部のうち、居室又は避難の用に供する部分に面するものに
　　　令第112条第14項に規定する構造の甲種防火戸又は乙種防火戸を、それ以
　　　外のものに戸又は扉を、それぞれ設けたもの

　　ロ　床面積が100㎡未満で、令第126条の2第1項に掲げる防煙壁により区画
　　　されたもの

　　ハ　床面積100㎡以内ごとに耐火構造の床若しくは壁又は令第112条第14項に
　　　規定する構造の甲種防火戸若しくは乙種防火戸によつて区画され、かつ、
　　　壁及び天井の室内に面する部分の仕上げを不燃材料又は準不燃材料でした
　　　もの

　　ニ　床面積が100㎡以下で、壁及び天井の室内に面する部分の仕上げを不燃
　　　材料でし、かつ、その下地を不燃材料で造つたもの

四　高さ31mをこえる建築物の床面積100㎡以下の室又は居室で、耐火構造の
　　床若しくは壁又は令第112条第14項に規定する構造の甲種防火戸若しくは乙
　　種防火戸で区画され、かつ、壁及び天井の室内に面する部分の仕上げを不燃
　　材料又は準不燃材料でしたもの

〔趣旨・内容〕
　排煙設備は大規模な建築物や不特定多数の者が利用する特殊建築物等にお

いて火災が発生した場合に、煙を有効に排出することにより、居室及び避難経路が早期に煙によって汚染され危険な状態となることを防止し、避難の安全性を確保しようとするものです。従来地下街及び特別避難階段の附室のみに要求されていた排煙設備の設置対象を大幅に拡大し排煙機能を積極的に捕捉するものとして制定されました。

小規模に区画された部分、学校、体育館等で天井高の高い建築物等の形態上支障のないもの、階段室等の排煙設備を設けることが適切でない部分、用途上・構造上火災発生のおそれの少ない建築物等については排煙設備の設置は要しないこととしています。また、建築物のシャフトの部分、洗面所、便所の部分等は第三号に該当するものとして差し支えないとされています。

排煙設備の設置を要する場合の当該設備に求める構造基準が令第126条の2により規定されました。

なお、具体の仕様は、昭和45年建設省告示第1829号に規定されています。

また、排煙上有効な開口部の面積が防煙区画部分の床面積の1／50以上である場合は、当該部分が排煙設備とされ、別途機械排煙を行う必要はないとされています。

さらに、告示において「排煙設備の構造基準を定める件」と、「排煙設備を設けた建築物又は建築物の部分と同等以上の効力があると認める件」が制定され、これに該当する建築物又は建築物の部分については排煙設備の設置を要しないこととされました。

2　排煙設備の設置義務等の合理化

〇令第126条の2（設置）

改正　公布：昭和62年政令第348号　施行：昭和62年11月16日

1　（略）

一　法別表第1（い）欄（2）項に掲げる用途に供する特殊建築物のうち、耐火構造の床若しくは壁又は甲種防火戸若しくは乙種防火戸で区画された部分で、その床面積が100㎡（高さが31m以下の部分にある共同住宅の住戸にあつては、200㎡）以内のもの

二　学校、体育館、ボーリング場、スキー場、スケート場、水泳場又はスポーツの練習場（以下「学校等」という。）

（略）

2－9　排煙設備　　153

〔趣旨・内容〕

　高さが31m以下の部分にある共同住宅の住戸で200㎡以内ごとに耐火構造の床若しくは壁又は甲種防火戸若しくは乙種防火戸で区画されたもの及びスポーツ施設については、避難安全上有利な点を有していることに鑑み、排煙設備の設置を要しないこととして改正されました。

③　排煙設備の設置基準の見直し

○令第126条の２（設置）

改正　公布：平成12年政令第211号　施行：平成12年６月１日

　１　　（略）

　　一　法別表第１（い）欄（２）項に掲げる用途に供する特殊建築物のうち、準耐火構造の床若しくは壁又は法第２条第九号の二ロに規定する防火設備で区画された部分で、その床面積が100㎡（共同住宅の住戸にあつては、200㎡）以内のもの

　　（略）

　　五　火災が発生した場合に避難上支障のある高さまで煙又はガスの降下が生じない建築物の部分として、天井の高さ、壁及び天井の仕上げに用いる材料の種類等を考慮して建設大臣が定めるもの

○令第126条の３（構造）

改正　公布：平成12年政令第211号　施行：平成12年６月１日

　１　前条第１項の排煙設備は、次に定める構造としなければならない。

　　（略）

　　七　排煙風道は、第115条第１項第三号に定める構造とし、かつ、防煙壁を貫通する場合においては、当該風道と防煙壁とのすき間をモルタルその他の不燃材料で埋めること。

　　（略）

　　十二　前各号に定めるもののほか、火災時に生ずる煙を有効に排出することができるものとして、建設大臣が定めた構造方法を用いるものとすること。

　２　前項の規定は、送風機を設けた排煙設備その他の特殊な構造の排煙設備で、通常の火災時に生ずる煙を有効に排出することができるものとして建設大臣が定めた構造方法を用いるものについては、適用しない。

---

154   2－9　排煙設備

○関係告示　火災が発生した場合に避難上支障のある高さまで煙又はガスの
　　　　　　降下が生じない建築物の部分を定める件〔平12建告1436号〕

制定　公布：平成12年建設省告示第1436号　施行：平成12年6月1日

　建築基準法施行令（昭和25年政令第338号）第126条の2第1項第五号の規定
に基づき、火災が発生した場合に避難上支障のある高さまで煙又はガスの降下
が生じない建築物の部分を次のように定める。
　建築基準法施行令（以下「令」という。）第126条の2第1項第五号に規定す
る火災が発生した場合に避難上支障のある高さまで煙又はガスの降下が生じな
い建築物の部分は、次に掲げるものとする。
一　次に掲げる基準に適合する排煙設備を設けた建築物の部分
　イ　令第126条の3第1項第一号から第三号まで、第七号から第十号まで及
　　び第十二号に定める基準
　ロ　当該排煙設備は、一の防煙区画部分（令第126条の3第1項第三号に規定
　　する防煙区画部分をいう。以下同じ。）にのみ設置されるものであること。
　ハ　排煙口は、常時開放状態を保持する構造のものであること。
　ニ　排煙機を用いた排煙設備にあっては、手動始動装置を設け、当該装置の
　　うち手で操作する部分は、壁に設ける場合においては床面から80cm以上
　　1.5m以下の高さの位置に、天井からつり下げて設ける場合においては床
　　面からおおむね1.8mの高さの位置に設け、かつ、見やすい方法でその使用
　　する方法を表示すること。
二　令第112条第1項第一号に掲げる建築物の部分（令第126条の2第1項第二
　号及び第四号に該当するものを除く。）で、次に掲げる基準に適合するもの
　イ　令第126条の3第1項第二号から第八号まで及び第十号から第十二号ま
　　でに掲げる基準
　ロ　防煙壁（令第126条の2第1項に規定する防煙壁をいう。以下同じ。）に
　　よって区画されていること。
　ハ　天井（天井のない場合においては、屋根。以下同じ。）の高さが3m以上
　　であること。
　ニ　壁及び天井の室内に面する部分の仕上げを準不燃材料でしてあること。
　ホ　排煙機を設けた排煙設備にあっては、当該排煙機は、1分間に500㎥以上
　　で、かつ、防煙区画部分の床面積（2以上の防煙区画部分に係る場合にあ
　　っては、それらの床面積の合計）1㎡につき1㎥以上の空気を排出する能
　　力を有するものであること。

三　次に掲げる基準に適合する排煙設備を設けた建築物の部分（天井の高さが3m以上のものに限る。）

イ　令第126条の3第1項各号（第三号中排煙口の壁における位置に関する規定を除く。）に掲げる基準

ロ　排煙口が、床面からの高さが2.1m以上で、かつ、天井（天井のない場合においては、屋根）の高さの1／2以上の壁の部分に設けられていること。

ハ　排煙口が、当該排煙口に係る防煙区画部分に設けられた防煙壁の下端より上方に設けられていること。

ニ　排煙口が、排煙上、有効な構造のものであること。

四　次のイからニまでのいずれかに該当する建築物の部分

イ　階数が2以下で、延べ面積が200㎡以下の住宅又は床面積の合計が200㎡以下の長屋の住戸の居室で、当該居室の床面積の1/20以上の換気上有効な窓その他の開口部を有するもの

ロ　建築基準法（昭和25年法律第201号。以下「法」という。）第27条第2項第二号の危険物の貯蔵場又は処理場、自動車車庫、通信機械室、繊維工場その他これらに類する建築物の部分で、法令の規定に基づき、不燃性ガス消火設備又は粉末消火設備を設けたもの

ハ　高さ31m以下の建築物の部分（法別表第1（い）欄に掲げる用途に供する特殊建築物の主たる用途に供する部分で、地階に存するものを除く。）で、室（居室を除く。次号において同じ。）にあっては(1)又は(2)に、居室にあっては(3)又は(4)に該当するもの

(1)　壁及び天井の室内に面する部分の仕上げを準不燃材料でし、かつ、屋外に面する開口部以外の開口部のうち、居室又は避難の用に供する部分に面するものに法第2条第九号の二ロに規定する防火設備で令第112条第14項第一号に規定する構造であるものを、それ以外のものに戸又は扉を、それぞれ設けたもの

(2)　床面積が100㎡以下で、令第126条の2第1項に掲げる防煙壁により区画されたもの

(3)　床面積100㎡以内ごとに準耐火構造の床若しくは壁又は法第2条第九号のニロに規定する防火設備で令第112条第14項第一号に規定する構造であるものによって区画され、かつ、壁及び天井の室内に面する部分の仕上げを準不燃材料でしたもの

(4)　床面積が100㎡以下で、壁及び天井の室内に面する部分の仕上げを不燃材料でし、かつ、その下地を不燃材料で造ったもの

ニ　高さ31mを超える建築物の床面積100㎡以下の室で、耐火構造の床若し

156   2-9　排煙設備

> くは壁又は法第2条第九号の二に規定する防火設備で令第112条第14項第
> 一号に規定する構造であるもので区画され、かつ、壁及び天井の室内に面
> する部分の仕上げを準不燃材料でしたもの

〔趣旨・内容〕

　近年の共同住宅の住戸の大規模化、使用状況等が勘案され共同住宅の住戸
で200㎡以内ごとに区画されているものについては排煙設備の設置を要しな
いこととされました。

　昭和47年建設省告示第33号（現行廃止）で定められていた基準に加え、従
来の技術的知見から、排煙設備が設けられていなくとも通常建築物において
発生する火災によって避難上支障がある煙・ガスが避難経路まで降下するお
それのないことが明らかな建築物の部分は、排煙設備の設置を要しないこと
とされました。

　近年、新たな排煙設備が開発、実用化されていることから、給気を行うこ
とにより排煙を行う方式の排煙設備の構造方法（平12建告1437）が定められま
した。

4　避難上支障のない居室における排煙設備の設置緩和

○関係告示　火災が発生した場合に避難上支障のある高さまで煙又はガスの
　　　　　　降下が生じない建築物の部分を定める件〔平12建告1436号〕

改正　公布：平成27年国土交通省告示第402号　施行：平成27年3月18日

> 　四　次のイからホまでのいずれかに該当する建築物の部分
> 　　（略）
> 　　ロ　避難階又は避難階の直上階で、次に掲げる基準に適合する部分（当該基
> 　　　準に適合する当該階の部分（以下「適合部分」という。）以外の建築物の部
> 　　　分の全てが令第126条の2第1項第一号から第三号までのいずれか、前各
> 　　　号に掲げるもののいずれか若しくはイ及びハからホまでのいずれかに該当
> 　　　する場合又は適合部分と適合部分以外の建築物の部分とが準耐火構造の床
> 　　　若しくは壁若しくは同条第二項に規定する防火設備で区画されている場合
> 　　　に限る。）
> 　　（1）　建築基準法（昭和25年法律第201号。以下「法」という。）別表第1
> 　　　　（い）欄に掲げる用途以外の用途又は児童福祉施設等（入所する者の使用
> 　　　　するものを除く。）、博物館、美術館若しくは図書館の用途に供するもの
> 　　　　であること。

2−9　排煙設備　157

　（2）　（1）に規定する用途に供する部分における主たる用途に供する各居
　　　室に屋外への出口等（屋外への出口、バルコニー又は屋外への出口に近
　　　接した出口をいう。以下同じ。）（当該各居室の各部分から当該屋外への
　　　出口等まで及び当該屋外への出口等から道までの避難上支障がないもの
　　　に限る。）その他当該各居室に存する者が容易に道に避難することがで
　　　きる出口が設けられていること。
　（略）

〔趣旨・内容〕

　火災発生時に当該階の規制の対象となる主たる用途に供する全ての居室
が、各居室から他の居室や一定以上の廊下を経由せずに容易に安全な外部に
避難できるものについては、利用者が避難するまでの間避難上支障となる煙
又はガスの降下が生じないものとして、避難階又は避難階の直上階で、当該
告示の基準に適合するものは、排煙設備の設置が不要として改正されました。

⑤　別棟規定の緩和

○令第126条の2（設置）

改正 公布：令和元年政令第181号　施行：令和2年4月1日

　2　（略）
　（略）
　二　建築物の2以上の部分の構造が通常の火災時において相互に煙又はガスに
　　　よる避難上有害な影響を及ぼさないものとして国土交通大臣が定めた構造方
　　　法を用いるものである場合における当該部分

○関係告示　通常の火災時において相互に煙又はガスによる避難上有害な影
　　　　　　響を及ぼさない建築物の2以上の部分の構造方法を定める件
　　　　　　〔令2国交通告663号〕

制定 公布：令和2年国土交通省告示第663号　施行：令和2年6月10日

　建築基準法施行令（以下「令」という。）第126条の2第2項第二号に規定す
る通常の火災時において相互に煙又はガス（以下「煙等」という。）による避難
上有害な影響を及ぼさない建築物の2以上の部分の構造方法は、次に定めるも
のとする。
一　当該2以上の部分を、令和2年国土交通省告示第522号第一号及び第二号
　　に定める構造方法を用いる構造とすること。
二　当該2以上の部分と特定空間部分（令和2年国土交通省告示第522号第一

158   2－9 排煙設備

号に規定する特定空間部分をいう。以下同じ。）とを、通常の火災時に生じた
煙等が特定空間部分を通じて当該2以上の部分（火災が発生した部分を除
く。）に流入することを有効に防止できるものであることについて、次に掲げ
る方法により確かめられた防煙壁で区画すること。

イ　各火災部分（令和2年国土交通省告示第522号第一号チ（5）（ⅱ）に規定
する火災部分をいう。以下同じ。）ごとに、当該火災部分において発生した
火災により生じた煙等の下端の位置が防煙壁の下端のうち最も高い位置
（以下「防煙壁の下端」という。）にある時における特定空間部分の煙等発
生量を次の式によって計算すること。

$$V_{s,i} = \frac{4.8Q^{1/3}\ (0.4H_{op(max)} + z_0 + H_{sw})^{5/3}}{\rho_s}$$

この式において、$V_{s,i}$、Q、$H_{op(max)}$、z_0、H_{sw}及びρ_sは、それぞれ次の
数値を表すものとする。

$V_{s,i}$　特定空間部分の煙等発生量（単位　㎥／min）

Q　当該火災部分の種類に応じ、それぞれ令和2年国土交通省告示第
522号第一号チ（5）（ⅱ）の表に掲げる式によって計算した特定空間
部分における1秒間当たりの発熱量（単位　kw）

$H_{op(max)}$　当該火災部分の特定廊下等（令和2年国土交通省告示第522
号第一号ヘに規定する特定廊下等をいう。以下同じ。）に面す
る壁に設けた各開口部の下端のうち最も低い位置から当該各
開口部の上端のうち最も高い位置までの高さ（当該火災部分が
特定空間部分である場合にあっては、零。以下同じ。）（単位
m）

z_0　当該火災部分の種類に応じ、それぞれ令和2年国土交通省告示第
522号第一号チ（5）（ⅱ）の表に掲げる式によって計算した距離（以
下「仮想点熱源距離」という。）（単位　m）

H_{sw}　当該火災部分の種類に応じ、それぞれ次の表に定める高さ（以下
「防煙壁下端高さ」という。）（単位　m）

当該火災部分の種類	高さ
特定部分（令和2年国土交通省告示第522号第一号チ（5）（ⅱ）に規定する特定部分をいう。以下同じ。）	当該火災部分の特定廊下等に面する壁に設けた開口部の上端のうち最も低い位置から防煙壁の下端までの高さ
特定空間部分	当該火災部分の床面の最も低い位置から防煙壁の下端までの高さ

ρ_s　次の式によって計算した特定空間部分の煙層密度（単位　kg/㎥）

$$\rho_s = \frac{353}{\Delta T_s + 293}$$

　　この式において、ρ_s及びΔT_sは、それぞれ次の数値を表すものとする。

ρ_s　特定空間部分の煙層密度（単位　kg/㎥）

ΔT_s　次の式によって計算した特定空間部分の煙層上昇温度（単位　度）

$$\Delta T_s = \min \left(\frac{Q}{0.08Q^{1/3}\ (0.4H_{op(max)} + z_0 - H_{sw})^{5/3} + 0.015\ (A_c + A_w)},\ 925 \right)$$

　　この式において、ΔT_s、Q、$H_{op(max)}$、z_0、H_{sw}、A_c及びA_wは、それぞれ次の数値を表すものとする。

ΔT_s　特定空間部分の煙層上昇温度（単位　度）

Q　特定空間部分における1秒間当たりの発熱量（単位　kw）

$H_{op(max)}$　当該火災部分の特定廊下等に面する壁に設けた各開口部の下端のうち最も低い位置から当該各開口部の上端のうち最も高い位置までの高さ（単位　m）

z_0　仮想点熱源距離（単位　m）

H_{sw}　防煙壁下端高さ（単位　m）

A_c　特定空間部分の天井（天井のない場合においては、屋根。以下同じ。）の室内に面する部分の表面積（単位　㎡）

A_w　防煙壁の特定空間部分に面する部分の表面積（単位　㎡）

ロ　各火災部分ごとに、当該火災部分において発生した火災により生じた煙等の下端の位置が防煙壁の下端にある時における特定空間部分に設けられた各有効開口部（壁又は天井に設けられた開口部の床面からの高さが防煙壁の下端の床面からの高さ以上の部分をいう。以下同じ。）及び当該有効開口部の開放に伴い開放される特定空間部分に設けられた他の有効開口部のうち当該有効開口部からの距離が30m以内であるもの（以下「他の有効開口部」という。）の排煙量の合計を、特定空間部分に設けられた有効開口

160　2－9　排煙設備

部の種類に応じ、それぞれ次の表に掲げる式によって計算した当該有効開口部及び他の有効開口部の排煙量を合計することにより計算すること。

特定空間部分に設けられた有効開口部の種類	有効開口部の排煙量（単位　㎥/min）
有効開口部を排煙口とした場合に、特定空間部分に設けられた排煙設備が令第126条の3第1項第二号、第三号（排煙口の壁における位置に係る部分を除く。）、第四号から第六号まで及び第十号から第十二号までの規定（以下「自然排煙関係規定」という。）に適合し、かつ、特定空間部分又は特定廊下等の特定空間部分の床面からの高さが防煙壁の下端の特定空間部分の床面からの高さ以下の部分に排煙口の開放に連動して自動的に開放され又は常時開放状態にある給気口が設けられたもの（特定空間部分に設けられた当該排煙設備以外の排煙設備が同項第二号、第三号（排煙口の壁における位置に係る部分を除く。）、第四号から第七号まで、第八号（排煙口の開口面積に係る部分を除く。）、第九号（空気を排出する能力に係る部分を除く。）及び第十号から第十二号までの規定（以下「機械排煙関係規定」という。）に適合する場合を除く。）	$$V_{e,i} = 186\left(\frac{1.2 - \rho_s}{\rho_s}\right)^{1/2} \times max\left[\frac{A_s\sqrt{h_s}}{4}, \frac{A_s\sqrt{H_c - H_{sw}}}{\sqrt{1 + \left(\dfrac{A_s{'}}{A_a}\right)^2}}\right]$$
有効開口部を排煙口とした場合に、特定空間部分に設けられた排煙設備が機械排煙関係規定に適合し、かつ、特定空間部分又は特定廊下等の特定空間部分の床面から	$V_{e,i} = w$

の高さが防煙壁の下端の特定空間部分の床面からの高さ以下の部分に排煙口の開放に連動して自動的に開放され又は常時開放状態にある給気口が設けられたもの（イに規定する特定空間部分の煙層上昇温度が260度以上である場合にあっては、排煙口が、厚さ1.5mm以上の鉄板又は鋼板で造り、かつ、厚さ25mm以上のロックウールで覆われた風道に直結するものに限る。）（特定空間部分に設けられた当該排煙設備以外の排煙設備が自然排煙関係規定に適合する場合を除く。）	
その他の有効開口部	$V_{e,i} = 0$

この表において、$V_{e,i}$、ρ_s、A_s、h_s、H_c、H_{sw}、A'_s、A_a及びwは、それぞれ次の数値を表すものとする。

$V_{e,i}$　特定空間部分に設けられた各有効開口部の排煙量（単位　㎥/min）

ρ_s　イに規定する特定空間部分の煙層密度（単位　kg/㎥）

A_s　当該有効開口部の開口面積（単位　㎡）

h_s　当該有効開口部の上端と下端の垂直距離（単位　m）

H_c　当該火災部分の種類に応じ、それぞれ次の表に定める高さ（単位　m）

当該火災部分の種類	高さ
特定部分	当該火災部分の特定廊下等に面する壁に設けた開口部の上端のうち最も低い位置から当該有効開口部の中心までの高さ
特定空間部分	当該火災部分の床面のうち最も低い位置から当該有効開口部の中心までの高さ

H_{sw}　防煙壁下端高さ（単位　m）

A'_s　当該有効開口部及び他の有効開口部の開口面積の合計（単位　㎡）

A_a　特定空間部分及び特定廊下等に設けられた給気口（当該有効開口部の開放に伴い開放され又は常時開放状態にある給気口に限る。）の開口面積の合計（単位　㎡）

162 2－9 排煙設備

　　w 当該有効開口部の排煙機の空気を排出することができる能力（単位 ㎥
　　　/min）
　ハ 各火災部分についてイの規定によって計算した特定空間部分の煙等発生
　　量が、ロの規定によって計算した特定空間部分に設けられた各有効開口部
　　及び他の有効開口部の排煙量の合計のうち最小のものを超えないことを確
　　かめること。

〔趣旨・内容〕

　アトリウムを介して接続する建築物のように、建築物の2以上の部分の構
造が通常火災時において相互に煙又はガスによる避難上有害な影響を及ぼさ
ないものとして国土交通大臣が定めた方法を用いるものである場合における
当該部分については、相互に火災の影響（煙やガスの流入）を受けにくいこ
とから、当該2以上の部分をそれぞれ別の建築物とみなして、排煙設備の規
定が適用されることとなりました。

6 特定配慮特殊建築物以外の建築物に関する排煙設備の設置緩和
〇関係告示　排煙設置の設置を要しない火災が発生した場合に避難上支障の
　　　　　　ある高さまで煙又はガスの降下が生じない建築物の部分を定め
　　　　　　る件〔平12建告1436号〕

改正 公布：令和6年国土交通省告示第221号　施行：令和6年4月1日

　四　次のイからホまでのいずれかに該当する建築物の部分
　　（略）
　ロ　階数が2以下で、かつ、延べ面積が500㎡以下の建築物（令第110条の5
　　に規定する技術的基準に従って警報設備を設けたものに限り、次の（1）又
　　は（2）のいずれかに該当するもの（以下「特定配慮特殊建築物」という。）
　　を除く。）の部分であって、各居室に屋外への出口等（屋外への出口、バル
　　コニー又は屋外への出口に近接した出口をいう。以下同じ。）（当該各居室
　　の各部分から当該屋外への出口等まで及び当該屋外への出口等から道まで
　　の避難上支障がないものに限る。）その他当該各居室に存する者が容易に
　　道に避難することができる出口が設けられているもの
　　（1）　建築基準法（昭和25年法律第201号。以下「法」という。）別表第1
　　　（い）欄（1）項に掲げる用途又は病院、診療所（患者の収容施設があるも
　　　のに限る。）若しくは児童福祉施設等（令第115条の3第一号に規定する
　　　児童福祉施設等をいう。以下同じ。）（入所する者の使用するものに限
　　　る。）の用途に供するもの

（2）　令第128条の４第１項第二号又は第三号に掲げる用途に供するもの
ハ　階数が２以下で、かつ、延べ面積が500㎡以下の建築物（令第110条の５に規定する技術的基準に従って警報設備を設けたものに限り、特定配慮特殊建築物を除く。）の部分（当該部分以外の部分と間仕切壁又は令第112条第12項に規定する10分間防火設備（当該部分にスプリンクラー設備その他これに類するものを設け、若しくは消火上有効な措置が講じられている場合又は当該部分の壁及び天井の室内に面する部分の仕上げを難燃材料でした場合にあっては、戸（ふすま、障子その他これらに類するものを除く。））で同条第19項第二号に規定する構造であるもので区画されているものに限る。）で、次に掲げる基準に適合する部分

　（1）　床面積が50㎡（天井の高さが３m以上である場合にあつては、100㎡）以内であること。

　（2）　各居室の各部分から避難階における屋外への出口又は令第123条第２項に規定する屋外に設ける避難階段に通ずる出入口の一に至る歩行距離が25m以下であること。

　（略）

ヘ　高さ31m以下の建築物の部分（法別表第１（い）欄に掲げる用途に供する特殊建築物の主たる用途に供する部分で、地階に存するものを除く。）で、室（居室を除く。）にあっては（1）又は（2）のいずれか、居室にあっては（3）から（5）まで（特定配慮特殊建築物の居室にあっては、（4）又は（5））のいずれかに該当するもの

　（略）

　（3）　床面積が50㎡（天井の高さが３m以上である場合にあつては、100㎡）以内で、当該部分以外の部分と準耐火構造の間仕切壁又は法第２条第九号のニロに規定する防火設備（当該部分にスプリンクラー設備その他これに類するものを設け、若しくは消火上有効な措置が講じられている場合又は当該部分の壁及び天井の室内に面する部分の仕上げを準不燃材料でした場合にあっては、間仕切壁又は令第112条第12項に規定する十分間防火設備）で同条第19項第二号に規定する構造であるもので区画されていること。

　（4）　床面積100㎡以内ごとに準耐火構造の床若しくは壁又は法第２条第九号のニロに規定する防火設備で令第112条第19項第一号に規定する構造であるものによって区画され、かつ、壁及び天井の室内に面する部分の仕上げを準不燃材料でしたもの

164 2－9 排煙設備

> （5） 床面積が100㎡以下で、壁及び天井の室内に面する部分の仕上げを
> 不燃材料でし、かつ、その下地を不燃材料で造ったもの
> （略）

〔趣旨・内容〕

　排煙設備の設置を要しない部分として、新たに一定の規模・用途であって、警報設備等を設けた建築物の部分を、本告示第四号ロ、ハ、ニ及びへ（3）に位置付けることになりました。

参　考

・昭和46年1月29日住指発第44号「建築基準法の一部を改正する法律等の施行及び運用について」
・昭和62年12月3日建設省住指発第395号「建築基準法の一部を改正する法律等の施行について」
・平成27年3月18日国住指第4784号「火災が発生した場合に避難上支障のある高さまで煙又はガスの降下が生じない建築物の部分を定める件等の施行について（技術的助言）」
・令和2年4月1日国住指第4658号「建築基準法施行令の一部を改正する政令等の施行について（技術的助言）」
・令和2年6月10日国住指第773号「通常の火災時において相互に煙又はガスによる避難上有害な影響を及ぼさない建築物の2以上の部分の構造方法を定める件の施行について（技術的助言）」
・令和6年3月29日国住指第434号・国住街第160号「脱炭素社会の実現に資するための建築物のエネルギー消費性能の向上に関する法律等の一部を改正する法律等の施行について」
・建設省住宅局建築指導課監『平成12年6月1日施行　改正建築基準法（2年目施行）の解説』（新日本法規出版、2000）
・建築基準法研究会編『令和元年改正建築基準法施行令等の解説』（日本建築防災協会、2021）

2－10　非常用の照明装置（令第126条の4・第126条の5）

現行規制の内容

（1）　非常用の照明装置の設置

　避難時の安全性を確保するため、一定規模以上の建築物の居室及び避難経路には非常用の照明装置を設置しなければなりません（建基令126の4）。

	非常用の照明装置の設置が必要な居室（建基令126の4）
1	特殊建築物（法別表第1（い）欄（1）～（4）項）の居室
2	階数3以上で延べ面積500㎡超の建築物の居室
3	延べ面積1,000㎡超の建築物の居室
4	採光に有効な部分の面積が床面積の1／20未満の居室

（2）　非常用の照明装置の構造

　非常用の照明装置の構造は、直接照明とし、床面において1lx以上の照度を確保すること、火災時において温度が上昇した場合でも著しく光度が低下しないもの、予備電源を設けること等が規定されています（建基令126の5）。

主な改正履歴と改正の趣旨・内容

主な改正	施行・適用
1　非常用の照明装置の設置と構造に係る規定の制定	S46.1.1
2　非常用の照明装置の設置緩和の要件の制定	S47.1.13
3　非常用の照明装置の制限に係る性能規定化	H12.6.1
4　非常用の照明装置の設置を要さない居室の要件の追加	H30.3.29
5　別棟みなし規定の制定	R6.4.1

166 2−10 非常用の照明装置

1 非常用の照明装置の設置と構造に係る規定の制定
○令第126条の4（設置）
制定 公布：昭和45年政令第333号 施行：昭和46年1月1日

法別表第一(い)欄（1）項から（4）項までに掲げる用途に供する特殊建築物の居室、階数が3以上で延べ面積が500㎡をこえる建築物の居室、第116条の2第1項第一号に該当する窓その他の開口部を有しない居室又は延べ面積が1,000㎡をこえる建築物の居室及びこれらの居室から地上に通ずる廊下、階段その他の通路（採光上有効に直接外気に開放された通路を除く。）並びにこれらに類する建築物の部分で照明装置の設置を通常要する部分には、非常用の照明装置を設けなければならない。ただし、次の各号の一に該当する建築物又は建築物の部分については、この限りでない。
一 一戸建の住宅又は長屋若しくは共同住宅の住戸
二 病院の病室、下宿の宿泊室又は寄宿舎の寝室その他これらに類する居室
三 学校又は体育館

○令第126条の5（構造）
制定 公布：昭和45年政令第333号 施行：昭和46年1月1日

前条の非常用の照明装置は、次の各号に定める構造としなければならない。
一 照明は、直接照明とし、床面において1lx以上の照度を確保することができるものとすること。
二 照明器具（照明カバーその他照明器具に附属するものを含む。）のうち主要な部分は、不燃材料で造り、又はおおうこと。
三 予備電源を設けること。
四 前各号に定めるもののほか、建設大臣が非常の場合の照明を確保するために必要があると認めて定める基準に適合する構造とすること。

○関係告示 非常用の照明装置の構造基準を定める件〔昭45建告1830号〕
制定 公布：昭和45年建設省告示第1830号 施行：昭和46年1月1日

第1 照明器具
一 照明器具の構造は、次のイからホに適合する構造としなければならない。
イ 白熱燈は二重コイル電球とし、そのソケットは磁器製その他これと同等以上の耐熱性を有するものを使用すること。

ロ　けい光燈はラピッドスタート型けい光ランプとし、そのソケットはメラミン樹脂製その他これと同等以上の耐熱性を有するものを使用すること。

ハ　水銀燈は即時点燈型の高圧水銀ランプとし、そのソケットは磁器製その他これと同等以上の耐熱性を有するものを使用すること。

ニ　イからハに掲げるもの以外の光源は、イからハに掲げるものと同等以上の耐熱性及び即時点燈性を有するものとすること。

ホ　放電燈の安定器は低力率型のものとし、耐熱性の外箱に収容すること。

二　照明器具内の電線は、600V耐熱ビニール電線、架橋ポリエチレン絶縁電線、600Vけい素ゴム絶縁電線、口出用けい素ゴム絶縁電線その他これらと同等以上の耐熱性を有するものとしなければならない。

第2　電気配線

一　電気配線は、他の電気回路（電源又は消防法施行令（昭和36年政令第37号）第7条第4項第二号に規定する誘導燈に接続する部分を除く。）に接続しないものとし、かつ、その途中に一般の者が、容易に電源を遮断することのできる開閉器を設けてはならない。

二　照明器具の口出線と電気配線は、直接接続するものとし、その途中にコンセント、スイッチその他これらに類するものを設けてはならない。

三　電気配線は、耐火構造の主要構造部に埋設した配線、次のイからニまでの一に該当する配線又はこれらと同等以上の防火措置を講じたものとしなければならない。

イ　下地を不燃材料で造り、かつ、仕上げを不燃材料でした天井の裏面に鋼製電線管を用いて行なう配線

ロ　耐火構造の床若しくは壁又は甲種防火戸若しくは乙種防火戸で区画されたダクトスペースその他これに類する部分に行なう配線

ハ　バスダクトを用いて行なう配線

ニ　MIケーブルを用いて行なう配線

四　電線は、600V耐熱ビニール電線その他これと同等以上の耐熱性を有するものとしなければならない。

第3　電源

一　常用の電源は、蓄電池又は交流低圧屋内幹線によるものとし、その開閉器には非常用の照明装置用である旨を表示しなければならない。

二　予備電源は、常用の電源が断たれた場合に自動的に切り替えられて接続され、かつ、常用の電源が復旧した場合に自動的に切り替えられて復帰するものとしなければならない。

168   2−10　非常用の照明装置

> 　三　予備電源は、自動充電装置、時限充電装置を有する蓄電池（開放型のも
> 　のにあつては、予備電源室その他これに類する場所に定置されたもので、
> 　かつ、減液警報装置を有するものに限る。）で充電を行なうことなく30分間
> 　継続して非常用の照明装置を点燈させることができるものその他これに類
> 　するものによるものとし、その開閉器には非常用の照明装置用である旨を
> 　表示しなければならない。
> 第4　その他
> 　一　非常用の照明装置は、床面において水平面照度で1lx以上を確保するこ
> 　とができるものとしなければならない。
> 　二　前号の水平面照度は、十分に補正された低照度測定用光電管照度計を用
> 　いた物理測定法によつて測定されたものとする。

〔趣旨・内容〕

　住戸の部分、病院の病室の部分等、小規模な空間を特定少数の占有者の用
に供する建築物の部分を除き、居室及び廊下、階段等の避難施設部分には非
常用の照明装置を設置しなければならないことになりました。

　なお、非常用照明装置の構造に関しては、昭和45年建設省告示第1830号に
規定され、蛍光灯等の放電灯による非常用の照明装置は、火災時の温度の上
昇に伴って照度が低下するため、平常時において2lx程度の照度を確保する
ことが望ましいとされました。

② 　非常用の照明装置の設置緩和の要件の制定

○関係告示　非常用の照明装置を設けた居室等と同等以上の効力があると認
　　　　　　める件〔昭47建告34号〕〔現行廃止〕

制定 公布：昭和47年建設省告示第34号　施行：昭和47年1月13日

> 第1　避難階に存する居室等にあつては、当該居室等の各部分から屋外への出
> 　口の一に至る歩行距離が30m以下であり、かつ、避難上支障がないこと。
> 第2　避難階の直下階又は直上階に存する居室等にあつては、当該居室等から
> 　避難階における屋外への出口又は令第123条第2項に規定する屋外に設ける
> 　避難階段に通ずる出入口に至る歩行距離が20m以下であり、かつ、避難上支
> 　障がないこと。

〔趣旨・内容〕

　非常用の照明装置を設けた居室等と同等以上の効力があると認めるものと
して、避難階又はその直上・直下に存する居室等で、屋外への出口又は屋外

避難階段の出口の近傍に存するものについては、非常用の照明装置の設置を要しないこととされました。

3 非常用の照明装置の制限に係る性能規定化

○令第126条の4（設置）

改正 公布：平成12年政令第211号　施行：平成12年6月1日

四　避難階又は避難階の直上階若しくは直下階の居室で避難上支障がないもの
その他これらに類するものとして建設大臣が定めるもの

○令第126条の5（構造）

改正 公布：平成12年政令第211号　施行：平成12年6月1日

前条の非常用の照明装置は、次の各号のいずれかに定める構造としなければならない。
一　次に定める構造とすること。
　イ　照明は、直接照明とし、床面において1lx以上の照度を確保することができるものとすること。
　ロ　照明器具の構造は、火災時において温度が上昇した場合であつても著しく光度が低下しないものとして建設大臣が定めた構造方法を用いるものとすること。
　ハ　予備電源を設けること。
　ニ　イからハまでに定めるもののほか、非常の場合の照明を確保するために必要があるものとして建設大臣が定めた構造方法を用いるものとすること。
二　火災時において、停電した場合に自動的に点灯し、かつ、避難するまでの間に、当該建築物の室内の温度が上昇した場合にあつても床面において1lx以上の照度を確保することができるものとして、建設大臣の認定を受けたものとすること。

○関係告示　非常用の照明装置の構造方法を定める件〔昭45建告1830号〕

改正 公布：平成12年建設省告示第1405号　施行：平成12年6月12日

第1　照明器具
一　照明器具の構造は、次のイからホまでに適合する構造としなければならない。
　イ　白熱灯は二重コイル電球又はハロゲン電球とし、そのソケットは磁器

製フェノール樹脂製その他これらと同等以上の耐熱性を有するものを使用すること。

ロ　蛍光灯はラピッドスタート型蛍光ランプ又は即時点灯性回路に接続したスタータ型蛍光ランプとし、そのソケットはメラミン樹脂製、ポリアミド樹脂製その他これらと同等以上の耐熱性を有するものを使用すること。

ハ　高輝度放電灯は即時点灯型の高圧水銀ランプとし、そのソケットは磁器製その他これと同等以上の耐熱性を有するものを使用すること。

ニ　イからハまでに掲げるもの以外の光源は、イからハまでに掲げるものと同等以上の耐熱性及び即時点灯性を有するものとすること。

ホ　放電燈の安定器は低力率型のものとし、耐熱性の外箱に収容すること。

二　照明器具内の電線は、600V二種ビニル絶縁電線、架橋ポリエチレン絶縁電線、600Vけい素ゴム絶縁電線、口出用けい素ゴム絶縁電線その他これらと同等以上の耐熱性を有するものとしなければならない。

三　照明器具（照明カバーその他照明器具に付属するものを含む。）のうち主要な部分は、難燃材料で造り、又は覆うこと。

（略）

第3　電源

一　常用の電源は、蓄電池又は交流低圧屋内幹線によるものとし、その開閉器には非常用の照明装置用である旨を表示しなければならない。

二　予備電源は、常用の電源が断たれた場合に自動的に切り替えられて接続され、かつ、常用の電源が復旧した場合に自動的に切り替えられて復帰するものとしなければならない。

三　予備電源は、自動充電装置、時限充電装置を有する蓄電池（開放型のものにあつては、予備電源室その他これに類する場所に定置されたもので、かつ、減液警報装置を有するものに限る。以下この号において同じ。）又は蓄電池と自家用発電装置を組み合わせたもの（常用の電源が断たれた場合に直ちに蓄電池により非常用の照明装置を点灯させるものに限る。）で充電を行うことなく30分間継続して非常用の照明装置を点灯させることができるものその他これに類するものによるものとし、その開閉器には非常用の照明装置用である旨を表示しなければならない。

第4　その他

一　非常用の照明装置は、常温下で床面において水平面照度で1lx（蛍光灯を用いる場合にあつては、2lx）以上を確保することができるものとしなければならない。

二　前号の水平面照度は、十分に補正された低照度測定用照度計を用いた物理測定法によつて測定されたものとする。

2−10　非常用の照明装置　　171

○関係告示　非常用の照明装置を設けることを要しない避難階又は避難階の
　　　　　　直上階若しくは直下階の居室で避難上支障がないものその他こ
　　　　　　れらに類するものを定める件〔平12建告1411号〕

制定　公布：平成12年建設省告示第1411号　施行：平成12年6月1日

　　建築基準法施行令（以下「令」という。）第126条の4第四号に規定する避難
　階又は避難階の直上階若しくは直下階の居室で避難上支障がないものその他
　これらに類するものは、令第116条の2第1項第一号に該当する窓その他の開口
　部を有する居室及びこれに類する建築物の部分（以下「居室等」という。）で、
　次の各号のいずれかに該当するものとする。
　一　避難階に存する居室等にあっては、当該居室等の各部分から屋外への出口
　　　の一に至る歩行距離が30m以下であり、かつ、避難上支障がないもの
　二　避難階の直下階又は直上階に存する居室等にあっては、当該居室等から避
　　　難階における屋外への出口又は令第123条第2項に規定する屋外に設ける避
　　　難階段に通ずる出入口に至る歩行距離が20m以下であり、かつ、避難上支障
　　　がないもの

〔趣旨・内容〕
　非常用の照明設備の構造は、仕様規定に適合するもの又は性能規定に適合
することについて建設大臣の認定を受けたもののいずれかとすることとされ
ました。
　仕様規定では、白熱灯の光源として、一般の照明にも広く用いられている
ハロゲン電球、即時点灯性を有する蛍光ランプとして、ラピッドスタート型
蛍光ランプの他、即時点灯性回路に接続したスターター型蛍光ランプが追加
され、予備電源についても蓄電池による非常用照明装置から自家用発電装置
を始動させ切り替えるものとの組合せによる方式が追加されました。
　蛍光灯などは周囲温度が高温になった場合にランプ出力光束が減少するた
め、常温においてはあらかじめ2lxを確保するように従前より示されていた
考えが規定化されています。
　また、令第126条の4及び平成12年建設省告示第1411号において、非常用照
明装置の設置を要しないものが、昭和47年建設省告示第34号（現行廃止）で
定められていた内容に準じて規定されました。

172　2－10　非常用の照明装置

　採光上有効な開口部の面積が一定以上で確保されている場合（いわゆる採光無窓ではない居室等）には、火災等の非常時において、非常用の照明装置がなくても開口部からある程度の採光が期待できるため、設置除外の要件とされていますが、歩行距離は当該居室等全体で規定の数値以下となっている必要があり、また、歩行距離が規定の数値以下である場合でも、居室等の出口への経路が複雑となっていて避難上支障があるとみなされる場合は設置除外とできない旨も示されています。

④　非常用の照明装置の設置を要さない居室の要件の追加

○関係告示　非常用の照明装置を設けることを要しない避難階又は避難階の直上階若しくは直下階の居室で避難上支障がないものその他これらに類するものを定める件〔平12建告1411号〕

改正　公布：平成30年国土交通省告示第516号　施行：平成30年3月29日

　建築基準法施行令（以下「令」という。）第126条の4第四号に規定する避難階又は避難階の直上階若しくは直下階の居室で避難上支障がないものその他これらに類するものは、次の各号のいずれかに該当するものとする。

一　令第116条の2第1項第一号に該当する窓その他の開口部を有する居室及びこれに類する建築物の部分（以下「居室等」という。）で、次のイ又はロのいずれかに該当するもの

　イ　避難階に存する居室等にあっては、当該居室等の各部分から屋外への出口の一に至る歩行距離が30m以下であり、かつ、避難上支障がないもの

　ロ　避難階の直下階又は直上階に存する居室等にあっては、当該居室等から避難階における屋外への出口又は令第123条第2項に規定する屋外に設ける避難階段に通ずる出入口に至る歩行距離が20m以下であり、かつ、避難上支障がないもの

二　床面積が30㎡以下の居室（ふすま、障子その他随時開放することができるもので仕切られた2室は、1室とみなす。）で、地上への出口を有するもの又は当該居室から地上に通ずる建築物の部分が次のイ又はロに該当するもの

　イ　令第126条の5に規定する構造の非常用の照明装置を設けた部分

　ロ　採光上有効に直接外気に開放された部分

〔趣旨・内容〕

　非常用の照明装置の設置を要することなく安全に避難できる建築物の部分の条件について知見が得られたことから、以下のいずれかに該当する場合については、非常用の照明装置の設置が不要になりました。

2－10　非常用の照明装置　173

・床面積が30㎡以下の居室で地上への出口を有するもの
・床面積が30㎡以下の居室で、地上まで通ずる部分が非常用の照明装置が設
　けられたもの又は採光上有効に直接外気に開放されたもの

⑤　別棟みなし規定の制定
○令第126条の４（設置）

改正　公布：令和５年政令第280号　施行：令和６年４月１日

> 2　第117条第２項各号に掲げる建築物の部分は、この節の規定の適用につい
> 　ては、それぞれ別の建築物とみなす。

〔趣旨・内容〕
　避難関係規定においては、建築物の部分が相互に火熱・煙による防火上・
避難上有害な影響を及ぼさない構造である場合には、令第117条第２項の規
定により適用上別棟とみなすことができることとされていますが、同項に適
合する建築物の部分については、本規定についても同様に別棟とみなして適
用されることとなりました。

参　考

・昭和46年１月29日住指発第44号「建築基準法の一部を改正する法律等の施行及び
　運用について」
・昭和47年１月８日建設省住指発第９号「建築基準法第38条の規定に基づく認定に
　ついて」
・平成12年６月１日建設省住指発第682号「建築基準法の一部を改正する法律の施
　行について」
・平成30年３月29日国住指第4809号「非常用の照明装置の設置基準の見直しについ
　て（技術的助言）」
・建設省住宅局建築指導課監『平成12年６月１日施行　改正建築基準法（２年目施
　行）の解説』（新日本法規出版、2000）
・「建築基準法・建築物省エネ法改正法制度説明資料（令和６年９月）」（国土交通
　省住宅局建築指導課　市街地建築課）

174　2－11　非常用の進入口

2－11　非常用の進入口（令第126条の6・第126条の7）

現行規制の内容

（1）　非常用の進入口の設置

　火災時において消防隊員が迅速に建築物の内部に進入することができるよう、建築物の高さ31m以下の部分にある3階以上の階には、原則として、非常用の進入口を設けなければならないとされています（建基令126の6）。

　ただし、以下のものは非常用の進入口の設置義務が除外されています。

・不燃性物品の保管等の用途に供する階

・国土交通大臣が定める特別の理由により屋外からの進入を防止する必要がある階で、その直上階又は直下階から進入することができるもの

・非常用エレベーターを設置している場合

・代替進入口を設置している場合

・国土交通大臣が定める一定規模以上の空間を確保し、当該空間から高い開放性を有する通路等で容易に各階に進入することができる場合

（2）　非常用の進入口の構造

　非常用の進入口の構造は、道又は道に通ずる幅員4m以上の通路等に面する各階の外壁面に所定の大きさの進入口を設けること、間隔は40m以下とする、奥行き1m以上、長さ4m以上のバルコニーを設けること等が規定されています。

　代替進入口の構造は、道又は道に通ずる幅員4m以上の通路等に面する各階の外壁面に所定の大きさの進入口を設けること、間隔は10m以内ごとに設けること等が規定されています（建基令126の7）。

主な改正履歴と改正の趣旨・内容

主な改正	施行・適用
1　非常用進入口の規定の制定	S46.1.1
2　非常用進入口の設置義務の合理化	H12.6.1
3　非常用進入口の設置基準の見直し	H28.6.1

2－11　非常用の進入口　175

1　非常用進入口の規定の制定
○令第126条の６（設置）

制定　公布：昭和45年政令第333号　施行：昭和46年１月１日

建築物の高さ31m以下の部分にある３階以上の階には、非常用の進入口を設けなければならない。ただし、次の各号の一に該当する場合においては、この限りでない。

一　第129条の13の３の規定に適合するエレベーターを設置している場合
二　道又は道に通ずる幅員４m以上の通路その他の空地に面する各階の外壁面に窓その他の開口部（直径１m以上の円が内接することができるもの又はその幅及び高さが、それぞれ、75cm以上及び1.2m以上のもので、格子その他の屋外からの進入を妨げる構造を有しないものに限る。）を当該壁面の長さ10m以内ごとに設けている場合

○令第126条の７（構造）

制定　公布：昭和45年政令第333号　施行：昭和46年１月１日

前条の非常用の進入口は、次の各号に定める構造としなければならない。

一　進入口は、道又は道に通ずる幅員４m以上の通路その他の空地に面する各階の外壁面に設けること。
二　進入口の間隔は、40m以下であること。
三　進入口の幅、高さ及び下端の床面からの高さが、それぞれ、75cm以上、1.2m以上及び80cm以下であること。
四　進入口は、外部から開放し、又は破壊して室内に進入できる構造とすること。
五　進入口には、奥行き１m以上、長さ４m以上のバルコニーを設けること。
六　進入口又はその近くに、外部から見やすい方法で赤色灯の標識を掲示し、及び非常用の進入口である旨を赤色で表示すること。
七　前各号に定めるもののほか、建設大臣が非常用の進入口としての機能を確保するために必要があると認めて定める基準に適合する構造とすること。

○関係告示　非常用の進入口の構造基準を定める件〔昭45建告1831号〕

制定　公布：昭和45年建設省告示第1831号　施行：昭和46年１月１日

第１　非常用の進入口又はその近くに掲示する赤色燈は、次の各号に適合しなければならない。

176　　2 −11　非常用の進入口

　　一　常時点燈（フリッカー状態を含む。以下同じ。）している構造とし、かつ、
　　　　一般の者が容易に電源を遮断することができる開閉器を設けないこと。
　　二　自動充電装置又は時限充電装置を有する蓄電池（充電を行なうことなく
　　　　30分間継続して点燈させることができる容量以上のものに限る。）その他
　　　　これに類するものを用い、かつ、常用の電源が断たれた場合に自動的に切
　　　　り替えられて接続される予備電源を設けること。
　　三　赤色燈の明るさ及び取り付け位置は、非常用の進入口の前面の道又は通
　　　　路その他の空地の幅員の中心から点燈していることが夜間において明らか
　　　　に識別できるものとすること。
　　四　赤色燈の大きさは、直径10cm以上の半球が内接する大きさとすること。
　第2　非常用の進入口である旨の表示は、赤色反射塗料による一辺が20cmの正
　　　三角形によらなければならない。

〔趣旨・内容〕
　本規定は、火災時に消防隊の屋外からの進入経路を確保することにより円
滑な消火活動、救助活動に資することを目的として制定され、高さが31m以
下の部分にある3階以上の階には原則として非常用の進入口を設けなければ
ならないこととされています。
　ただし、一定の構造のロビーを有し火災時における消防活動の進入経路と
して期待できる非常用のエレベーターを設けている場合や非常用の進入口に
代わる進入経路が確保されている場合には非常用進入口を設けることを要し
ないこととされています。
　非常用の進入口を設置しなければならない建築物の外壁面は、当該建築物
が道又は道に通ずる4m以上の通路その他の空地に面している部分のいずれ
かに限るものとし、進入口の間隔の算定は外壁を延長して行うものとされて
います。
　非常用の進入口の近傍に掲示する赤色燈は、常時点燈し、かつ、一般の者
が容易に電源を遮断することがないこと、また、常用の電源として自動充電
装置又は時限充電装置を有する蓄電池とし、常用の電源が断たれた場合に自
動的に切り替えられて接続される予備電源を設けることが求められていま
す。また、赤色燈の明るさ、取り付け位置が夜間において明らかに識別でき
るものとされており、大きさ及び非常用の進入口である旨の表示についても
規定が定められています。

2－11　非常用の進入口　177

2　非常用進入口の設置義務の合理化
○令第126条の6（設置）

改正　公布：平成12年政令第211号　施行：平成12年6月1日

> 建築物の高さ31m以下の部分にある3階以上の階（不燃性の物品の保管その他これと同等以上に火災の発生のおそれの少ない用途に供する階又は建設大臣が定める特別の理由により屋外からの進入を防止する必要がある階で、その直上階又は直下階から進入することができるものを除く。）には、非常用の進入口を設けなければならない。ただし、次の各号のいずれかに該当する場合においては、この限りでない。
>
> （略）

○関係告示　屋外からの進入を防止する必要がある特別の理由を定める件
〔平12建告1438号〕

制定　公布：平成12年建設省告示第1438号　施行：平成12年6月1日

> 建築基準法施行令（以下「令」という。）第126条の6の屋外からの進入を防止する必要がある特別の理由は、次に掲げるものとする。
> 一　次のいずれかに該当する建築物について、当該階に進入口を設けることにより周囲に著しい危害を及ぼすおそれがあること。
> 　イ　放射性物質、有害ガスその他の有害物質を取り扱う建築物
> 　ロ　細菌、病原菌その他これらに類するものを取り扱う建築物
> 　ハ　爆発物を取り扱う建築物
> 　ニ　変電所
> 二　次に掲げる用途に供する階（階の一部を当該用途に供するものにあっては、当該用途に供する部分以外の部分を一の階とみなした場合に令第126条の6及び第126条の7の規定に適合するものに限る。）に進入口を設けることによりその目的の実現が図られないこと。
> 　イ　冷蔵倉庫
> 　ロ　留置所、拘置所その他人を拘禁することを目的とする用途
> 　ハ　美術品収蔵庫、金庫室その他これらに類する用途
> 　ニ　無響室、電磁しゃへい室、無菌室その他これらに類する用途

〔趣旨・内容〕

　専ら不燃性の物品の保管の用に供する階で、消火活動、救助活動に緊急を要するおそれの少ない階等であれば、必ずしも火災時に非常用の進入口を設

178　2−11　非常用の進入口

けなくとも消防隊の活動に重大な支障を来すおそれはなく、また、用途によっては防犯上、保安上その他の特別な理由から非常用の進入口を設けることによって本来の建築物の目的を達成されない場合もあるため、火災発生のおそれの極めて少ない階、用途上やむを得ない階等で、当該階の直上階又は直下階から消防隊等が進入することができ、消防活動上も支障がないと考えられる場合については、非常用の進入口の設置を要しないこととされました。

　保管する物品の不燃性の判断に当たっては、梱包材等についても考慮する必要があるとされています。

　非常用の進入口を設けないことがやむを得ない理由として、その利用状況からみて、安全性の確保の観点からそもそも開口部を極力設けないことが必要となる施設で、非常用の進入口を設けることにより、周囲に対して甚大な被害を生じるものである場合、及び、その用途上非常用の進入口を設けることにより建築物本来の機能に著しい支障が生じる場合が定められました。

3　非常用進入口の設置基準の見直し

○令第126条の6（設置）

改正　公布：平成28年政令第6号　施行：平成28年6月1日

　三　吹抜きとなつている部分その他の一定の規模以上の空間で国土交通大臣が定めるものを確保し、当該空間から容易に各階に進入することができるよう、通路その他の部分であつて、当該空間との間に壁を有しないことその他の高い開放性を有するものとして、国土交通大臣が定めた構造方法を用いるもの又は国土交通大臣の認定を受けたものを設けている場合

○関係告示　一定の規模以上の空間及び高い開放性を有する通路その他の部分の構造方法を定める件〔平28国交告786号〕

制定　公布：平成28年国土交通省告示第786号　施行：平成28年6月1日

　第1　建築基準法施行令第126条の6第三号に規定する一定の規模以上の空間（以下単に「空間」という。）は、吹抜きとなつている部分で、避難上及び消火上支障がないものとして次に掲げる基準に適合するものとする。

　　一　吹抜きとなつている部分が屋根まで達するか、又は当該部分の頂部が直接外気に開放したものであること。

　　二　吹抜きとなつている部分の床又は地面は、直径40m以上の円が内接することのできるものであること。

三　次に掲げる基準に適合する通路に通ずるものであること。ただし、避難
　　上及び消火上支障がない場合にあっては、この限りでない。
　　イ　幅員及び天井までの高さが4m以上であること。
　　ロ　通路の壁及び天井の室内に面する部分の仕上げが準不燃材料でされた
　　　ものであること。
　　ハ　道（都市計画区域又は準都市計画区域内においては、建築基準法（昭
　　　和二十五年法律第二百一号）第42条に規定する道路をいう。以下同じ。）
　　　又は道に通ずる幅員4m以上の通路その他の空地に通ずること。
第2　建築基準法施行令第126条の6第三号に規定する高い開放性を有する通
　路その他の部分の構造方法は、次に掲げる基準に適合する構造（観覧場の用
　途に供するものに設けたものに限る。）とする。
　一　次のいずれかに該当するものであること。
　　イ　空間との間に壁を有しないこと。
　　ロ　空間から開放し又は破壊して進入できる構造であること。
　二　空間に長さ40m以下の間隔で設けたものであること。
　三　空間の高さ31m以下の部分にあること。

〔趣旨・内容〕
　この改正により、吹抜きとなっている部分その他の一定の規模以上の空間
を確保し、当該空間から容易に各階に進入することができるよう、当該空間
との間に壁を有しないことその他の高い開放性を有する通路その他の部分に
ついて、告示で定める構造方法に適合するもの又は国土交通大臣の認定を受
けた構造方法とするものを設けた場合においては、非常用進入口の設置を要
しないこととされました。
　具体的には、「一定の規模以上の空間及び高い開放性を有する通路その他
の部分の構造方法を定める件」（平28国交通告786）において、対象となる空間や
構造方法が定められています。
　「吹抜きとなっている部分で、避難上及び消火上支障がないもの」とは、
外壁に設ける非常用の進入口の代替措置として位置付けられているものであ
ることから、消防活動を支援するために十分な広さを有する必要があります。
告示上は、消防車両の進入移動に十分な広さとして直径40m以上の円が内接
することができることを求めており、具体的な用途としては、いわゆるスタ
ジアムなどの観覧場が想定されています。

180   2−11　非常用の進入口

　また、同告示第1第三号ただし書に規定する「避難上及び消火上支障がない場合」にあっては、通路の高さが4m未満でもよいこととされていますが、本来、当該通路は消防車両の通行を想定していることから、その妨げとなるような照明器具やその他工作物が設置されている場合については、避難上及び消火上支障があるものとされています。

参　考

・昭和46年1月29日住指発第44号「建築基準法の一部を改正する法律等の施行及び運用について」
・平成12年6月1日建設省住指発第682号「建築基準法の一部を改正する法律の施行について」
・平成28年6月1日国住指第669号「建築基準法の一部を改正する法律等の施行について（技術的助言）」
・建設省住宅局建築指導課監『平成12年6月1日施行　改正建築基準法（2年目施行）の解説』（新日本法規出版、2000）

2−12　特殊建築物等の内装（法第35条の2、令第128条の3の2・第128条の4・第128条の5）

現行規制の内容

（1）　内装制限を受ける居室等

　火災が発生した場合に延焼拡大を防止するために、建築物の用途や規模等に応じて、内装（壁及び天井の室内に面する部分の仕上げ）を防火上支障がないようにするよう求められています（建基35の2、建基令128の5）。

	内装制限を受ける居室等	条文
1	特殊建築物で令第128条の4第1項に掲げるもの	令128の4
2	階数3以上で延べ面積500㎡超の建築物（学校等を除く。）	
3	階数が2で延べ面積1,000㎡超の建築物（学校等を除く。） 階数が1で延べ面積3,000㎡超の建築物（学校等を除く。）	
4	火気使用室	
5	床面積50㎡超かつ天井高6m以下の居室で開放できる部分（天井から下方80cm以内）の面積の合計が居室の床面積の1／50未満のもの　等	令128の3の2

（2）　内装制限を受ける居室等の内装

　建築物又は室の用途、規模等に応じて、壁及び天井の室内に面する部分の仕上げ材料を、難燃材料、準不燃材料等とすることが規定されています（建基令128の5）。

主な改正履歴と改正の趣旨・内容

主な改正	施行・適用
① 特殊建築物等の内装制限に係る規定の制定	S34.12.23
② 特殊建築物等に係る規制対象の追加（キャバレー等、自動車修理工場）	S36.12.4
③ 高さ31mを超える建築物に係る規制対象の拡大	S39.1.15
④ 特殊建築物に係る規制対象の拡大、避難路の不燃化	S44.5.1

⑤　内装制限に係る規制対象の拡大（一定規模以上の建築物の居室、無窓居室、火気使用室）	S46.1.1
⑥　内装制限に係る規制対象の合理化（天井高さ6m超の適用除外）	S62.11.16
⑦　内装制限を受ける居室と同等以上の効力があると認める材料の指定	H4.3.7
⑧　難燃材料でした内装の仕上げに準ずる仕上げの指定	H12.6.1
⑨　準不燃材料でした内装仕上げに準ずる仕上げの指定	H21.4.1
⑩　特殊建築物等の内装制限の合理化	R2.4.1
⑪　特定配慮特殊建築物以外の建築物に関する内装制限の緩和	R6.4.1
⑫　別棟みなし規定の制定	R6.4.1

１　特殊建築物等の内装制限に係る規定の制定

○法第35条の２（特殊建築物等の内装）

制定　公布：昭和34年法律第156号　施行：昭和34年12月23日

> 別表第１（い）欄に掲げる用途に供する特殊建築物又は第28条第１項ただし書に規定する居室は、政令で定めるものを除き、政令で定める技術的基準に従つて、その壁及び天井（天井のない場合においては、屋根）の室内に面する部分の仕上げを防火上支障がないようにしなければならない。

○令第128条の４（制限を受けない特殊建築物等）

制定　公布：昭和34年政令第344号　施行：昭和34年12月23日

> 1　法第35条の２（法第87条第３項において準用する場合を含む。以下第２項において同様とする。）の規定により政令で定める特殊建築物は、次の各号に掲げるもの以外のものとする。
> 　一　次の表に掲げる特殊建築物

用途＼構造	耐火建築物	簡易耐火建築物	その他の建築物
（1）　法別表第１（い）	客席の床面積の	客席の床面積の合計	客席の床面積の合

		欄（1）項に掲げる用途	合計が400㎡以上のもの	が100㎡以上のもの	計が100㎡以上のもの
（2）		法別表第1（い）欄（2）項に掲げる用途	－	当該用途に供する2階の部分（病院については、その部分に患者の収容施設がある場合に限る。）の床面積の合計が300㎡以上のもの	当該用途に供する部分の床面積の合計が200㎡以上のもの
（3）		法別表第1（い）欄（4）項に掲げる用途	－	当該用途に供する2階の部分の床面積の合計が500㎡以上のもの	当該用途に供する部分の床面積の合計が200㎡以上のもの

この表において、耐火建築物は、法第86条第2項の規定により耐火建築物とみなされるものを含み、簡易耐火建築物は、同項の規定により簡易耐火建築物とみなされるものを含む。

二　自動車車庫の用途に供する特殊建築物

三　地階又は地下工作物内に設ける居室その他これらに類する居室で法別表第1（い）欄（1）項、（2）項又は（4）項に掲げる用途に供するものを有する特殊建築物

2　法第35条の2の規定により政令で定める居室は、次の各号に掲げるもの以外のものとする。

一　地階又は地下工作物内に設ける居室その他これらに類する居室で法第28条第1項本文の規定に適合しないもの

二　法第28条第1項ただし書に規定する温湿度調整を必要とする作業を行う作業室その他用途上やむを得ない居室で同項本文の規定に適合しないもの。ただし、同一の建築物内において、当該居室の床面積の合計が、耐火建築物にあつては400㎡以上、その他の建築物にあつては100㎡以上である場合に限る。

○令第129条〔特殊建築物等の内装〕〔現行第128条の5〕

制定　公布：昭和34年政令第344号　施行：昭和34年12月23日

1　前条第1項第一号に掲げる特殊建築物は、当該各用途に供する居室及びこ

れから地上に通ずる主たる廊下、階段その他の通路の壁（床面からの高さが1.2m以下の部分を除く。以下この条において同様とする。）及び天井（天井のない場合においては、屋根。以下この条において同様とする。）の室内に面する部分（回り縁、窓台その他これらに類する部分を除く。以下この条において同様とする。）の仕上げを不燃材料、準不燃材料又は難燃材料でしなければならない。
2　前条第1項第二号に掲げる特殊建築物は、当該用途に供する部分及びこれから地上に通ずる主たる通路の壁及び天井の室内に面する部分の仕上げを不燃材料又は準不燃材料でしなければならない。
3　前条第1項第三号に掲げる特殊建築物は、同号に規定する居室及びこれから地上に通ずる主たる廊下、階段その他の通路の壁及び天井の室内に面する部分の仕上げを不燃材料又は準不燃材料でしなければならない。
4　前条第2項各号に掲げる居室は、その壁及び天井の室内に面する部分の仕上げを不燃材料又は準不燃材料でしなければならない。ただし、同項第二号に掲げる居室で適当な排煙のための設備を設けたものについては、難燃材料ですることができる。
5　前各項の規定は、自動式スプリンクラーを設備した建築物の部分については、適用しない。

〔趣旨・内容〕
　一定規模以上の特殊建築物等の居室及び廊下等の通路について、火災が発生した場合に早期に内装の仕上げに用いる材料が燃焼拡大することによる、火災の急速な拡大、多量の煙、ガスの発生を抑制し、避難上の安全性を確保する趣旨から、その室内に面する部分の仕上げを不燃材料等の材料ですることと規定されました。

2　特殊建築物等に係る規制対象の追加（キャバレー等、自動車修理工場）

○令第128条の4（制限を受けない特殊建築物等）

|改正|　公布：昭和36年政令第396号　施行：昭和36年12月4日

（3）	法別表第1（い）欄（4）項に掲げる用途	当該用途に供する3階以上の部分の床面積の合計が1,000㎡以上のもの	（略）	（略）
（略）				
（略）				

〔趣旨・内容〕

当時の災害の実情に鑑み、キャバレー、カフェー、ナイトクラブ、バーや自動車修理工場の用途に供する建築物に防火上の構造制限が課せられ、これに併せて同用途に供する部分についても内装制限の対象として追加されました。

3 高さ31mを超える建築物に係る規制対象の拡大
○法第35条の2（特殊建築物等の内装）
| 改 正 | 公布：昭和38年法律第151号　施行：昭和39年1月15日

> 別表第1（い）欄に掲げる用途に供する特殊建築物、高さ31mをこえる建築物又は第28条第1項ただし書に規定する居室は、政令で定めるものを除き、政令で定める技術的基準に従つて、その壁及び天井（天井のない場合においては、屋根）の室内に面する部分の仕上げを防火上支障がないようにしなければならない。

○令第129条（特殊建築物等の内装）〔現行第128条の5〕
| 改 正 | 公布：昭和39年政令第4号　施行：昭和39年1月15日

> 4　高さ31mをこえる建築物は、居室及びこれから地上に通ずる主たる廊下、階段その他の通路の壁及び天井の室内に面する部分の仕上げを不燃材料、準不燃材料又は難燃材料でしなければならない。ただし、地階を除く階数が14以下である建築物の10階以下の部分については、この限りでない。

〔趣旨・内容〕

都市の発展に即応する適正な建築物の規模を確保するため、高さの制限に代えて、容積率の規制が整備されましたが、これに伴い、高層建築物の防火上の安全性の確保の観点から、内装に関する規定等も併せて整備されました。

186   2−12 特殊建築物等の内装

4 特殊建築物に係る規制対象の拡大、避難路の不燃化
○令第128条の４（制限を受けない特殊建築物等）

改 正 公布：昭和44年政令第8号 施行：昭和44年5月1日

1　（略）
　一　（略）

用途＼構造		耐火建築物	簡易耐火建築物	その他の建築物
（略）				
（2）	法別表第１（い）欄（2）項に掲げる用途	当該用途に供する３階以上の部分の床面積の合計が300㎡以上のもの	（略）	（略）
（略）				

（略）

○令第129条〔特殊建築物等の内装〕〔現行第128条の５〕

改 正 公布：昭和44年政令第8号 施行：昭和44年5月1日

1　前条第１項第一号に掲げる特殊建築物は、当該各用途に供する居室（法別表第１（い）欄（2）項に掲げる用途に供する特殊建築物が耐火建築物である場合にあつては、当該用途に供する特殊建築物の部分で床面積の合計100㎡以内ごとに耐火構造の床若しくは壁又は甲種防火戸若しくは乙種防火戸で区画されている部分の居室を除く。）の壁（床面からの高さが1.2m以下の部分を除く。以下この条において同様とする。）及び天井（天井のない場合においては、屋根。以下この条において同様とする。）の室内に面する部分（回り縁、窓台その他これらに類する部分を除く。以下この条において同様とする。）の仕上げを不燃材料、準不燃材料又は難燃材料で、当該各用途に供する居室から地上に通ずる主たる廊下、階段その他の通路の壁及び天井の室内に面する部分の仕上げを不燃材料又は準不燃材料でしなければならない。
2　前条第１項第二号に掲げる特殊建築物は、当該各用途に供する部分及びこれから地上に通ずる主たる通路の壁及び天井の室内に面する部分の仕上げを不燃材料又は準不燃材料でしなければならない。
　（略）

2−12　特殊建築物等の内装　187

　4　高さ31mをこえる建築物は、居室の壁及び天井の室内に面する部分の仕上げを不燃材料、準不燃材料又は難燃材料で、居室から地上に通ずる主たる廊下、階段その他の通路の壁及び天井の室内に面する部分の仕上げを不燃材料又は準不燃材料でしなければならない。ただし、地階を除く階数が14以下である建築物の10階以下の部分については、この限りでない。

〔趣旨・内容〕

　建築物における火災の発生の現況その他に鑑み、建築物の防災衛生に関する基準を具体化するため、以下のような改正が行われました。

・内装制限をしなければならない建築物にホテル、病院、共同住宅等で3階以上に当該用途に供する部分を300㎡以上有する耐火建築物を追加

・避難に要する時間の確保をねらいとして、劇場、ホテル、病院、共同住宅、百貨店等の建築物及び高さ31mを超える建築物の廊下、階段等の避難路の不燃化を促進

・自動車車庫又は自動車修理工場における難燃材料の使用制限

5　内装制限に係る規制対象の拡大（一定規模以上の建築物の居室、無窓居室、火気使用室）

○法第35条の2（特殊建築物等の内装）

改正　公布：昭和45年法律第109号　施行：昭和46年1月1日

　別表第1（い）欄に掲げる用途に供する特殊建築物、階数が3以上である建築物、政令で定める窓その他の開口部を有しない居室を有する建築物、延べ面積が1,000㎡をこえる建築物又は建築物の調理室、浴室その他の室でかまど、こんろその他火を使用する設備若しくは器具を設けたものは、政令で定めるものを除き、政令で定める技術的基準に従つて、その壁及び天井（天井のない場合においては、屋根）の室内に面する部分の仕上げを防火上支障がないようにしなければならない。

○令第128条の3の2（制限を受ける窓その他の開口部を有しない居室）

制定　公布：昭和45年政令第333号　施行：昭和46年1月1日

　法第35条の2の規定により政令で定める窓その他の開口部を有しない居室は、次の各号の一に該当するものとする。

一　床面積が50㎡をこえる居室で窓その他の開口部の開放できる部分（天井又

188   2−12　特殊建築物等の内装

は天井から下方80cm以内の距離にある部分に限る。）の面積の合計が、当該居
室の床面積の１／50未満のもの
二　法第28条第１項ただし書に規定する温湿度調整を必要とする作業を行なう
　作業室その他用途上やむを得ない居室で同項本文の規定に適合しないもの

○令第128条の４（制限を受けない特殊建築物等）

改 正　公布：昭和45年政令第333号　施行：昭和46年１月１日

2　法第35条の２の規定により政令で定める階数が３以上である建築物は、延
　べ面積が500㎡をこえるもの（学校又は体育館の用途に供するものを除く。）
　以外のものとする。
3　法第35条の２の規定により政令で定める延べ面積が1,000㎡をこえる建築
　物は、階数が２で延べ面積が1,000㎡をこえるもの又は階数が１で延べ面積
　が3,000㎡をこえるもの（学校又は体育館の用途に供するものを除く。）以外
　のものとする。
4　法第35条の２の規定により政令で定める建築物の調理室、浴室その他の室
　でかまど、こんろその他火を使用する設備又は器具を設けたものは、階数が
　２以上の住宅（住宅で事務所、店舗その他これらに類する用途を兼ねるもの
　を含む。以下この項において同じ。）の用途に供する建築物（主要構造部を耐
　火構造としたものを除く。）の最上階以外の階又は住宅の用途に供する建築
　物以外の建築物（主要構造部を耐火構造としたものを除く。）に存する調理室、
　浴室、乾燥室、ボイラー室、作業室その他の室でかまど、こんろ、ストーブ、
　炉、ボイラー、内燃機関その他火を使用する設備又は器具を設けたもの（第
　129条において「内装の制限を受ける調理室等」という。）以外のものとする。

○令第129条（特殊建築物等の内装）〔現行第128条の５〕

改 正　公布：昭和45年政令第333号　施行：昭和46年１月１日

4　階数が３以上で延べ面積が500㎡をこえる建築物、階数が２で延べ面積が
　1,000㎡をこえる建築物又は階数が１で延べ面積が3,000㎡をこえる建築物
　（学校又は体育館の用途に供するものを除く。）は、居室の壁及び天井の室内
　に面する部分の仕上げを不燃材料、準不燃材料又は難燃材料で、居室から地
　上に通ずる主たる廊下、階段その他の通路の壁及び天井の室内に面する部分
　の仕上げを不燃材料又は準不燃材料でしなければならない。ただし、法別表
　第１（い）欄（２）項に掲げる用途に供する特殊建築物の高さ31m以下の部分に
　ついては、この限りでない。

> 5 第128条の３の２各号の一に該当する居室を有する建築物は、当該居室及びこれから地上に通ずる主たる廊下、階段その他の通路の壁及び天井の室内に面する部分の仕上げを不燃材料又は準不燃材料でしなければならない。
> 6 内装の制限を受ける調理室等は、その壁及び天井の室内に面する部分の仕上げを不燃材料又は準不燃材料でしなければならない。

〔趣旨・内容〕

　一定規模以上の建築物の居室（３階以上で500㎡超、２階建で1,000㎡超、１階建で3,000㎡超）、火気使用室及び無窓居室等が規制対象に追加されました。

　また、併せて、取扱いに係る考え方も以下のとおり示されています。

・ダイニングキッチンのように火気使用部分とその他の部分とが一体である室は、天井からおおむね50cm以上下方に突出した不燃材料で造り又は覆われた垂れ壁その他これに類するもので当該部分が相互に区画された場合を除き、その室の全てを内装制限の対象とすること。

・季節的にストーブを用い又は臨時的にコンロ等を用いる室は内装制限の対象としないが、暖炉、炉等を建築物の部分として設けた室については、その使用が季節的なものであっても内装制限の対象とすること。

・内装制限の対象となる壁の部分は、従来床面から1.2m以下の部分を対象から除外されていたが、自動車車庫、地階等の居室、無窓の居室等及びこれらから地上に通ずる廊下、階段等の部分並びに調理室等は1.2m以下の部分についても内装制限の対象とすること。

6 内装制限に係る規制対象の合理化（天井高さ６m超の適用除外）

○令第128条の３の２（制限を受ける窓その他の開口部を有しない居室）

改正 公布：昭和62年政令第348号　施行：昭和62年11月16日

> 法第35条の２の規定により政令で定める窓その他の開口部を有しない居室は、次の各号の一に該当するもの（天井の高さが６mを超えるものを除く。）とする。
> （略）

○令第129条（特殊建築物等の内装）〔現行第128条の５〕

改正 公布：昭和62年政令第348号　施行：昭和62年11月16日

> 1 前条第１項第一号に掲げる特殊建築物は、当該各用途に供する居室（法別

190   2－12　特殊建築物等の内装

表第1（い）欄（2）項に掲げる用途に供する特殊建築物が耐火建築物である場
合にあつては、当該用途に供する特殊建築物の部分で床面積の合計100㎡（共
同住宅の住戸にあつては、200㎡）以内ごとに耐火構造の床若しくは壁又は甲
種防火戸若しくは乙種防火戸で区画されている部分の居室を除く。）の壁（床
面からの高さが1.2m以下の部分を除く。第4項において同じ。）及び天井（天
井のない場合においては、屋根。以下この条において同じ。）の室内に面する
部分（回り縁、窓台その他これらに類する部分を除く。以下この条において
同じ。）の仕上げを不燃材料、準不燃材料又は難燃材料（3階以上の階に居室
を有する建築物の当該各用途に供する居室の天井の室内に面する部分にあつ
ては、不燃材料又は準不燃材料）で、当該各用途に供する居室から地上に通
ずる主たる廊下、階段その他の通路の壁及び天井の室内に面する部分の仕上
げを不燃材料又は準不燃材料でしなければならない。

（略）

4　階数が3以上で延べ面積が500㎡を超える建築物、階数が2で延べ面積が
1,000㎡を超える建築物又は階数が1で延べ面積が3,000㎡を超える建築物
（学校等の用途に供するものを除く。）は、居室（床面積の合計100㎡以内ご
とに耐火構造の床若しくは壁又は常時閉鎖式防火戸である甲種防火戸若しく
は乙種防火戸若しくはその他の甲種防火戸若しくは乙種防火戸で第112条第
14項第一号、第二号及び第四号に定める構造のもので区画され、かつ、法別
表第1（い）欄に掲げる用途に供しない部分の居室で、耐火建築物の高さが
31m以下の部分にあるものを除く。）の壁及び天井の室内に面する部分の仕
上げを不燃材料、準不燃材料又は難燃材料で、居室から地上に通ずる主たる
廊下、階段その他の通路の壁及び天井の室内に面する部分の仕上げを不燃材
料又は準不燃材料でしなければならない。ただし、法別表第一（い）欄（2）項
に掲げる用途に供する特殊建築物の高さ31m以下の部分については、この限
りでない。

〔趣旨・内容〕

　火災に関する研究の進展により、窓その他の開口部を有しない居室のうち、
天井の高さが6mを超えるものについては、火災によって天井付近の温度が
急上昇するおそれはなく、フラッシュオーバーの発生要因となる天井面の爆
発的燃焼が起こりにくいことが明らかになったため、内装の制限を行わない
こととされました。

2－12 特殊建築物等の内装 191

7 内装制限を受ける居室と同等以上の効力があると認める材料の指定

○関係告示　建築基準法第38条の規定に基づく特殊建築物の当該各用途に供する居室等で同法施行令第129条第1項及び第4項の規定によるものと同等以上の効力があると認める場合〔平4建告548号〕〔現行廃止〕

制定 公布：平成4年建設省告示第548号　施行：平成4年3月7日

　建築基準法（昭和25年法律第201号）第38条の規定に基づき、建築基準法施行令（昭和25年政令第338号。以下「令」という。）第128条の4第1項第一号に掲げる特殊建築物の当該各用途に供する居室（3階以上の階に居室を有する建築物の当該各用途に供する居室を除く。）及び階数が3以上で延べ面積が500㎡を超える建築物、階数が2で延べ面積が1,000㎡を超える建築物又は階数が1で延べ面積が3,000㎡を超える建築物の居室で、次の第1及び第2に該当するものについては、令第129条第1項及び第4項の規定にかかわらず、これらの規定によるものと同等以上の効力があると認める。

第1　天井（天井のない場合においては、屋根）の室内に面する部分（回り縁、窓台その他これらに類する部分を除く。）の仕上げを不燃材料又は準不燃材料ですること。

第2　壁の室内に面する部分（回り縁、窓台その他これらに類する部分を除く。）の仕上げを、木材、合板、構造用パネル、パーティクルボード若しくは繊維板（これらの表面に不燃性を有する壁張り下地用のパテを下塗りする等防火上支障がないように措置した上で壁紙を張ったものを含む。以下「木材等」という。）又は木材等及び不燃材料、準不燃材料若しくは難燃材料でし、木材等に係る仕上げについては、次の各号に定めるところによりすること。ただし、実験によって防火上支障がないことが確かめられた場合においては、この限りでない。

一　木材等の表面に、火炎伝搬を著しく助長するような溝が設けられていないこと。

二　木材等の取付方法は、次のイ又はロのいずれかとすること。ただし、木材等の厚さが25㎜以上である場合においては、この限りでない。

　イ　木材等の厚さが10㎜以上の場合にあっては、壁の内部での火炎伝搬を有効に防止することができるよう配置された柱、間柱その他の垂直部材及びはり、胴縁その他の横架材（それぞれ相互の間隔が1m以内に配置されたものに限る。）に取り付け、又は不燃材料、準不燃材料若しくは難燃材料の壁に直接取り付けること。

192　2－12　特殊建築物等の内装

> ロ　木材等の厚さが10mm未満の場合にあっては、不燃材料、準不燃材料又
> 　は難燃材料の壁に直接取り付けること。

〔趣旨・内容〕

　天井（天井のない場合においては、屋根。以下同じ。）の室内に面する部分
の仕上げを不燃材料又は準不燃材料でし、壁の室内に面する部分の仕上げを
木材等でし、かつ、その取付方法等について一定の措置を講ずることにより、
天井及び壁の室内に面する部分の仕上げを難撚材料でする居室と同等以上の
効力があると認められました。

8　難燃材料でした内装の仕上げに準ずる仕上げの指定

○令第129条〔特種建築物等の内装〕〔現行第128条の5〕

改正　公布：平成12年政令第211号　施行：平成12年6月1日

> 1　前条第1項第一号に掲げる特殊建築物は、当該各用途に供する居室（法別
> 　表第1（い）欄（2）項に掲げる用途に供する特殊建築物が耐火建築物又は法第
> 　2条第九号の三イに該当する準耐火建築物である場合にあつては、当該用途
> 　に供する特殊建築物の部分で床面積の合計100㎡（共同住宅の住戸にあつて
> 　は、200㎡）以内ごとに準耐火構造の床若しくは壁又は法第2条第九号の二ロ
> 　に規定する防火設備で区画されている部分の居室を除く。）の壁（床面からの
> 　高さが1.2m以下の部分を除く。第4項において同じ。）及び天井（天井のな
> 　い場合においては、屋根。以下この条において同じ。）の室内に面する部分(回
> 　り縁、窓台その他これらに類する部分を除く。以下この条において同じ。）の
> 　仕上げを第一号に掲げる仕上げと、当該各用途に供する居室から地上に通ず
> 　る主たる廊下、階段その他の通路の壁及び天井の室内に面する部分の仕上げ
> 　を第二号に掲げる仕上げとしなければならない。
> 　一　次のイ又はロに掲げる仕上げ
> 　　イ　難燃材料（3階以上の階に居室を有する建築物の当該各用途に供する
> 　　　居室の天井の室内に面する部分にあつては、準不燃材料）でしたもの
> 　　ロ　イに掲げる仕上げに準ずるものとして建設大臣が定める方法により建
> 　　　設大臣が定める材料の組合せによつてしたもの
> 　二　次のイ又はロに掲げる仕上げ
> 　　イ　準不燃材料でしたもの
> 　　ロ　イに掲げる仕上げに準ずるものとして建設大臣が定める方法により建
> 　　　設大臣が定める材料の組合せによつてしたもの

2 前条第1項第二号に掲げる特殊建築物は、当該各用途に供する部分及びこれから地上に通ずる主たる通路の壁及び天井の室内に面する部分の仕上げを前項第二号に掲げる仕上げとしなければならない。

3 前条第1項第三号に掲げる特殊建築物は、同号に規定する居室及びこれから地上に通ずる主たる廊下、階段その他の通路の壁及び天井の室内に面する部分の仕上げを第1項第二号に掲げる仕上げとしなければならない。

4 階数が3以上で延べ面積が500㎡を超える建築物、階数が2で延べ面積が1,000㎡を超える建築物又は階数が1で延べ面積が3,000㎡を超える建築物（学校等の用途に供するものを除く。）は、居室（床面積の合計100㎡以内ごとに準耐火構造の床若しくは壁又は法第2条第九号の二ロに規定する防火設備で第112条第14項第二号に規定する構造であるもので区画され、かつ、法別表第1（い）欄に掲げる用途に供しない部分の居室で、耐火建築物又は法第2条第九号の三イに該当する準耐火建築物の高さが31m以下の部分にあるものを除く。）の壁及び天井の室内に面する部分の仕上げを次の各号のいずれかに掲げる仕上げと、居室から地上に通ずる主たる廊下、階段その他の通路の壁及び天井の室内に面する部分の仕上げを第1項第二号に掲げる仕上げとしなければならない。ただし、同表（い）欄（2）項に掲げる用途に供する特殊建築物の高さ31m以下の部分については、この限りでない。

一 難燃材料でしたもの

二 前号に掲げる仕上げに準ずるものとして建設大臣が定める方法により建設大臣が定める材料の組合せでしたもの

5 第128条の3の2に規定する居室を有する建築物は、当該居室及びこれから地上に通ずる主たる廊下、階段その他の通路の壁及び天井の室内に面する部分の仕上げを第1項第二号に掲げる仕上げとしなければならない。

6 内装の制限を受ける調理室等は、その壁及び天井の室内に面する部分の仕上げを第1項第二号に掲げる仕上げとしなければならない。

○関係告示 難燃材料でした内装の仕上げに準ずる仕上げを定める件〔平12建告1439号〕

制定 公布：平成12年建設省告示第1439号 施行：平成12年6月1日

第1 建築基準法施行令第129条第1項第一号ロ及び同条第4項第二号に規定する難燃材料でした内装の仕上げに準ずる材料の組合せは、次に定めるものとする。

194　2－12　特殊建築物等の内装

　　一　天井（天井のない場合においては、屋根）の室内に面する部分（回り縁、
　　　窓台その他これらに類する部分を除く。）の仕上げにあっては、準不燃材料
　　　であること。
　　二　壁の室内に面する部分（回り縁、窓台その他これらに類する部分を除く。）
　　　の仕上げにあっては、木材、合板、構造用パネル、パーティクルボード若
　　　しくは繊維版（これらの表面に不燃性を有する壁張り下地用のパテを下塗
　　　りする等防火上支障がないように措置した上で壁紙を張ったものを含む。
　　　以下「木材等」という。）又は木材等及び難燃材料であること。
　第2　建築基準法施行令第129条第1項第一号ロ及び同条第4項第二号に規定
　　する難燃材料でした内装の仕上げに準ずる仕上げの方法は、第1第二号の木
　　材等に係る仕上げの部分を次に定めるところによりすることとする。ただ
　　し、実験によって防火上支障がないことが確かめられた場合においては、こ
　　の限りでない。
　　一　木材等の表面に、火炎伝搬を著しく助長するような溝を設けないこと。
　　二　木材等の取付方法は、次のイ又はロのいずれかとすること。ただし、木
　　　材等の厚さが25㎜以上である場合においては、この限りでない。
　　　イ　木材等の厚さが10㎜以上の場合にあっては、壁の内部での火炎伝搬を
　　　　有効に防止することができるよう配置された柱、間柱その他の垂直部材
　　　　及びはり、胴縁その他の横架材（それぞれ相互の間隔が1m以内に配置
　　　　されたものに限る。）に取り付け、又は難燃材料の壁に直接取り付けるこ
　　　　と。
　　　ロ　木材等の厚さが10㎜未満の場合にあっては、難燃材料の壁に直接取り
　　　　付けること。

〔趣旨・内容〕
　一般に火災が発生した場合に初期の拡大に対して、天井の燃焼のしやすさ
が大きく寄与することが知られています。防火関係技術の進展に伴い室内の
内装の仕上げを準不燃材料でした場合、壁に木材等の可燃材料を用いても室
全体としての火災拡大を、壁及び天井を難燃材料でした場合と同等以上に抑
制することから、平成12年建設省告示第1439号のような材料の組合せが規定
されました。併せて壁の仕上げに可燃材料を用いた場合には、防火上の弱点
となるような溝が設けられている場合には、壁の仕上げを介した火災の拡大
が急速に進展することから、火災伝搬を著しく助長する溝を設けないこと、
一体の取付け方法によることが規定されています。

2−12 特殊建築物等の内装　195

⑨　準不燃材料でした内装仕上げに準ずる仕上げの指定
○関係告示　準不燃材料でした内装の仕上げに準ずる仕上げを定める件〔平
　　　　　　21国交通告225号〕

制定 公布：平成21年国土交通省告示第225号　施行：平成21年4月1日

　建築基準法施行令（昭和25年政令第338号）第129条第1項第二号ロの規定に
基づき、準不燃材料でした内装の仕上げに準ずる仕上げを次のように定める。
第1　建築基準法施行令（以下「令」という。）第129条第1項第二号ロに規定
　する準不燃材料でした内装の仕上げに準ずる材料の組合せは、一戸建ての住
　宅（令第128条の3の2に規定する居室を有するもの及び住宅以外の用途を
　兼ねるもの（住宅以外の用途に供する部分の床面積の合計が延べ面積の1／
　2を超えるもの又は50㎡を超えるものに限る。）を除く。）にあっては、次の
　各号に掲げる室の種類に応じ、それぞれ当該各号に定めるものとする。
　一　こんろ（専ら調理のために用いるものであって、1口における1秒間当
　　たりの発熱量が4.2kw以下のものに限る。以下同じ。）を設けた室（こんろ
　　の加熱部の中心点を水平方向に25㎝移動したときにできる軌跡上の各点
　　を、垂直上方に80㎝移動したときにできる軌跡の範囲内の部分（回り縁、
　　窓台その他これらに類する部分を含む場合にあっては、当該部分の仕上げ
　　を不燃材料（平成12年建設省告示第1400号第一号から第八号まで、第十号
　　及び第十二号から第十七号までに規定する建築材料に限る。以下「特定不
　　燃材料」という。）でしたものに限る。）に壁又は天井（天井のない場合に
　　おいては、屋根。以下同じ。）が含まれる場合にあっては、当該壁又は天井
　　の間柱及び下地を特定不燃材料としたものに限る。）　次に定める材料の
　　組合せであること。
　　イ　こんろの加熱部の中心点から天井までの垂直距離（以下この号におい
　　　て「こんろ垂直距離」という。）が235㎝以上の場合にあっては、当該中
　　　心点を水平方向に80㎝移動したときにできる軌跡上の各点を、垂直上方
　　　に235㎝移動したときにできる軌跡の範囲内の部分（回り縁、窓台その他
　　　これらに類する部分を含む場合にあっては、当該部分の仕上げを特定不
　　　燃材料でしたものに限る。以下「こんろ可燃物燃焼部分」という。）の壁
　　　及び天井の室内に面する部分の仕上げを、次の（1）又は（2）に掲げる場
　　　合の区分に応じ、それぞれ当該（1）又は（2）に定めるところによりする
　　　ものとする。
　　（1）　こんろ可燃物燃焼部分の間柱及び下地を特定不燃材料とした場合
　　　　特定不燃材料ですること。

196 　2－12　特殊建築物等の内装

　　（2）（1）に規定する場合以外の場合　次の（ⅰ）から（ⅲ）までのいずれ
　　　かに該当するものですること。
　　　（ⅰ）　厚さが12.5㎜以上のせっこうボードを張ったもの
　　　（ⅱ）　厚さが5.6㎜以上の繊維混入ケイ酸カルシウム板又は繊維強化
　　　　　セメント板を2枚以上張ったもの
　　　（ⅲ）　厚さが12㎜以上のモルタルを塗ったもの
　ロ　こんろ垂直距離が235㎝未満の場合にあっては、こんろの加熱部の中
　　　心点を水平方向に80㎝移動したときにできる軌跡上の各点を、垂直上方
　　　にこんろ垂直距離だけ移動したときにできる軌跡の範囲内の部分及び当
　　　該中心点の垂直上方にある天井部の点を235㎝からこんろ垂直距離を減
　　　じた距離だけ移動したときにできる軌跡の範囲内の部分（回り縁、窓台
　　　その他これらに類する部分を含む場合にあっては、当該部分の仕上げを
　　　特定不燃材料でしたものに限る。）の壁及び天井の室内に面する部分の
　　　仕上げを、イ（1）又は（2）に掲げる場合の区分に応じ、それぞれ当該（1）
　　　又は（2）に定めるところによりするものとする。
　ハ　イ又はロの規定にかかわらず、こんろの加熱部の中心点を水平方向に
　　　25㎝移動したときにできる軌跡上の各点を、垂直上方に80㎝移動したと
　　　きにできる軌跡の範囲内の部分の壁及び天井の室内に面する部分の仕上
　　　げを特定不燃材料でするものとする。
　ニ　イ又はロに規定する部分以外の部分の壁及び天井の室内に面する部分
　　　の仕上げを難燃材料又は平成12年建設省告示第1439号第1第二号に規定
　　　する木材等（以下「難燃材料等」という。）でするものとする。
二　ストーブその他これに類するもの（飛び火による火災を防止する構造そ
　　の他の防火上支障のない構造であって、1秒間当たりの発熱量が18kW以
　　下のものに限る。以下この号において「ストーブ等」という。）を設けた室
　　次のイ又はロに掲げる場合の区分に応じ、それぞれ当該イ又はロに定める
　　材料の組合せであること。
　イ　ストーブ等の水平投影外周線の各点（当該水平投影外周線が頂点を有
　　　する場合にあっては、当該頂点を除く。）における法線に垂直な平面であ
　　　って当該各点からの最短距離が次の表に掲げる式によって計算したスト
　　　ーブ等可燃物燃焼水平距離である点を含むもので囲まれた部分のうち、
　　　当該ストーブ等の表面の各点について、当該各点を垂直上方に次の（1）
　　　の規定により計算したストーブ等可燃物燃焼垂直距離だけ移動したとき
　　　にできる軌跡上の各点（以下この号において単に「軌跡上の各点」とい
　　　う。）を、水平方向に次の（2）の規定により計算したストーブ等可燃物燃

焼基準距離だけ移動したときにできる軌跡の範囲内の部分（回り縁、窓台その他これらに類する部分を含む場合にあっては、当該部分の仕上げを特定不燃材料でしたものに限る。以下この号において「ストーブ等可燃物燃焼部分」という。）の間柱及び下地を特定不燃材料とした場合（ロの場合を除く。） 次の（3）及び（4）に掲げる材料の組合せであること。

ストーブ等の室内に面する開口部（以下この号において「ストーブ等開口部」という。）がある面	ストーブ等開口部がガラス等の材料によって適切に覆われている場合	$L_{sop} = 2.40\sqrt{Av}$
	ストーブ等開口部がガラス等の材料によって適切に覆われている場合以外の場合	$L_{sop} = 3.16\sqrt{Av}$
ストーブ等開口部がある面以外の面		$L_{Ssl} = 1.59\sqrt{Av}$

この表において、L_{sop}、Av及びL_{Ssl}は、それぞれ次の数値を表すものとする。

L_{sop}　ストーブ等開口部がある面からのストーブ等可燃物燃焼水平距離（単位　cm）

Av　ストーブ等の鉛直投影面積（単位　㎠）

L_{Ssl}　ストーブ等開口部がある面以外の面からのストーブ等可燃物燃焼水平距離（単位　cm）

（1）　ストーブ等可燃物燃焼垂直距離は、次の式によって計算すること。

$$H_S = 0.0106\left(1 + \frac{10000}{A_H + 800}\right)A_H$$

この式において、H_S及びA_Hは、それぞれ次の数値を表すものとする。

H_S　ストーブ等可燃物燃焼垂直距離（単位　cm）

A_H　ストーブ等の水平投影面積（単位　㎠）

（2）　ストーブ等可燃物燃焼基準距離は、次の式によって計算すること。

$$D_S = \left(\frac{H_S - h}{H_S}\right)L_S$$

この式において、D_S、H_S、h及びL_Sは、それぞれ次の数値を表すものとする。

D_S　ストーブ等可燃物燃焼基準距離（単位　cm）

H_S　（1）に定めるH_Sの数値

198   2－12　特殊建築物等の内装

　　　　h　ストーブ等の表面の各点から軌跡上の各点までの垂直距離（単
　　　　　　位　cm）
　　　　Ls　ストーブ等可燃物燃焼水平距離（単位　cm）
　　（3）　ストーブ等可燃物燃焼部分の壁及び天井の室内に面する部分の仕
　　　　上げにあっては、特定不燃材料とすること。
　　（4）　（3）に掲げる部分以外の部分の壁及び天井の室内に面する部分の
　　　　仕上げにあっては、難燃材料等とすること。
　ロ　次の（1）から（3）までに定める方法により、ストーブ等可燃物燃焼部
　　　分の壁及び天井の室内に面する部分に対する火熱の影響が有効に遮断さ
　　　れている場合　壁及び天井の室内に面する部分の仕上げを難燃材料等で
　　　すること。
　　（1）　次の（ⅰ）及び（ⅱ）に定めるところにより、ストーブ等とストーブ
　　　　等可燃物燃焼部分の壁及び天井の室内に面する部分との間に特定不燃
　　　　材料の板等であって、火熱の影響が有効に遮断されるもの（以下「遮
　　　　熱板等」という。）を設けること。
　　　（ⅰ）　ストーブ等とストーブ等可燃物燃焼部分の壁との間にあって
　　　　　は、ストーブ等との距離は27.5cm以上、ストーブ等可燃物燃焼部分
　　　　　の壁との距離は2.5cm以上とすること。
　　　（ⅱ）　ストーブ等とストーブ等可燃物燃焼部分の天井との間にあって
　　　　　は、ストーブ等との距離は42.5cm以上、ストーブ等可燃物燃焼部分
　　　　　の天井との距離は2.5cm以上とすること。
　　（2）　ストーブ等と壁の室内に面する部分との距離は、ストーブ等可燃
　　　　物燃焼水平距離の１／３以上とすること。ただし、ストーブ等可燃物
　　　　燃焼水平距離の１／３が30cm未満の場合は、30cm以上とすること。
　　（3）　ストーブ等と天井の室内に面する部分との距離は、ストーブ等可
　　　　燃物燃焼垂直距離の１／２以上とすること。ただし、ストーブ等可燃
　　　　物燃焼垂直距離の１／２が45cm未満の場合は、45cm以上とすること。
　三　壁付暖炉（壁付暖炉が設けられている壁に火熱の影響を与えない構造で
　　　あって、壁付暖炉の室内に面する開口部（以下この号において「暖炉開口
　　　部」という。）の幅及び高さが、それぞれ、100cm以内及び75cm以内のもの
　　　に限る。）を設けた室　次のイ又はロに掲げる場合の区分に応じ、それぞれ
　　　当該イ又はロに定める材料の組合せであること。
　イ　暖炉開口部の各点から当該各点を含む平面に対し垂直方向に次の表に
　　　掲げる式によって計算した壁付暖炉可燃物燃焼基準距離だけ離れた各点
　　　を、壁付暖炉可燃物燃焼基準距離だけ移動したときにできる軌跡の範囲

内の部分（回り縁、窓台その他これらに類する部分を含む場合にあって
は、当該部分の仕上げを特定不燃材料でしたものに限る。以下この号に
おいて「壁付暖炉可燃物燃焼部分」という。）の間柱及び下地を特定不燃
材料とした場合（ロの場合を除く。）　次の（１）及び（２）に掲げる材料の
組合せであること。

暖炉開口部がガラス等の材料によって適切に覆われている場合	$L_F = 1.20\sqrt{Aop}$
暖炉開口部がガラス等の材料によって適切に覆われている場合以外の場合	$L_F = 1.58\sqrt{Aop}$

　この表において、L_F及びAopは、それぞれ次の数値を表すものとする。
L_F　壁付暖炉可燃物燃焼基準距離（単位　cm）
Aop　暖炉開口部の面積（単位　cm²）

（１）　壁付暖炉可燃物燃焼部分の壁及び天井の室内に面する部分の仕上
　　げにあっては、特定不燃材料であること。
（２）　（１）に掲げる部分以外の部分の壁及び天井の室内に面する部分の
　　仕上げにあっては、難燃材料等であること。
ロ　次の（１）から（３）までに定める方法により、壁付暖炉可燃物燃焼部分
　の壁及び天井の室内に面する部分に対する火熱の影響が有効に遮断され
　ている場合　壁及び天井の室内に面する部分の仕上げを難燃材料等です
　ること。
（１）　次の（ⅰ）及び（ⅱ）に定めるところにより、暖炉開口部と壁付暖炉
　　可燃物燃焼部分の壁及び天井の室内に面する部分との間に遮熱板等を
　　設けること。
　（ⅰ）　暖炉開口部と壁付暖炉可燃物燃焼部分の壁との間にあっては、
　　　暖炉開口部との距離は27.5cm以上、壁付暖炉可燃物燃焼部分の壁と
　　　の距離は2.5cm以上とすること。
　（ⅱ）　暖炉開口部と壁付暖炉可燃物燃焼部分の天井との間にあって
　　　は、暖炉開口部との距離は42.5cm以上、壁付暖炉可燃物燃焼部分の
　　　天井との距離は2.5cm以上とすること。
（２）　暖炉開口部と壁の室内に面する部分との距離は、壁付暖炉可燃物
　　燃焼基準距離の２／３以上とすること。ただし、壁付暖炉可燃物燃焼
　　基準距離の２／３が30cm未満の場合は、30cm以上とすること。
（３）　暖炉開口部と天井の室内に面する部分との距離は、壁付暖炉可燃

200　2－12　特殊建築物等の内装

　　　　物燃焼基準距離の１／２以上とすること。ただし、壁付暖炉可燃物燃
　　　　焼基準距離の１／２が45cm未満の場合は、45cm以上とすること。
　四　いろり（長幅が90cm以下のものに限る。）を設けた室（いろりの端の各点
　　　を水平方向に95cm移動したときにできる軌跡上の各点を、垂直上方に130cm
　　　移動したときにできる軌跡の範囲内の部分（回り縁、窓台その他これらに
　　　類する部分を含む場合にあっては、当該部分の仕上げを特定不燃材料でし
　　　たものに限る。以下この号において「いろり可燃物燃焼部分」という。）に
　　　壁又は天井が含まれる場合にあっては、当該壁又は天井の間柱及び下地を
　　　特定不燃材料としたものに限る。）　次に定める材料の組合せであること。
　　　イ　いろり可燃物燃焼部分の壁及び天井の室内に面する部分の仕上げを特
　　　　定不燃材料ですること。
　　　ロ　いろり可燃物燃焼部分以外の部分（いろりの端の各点を水平方向に
　　　　150cm移動したときにできる軌跡上の各点を、垂直上方に420cm移動した
　　　　ときにできる軌跡の範囲内の部分に限る。）の壁及び天井の室内に面す
　　　　る部分の仕上げを難燃材料等ですること。
　第2　令第129条第１項第二号ロに規定する準不燃材料でした内装の仕上げに
　　　準ずる仕上げの方法は、次に定めるものとする。
　一　第1第一号に掲げる室にあっては、こんろ可燃物燃焼部分の壁及び天井
　　　の室内に面する部分の仕上げの材料の表面に、火炎伝搬を著しく助長する
　　　ような溝を設けないこと。
　二　第1第一号イ（２）若しくはロ、第1第二号ロ又は第1第三号ロの場合に
　　　あっては、壁及び天井の室内に面する部分について、必要に応じて、当該
　　　部分への着火を防止するための措置を講じること。

〔趣旨・内容〕
　一定の火気使用設備（こんろ、いろり等）が設けられた室については、当
該室内のうち火気使用設備周辺の仕上げを準不燃材料より不燃性能等が高い
材料でした仕上げとする代わりに、それ以外の部分の仕上げを木材等でした
仕上げとすることが可能となりました。

10　特殊建築物等の内装制限の合理化

○令第128条の５（特殊建築物等の内装）

改正　公布：令和元年政令第181号　施行：令和２年４月１日

　7　前各項の規定は、火災が発生した場合に避難上支障のある高さまで煙又は
　　ガスの降下が生じない建築物の部分として、床面積、天井の高さ並びに消火

設備及び排煙設備の設置の状況及び構造を考慮して国土交通大臣が定めるものについては、適用しない。

○関係告示　壁及び天井の室内に面する部分の仕上げを防火上支障がないようにすることを要しない火災が発生した場合に避難上支障のある高さまで煙又はガスの降下が生じない建築物の部分を定める件〔令2国交通告251号〕

制定 公布：令和2年国土交通省告示第251号　施行：令和2年4月1日

　建築基準法施行令（以下「令」という。）第128条の5第七項に規定する火災が発生した場合に避難上支障のある高さまで煙又はガスの降下が生じない建築物の部分は、次の各号のいずれかに該当するもの（第一号又は第二号に該当するものにあっては、建築基準法（昭和25年法律第201号。以下「法」という。）別表第1（い）欄（1）項に掲げる用途又は病院、診療所（患者の収容施設があるものに限る。）若しくは児童福祉施設等（令第115条の3第一号に規定する児童福祉施設等をいい、通所のみにより利用されるものを除く。）の用途に供するもの並びに令第128条の3の2に規定する居室、令第128条の4第1項第二号又は第三号に掲げる特殊建築物の部分及び同条第4項に規定する内装の制限を受ける調理室等を除く。）とする。

一　次のイ及びロに掲げる基準に適合する居室（当該居室以外の部分と間仕切壁又は法第2条第九号の二ロに規定する防火設備（当該居室にスプリンクラー設備その他これに類するものを設けた場合にあっては、令第112条第12項に規定する10分間防火設備）で同条第19項第二号に規定する構造であるもので区画されているものに限る。）

　イ　床面積が100㎡以内であること。

　ロ　天井（天井のない場合においては、屋根。以下同じ。）の高さが3m以上であること。

二　次のイ及びロに掲げる基準に適合する建築物の部分（避難階又は避難階の直上階にある部分であって、令第110条の5に規定する基準に従って警報設備（自動火災報知設備に限る。）を設けた建築物の部分であり、かつ、屋外への出口等（屋外への出口、バルコニー又は屋外への出口に近接した出口をいい、当該部分の各部分から当該屋外への出口等まで及び当該屋外への出口等から道までの避難上支障がないものに限る。）その他当該部分に存する者が容易に道に避難することができる出口を設けたものに限る。）

202　2－12　特殊建築物等の内装

　　イ　延べ面積が500㎡以内の建築物の部分であること。
　　ロ　スプリンクラー設備、水噴霧消火設備、泡消火設備その他これらに類す
　　　るもので自動式のもの（以下「スプリンクラー設備等」という。）を設けて
　　　いること。
　三　スプリンクラー設備等を設けた建築物の部分（天井の室内に面する部分（回
　　り縁、窓台その他これらに類する部分を除く。）の仕上げを準不燃材料でした
　　ものに限り、令第128条の3の2に規定する居室、令第128条の4第1項第二
　　号又は第三号に掲げる特殊建築物の部分及び同条第4項に規定する内装の制
　　限を受ける調理室等を除く。）
　四　スプリンクラー設備等及び令第126条の3の規定に適合する排煙設備を設
　　けた建築物の部分

〔趣旨・内容〕
　従来、スプリンクラー設備、水噴霧消火設備、泡消火設備その他これらに
類するもので自動式のもの（以下「スプリンクラー設備等」といいます。）及
び令第126条の3の規定に適合する排煙設備を設けた場合についてのみ、令
第128条の5第1項から第6項までの内装制限の規定を適用しないこととさ
れていましたが、火災が発生した場合に避難上支障がある高さまで煙又はガ
スの降下が生じない建築物の部分として、床面積、天井の高さ並びに消火設
備及び排煙設備の設置の状況及び構造を考慮して国土交通大臣が定めるもの
についても内装制限の規定を適用しないこととされました。
　令和2年国土交通省告示第251号の第一号では、床面積を100㎡以内にする
ことで在室者数を制限し、3m以上の天井高さを確保することで火災により
発生した煙又はガスの避難上支障がある高さまでの降下を遅延させる措置を
講じることで、必要な避難安全性を確保する方法を位置付けています。当該
居室の避難安全性の確保とともに、当該居室以外の部分への煙又はガスの侵
入を防止することを目的として、当該居室と当該居室以外の部分とを間仕切
壁又は法第2条第九号の二ロに規定する防火設備で令第112条第19項第二号
に規定する構造であるもので区画することとされています。
　なお、同告示第一号又は第二号に該当する建築物の部分には、法別表第一
（い）欄（一）項に掲げる用途若しくは病院等の用途に供するもの又は令第128
条の5第2項、第3項、第5項若しくは第6項の規定の適用を受ける建築物
の部分を設けることができないこととされています。
　同告示第二号では、当該建築物全体に警報設備（自動火災報知設備に限り

ます。）を設け、かつ、延べ面積を500㎡以内とした建築物のスプリンクラー設備等を設けた部分について、内装制限を適用除外とする方法を位置付けています。

当該建築物の部分の条件として、屋外への出口等（屋外への出口、バルコニー又は屋外への出口に近接した出口をいい、当該部分の各部分から当該屋外への出口等まで及び当該屋外への出口等から道までの避難上支障がないものに限ります。）その他当該部分に存する者が容易に道に避難することができる出口を設けたものであることとされています。

⑪　特定配慮特殊建築物以外の建築物に関する内装制限の緩和

〇関係告示　壁及び天井の室内に面する部分の仕上げを防火上支障がないようにすることを要しない火災が発生した場合に避難上支障のある高さまで煙又はガスの降下が生じない建築物の部分を定める件〔令２国交通告251号〕

改正 公布：令和６年国土交通省告示第221号　施行：令和６年４月１日

三　階数が２以下で、かつ、延べ面積が500㎡以下の建築物（令第110条の５に規定する技術的基準に従って警報設備を設けたものに限り、平成12年建設省告示第1436号第四号ロに規定する特定配慮特殊建築物を除く。）の部分（内装の制限を受ける調理室等を除く。）であって、次に掲げる基準に適合するもの

イ　屋外への出口等（当該部分の各部分から当該屋外への出口等まで及び当該屋外への出口等から道までの避難上支障がないものに限る。）その他当該部分に存する者が容易に道に避難することができる出口を設けたものとすること。

ロ　前号ロに掲げる基準に適合すること。

〔趣旨・内容〕

内装制限のうち一部を適用しない部分として、新たに一定の規模・用途であって、警報設備等を設けた建築物の部分を同告示に位置付けられました。

⑫　別棟みなし規定の制定

〇令第128条の６（別の建築物とみなすことができる部分）

制定 公布：令和５年政令第280号　施行：令和６年４月１日

第117条第２項各号に掲げる建築物の部分は、この章の規定の適用については、それぞれ別の建築物とみなす。

204   2－12　特殊建築物等の内装

〔趣旨・内容〕

　避難関係規定においては、建築物の部分が相互に火熱・煙による防火上・避難上有害な影響を及ぼさない構造である場合には、令第117条第2項の規定により適用上別棟とみなすことができることとされていますが、同項に適合する建築物の部分については、本規定についても同様に別棟とみなして適用されることとなりました。

参　考

・昭和34年5月29日発住第19号「建築基準法の一部を改正する法律の公布について」
・昭和36年7月13日発住第47号「建築基準法の一部を改正する法律の公布について」
・昭和39年2月11日発住第18号「建築基準法の一部を改正する法律等の施行について」
・昭和44年5月1日住指発第149号「建築基準法施行令の一部を改正する政令の施行について」
・昭和46年1月29日住指発第44号「建築基準法の一部を改正する法律等の施行及び運用について」
・昭和62年12月3日建設省住指発第394号「建築基準法の一部を改正する法律等の施行について」
・昭和62年12月3日建設省住指発第395号「建築基準法の一部を改正する法律等の施行について」
・平成12年6月1日建設省住指発第682号「建築基準法の一部を改正する法律の施行について」
・令和2年4月1日国住指第4658号「建築基準法施行令の一部を改正する政令等の施行について（技術的助言）」
・令和2年12月28日国住指第3311号「準不燃材料でした内装の仕上げに準ずる仕上げを定める件の一部を改正する件の施行について（技術的助言）」
・令和6年3月29日国住指第434号・国住街第160号「脱炭素社会の実現に資するための建築物のエネルギー消費性能の向上に関する法律等の一部を改正する法律等の施行について」
・建設省住宅局建築指導課監『平成12年6月1日施行　改正建築基準法（2年目施行）の解説』（新日本法規出版、2000）

2－13　無窓の居室等の主要構造部　205

2－13　無窓の居室等の主要構造部（法第35条の3）

現行規制の内容

（1）　無窓の居室の主要構造部の構造

　火災時において、採光上有効な開口部若しくは直接外気に接する避難上有効な開口部を有しない居室は、避難や救助に時間を要することから、当該室が早期に倒壊しないよう、居室を区画する主要構造部を耐火構造又は不燃材料としなければならないこととされています（建基35の3）。

　採光上有効な開口部、直接外気に接する避難上有効な開口部の構造は、令第111条において下記のとおり定められています。

①　令第2条の規定により計算した採光に有効な部分の面積の合計が、当該居室の床面積の1／20以上のもの（建基令111①一）

②　直接外気に接する避難上有効な構造で、以下のいずれかに該当するもの（建基令111①二）

　　㋐　その大きさが直径1m以上の円が内接することができるもの

　　㋑　幅75cm以上、高さ1.2m以上のもの

（2）　主要構造部を耐火構造等とすることを要しない避難上支障がない居室

　火災時の安全性確保の観点より、下記のものについては、その居室を区画する主要構造部を耐火構造等とすることを要さないとされています（令2国交通告249）。

①　床面積が30㎡以内の居室（寝室、宿直室その他の人の就寝の用に供するものを除きます。以下②③において同じ。）で自動火災報知設備が設けられたもの

②　避難階の居室で当該居室の各部分から当該階における屋外への出口に至る歩行距離が30m以下の自動火災報知設備が設けられたもの

③　避難階の直上階又は直下階の居室で当該居室の各部分から避難階における屋外への出口又は屋外避難階段に通ずる出入口に至る歩行距離が20m以下で自動火災報知設備が設けられたもの

④　次のいずれにも該当するもの

　　㋐　就寝の用に供するもの（寝室、宿直室、病院等、児童福祉施設等）や地階の居室以外の居室であり、当該居室から直通階段に通ずる廊下等を不燃材料等で区画されている、又は当該居室から直通階段に至る廊下等

206   2－13　無窓の居室等の主要構造部

にスプリンクラー設備等が設けられ、廊下等がスプリンクラー設備等を設けた室以外の室にも面しない。

㋑　直通階段の階段室がその他の部分と準耐火構造の床、壁、防火設備で区画されている、又は直通階段が屋外に設けられ、かつ、屋内から当該直通階段に通ずる出入口に防火設備が設けられている。

㋒　避難階における階段から屋外への出口に通ずる廊下等が、準耐火構造の床、壁、防火設備で区画されている。

㋓　居室から直通階段に通ずる廊下等が、火災の発生のおそれの少ない室に該当する等。

㋔　居室及び当該居室から地上に通ずる廊下等に非常用の照明装置が設けられている。

㋕　自動火災報知設備が設けられた建築物の居室。

主な改正履歴と改正の趣旨・内容

主な改正	施行・適用
① 無窓の居室を区画する主要構造部に係る構造制限の制定	S34.12.23
② 無窓の居室の定義の明確化	S46.1.1
③ 窓その他の開口部を有しない居室の範囲の合理化	R2.4.1
④ 採光無窓居室から直通階段までの歩行距離制限等の合理化	R5.4.1

① 　無窓の居室を区画する主要構造部に係る構造制限の制定
○法第35条の３（無窓の居室等の主要構造部）

制定　公布：昭和34年法律第156号　施行：昭和34年12月23日

> 　第28条第１項ただし書に規定する居室で同項本文の規定に適合しないものは、その居室を区画する主要構造部を耐火構造とし、又は不燃材料で造らなければならない。ただし、別表第１（い）欄（１）項に掲げる用途に供するものについては、この限りでない。

2−13　無窓の居室等の主要構造部　　207

〔趣旨・内容〕

　当時、増加の傾向にあった地下建築物、無窓工場等について起こり得るべき災害に対処するため、その主要構造部について必要な制限が加えられました。

2　無窓の居室の定義の明確化

○法第35条の３（無窓の居室等の主要構造部）

改正　公布：昭和45年法律第109号　施行：昭和46年１月１日

> 　政令で定める窓その他の開口部を有しない居室は、その居室を区画する主要構造部を耐火構造とし、又は不燃材料で造らなければならない。ただし、別表第１（い）欄（１）項に掲げる用途に供するものについては、この限りでない。

○令第111条（窓その他の開口部を有しない居室等）

制定　公布：昭和45年政令第333号　施行：昭和46年１月１日

> 　１　法第35条の３の規定により政令で定める窓その他の開口部を有しない居室は、次の各号の一に該当する窓その他の開口部を有しない居室とする。
> 　一　面積（第20条第１項又は第２項の規定により計算した採光に有効な部分の面積に限る。）の合計が、当該居室の床面積の１／20以上のもの
> 　二　直接外気に接する避難上有効な構造のもので、かつ、その大きさが直径１m以上の円が内接することができるもの又はその幅及び高さが、それぞれ、75cm以上及び1.2m以上のもの
> 　２　ふすま、障子その他随時開放することができるもので仕切られた２室は、前項の規定の適用については、１室とみなす。

〔趣旨・内容〕

　いわゆる無窓の居室の定義が令第111条において定められました。

　従来は、採光上有効な一定の開口部を有しないものを対象としていましたが、本改正により避難や救助に有効な直接外気に接する規定の大きさの開口部を有するものが規制の対象から除かれました。

3　窓その他の開口部を有しない居室の範囲の合理化

○令第111条（窓その他の開口部を有しない居室等）

改正　公布：令和元年政令第181号　施行：令和２年４月１日

> 　１　法第35条の３（法第87条第３項において準用する場合を含む。）の規定によ

り政令で定める窓その他の開口部を有しない居室は、次の各号のいずれかに該当する窓その他の開口部を有しない居室（避難階又は避難階の直上階若しくは直下階の居室その他の居室であつて、当該居室の床面積、当該居室の各部分から屋外への出口の一に至る歩行距離並びに警報設備の設置の状況及び構造に関し避難上支障がないものとして国土交通大臣が定める基準に適合するものを除く。）とする。

（略）

〇関係告示　主要構造部を耐火構造等とすることを要しない避難上支障がない居室の基準を定める件〔令2国交通告249号〕

制定　公布：令和2年国土交通省告示第249号　施行：令和2年4月1日

建築基準法施行令（以下「令」という。）第111条第1項に規定する避難上支障がない居室の基準は、次に掲げるものとする。

一　次のイからハまでのいずれかに該当すること。

イ　床面積が30㎡以内の居室（寝室、宿直室その他の人の就寝の用に供するものを除く。以下同じ。）であること。

ロ　避難階の居室で、当該居室の各部分から当該階における屋外への出口の一に至る歩行距離が30m以下のものであること。

ハ　避難階の直上階又は直下階の居室で、当該居室の各部分から避難階における屋外への出口又は令第123条第2項に規定する屋外に設ける避難階段に通ずる出入口の一に至る歩行距離が20m以下のものであること。

二　令第110条の5に規定する基準に従って警報設備（自動火災報知設備に限る。）を設けた建築物の居室であること。

〔趣旨・内容〕

　近年、音響・防音の観点から無窓居室となる小規模の音楽練習室やシアタールーム等を住宅に設けるニーズが増加していますが、これらの無窓居室は床面積が小さいため避難が容易であることから、早期に避難できるための一定の基準を満たす場合には、必ずしも主要構造部を耐火構造等としなくても避難安全性は確保されます。

　このことから、本条に規定する無窓居室から、避難階又は避難階の直上階若しくは直下階の居室その他の居室であって、当該居室の各部分から屋外への出口の一に至る歩行距離並びに警報設備の設置の状況及び構造に関し避難

上支障がないものとして国土交通大臣が定める基準に適合するものが除かれました。

　具体的な基準は、令和２年国土交通省告示第249号に定められ、当該居室を有する建築物への自動火災報知設備の設置及び当該無窓居室の規模又は避難距離の制限が条件とされています。

　なお、無窓居室を寝室、宿直室その他の人の就寝の用に供するものは、火災覚知や避難開始が遅れる危険があることから、本告示の対象外とされています。

４　採光無窓居室から直通階段までの歩行距離制限等の合理化

〇令第111条（窓その他の開口部を有しない居室等）

改正　公布：令和５年政令第34号　施行：令和５年４月１日

> 1　法第35条の３（法第87条第３項において準用する場合を含む。）の規定により政令で定める窓その他の開口部を有しない居室は、次の各号のいずれかに該当する窓その他の開口部を有しない居室（避難階又は避難階の直上階若しくは直下階の居室その他の居室であつて、当該居室の床面積、当該居室からの避難の用に供する廊下その他の通路の構造並びに消火設備、排煙設備、非常用の照明装置及び警報設備の設置の状況及び構造に関し避難上支障がないものとして国土交通大臣が定める基準に適合するものを除く。）とする。
>
> 　（略）

〇関係告示　主要構造部を耐火構造等とすることを要しない避難上支障がない居室の基準を定める件〔令２国交通告249号〕

改正　公布：令和５年国土交通省告示第207号　施行：令和５年４月１日

> 　建築基準法施行令（以下「令」という。）第111条第１項に規定する避難上支障がない居室の基準は、次の各号のいずれかに掲げるものとする。
> 一　次のイからハまでのいずれか及び第二号へに該当すること。
> 　イ　床面積が30㎡以内の居室（寝室、宿直室その他の人の就寝の用に供するものを除く。以下この号において同じ。）であること。
> 　ロ　避難階の居室で、当該居室の各部分から当該階における屋外への出口の一に至る歩行距離が30m以下のものであること。
> 　ハ　避難階の直上階又は直下階の居室で、当該居室の各部分から避難階における屋外への出口又は令第123条第２項に規定する屋外に設ける避難階段に通ずる出入口の一に至る歩行距離が20m以下のものであること。

210   2－13　無窓の居室等の主要構造部

二　次のいずれにも該当するものであること。

イ　次の（1）又は（2）のいずれかに該当すること。

（1）　居室（寝室、宿直室その他の人の就寝の用に供するもの、病院、診療所（患者の収容施設があるものに限る。）若しくは児童福祉施設等（令第115条の3第一号に規定する児童福祉施設等をいい、通所のみにより利用されるものを除く。）の用に供するもの及び地階に存するものを除く。以下同じ。）から令第120条の規定による直通階段（以下単に「直通階段」という。）に通ずる廊下等（廊下その他の避難の用に供する建築物の部分をいう。以下同じ。）が、不燃材料で造り、又は覆われた壁又は戸（ふすま、障子その他これらに類するものを除く。以下同じ。）で令第112条第19項第二号に規定する構造であるもので区画されたものであること。

（2）　当該居室から直通階段に通ずる廊下等が、スプリンクラー設備（水源として、水道の用に供する水管を当該スプリンクラー設備に連結したものを除く。）、水噴霧消火設備、泡消火設備その他これらに類するもので自動式のもの（以下「スプリンクラー設備等」という。）を設けた室以外の室（令第128条の6第2項に規定する火災の発生のおそれの少ない室（以下単に「火災の発生のおそれの少ない室」という。）を除く。）に面しないものであり、かつ、火災の発生のおそれの少ない室に該当する場合を除き、スプリンクラー設備等を設けたものであること。

ロ　直通階段が、次のいずれかに該当すること。

（1）　直通階段の階段室が、その他の部分と準耐火構造の床若しくは壁又は建築基準法（昭和25年法律第201号。以下「法」という。）第2条第九号の二ロに規定する防火設備で令第112条第19項第二号に規定する構造であるもので区画されたものであること。

（2）　直通階段が屋外に設けられ、かつ、屋内から当該直通階段に通ずる出入口に（1）に規定する防火設備を設けたものであること。

ハ　避難階における階段から屋外への出口に通ずる廊下等（火災の発生のおそれの少ない室に該当するものに限る。ただし、当該廊下等にスプリンクラー設備等を設けた場合においては、この限りでない。）が、準耐火構造の床若しくは壁又は法第2条第九号のニロに規定する防火設備で令第112条第19項第二号に規定する構造であるもので区画されたものであること。

ニ　居室から直通階段に通ずる廊下等が、火災の発生のおそれの少ない室に該当すること。ただし、不燃材料で造り、又は覆われた壁又は戸で令第112条第19項第二号に規定する構造であるもので区画された居室に該当する場

2－13　無窓の居室等の主要構造部　　211

合において、次の（1）から（3）までに定めるところにより、当該居室で火災が発生した場合においても当該居室からの避難が安全に行われることを火災により生じた煙又はガスの高さに基づき検証する方法により確かめられたときは、この限りでない。

（1）　当該居室に存する者（当該居室を通らなければ避難することができない者を含む。）の全てが当該居室において火災が発生してから当該居室からの避難を終了するまでの時間を、令和3年国土交通省告示第475号第一号イ及びロに掲げる式に基づき計算した時間を合計することにより計算すること。

（2）　（1）の規定によって計算した時間が経過したときにおける当該居室において発生した火災により生じた煙又はガスの高さを、令和3年国土交通省告示第475号第二号に掲げる式に基づき計算すること。

（3）　（2）の規定によって計算した高さが、1.8mを下回らないことを確かめること。

ホ　居室及び当該居室から地上に通ずる廊下等（採光上有効に直接外気に開放された部分を除く。）が、令第126条の5に規定する構造の非常用の照明装置を設けたものであること。

ヘ　令第110条の5に規定する基準に従って警報設備（自動火災報知設備に限る。）を設けた建築物の居室であること。

〔趣旨・内容〕

令第111条第1項における無窓居室のうち、当該無窓居室からの避難の用に供する廊下その他の通路（避難経路）の構造並びに消火設備、排煙設備、非常用の照明装置及び警報装置の設置の状況及び構造の観点から避難上支障がないものについては、当該居室を区画する主要構造部を耐火構造又は不燃材料とする必要がないものとして、規制の合理化が図られました。

なお、本告示の適用に当たっては、第二号における「不燃材料で造り、又は覆われた壁又は戸」は、原則としてせっこうボードやけい酸カルシウム板等で造り、若しくは覆われたものとし、発熱量の大きな有機系材料を金属板で挟み込んだサンドイッチパネルやフロートガラスの使用を想定していない点、合理化対象となる無窓居室は、当該廊下等の隣接室にも該当することから、適用に当たってはスプリンクラー設備等の設置対象となる点に注意が必要です。

212　　2−13　無窓の居室等の主要構造部

参　考

・昭和46年1月29日住指発第44号「建築基準法の一部を改正する法律等の施行及び
　運用について」
・令和2年4月1日国住指第4658号「建築基準法施行令の一部を改正する政令等の
　施行について（技術的助言）」
・令和5年3月24日国住指第536号・国住街第244号「建築基準法施行令の一部を改
　正する政令等の施行について」
・建築基準法研究会編『令和元年改正建築基準法施行令等の解説』（日本建築防災
　協会、2021）
・「脱炭素社会の実現に資するための建築物のエネルギー消費性能の向上に関する
　法律等の一部を改正する法律の解説〔令和5年3月版〕」（国土交通省住宅局建築
　指導課参事官（建築企画担当）市街地建築課）

2−14 階段（令第23条・第24条・第25条）

現行規制の内容

（1） 階段の寸法、踊場の幅

　通行時、避難時の安全性を確保するため、建築物の階段は、幅、蹴上げ、踏面の寸法が、踊場はその幅の寸法が制限されています。

　それぞれの寸法は、建築物の用途や規模ごとに定められており、より配慮を要する小学校、中学校、高等学校、大規模な物品販売業と営む店舗、劇場等は制限が厳しくなっています。ただし、屋外階段の幅は、直通階段の場合は90cm、それ以外の場合は60cm以上、住宅（共同住宅の共用階段除きます。）の蹴上げは23cm以下、踏面は15cm以上とすることができます（建基令23）。

	階段の種別	階段及びその踊場の幅（cm）	蹴上げの寸法（cm）	踏面の寸法（cm）
（1）	小学校	140以上	16以下	26以上
（2）	中学校、高等学校、1,500㎡を超える物品販売業を営む店舗、劇場、映画館、集会場等	140以上	18以下	26以上
（3）	直上階の居室の床面積の合計が200㎡を超える地上階等	120以上	20以下	24以上
（4）	（1）〜（3）以外	75以上	22以下	21以上

（2） 踊場の位置及び踏幅

　階段の高さが4mを超えるものは高さ4m以内ごと（小・中学校、高等学校、1,500㎡を超える物品販売業を営む店舗、劇場、集会場等は3m）に踊場を設け、その踏幅は1.2m以上とされています（建基令24）。

（3） 階段等の手すり等

　階段には手すり、踊場には側壁を設け、階段幅が3mを超える場合は中間に手すりを設けなければならないとされています（建基令25）。

214   2－14　階　段

主な改正履歴と改正の趣旨・内容

主な改正	施行・適用
1　階段の寸法等に対する制限の制定	S 25.11.23
2　地下建築物及び直通階段である屋外階段の幅の制限の強化	S 34.12.23
3　大規模な物品販売業を営む店舗に係る制限の強化	S 46. 1. 1
4　階段等における手すり設置の義務化及び階段幅の算定方法の合理化	H 12. 6. 1
5　階段に係る規制の合理化	H 26. 7. 1

1　階段の寸法等に対する制限の制定

〇令第23条（階段及びその踊場の幅並びに階段のけあげ及び踏面の寸法）

制定　公布：昭和25年政令第338号　施行：昭和25年11月23日

1　階段及びその踊場の幅並びに階段のけあげ及び踏面の寸法は、左の表によらなければならない。但し、屋外階段の幅は60cm以上、住宅の階段（共同住宅の共用の階段を除く。）のけあげは23cm以下、踏面は15cm以上とすることができる。

階段の種別	階段及びその踊場の幅（単位　cm）	けあげの寸法（単位　cm）	踏面の寸法（単位　cm）
（1）小学校における児童用のもの	140以上	16以下	26以上
（2）中学校若しくは高等学校における生徒用のもの又は百貨店、劇場、映画館、演芸場、観覧場、公会堂若しくは集会場における客用のもの	140以上	18以下	26以上
（3）直上階の居室の床面積の合計が200㎡をこえる地上階又は居室の床面積の合計が100㎡をこえる地階におけるもの	120以上	20以下	24以上

		75以上	22以下	21以上
（4）	（1）から（3）までに掲げる階段以外のもの	75以上	22以下	21以上

2　廻り階段の部分における踏面の寸法は、踏面の狭い方の端から30cmの位置において測るものとする。

○令第24条（踊場の位置及び踏幅）

制定　公布：昭和25年政令第338号　施行：昭和25年11月23日

1　前条第1項の表の（1）又は（2）に該当する階段でその高さが3mをこえるものにあつては高さ3m以内ごとに、その他の階段でその高さが4mをこえるものにあつては高さ4m以内ごとに踊場を設けなければならない。
2　前項の規定によつて設ける直階段の踊場の踏幅は、1.2m以上としなければならない。

○令第25条（階段及びその踊場の手すり）

制定　公布：昭和25年政令第338号　施行：昭和25年11月23日

1　階段及びその踊場の両側に側壁又はこれに代るものがない場合においては、手すりを設けなければならない。
2　階段の幅が3mをこえる場合においては、中間に手すりを設けなければならない。但し、けあげが15cm以下で、且つ、踏面が30cm以上のものにあつては、この限りでない。
3　前2項の規定は、高さ1m以下の階段の部分には、適用しない。

〔趣旨・内容〕

　階段について、日常の昇降の安全性を確保する観点から、建築物の用途に応じ幅、けあげ及び踏面の寸法が定められました。また、転倒等の際に危険性の高い直階段にはその高さに応じて踊場の設置を求め、側方への転落防止のために手すりの設置が規定されました。

2　地下建築物及び直通階段である屋外階段の幅の制限の強化

○令第23条（階段及びその踊場の幅並びに階段のけあげ及び踏面の寸法）

改正　公布：昭和34年政令第344号　施行：昭和34年12月23日

1　階段及びその踊場の幅並びに階段のけあげ及び踏面の寸法は、次の表によらなければならない。ただし、屋外階段の幅は、第120条又は第121条の規定

216　2－14　階　段

による直通階段にあつては90cm以上、その他のものにあつては60cm以上、住宅の階段（共同住宅の共用の階段を除く。）のけあげは23cm以下、踏面は15cm以上とすることができる。

階段の種別		階段及びその踊場の幅（単位　cm）	けあげの寸法（単位　cm）	踏面の寸法（単位　cm）
（略）				
（3）	直上階の居室の床面積の合計が200㎡をこえる地上階又は居室の床面積の合計が100㎡をこえる地階若しくは地下工作物内におけるもの	120以上	20以下	24以上
（略）				

〔趣旨・内容〕

　当時増加の傾向にあった地下建築物等について起こり得るべき災害に対処するため、地階若しくは地下工作物内における階段及び直通階段である屋外階段の幅について必要な制限が加えられました。

3　大規模な物品販売業を営む店舗に係る制限の強化

〇令第23条（階段及びその踊場の幅並びに階段のけあげ及び踏面の寸法）

改正　公布：昭和45年政令第333号　施行：昭和46年1月1日

1 　（略）				
階段の種別		階段及びその踊場の幅（単位　cm）	けあげの寸法（単位　cm）	踏面の寸法（単位　cm）
（略）				
（2）	中学校若しくは高等学校における生徒用のもの又は物品販売業（物品加工修理業を含む。以下同じ。）を営む店舗で床面積の合計が1,500㎡をこえるもの、	140以上	18以下	26以上

劇場、映画館、演芸場、観覧場、公会堂若しくは集会場における客用のもの			
(略)			

〔趣旨・内容〕

百貨店に課していた階段に関する規定を大規模な物品販売業を営む店舗の用途に供する建築物にも適用することとされました。

4 　階段等における手すり設置の義務化及び階段幅の算定方法の合理化

○令第23条（階段及びその踊場の幅並びに階段のけあげ及び踏面の寸法）

改 正 公布：平成12年政令第211号　施行：平成12年6月1日

> 3 　階段及びその踊場に手すり及び階段の昇降を安全に行うための設備でその高さが50cm以下のもの（以下この項において「手すり等」という。）が設けられた場合における第1項の階段及びその踊場の幅は、手すり等の幅が10cmを限度として、ないものとみなして算定する。

○令第25条（階段等の手すり等）

改 正 公布：平成12年政令第211号　施行：平成12年6月1日

> 1 　階段には、手すりを設けなければならない。
> 2 　階段及びその踊場の両側（手すりが設けられた側を除く。）には、側壁又はこれに代わるものを設けなければならない。

〔趣旨・内容〕

高齢化の進展による日常の昇降の安全性を確保する観点から、階段及び階段に代わる傾斜路への手すりの設置が義務付けられました。

従来の規定では、階段等の両側に側壁又はこれに代わるものがない場合に限り、側方への転落を防止する観点から手すりの設置が義務化されていましたが、昇降時の補助機能、バランスを崩したときに掴んで転倒を防止するという観点から手すりの設置が位置付けられました。

また、従来は手すり等を設けようとするとそれだけ大きな階段幅を要することとなり、これが手すり等の設置を阻害する要因の一つとなっていました

が、改正により手すりや階段昇降機等の昇降の安全性を確保するために必要なものであって、かつ、突出部がさほど大きくなく階段の昇降に影響が少ないものについては、その部分の幅については一定の範囲内でないものとみなして階段の幅員を算定できることとされました。

⑤　階段に係る規制の合理化

○令第23条（階段及びその踊場の幅並びに階段のけあげ及び踏面の寸法）

| 改 正 | 公布：平成26年政令第232号　施行：平成26年7月1日

> 4　第1項の規定は、同項の規定に適合する階段と同等以上に昇降を安全に行うことができるものとして国土交通大臣が定めた構造方法を用いる階段については、適用しない。

○関係告示　建築基準法施行令第23条第1項の規定に適合する階段と同等以上に昇降を安全に行うことができる階段の構造方法を定める件
　　　　　　　〔平26国交通告709号〕

| 制 定 | 公布：平成26年国土交通省告示第709号　施行：平成26年7月1日

> 第1　建築基準法施行令（第2において「令」という。）第23条第4項に規定する同条第1項の規定に適合する階段と同等以上に昇降を安全にできる階段の構造方法は、小学校における児童用の階段であって、次の各号に掲げる基準に適合するものとする。
> 　一　階段及びその踊場の幅並びに階段のけあげ及び踏面の寸法が、それぞれ、140cm以上、18cm以下及び26cm以上であること。
> 　二　階段の両側に、手すりを設けたものであること。
> 　三　階段の踏面の表面を、粗面とし、又は滑りにくい材料で仕上げたものであること。
> 第2　令第23条の第2項の規定は第1第一号の踏面の寸法について、同条第3項の規定は同号の階段及びその踊場の幅について準用する。

〔趣旨・内容〕

　階段の基準の合理化の観点から、令第23条第1項の規定に適合する階段と同等以上に昇降を安全に行うことができるものとして国土交通大臣が定めた構造方法を用いる階段については、同項の規定は適用しないよう改正されました。

2－14　階　段　219

　具体的には、階段の両側に手すりを設け、階段の踏面の表面を粗面又は滑りにくい材料で仕上げたものとする措置を講じた場合にあっては、小学校の児童用の階段は、階段のけあげの寸法を現行の「16cm以下」から「18cm以下」とすることができることとされています。

　なお、「粗面とし、又は滑りにくい材料で仕上げたもの」の例として、すべり止めを目的とした段鼻材を付けることが挙げられています。

参　考

・平成26年７月１日国住指第1071号・国住街第73号「建築基準法の一部を改正する法律等の施行について（技術的助言）」
・建設省住宅局建築指導課監『平成12年６月１日施行　改正建築基準法（２年目施行）の解説』（新日本法規出版、2000）

220   2－15   防火区画

2－15   防火区画（令第112条）

現行規制の内容

（1）   面積区画

主要構造部を耐火構造とした建築物等、耐火性能を有する建築物である場合、その耐火性能を有する種別に応じて、一定の面積以内ごとに1時間準耐火基準に適合する準耐火構造の壁、床、特定防火設備で区画しなければなりません（建基令112①④⑤）。

対象建築物の概要	区画を要する面積（以内）
主要構造部を耐火構造とした建築物、準耐火建築物	1,500㎡
法21条、27条、61条、67条による準耐火建築物（45分準耐火）等	500㎡
法21条、27条、61条、67条による準耐火建築物（1時間準耐火）等	1,000㎡

（2）   高層区画

11階以上にある建築物の部分は、その用途、内装仕上げの不燃性能に応じて、一定の面積以内ごとに耐火構造の壁、床、防火設備等で区画しなければなりません（建基令112⑦～⑩）。

（3）   竪穴区画

主要構造部を準耐火構造とした建築物等であって、地階又は3階以上の階に居室を有するものの竪穴部分と竪穴部分以外の部分とを準耐火構造の床、壁、防火設備で区画しなければなりません（建基令112⑪～⑮）。

（4）   異種用途区画

建築物の一部が建築基準法27条1～3項各号のいずれかに該当する場合、その部分とその他の部分とを1時間準耐火基準に適合する準耐火構造とした壁、床、特定防火設備で区画しなければなりません（建基令112⑱）。

（5）   スパンドレル

面積区画、高層区画、竪穴区画による準耐火構造の床・壁・防火設備に接する外壁は、これらに接する部分を含み幅90cm以上の部分（スパンドレル）を準耐火構造としなければなりません。ただし、外壁面から50cm以上突出し

た準耐火構造のひさし等で防火上有効に遮られている場合は、この限りではありません（建基令112⑯）。また、スパンドレルに開口部がある場合は、防火設備を設けなければなりません（建基令112⑰）。

（6）　区画貫通部

　給水管、配電管や換気、暖冷房設備の風道が防火区画を貫通する場合は、当該管等と防火区画との隙間をモルタル等で埋めなければなりません。また、風道が防火区画を貫通する場合は、煙・熱感知自動閉鎖式のダンパーを設けなければなりません（建基令112⑳㉑）。

主な改正履歴と改正の趣旨・内容

主な改正	施行・適用
① 防火区画に関する規定の制定	S 25.11.23
② スパンドレルに関する規定の追加	S 31.7.1
③ 区画貫通処理に関する規定の追加	S 34.1.1
④ 簡易耐火建築物（準耐火建築物）の面積区画に関する規定の追加	S 34.12.23
⑤ 高層区画に関する規定の追加	S 39.1.15
⑥ 自動式スプリンクラー設備を設置した場合の面積区画の規制強化	S 44.5.1
⑦ 竪穴区画に関する規定の追加	S 44.5.1
⑧ 防火区画を形成する防火設備に関する規定の追加	S 44.5.1
⑨ 竪穴区画の合理化	S 46.1.1
⑩ 竪穴区画及び異種用途区画を形成する防火設備の遮煙性能に関する規定の追加	S 49.1.1
⑪ 高層区画における200㎡以下の住戸の規制緩和	H 12.6.1
⑫ 防火区画を形成する防火設備等の性能規定の追加	H 12.6.1

⑬ 強化天井の構造に関する規定の追加	H28.6.1
⑭ 小規模建築物における竪穴区画の合理化	R 1 . 6 . 25
⑮ 吹抜き等の空間を設けた場合における面積区画の合理化	R 2 . 4 . 1
⑯ 警報設備の設置等がされた場合における異種用途区画の合理化	R 2 . 4 . 1
⑰ 別棟みなし規定の制定	R 6 . 4 . 1

① 防火区画に関する規定の制定
○令第112条（防火区画）

制定 公布：昭和25年政令第338号　施行：昭和25年11月23日

> 1　主要構造部が耐火構造又は不燃材料で造られた建築物で、延べ面積が
> 1,500㎡をこえるものは、延べ面積1,500㎡以内ごとに耐火構造の床若しくは
> 壁又は甲種防火戸で区画しなければならない。但し、スプリンクラーを設備
> した建築物の部分である場合又は劇場、映画館、演芸場、観覧場、公会堂若
> しくは集会場の客席、屋内運動場、工場その他これらに類する用途に供する
> 建築物の部分でその用途上やむを得ない場合においては、この限りでない。
> 2　建築物の一部が法第24条第1項の各号の一に該当する場合においては、そ
> の部分とその他の部分とを耐火構造とした壁又は両面を防火構造とした壁又
> は甲種防火戸若しくは乙種防火戸（第110条第2項第三号及び第六号に掲げ
> るものを除く。）で区画しなければならない。
> 3　建築物の一部が法第27条の各号の一に該当する場合においては、その部分
> とその他の部分とを耐火構造とした床若しくは壁又は甲種防火戸で区画しな
> ければならない。

〔趣旨・内容〕

　防火区画の設置に関しては火災の拡大を抑止することのほか、煙の拡大又
は充満の防止の観点から有効な機能を保持させる目的から当初より制定され
ています。ただし書にいう「用途上やむを得ない場合」とは、劇場、映画館
等の客席又は工場等の建築物で走行クレーン等を必要とする室等で床面積を
1,500㎡以下とすることができないような場合とされています。

2－15　防火区画　　223

　平面的に１つの階の床面積だけに限らず、階段室その他２以上の階にわたってその間に床に開口がある場合にはその開口によって通ずる階のそれぞれの床面積の合計をもってこの規定を適用します。

　特殊建築物は、多数の利用する用途、火災荷重の大きな用途、就寝の用途のいずれかに供する建築物で、それぞれの用途の安全を図る見地からも、相互に防火上有効に区画するための規定です。異なる用途が存在する場合、火災時の情報共有がなされないと避難の著しい遅れにつながることから、その対策として用途間の延焼を防止するよう、当該部分とその他の部分とを異種用途の防火区画として規定されています。

2　スパンドレルに関する規定の追加

○令第112条（防火区画）

改　正　公布：昭和31年政令第185号　施行：昭和31年７月１日

> 2　前項の規定による耐火構造の床若しくは壁又は甲種防火戸に接する外壁については、当該外壁のうちこれらに接する部分を含み幅90cm以上の部分を耐火構造としなければならない。但し、外壁面から50cm以上突出した耐火構造のひさし、床、そで壁その他これらに類するもので防火上有効にしや断されている場合においては、この限りでない。
>
> 3　前項の規定によつて耐火構造としなければならない部分に開口部がある場合においては、その開口部に甲種防火戸若しくは乙種防火戸（第110条第２項第三号及び第六号に掲げるものを除く。以下次項において同様とする。）を設けなければならない。

〔趣旨・内容〕

　外壁又は外壁を介して他の防火区画に火災が延焼するおそれを防止するために設けられた規定です。防火区画に接して設けられる外壁の部分が90cm以上あれば、その位置は任意となります。

3　区画貫通処理に関する規定の追加

○令第112条（防火区画）

改　正　公布：昭和33年政令第283号　施行：昭和34年１月１日

> 6　給水管、配電管その他の管が第１項、第２項本文、第４項若しくは前項の規定による耐火構造若しくは防火構造の床若しくは壁又は第２項ただし書の場合における同項ただし書のひさし、床、そで壁その他これらに類するもの

224　2－15　防火区画

　　（以下この項及び第7項において「耐火構造等の防火区画」という。）を貫通
　　する場合においては、当該管と耐火構造等の防火区画とのすき間をモルタル
　　その他の不燃材料で埋めなければならない。
　7　換気、暖房又は冷房の設備の風道が耐火構造等の防火区画を貫通する場合
　　においては、当該風道の耐火構造等の防火区画を貫通する部分又はこれに近
　　接する部分に防火上有効にダンパーを設けなければならない。

〔趣旨・内容〕

　配管系統が防火区画を貫通する場合、その貫通のために防火区画等が損傷
され、防火性能を低下させないようという規定です。特に見え隠れ部分につ
いて空隙を完全に充てんする等十分な施工を行わせる必要があります。

　また、換気、空気調和設備等のために設けられる風道が防火区画等を貫通
する場合、当該風道が火災拡大の原因を形成しないようにダンパーの設置を
要求しています。

4 　簡易耐火建築物（準耐火建築物）の面積区画に関する規定の追加
〇令第112条（防火区画）

改 正 公布：昭和34年政令第344号　施行：昭和34年12月23日

　2　法第27条第2項又は法第62条第1項の規定により法第2条第九号の三イに
　　該当する簡易耐火建築物とした建築物（法第2条第九号の三ロに該当するも
　　のを除く。）で、延べ面積が500㎡をこえるものについては、前項の規定にか
　　かわらず、床面積の合計500㎡以内ごとに耐火構造の床若しくは壁又は甲種
　　防火戸で区画し、かつ、防火上主要な間仕切壁を耐火構造又は防火構造とし、
　　小屋裏又は天井裏に達せしめなければならない。
　3　法第27条第2項又は法第62条第1項の規定により法第2条第九号の三ロに
　　該当する簡易耐火建築物とした建築物で、延べ面積が1,000㎡をこえるもの
　　については、第1項の規定にかかわらず、床面積の合計1,000㎡以内ごとに耐
　　火構造の床若しくは壁又は甲種防火戸で区画しなければならない。
　4　前2項の規定は、体育館、工場その他これらに類する用途に供する建築物
　　の部分で、天井（天井のない場合においては、屋根）及び壁の室内に面する
　　部分の仕上げを不燃材料又は準不燃材料でしたものについては、適用しない。

〔趣旨・内容〕

　法第2条第九号の三イに該当する簡易耐火建築物は、屋根又は外壁以外の
主要構造部に防火上の措置がなく延焼のおそれが大きいことから、延べ面積

2－15　防火区画　225

500㎡を超えるものは、500㎡以内ごとに区画することが規定されました。また、法第2条第九号の三ロに該当する簡易耐火建築物は、主要構造部に関する防火制限があり、延焼に対し、一定の防火性能を有することから、1,000㎡を超える建築物の場合は、1,000㎡以内ごとに区画すべきこととされています。

5　高層区画に関する規定の追加

○令第112条（防火区画）

改 正　公布：昭和39年政令第4号　施行：昭和39年1月15日

5　建築物の11階以上の部分で、各階の床面積の合計が100㎡をこえるものは、第1項の規定にかかわらず、床面積の合計100㎡以内ごとに耐火構造の床若しくは壁又は甲種防火戸若しくは乙種防火戸で区画しなければならない。

6　前項の建築物の部分で、当該部分の壁（床面からの高さが1.2m以下の部分を除く。以下次項において同様とする。）及び天井の室内に面する部分（回り縁、窓台その他これらに類する部分を除く。以下次項において同様とする。）の仕上げを不燃材料又は準不燃材料でし、かつ、その下地を不燃材料又は準不燃材料で造つたものは、乙種防火戸で区画する場合を除き、前項の規定にかかわらず、床面積の合計200㎡以内ごとに区画すれば足りる。

7　第5項の建築物の部分で、当該部分の壁及び天井の室内に面する部分の仕上げを不燃材料でし、かつ、その下地を不燃材料で造つたものは、乙種防火戸で区画する場合を除き、第5項の規定にかかわらず、床面積の合計500㎡以内ごとに区画すれば足りる。

〔趣旨・内容〕

都市の発展に即応する適正な建築物の規模の確保を目的に容積地区の制度が設けられたことに伴い、耐火構造、防火区画、避難施設、高層建築物の内装に関する規定等の整備が行われました。

建築物の11階以上の高層部分は、通常、梯子車等による消防隊の外部からの直接救助が受けられないものとして、防火上有効な小区画ごとの防火区画が求められています。

6　自動式スプリンクラー設備を設置した場合の面積区画の規制強化

○令第112条（防火区画）

改 正　公布：昭和44年政令第8号　施行：昭和44年5月1日

1　主要構造部を耐火構造とした建築物又は法第2条第九号の三イ若しくはロ

226 2－15 防火区画

のいずれかに該当する建築物で、延べ面積（スプリンクラー設備、水噴霧消火設備、泡消火設備その他これらに類するもので自動式のものを設けた部分の床面積の1／2に相当する床面積を除く。以下この条において同様とする。）が1,500㎡をこえるものは、床面積（スプリンクラー設備、水噴霧消火設備、泡消火設備その他これらに類するもので自動式のものを設けた部分の床面積の1／2に相当する床面積を除く。以下この条において同様とする。）の合計1,500㎡以内ごとに耐火構造の床若しくは壁又は甲種防火戸で区画しなければならない。ただし、劇場、映画館、演芸場、観覧場、公会堂又は集会場の客席、体育館、工場その他これらに類する用途に供する建築物の部分でその用途上やむを得ない場合においてはこの限りでない。

〔趣旨・内容〕

防火区画の設置基準を強化するため、防火区画の設置に関して基準とする建築物の延べ面積及び床面積については、その算定に当たって当該面積から控除できる自動式スプリンクラー等の自動消火設備を設けた部分の延べ面積及び床面積の限度を1／2とすることに改められました。これにより、耐火建築物に自動消火設備を設ける場合は、延べ面積が3,000㎡を超えれば（自動消火設備を設けた部分の床面積3,000㎡の1／2を控除すると1,500㎡となります。）床面積の合計3,000㎡以内ごとに防火区画を設けなければならないこととなりました。

7 竪穴区画に関する規定の追加

○令第112条（防火区画）

改正 公布：昭和44年政令第8号　施行：昭和44年5月1日

8　主要構造部を耐火構造とし、かつ、地階又は3階以上の階に居室を有する建築物の住戸の部分（住戸の階数が2以上であるものに限る。）、吹抜きとなつている部分、階段の部分、昇降機の昇降路の部分、ダクトスペースの部分その他これらに類する部分（当該部分からのみ人が出入することのできる公衆便所、公衆電話所その他これらに類するものを含む。）については、当該部分（当該部分が第1項ただし書に規定する用途に供する建築物の部分でその壁（床面からの高さが1.2m以下の部分を除く。）及び天井の室内に面する部分（回り縁、窓台その他これらに類する部分を除く。以下この項において同じ。）の仕上げを不燃材料又は準不燃材料でし、かつ、その下地を不燃材料又は準不燃材料で造つたものであつてその用途上区画することができない場合にあつては、当該建築物の部分）とその他の部分（直接外気に開放されてい

る廊下、バルコニーその他これらに類する部分を除く。）とを耐火構造の床若しくは壁又は甲種防火戸若しくは乙種防火戸で区画しなければならない。ただし、避難階（直接地上へ通ずる出入口のある階をいう。以下同じ。）の直上階又は直下階のみに通ずる吹抜きとなつている部分、階段の部分その他これらに類する部分でその壁及び天井の室内に面する部分の仕上げを不燃材料でし、かつ、その下地を不燃材料で造つたものについては、この限りでない。

〔趣旨・内容〕

　大規模建築物等の防災基準の整備強化として、地階又は３階以上の階に居室を有する耐火建築物については、火炎及び煙が他の階に拡大することを防止するため、また、建築物内の人が階段を通つて安全な地上に到達できるように、階段、吹抜き等の部分とその他の部分との間に防火区画を設けなければならないこととされました。

　この場合、令第112条第１項ただし書に規定する用途に供する建築物の部分で内装を不燃化したものについては、その用途上区画することができる範囲で区画すれば足りるほか、内装を不燃化した避難階の直上階又は直下階のみに通ずる階段、吹抜き等の部分（避難階の玄関等における階段、吹抜き等）については区画する必要はないこととされています。

8　防火区画を形成する防火設備に関する規定の追加

○令第112条（防火区画）

改正　公布：昭和44年政令第８号　施行：昭和44年５月１日

13　第１項から第３項まで、第５項、第８項又は前２項の規定による区画に用いる甲種防火戸及び第５項、第８項又は第11項の規定による区画に用いる乙種防火戸は、次の各号に定める構造としなければならない。
　一　随時閉鎖することができ、かつ、火災により温度が急激に上昇した場合に自動的に閉鎖すること。
　二　居室から地上に通ずる主たる廊下、階段その他の通路に設けるものにあつては、直接手で開くことができ、かつ、自動的に閉鎖する部分を有し、その部分の幅、高さ及び下端の床面からの高さが、それぞれ、75cm以上、1.8m以上及び15cm以下であること。

〔趣旨・内容〕

　防火区画又は防火壁に設ける防火戸は、その開閉機能を防火上及び避難上

228   2−15　防火区画

有効なものとするため、随時閉鎖することができ、かつ、火炎により温度が
上昇した場合に自動的に閉鎖するものでなければならず、さらに、避難道路
に設けるものにあっては、直接手で開くことができ、かつ、自動的に閉鎖す
る部分を有し、その部分の幅及び高さは一定以上のものでなければならない
こととされました。

9 竪穴区画の合理化

○令第112条（防火区画）

改 正　公布：昭和45年政令第333号　施行：昭和46年1月1日

9　主要構造部を耐火構造とし、かつ、地階又は3階以上の階に居室を有する
　建築物の住戸の部分（住戸の階数が2以上であるものに限る。）、吹抜きとな
　つている部分、階段の部分、昇降機の昇降路の部分、ダクトスペースの部分
　その他これらに類する部分（当該部分からのみ人が出入することのできる公
　衆便所、公衆電話所その他これらに類するものを含む。）については、当該部
　分（当該部分が第1項ただし書に規定する用途に供する建築物の部分でその
　壁（床面からの高さが1.2m以下の部分を除く。）及び天井の室内に面する部
　分（回り縁、窓台その他これらに類する部分を除く。以下この項において同
　じ。）の仕上げを不燃材料又は準不燃材料でし、かつ、その下地を不燃材料又
　は準不燃材料で造つたものであつてその用途上区画することができない場合
　にあつては、当該建築物の部分）とその他の部分（直接外気に開放されてい
　る廊下、バルコニーその他これらに類する部分を除く。）とを耐火構造の床若
　しくは壁又は甲種防火戸若しくは乙種防火戸で区画しなければならない。た
　だし、次の各号の一に該当する建築物の部分については、この限りでない。
　一　避難階からその直上階又は直下階のみに通ずる吹抜きとなつている部
　　　分、階段の部分その他これらに類する部分でその壁及び天井の室内に面す
　　　る部分の仕上げを不燃材料でし、かつ、その下地を不燃材料で造つたもの
　二　階数が3以下で延べ面積が200㎡以内の一戸建の住宅又は長屋の住戸に
　　　おける吹抜きとなつている部分、階段の部分その他これらに類する部分

〔趣旨・内容〕

　建築物の高層化等に伴い階段室の部分又は昇降機の昇降路の部分の面積の
合計が基準区画面積を超える場合であっても、これらの部分のそれぞれが、
他の部分と防火区画されている場合にあっては、当該部分については基準区
画面積により防火区画することが免除されることとなりました。

2－15　防火区画　229

　また、主要構造部を耐火構造とし、かつ、地階又は3階以上の階に居室を有する建築物については、階段室その他竪穴を構成する部分の周囲を防火区画することとされていましたが、火気使用室の内装制限の創設、防火材料の普及、防火工法の進歩等に鑑み、階数が3以下で、かつ、延べ面積が200㎡以下の一戸建住宅又は住戸の床面積が200㎡以下の長屋の住戸については、専用住宅、併用住宅の別を問わず竪穴区画の規定を適用しないこととなりました。

⑩　竪穴区画及び異種用途区画を形成する防火設備の遮煙性能に関する規定の追加

○令第112条（防火区画）

| 改 正 | 公布：昭和48年政令第242号　施行：昭和49年1月1日

14　第1項から第5項まで、第8項、第9項又は前2項の規定による区画に用いる甲種防火戸及び第5項、第8項、第9項又は第12項の規定による区画に用いる乙種防火戸は、面積が3㎡以内の常時閉鎖状態を保持する防火戸で、直接手で開くことができ、かつ、自動的に閉鎖するもの（以下「常時閉鎖式防火戸」という。）又はその他の防火戸で次の各号に定める構造のものとしなければならない。

一　随時閉鎖することができること。

二　居室から地上に通ずる主たる廊下、階段その他の通路に設けるものにあつては、当該戸に近接して当該通路に常時閉鎖式防火戸が設けられている場合を除き、直接手で開くことができ、かつ、自動的に閉鎖する部分を有し、その部分の幅、高さ及び下端の床面からの高さが、それぞれ、75cm以上、1.8m以上及び15cm以下であること。

三　第1項本文、第2項、第3項若しくは第5項の規定による区画に用いる甲種防火戸又は同項の規定による区画に用いる乙種防火戸にあつては、建設大臣の定める基準に従つて、火災により煙が発生した場合又は火災により温度が急激に上昇した場合のいずれかの場合に、自動的に閉鎖する構造とすること。

四　第1項第二号、第4項、第8項、第9項若しくは前2項の規定による区画に用いる甲種防火戸又は第8項、第9項若しくは第12項の規定による区画に用いる乙種防火戸にあつては、建設大臣の定める基準に従つて、火災により煙が発生した場合に自動的に閉鎖し、かつ、避難上及び防火上支障のない遮煙性能を有する構造とすること。

230　　2−15　防火区画

〇関係告示　火災により煙が発生した場合又は火災により温度が急激に上昇
　　　　　　した場合に自動的に閉鎖する甲種防火戸又は乙種防火戸の構造
　　　　　　の基準を定める件〔昭48建告2563号〕

制定　公布：昭和48年建設省告示第2563号　施行：昭和49年1月1日

　建築基準法施行令（昭和25年政令第338号）第112条第14項第三号の規定に基
づき、火災により煙が発生した場合又は火災により温度が急激に上昇した場合
に自動的に閉鎖する甲種防火戸又は乙種防火戸の構造の基準を次のように定
め、昭和49年1月1日から施行する。
第1　火災により煙が発生した場合に自動的に閉鎖する甲種防火戸又は乙種防
　　火戸（以下「防火戸」という。）の構造の基準は、次のとおりとする。
　一　煙感知器、連動制御器、自動閉鎖装置及び予備電源を備えたものである
　　こと。
　二　煙感知器は、次に定めるものであること。
　　（一）　消防法（昭和23年法律第186号）第21条の2第1項の規定による検定
　　　に合格したもの又は建設大臣がこれと同等以上の性能を有すると認める
　　　ものであること。
　　（二）　次に掲げる場所に設けるものであること。
　　　イ　防火戸からの水平距離が10m以内で、かつ、防火戸と煙感知器との
　　　　間に間仕切壁等がない場所
　　　ロ　壁（天井から50cm以上下方に突出したたれ壁等を含む。）から60cm以
　　　　上離れた天井等の室内に面する部分（廊下等狭い場所であるために
　　　　60cm以上離すことができない場合にあつては、当該廊下等の天井等の
　　　　室内に面する部分の中央の部分）
　　　ハ　次に掲げる場所以外の場所
　　　　（イ）　換気口等の空気吹出口に近接する場所
　　　　（ロ）　じんあい、微粉又は水蒸気が多量に滞留する場所
　　　　（ハ）　腐食性ガスの発生するおそれのある場所
　　　　（ニ）　厨房等正常時において煙等が滞留する場所
　三　連動制御器は、次に定めるものであること。
　　（一）　煙感知器から信号を受けた場合に自動閉鎖装置に起動指示を与える
　　　もので、随時、制御の監視ができるものであること。
　　（二）　火災による熱により機能に支障をきたすおそれがなく、かつ、維持
　　　管理が容易に行えるものであること。

（三）　連動制御器に用いる電気配線及び電線は、次に定めるものであるこ
　　　と。
　　　イ　昭和45年12月建設省告示第1829号の二及び三に定める基準によるも
　　　　のとすること。
　　　ロ　常用の電源の電気配線は、他の電気回路（電源に接続する部分及び
　　　　消防法施行令（昭和36年政令第37号）第7条第3項第一号に規定する
　　　　自動火災報知設備の中継器又は受信機に接続する部分を除く。）に接
　　　　続しないものとし、かつ、配電盤又は分電盤の階別主開閉器の電源側
　　　　で分岐しているものであること。
　四　自動閉鎖装置は、次に定めるものであること。
　　（一）　連動制御器から起動指示を受けた場合に防火戸を自動的に閉鎖させ
　　　るものであること。
　　（二）　自動閉鎖装置に用いる電気配線及び電線は、三の（三）に定めるもの
　　　であること。
　五　予備電源は、昭和45年12月建設省告示第1829号の四に定める基準による
　　ものとすること。
第2　火災により温度が急激に上昇した場合に自動的に閉鎖する防火戸の構造
　の基準は、次のとおりとする。
　1　熱感知器と連動して自動的に閉鎖する構造のものにあつては、次に定め
　　るところによるものとすること。
　　一　熱感知器、連動制御器、自動閉鎖装置及び予備電源を備えたものであ
　　　ること。
　　二　熱感知器は、次に定めるものであること。
　　（一）　消防法第21条の2第1項の規定による検定に合格した補償式若し
　　　くは定温式のもので定温点若しくは特種の公称作動温度がそれぞれ60
　　　度から70度までのもの（ボイラー室、厨房等最高周囲温度が50度をこ
　　　える場所にあつては、当該最高周囲温度より20度高い定温点若しくは
　　　公称作動温度のもの）又は建設大臣がこれらと同等以上の性能を有す
　　　ると認めるものであること。
　　（二）　第1の二の（二）のイ及びロに掲げる場所に設けるものであるこ
　　　と。
　　三　連動制御器、自動閉鎖装置及び予備電源は、第1の三から五までに定
　　　めるものであること。
　2　温度ヒユーズと連動して自動的に閉鎖する構造のものにあつては、次に
　　定めるところによるものとすること。

232　2－15　防火区画

> 一　温度ヒューズ、連動閉鎖装置及びこれらの取付部分を備えたもので、別記に規定する試験に合格したものであること。
> 二　温度ヒューズは、天井の室内に面する部分又は防火戸若しくは防火戸の枠の上部で熱を有効に感知できる場所において、断熱性を有する不燃材料に露出して堅固に取り付けるものとすること。
> 三　連動閉鎖装置の可動部部材は、腐食しにくい材料を用いるものとすること。

〔趣旨・内容〕

　耐火建築物の防火区画に用いる防火戸について、常時閉じた状態にあるものは火煙を遮断する上で効果的であると判断されたことから、新たに常時閉鎖式のものが定められました。

　また、常時閉鎖式防火戸以外の防火戸のうち、いわゆるたて穴区画及び異種用途区画に用いる防火戸は、遮煙性能を有するもので、かつ、煙感知器と連動して自動的に閉鎖する構造を義務付けて重要な避難経路等の防煙対策が強化されています。

11　高層区画における200㎡以下の住戸の規制緩和

○令第112条（防火区画）

改正　公布：平成12年政令第211号　施行：平成12年6月1日

> 8　前3項の規定は、階段室の部分若しくは昇降機の昇降路の部分（当該昇降機の乗降のための乗降ロビーの部分を含む。）、廊下その他避難の用に供する部分又は床面積の合計が200㎡以内の共同住宅の住戸で、耐火構造の床若しくは壁又は特定防火設備（第5項の規定により区画すべき建築物にあっては、法第2条第九号の二ロに規定する防火設備）で区画されたものについては、適用しない。

〔趣旨・内容〕

　11階以上の階においては、100㎡以内ごとに耐火構造の床等で区画することとされてきましたが、共同住宅の住戸の大規模化、使用状況等を勘案し、200㎡以下の共同住宅の住戸で住戸ごとに区画されたものについては、100㎡以内ごとに区画することを要しないこととされました。

2−15　防火区画　233

12　防火区画を形成する防火設備等の性能規定の追加

○令第112条（防火区画）

改 正 公布：平成12年政令第211号　施行：平成12年6月1日

14　第1項から第5項まで、第8項又は第13項の規定による区画に用いる特定
　防火設備及び第5項、第8項、第9項又は第12項の規定による区画に用いる
　法第2条第九号の二ロに規定する防火設備は、次の各号に掲げる区分に応じ
　それぞれ当該各号に定める構造のものとしなければならない。
　一　第1項本文、第2項若しくは第3項の規定による区画に用いる特定防火
　　設備又は第5項の規定による区画に用いる法第2条第九号の二ロに規定す
　　る防火設備　次に掲げる要件を満たすものとして、建設大臣が定めた構造
　　方法を用いるもの又は建設大臣の認定を受けたもの
　　イ　常時閉鎖若しくは作動をした状態にあるか、又は随時閉鎖若しくは作
　　　動をできるものであること。
　　ロ　居室から地上に通ずる主たる廊下、階段その他の通路の通行の用に供
　　　する部分に設けるものにあつては、閉鎖又は作動をした状態において避
　　　難上支障がないものであること。
　　ハ　常時閉鎖又は作動をした状態にあるもの以外のものにあつては、火災
　　　により煙が発生した場合又は火災により温度が急激に上昇した場合のい
　　　ずれかの場合に、自動的に閉鎖又は作動をするものであること。
　二　第1項第二号、第4項、第8項若しくは第13項の規定による区画に用い
　　る特定防火設備又は第8項、第9項若しくは第12項の規定による区画に用
　　いる法第2条第九号の二ロに規定する防火設備　次に掲げる要件を満たす
　　ものとして、建設大臣が定めた構造方法を用いるもの又は建設大臣の認定
　　を受けたもの
　　イ　前号イ及びロに掲げる要件を満たしているものであること。
　　ロ　避難上及び防火上支障のない遮煙性能を有し、かつ、常時閉鎖又は作
　　　動をした状態にあるもの以外のものにあつては、火災により煙が発生し
　　　た場合に自動的に閉鎖又は作動をするものであること。
16　換気、暖房又は冷房の設備の風道が準耐火構造の防火区画を貫通する場合
　（建設大臣が防火上支障がないと認めて指定する場合を除く。）においては、
　当該風道の準耐火構造の防火区画を貫通する部分又はこれに近接する部分
　に、特定防火設備（法第2条第九号の二ロに規定する防火設備によつて区画
　すべき準耐火構造の防火区画を貫通する場合にあつては、法第2条第九号の
　二ロに規定する防火設備）であつて、次に掲げる要件を満たすものとして、

234　2－15　防火区画

> 建設大臣が定めた構造方法を用いるもの又は建設大臣の認定を受けたものを
> 建設大臣が定める方法により設けなければならない。
> 一　火災により煙が発生した場合又は火災により温度が急激に上昇した場合
> 　に自動的に閉鎖するものであること。
> 二　閉鎖した場合に防火上支障のない遮煙性能を有するものであること。

〔趣旨・内容〕

　防火区画に用いる防火設備については、必要となる性能（火災時に閉鎖等
できること、通行することができること、自動的に閉鎖等すること、遮煙性
を有すること）を定め、当該性能を有するものとして建設大臣が定めた構造
方法を用いるもの又は建設大臣の認定を受けたものとすることとされまし
た。また、告示においても当該性能を有する防火設備の構造方法についての
例示仕様も定められました。

⓭　強化天井の構造に関する規定の追加

〇令第112条（防火区画）

改正 公布：平成28年政令第6号　施行：平成28年6月1日

> 2　法第27条第1項の規定により特定避難時間倒壊等防止建築物（特定避難時
> 　間が1時間以上であるものを除く。）とした建築物又は同条第3項、法第62条
> 　第1項若しくは法第67条の3第1項の規定により準耐火建築物とした建築物
> 　（第109条の3第二号に掲げる基準又は1時間準耐火基準に適合するものを
> 　除く。）で、延べ面積が500㎡を超えるものについては、前項の規定にかかわ
> 　らず、床面積の合計500㎡以内ごとに1時間準耐火基準に適合する準耐火構
> 　造の床若しくは壁又は特定防火設備で区画し、かつ、防火上主要な間仕切壁
> 　（自動スプリンクラー設備等設置部分（床面積が200㎡以下の階又は床面積
> 　200㎡以内ごとに準耐火構造の壁若しくは法第2条第九号の二ロに規定する
> 　防火設備で区画されている部分で、スプリンクラー設備、水噴霧消火設備、
> 　泡消火設備その他これらに類するもので自動式のものを設けたものをいう。
> 　第114条第2項において同じ。）その他防火上支障がないものとして国土交通
> 　大臣が定める部分の間仕切壁を除く。）を準耐火構造とし、次の各号のいずれ
> 　かに該当する部分を除き、小屋裏又は天井裏に達せしめなければならない。
> 一　天井の全部が強化天井（天井のうち、その下方からの通常の火災時の加
> 　　熱に対してその上方への延焼を有効に防止することができるものとして、
> 　　国土交通大臣が定めた構造方法を用いるもの又は国土交通大臣の認定を受

けたものをいう。次号及び第114条第３項において同じ。）である階
二　準耐火構造の壁又は法第２条第九号の二ロに規定する防火設備で区画されている部分で、当該部分の天井が強化天井であるもの

○関係告示　強化天井の構造方法を定める件〔平28国交通告694号〕

制定 公布：平成28年国土交通省告示第694号　施行：平成28年６月１日

　建築基準法施行令（以下「令」という。）第112条第２項第一号に規定する強化天井の構造方法は、次に掲げる基準に適合するものとする。

一　強化せっこうボード（ボード用原紙を除いた部分のせっこうの含有率を95％以上、ガラス繊維の含有率を0.4％以上とし、かつ、ひる石の含有率を2.5％以上としたものに限る。）を２枚以上張ったもので、その厚さの合計が36㎜以上のものが設けられていること。

二　給水管、配電管その他の管が強化天井を貫通する場合においては、当該管と強化天井との隙間をロックウールその他の不燃材料で埋めるとともに、当該管の構造を令第129条の２の５第１項第七号イからハまでのいずれかに適合するものとすること。この場合において、同号ハ中「20分間（第112条第１項から第４項まで、同条第５項（同条第６項の規定により床面積の合計200㎡以内ごとに区画する場合又は同条第７項の規定により床面積の合計500㎡以内ごとに区画する場合に限る。）、同条第８項（同条第６項の規定により床面積の合計200㎡以内ごとに区画する場合又は同条第７項の規定により床面積の合計500㎡以内ごとに区画する場合に限る。）若しくは同条第13項の規定による準耐火構造の床若しくは壁又は第113条第１項の防火壁にあつては１時間、第114条第１項の界壁、同条第２項の間仕切壁又は同条第３項若しくは第４項の隔壁にあつては45分間）」とあるのは、「１時間」と読み替えるものとする。

三　換気、暖房又は冷房の設備の風道が強化天井を貫通する場合においては、当該風道の強化天井を貫通する部分又はこれに近接する部分に令第112条第16項に規定する構造の特定防火設備を設けていること。

四　防火被覆の取合いの部分、目地の部分その他これらに類する部分が、当該部分の裏面に当て木が設けられている等天井裏への炎の侵入を有効に防止することができる構造であること。

〔趣旨・内容〕

　強化天井は、天井のうちその下方からの通常の火災時の加熱に対してその上方への延焼を有効に防止するものとして定められ、当該部分においては防火区画を小屋裏又は天井裏に達せしめなくてもよいものとされました。

236 　2−15　防火区画

14　小規模建築物における竪穴区画の合理化

○令第112条（防火区画）

改正 公布：令和元年政令第30号　施行：令和元年6月25日

11　3階を病院、診療所（患者の収容施設があるものに限る。次項において同じ。）又は児童福祉施設等（入所する者の寝室があるものに限る。同項において同じ。）の用途に供する建築物のうち階数が3で延べ面積が200㎡未満のもの（前項に規定する建築物を除く。）の竪穴部分については、当該竪穴部分以外の部分と間仕切壁又は法第2条第九号の二ロに規定する防火設備で区画しなければならない。ただし、居室、倉庫その他これらに類する部分にスプリンクラー設備その他これに類するものを設けた建築物の竪穴部分については、当該防火設備に代えて、10分間防火設備（第109条に規定する防火設備であつて、これに通常の火災による火熱が加えられた場合に、加熱開始後10分間当該加熱面以外の面に火炎を出さないものとして、国土交通大臣が定めた構造方法を用いるもの又は国土交通大臣の認定を受けたものをいう。第18項において同じ。）で区画することができる。

12　3階を法別表第1（い）欄（2）項に掲げる用途（病院、診療所又は児童福祉施設等を除く。）に供する建築物のうち階数が3で延べ面積が200㎡未満のもの（第10項に規定する建築物を除く。）の竪穴部分については、当該竪穴部分以外の部分と間仕切壁又は戸（ふすま、障子その他これらに類するものを除く。）で区画しなければならない。

13　竪穴部分及びこれに接する他の竪穴部分（いずれも第1項第一号に該当する建築物の部分又は階段室の部分等であるものに限る。）が次に掲げる基準に適合する場合においては、これらの竪穴部分を一の竪穴部分とみなして、前3項の規定を適用する。

　一　当該竪穴部分及び他の竪穴部分の壁及び天井の室内に面する部分の仕上げが準不燃材料でされ、かつ、その下地が準不燃材料で造られたものであること。

　二　当該竪穴部分と当該他の竪穴部分とが用途上区画することができないものであること。

14　第11項及び第12項の規定は、火災が発生した場合に避難上支障のある高さまで煙又はガスの降下が生じない建築物として、壁及び天井の仕上げに用いる材料の種類並びに消火設備及び排煙設備の設置の状況及び構造を考慮して国土交通大臣が定めるものの竪穴部分については、適用しない。

2－15　防火区画　237

〔趣旨・内容〕

　法第27条第1項の見直しにより、特定小規模特殊建築物（法別表第1（い）欄（1）項から（4）項までに掲げる用途に供する特殊建築物であって、階数が3で延べ面積が200㎡未満のもの）については、歩行距離が短いことにより避難中に建築物が倒壊・延焼することはないものとして、主要構造部に対する規制を求めないこととされました。この場合、就寝利用する用途については、火災の覚知に遅れが生じる可能性があることも踏まえて、警報設備の設置が義務付けられています。

　なお、「特定小規模特殊建築物」であっても一定の用途のものについては、避難に要する時間を考慮して更なる安全措置が求められ、避難経路となる階段等の竪穴部分についても、下表のとおり一定の区画が求められることとされています。

		求められる区画		
	間仕切壁	防火設備又は戸		
		①スプリンクラー設備を設けた建築物	②左記①以外の建築物
病院、診療所（患者の収容施設があるものに限る。）、児童福祉施設等（入所する者の寝室があるものに限る。）	設置	防火設備（10分間遮炎性能）の設置	防火設備（20分間遮炎性能）の設置
児童福祉施設等（上記以外）	設置	戸の設置	
ホテル、旅館、下宿、共同住宅、寄宿舎	設置	戸の設置	

15　吹抜き等の空間を設けた場合における面積区画の合理化

○令第112条（防火区画）

改正　公布：令和元年政令第181号　施行：令和2年4月1日

　3　主要構造部を耐火構造とした建築物の2以上の部分が当該建築物の吹抜きとなつている部分その他の一定の規模以上の空間が確保されている部分（以下この項において「空間部分」という。）に接する場合において、当該2以上の部分の構造が通常の火災時において相互に火熱による防火上有害な影響を

238　　2 −15　防火区画

及ぼさないものとして国土交通大臣が定めた構造方法を用いるもの又は国土
交通大臣の認定を受けたものである場合においては、当該 2 以上の部分と当
該空間部分とが特定防火設備で区画されているものとみなして、第 1 項の規
定を適用する。

〔趣旨・内容〕
　建築物の一部に吹抜きやアトリウムのような大空間があり、当該空間に 2
以上の建築物の部分が接している場合において、空間に接する部分の一部で
火災が発生した場合でも、他の部分に火炎が到達せずかつ熱輻射の影響が及
ばないことで、互いに火熱による有害な影響を及ぼさない場合には、当該空
間と当該空間に接する部分を特定防火設備等により区画しなくとも、本規制
の目的を達成できることから、国土交通大臣が定めた構造方法を用いるもの
又は国土交通大臣の認定を受けたものである場合においては、当該 2 以上の
部分と吹抜きとなっている部分等（特定空間部分）とが特定防火設備で区画
されているものとみなされることとされました。

16　警報設備の設置等がされた場合における異種用途区画の合理化
○令第112条（防火区画）
改正　公布：令和元年政令第181号　施行：令和 2 年 4 月 1 日

18　建築物の一部が法第27条第 1 項各号、第 2 項各号又は第 3 項各号のいずれ
　　かに該当する場合においては、その部分とその他の部分とを 1 時間準耐火基
　　準に適合する準耐火構造とした床若しくは壁又は特定防火設備で区画しなけ
　　ればならない。ただし、国土交通大臣が定める基準に従い、警報設備を設け
　　ることその他これに準ずる措置が講じられている場合においては、この限り
　　でない。

○関係告示　警報設備を設けることその他これに準ずる措置の基準を定める
　　　　　　件〔令 2 国交通告250号〕
制定　公布：令和 2 年国土交通省告示第250号　施行：令和 2 年 4 月 1 日

　建築基準法施行令（昭和25年政令第338号）第112条第18項ただし書の規定に
基づき、警報設備を設けることその他これに準ずる措置の基準を次のように定
める。
第 1　この告示は、建築基準法（昭和25年法律第201号。以下「法」という。）
　　第27条第 1 項各号、第 2 項各号又は第 3 項各号のいずれかに該当する建築物

の部分（以下「特定用途部分」という。）を次に掲げる用途に供する場合であって、特定用途部分と特定用途部分に接する部分（特定用途部分の存する階にあるものを除く。）とを1時間準耐火基準に適合する準耐火構造とした床若しくは壁又は特定防火設備で区画し、かつ、特定用途部分に接する部分（特定用途部分の存する階にあるものに限る。第2において同じ。）を法別表第1（い）欄（1）項に掲げる用途又は病院、診療所（患者の収容施設があるものに限る。）若しくは児童福祉施設等（建築基準法施行令（以下「令」という。）第115条の3第一号に規定するものをいう。以下同じ。）（通所のみにより利用されるものを除く。）の用途に供しない場合について適用する。

一　ホテル
二　旅館
三　児童福祉施設等（通所のみにより利用されるものに限る。）
四　飲食店
五　物品販売業を営む店舗

第2　令第112条第18項ただし書に規定する警報設備を設けることその他これに準ずる措置の基準は、特定用途部分及び特定用途部分に接する部分に令第110条の5に規定する構造方法を用いる警報設備（自動火災報知設備に限る。）を同条に規定する設置方法により設けることとする。

〔趣旨・内容〕

　国土交通大臣が定める基準に従い、警報設備を設けることその他これに準ずる措置が講じられている場合においては、異種用途区画が不要とされました。

　なお、特定用途部分と特定用途部分に隣接する部分は、両部分の在館者が火災時に一体的な避難行動をとることができるよう、両部分の在館者により一体的に利用されるものであり、かつ、同一の管理者により管理されていることが望ましいとされています。

17　別棟みなし規定の制定

○令第112条（防火区画）

改正 公布：令和5年政令第280号　施行：令和6年4月1日

22　建築物が火熱遮断壁等で区画されている場合における当該火熱遮断壁等により分離された部分は、第1項又は第11項から第13項までの規定の適用については、それぞれ別の建築物とみなす。

240　2−15　防火区画

23　第109条の2の2第3項に規定する建築物に係る第1項又は第11項の規定
の適用については、当該建築物の同条第3項に規定する特定部分及び他の部
分をそれぞれ別の建築物とみなす。

〔趣旨・内容〕

　二以上の部分で構成される建築物において、高い耐火性能の壁等で区画さ
れている等の一定の要件を満たす場合には、当該二以上の部分を別の建築物
として取り扱い、各々の建築物ごとにこれらの防火規制を適用することとし、
低層棟など一部の部分については適用を除外することが可能となりました。

参　考

・昭和44年3月3日住指発第26号「建築基準法施行令の一部改正について」
・平成12年6月1日建設省住指発第682号「建築基準法の一部を改正する法律の施
　行について」
・令和2年4月1日国住指第4658号「建築基準法施行令の一部を改正する政令等の
　施行について（技術的助言）」
・令和6年3月29日国住指第433号・国住街第159号「脱炭素社会の実現に資するた
　めの建築物のエネルギー消費性能の向上に関する法律等の一部を改正する法律
　等の施行について」
・建設省住宅局建築指導課監『平成12年6月1日施行　改正建築基準法（2年目施
　行)の解説』（新日本法規出版、2000)
・建築基準法研究会編『平成30年改正　建築基準法・同施行令等の解説』（ぎょうせ
　い、2019)
・建築基準法研究会編『令和元年改正　建築基準法施行令等の解説』（日本建築防
　災協会、2021)

2−16　界壁、間仕切壁、隔壁（令第114条）

現行規制の内容

（1）　界壁の設置と構造

　長屋又は共同住宅の各戸の界壁は、準耐火構造とし、小屋裏又は天井裏に達せしめなければなりません（建基令114①）。

（2）　防火上主要な間仕切壁の設置と構造

　学校、病院、児童福祉施設等、ホテル、旅館、寄宿舎等については、防火上主要な間仕切壁を準耐火構造とし、小屋裏又は天井裏に達せしめなければなりません（建基令114②）。

（3）　隔壁の設置と構造

　建築面積が300㎡を超える建築物の小屋組が木造である場合においては、小屋裏の直下の天井を強化天井とするか、又は桁行間隔12m以内ごとに小屋裏に準耐火構造の隔壁を設けなければなりません（建基令114③）。

主な改正履歴と改正の趣旨・内容

主な改正	施行・適用
1　界壁、防火上主要な間仕切壁、隔壁の設置に関する規定の制定	S25.11.23
2　区画貫通処理に関する規定の追加	S44.5.1
3　スプリンクラー等を設置した場合及び基準に適合する畜舎等とする場合における隔壁の規制の合理化	S62.11.16
4　児童福祉施設等における防火上主要な間仕切壁の設置	S63.4.1
5　防火上主要な間仕切壁の規制の合理化	H26.7.1
6　天井を強化天井とした場合における隔壁の規制の合理化	H28.6.1
7　別棟みなし規定の制定	R6.4.1

242   2−16　界壁、間仕切壁、隔壁

1　界壁、防火上主要な間仕切壁、隔壁の設置に関する規定の制定
○令第114条（建築物の界壁、間仕切壁及び隔壁）

制定　公布：昭和25年政令第338号　施行：昭和25年11月23日

> 1　長屋又は共同住宅の各戸の界壁は、耐火構造又は防火構造とし、小屋裏又は天井裏に達せしめなければならない。
> 2　学校、病院、診療所（患者の収容施設を有しないものを除く。）、ホテル、旅館、下宿、寄宿舎又はマーケットの用途に供する建築物の当該用途に供する部分については、その防火上主要な間仕切壁を耐火構造又は防火構造とし、小屋裏又は天井裏に達せしめなければならない。
> 3　建築面積が300㎡をこえる建築物の小屋組が木造である場合においては、けた行間隔12m以内ごとに小屋裏に耐火構造とした隔壁又は両面を防火構造とした隔壁を設けなければならない。
> 4　延べ面積がそれぞれ200㎡をこえる建築物相互を連絡する渡り廊下で、その小屋組が木造であり、且つ、けた行が4mをこえるものは、小屋裏に耐火構造とした隔壁又は両面を防火構造とした隔壁を設けなければならない。

〔趣旨・内容〕

　長屋や共同住宅における各戸間の延焼防止、学校、就寝用途に供する建築物や不特定多数が雑踏するマーケットにおける安全な避難の確保、一定規模以上の木造建築物や木造小屋組みの渡り廊下で連絡された建築物における火災拡大の防止を図るため、各戸の界壁、防火上主要な間仕切壁、隔壁の設置がそれぞれ規定されました。

　なお、界壁及び防火上主要な間仕切壁は小屋ばり又は天井面で中断せず、小屋裏までを隙間なく区画しなければならないとされています。

2　区画貫通処理に関する規定の追加
○令第114条（建築物の界壁、間仕切壁及び隔壁）

改正　公布：昭和44年政令第8号　施行：昭和44年5月1日

> 5　第112条第14項の規定は給水管、配電管その他の管が第1項の界壁、第2項の間仕切壁又は前2項の隔壁を貫通する場合に、同条第15項の規定は換気、暖房又は冷房の設備の風道がこれらの界壁、間仕切壁又は隔壁を貫通する場合に準用する。

〔趣旨・内容〕

　給水管等が本条に規定する界壁、間仕切壁又は隔壁を貫通する場合に生ずる空隙は、防火区画又は防火壁を貫通する場合と同様、モルタル等で充填しなければならないこととされました。

　その他、給水管、配電管等が界壁等を貫通する場合には、燃焼による火災の拡大を防止するため、その貫通部分から1m以内（建基令129の2の4①七イ）の部分を不燃材料で造らなければならないこととされました。

③　スプリンクラー等を設置した場合及び基準に適合する畜舎等とする場合における隔壁の規制の合理化

○令第114条（建築物の界壁、間仕切壁及び隔壁）

改正　公布：昭和62年政令第348号　施行：昭和62年11月16日

> 3　建築面積が300㎡を超える建築物の小屋組が木造である場合においては、けた行間隔12m以内ごとに小屋裏に耐火構造とした隔壁又は両面を防火構造とした隔壁を設けなければならない。ただし、次の各号の一に該当する建築物については、この限りでない。
> 一　第115条の2第1項第七号の基準に適合するもの
> 二　その周辺地域が農業上の利用に供され、又はこれと同様の状況にあつて、特定行政庁がその構造及び用途並びに周囲の状況により避難上及び延焼防止上支障がないと認める畜舎、堆肥舎並びに水産物の増殖場及び養殖場の上家

〔趣旨・内容〕

　火小屋組が木造である建築物のうち、防火上必要な技術的基準に適合するもの並びに特定行政庁が避難上及び延焼防止上支障がないと認める畜舎等について、小屋裏隔壁の設置を必要としないこととなりました。

④　児童福祉施設等における防火上主要な間仕切壁の設置

○令第114条（建築物の界壁、間仕切壁及び隔壁）

改正　公布：昭和62年政令第348号　施行：昭和63年4月1日

> 2　学校、病院、診療所（患者の収容施設を有しないものを除く。）、児童福祉施設等、ホテル、旅館、下宿、寄宿舎又はマーケットの用途に供する建築物の当該用途に供する部分については、その防火上主要な間仕切壁を耐火構造又は防火構造とし、小屋裏又は天井裏に達せしめなければならない。

244   2−16　界壁、間仕切壁、隔壁

〔趣旨・内容〕

　昭和62年に発生した特別養護老人ホーム火災を契機として、児童、身体障害者、老人等の収容施設である児童福祉施設等についても、学校、病院、診療所等の施設と同様に避難安全性を図る必要が高いものとして、所要の規定の整備を行われました。

5　防火上主要な間仕切壁の規制の合理化

○令第114条（建築物の界壁、間仕切壁及び隔壁）

改正　公布：平成26年政令第232号　施行：平成26年7月1日

> 2　学校、病院、診療所（患者の収容施設を有しないものを除く。）、児童福祉施設等、ホテル、旅館、下宿、寄宿舎又はマーケットの用途に供する建築物の当該用途に供する部分については、その防火上主要な間仕切壁（自動スプリンクラー設備等設置部分その他防火上支障がないものとして国土交通大臣が定める部分の間仕切壁を除く。）を準耐火構造とし、小屋裏又は天井裏に達せしめなければならない。

○関係告示　間仕切壁を準耐火構造としないこと等に関して防火上支障がない部分を定める件〔平26国交通告860号〕

制定　公布：平成26年国土交通省告示第860号　施行：平成26年8月22日

> 　建築基準法施行令第112条第2項及び第114条第2項に規定する防火上支障がない部分は、居室の床面積が100㎡以下の階又は居室の床面積100㎡以内ごとに準耐火構造の壁若しくは建築基準法（昭和25年法律第201号）第2条第九号の二ロに規定する防火設備で区画されている部分（これらの階又は部分の各居室（以下「各居室」という。）に消防法施行令（昭和36年政令第37号）第5条の6第二号に規定する住宅用防災報知設備若しくは同令第7条第3項第一号に規定する自動火災報知設備又は住宅用防災警報器及び住宅用防災報知設備に係る技術上の規格を定める省令（平成17年総務省令第11号）第2条第四号の三に規定する連動型住宅用防災警報器（いずれも火災の発生を煙により感知するものに限る。）を設けたものに限る。）で、次の各号のいずれかに該当するものとする。
> 一　各居室から直接屋外への出口等（屋外への出口若しくは避難上有効なバルコニーで、道若しくは道に通ずる幅員50㎝以上の通路その他の空地に面する部分又は準耐火構造の壁若しくは建築基準法第2条第九号の二ロに規定する

防火設備で区画されている他の部分をいう。以下同じ）へ避難することがで
きること。

二　各居室の出口（各居室から屋外への出口等に通ずる主たる廊下その他の通
路（以下「通路」という。）に通ずる出口に限る。）から屋外への出口等の一
に至る歩行距離が8m（各居室及び通路の壁（各居室の壁にあっては、床面
からの高さが1.2m以下の部分を除く。）及び天井（天井のない場合において
は、屋根）の室内に面する部分（回り縁、窓台その他これらに類する部分を
除く。）の仕上げを難燃材料でした場合又は建築基準法施行令第129条第1項
第一号ロに掲げる仕上げとした場合は、16m）以下であって、各居室と通路
とが間仕切壁及び戸（ふすま、障子その他これらに類するものを除き、常時
閉鎖した状態にあるか、又は火災により煙が発生した場合に自動的に閉鎖す
るものに限る。）で区画されていること。

〔趣旨・内容〕

　床面積が200㎡以下の階又は床面積200㎡以内ごとに準耐火構造の壁等で区
画されている部分で、スプリンクラー設備等消火設備を設置した部分その他
国土交通大臣が定める部分にある間仕切壁については、準耐火構造とし小屋
裏又は天井裏に達せしめることを要しないこととされました。

　国土交通大臣が定める部分は告示において規定され、床面積100㎡以内ご
との区画や各居室における煙感知式の住宅用防災報知設備等の設置、避難上
有効なバルコニー等による屋外への容易な避難の確保等が求められていま
す。

6　天井を強化天井とした場合における隔壁の規制の合理化
○令第114条（建築物の界壁、間仕切壁及び隔壁）
改正　公布：平成28年政令第6号　施行：平成28年6月1日

3　建築面積が300㎡を超える建築物の小屋組が木造である場合においては、
　小屋裏の直下の天井の全部を強化天井とするか、又は桁行間隔12m以内ごと
　に小屋裏（準耐火構造の隔壁で区画されている小屋裏の部分で、当該部分の
　直下の天井が強化天井であるものを除く。）に準耐火構造の隔壁を設けなけ
　ればならない。ただし、次の各号のいずれかに該当する建築物については、
　この限りでない。
　（略）

246　　2－16　界壁、間仕切壁、隔壁

○関係告示　強化天井の構造方法を定める件〔平28国交通告694号〕

制 定 公布：平成28年国土交通省告示第694号　施行：平成28年6月1日

　　建築基準法施行令（以下「令」という。）第112条第2項第一号に規定する強
化天井の構造方法は、次に掲げる基準に適合するものとする。
　一　強化せっこうボード（ボード用原紙を除いた部分のせっこうの含有率を
　　95％以上、ガラス繊維の含有率を0.4％以上とし、かつ、ひる石の含有率を
　　2.5％以上としたものに限る。）を2枚以上張ったもので、その厚さの合計が
　　36mm以上のものが設けられていること。
　二　給水管、配電管その他の管が強化天井を貫通する場合においては、当該管
　　と強化天井との隙間をロックウールその他の不燃材料で埋めるとともに、当
　　該管の構造を令第129条の2の5第1項第七号イからハまでのいずれかに適
　　合するものとすること。この場合において、同号ハ中「20分間（第112条第1
　　項から第4項まで、同条第5項（同条第6項の規定により床面積の合計200㎡
　　以内ごとに区画する場合又は同条第7項の規定により床面積の合計500㎡以
　　内ごとに区画する場合に限る。）、同条第8項（同条第6項の規定により床面
　　積の合計200㎡以内ごとに区画する場合又は同条第7項の規定により床面積
　　の合計500㎡以内ごとに区画する場合に限る。）若しくは同条第13項の規定に
　　よる準耐火構造の床若しくは壁又は第113条第1項の防火壁にあつては1時
　　間、第114条第1項の界壁、同条第2項の間仕切壁又は同条第3項若しくは第
　　4項の隔壁にあつては45分間）」とあるのは、「1時間」と読み替えるものと
　　する。
　三　換気、暖房又は冷房の設備の風道が強化天井を貫通する場合においては、
　　当該風道の強化天井を貫通する部分又はこれに近接する部分に令第112条第
　　16項に規定する構造の特定防火設備を設けていること。
　四　防火被覆の取合いの部分、目地の部分その他これらに類する部分が、当該
　　部分の裏面に当て木が設けられている等天井裏への炎の侵入を有効に防止す
　　ることができる構造であること。

〔趣旨・内容〕
　学校、ホテル等の防火上主要な間仕切壁の構造方法について、下方からの
通常の火災時の加熱に対してその上方への延焼を有効に防止することができ
る強化天井としたものについては、防火上主要な間仕切壁を小屋裏又は天井
裏に達せしめることを要しないこととされました。

2-16 界壁、間仕切壁、隔壁　247

7 別棟みなし規定の制定
〇令第114条（建築物の界壁、間仕切壁及び隔壁）

改正 公布：令和5年政令第280号　施行：令和6年4月1日

> 6　建築物が火熱遮断壁等で区画されている場合における当該火熱遮断壁等により分離された部分は、第3項又は第4項の規定の適用については、それぞれ別の建築物とみなす。

〔趣旨・内容〕
　2以上の部分で構成される建築物において、高い耐火性能の壁等で区画されている等の一定の要件を満たす場合には、当該2以上の部分を別の建築物として取り扱い、各々の建築物ごとにこれらの防火規制を適用することとし、低層棟など一部の部分については適用を除外することが可能となりました。

参　考

・昭和44年3月3日住指発第26号「建築基準法施行令の一部改正について」
・昭和62年12月3日建設省住指発第394号「建築基準法の一部を改正する法律等の施行について」
・昭和62年12月3日建設省住指発第395号「建築基準法の一部を改正する法律等の施行について」
・平成26年7月1日国住指第1071号・国住街第73号「建築基準法の一部を改正する法律等の施行について（技術的助言）」
・平成28年6月1日国住指第669号「建築基準法の一部を改正する法律等の施行について（技術的助言）」
・令和6年3月29日国住指第433号・国住街第159号「脱炭素社会の実現に資するための建築物のエネルギー消費性能の向上に関する法律等の一部を改正する法律等の施行について」

第3章　集団規定

3－1　敷地等と道路との関係（法第43条）

現行規制の内容

（1）　建築基準法上の道路への接道

　建築物の敷地は、幅員が4m以上の道路に2m以上接しなければなりません（建基43①）。また、建築基準法上の道路は、建築基準法第42条第1項に幅員4m以上の道路法上の道路等と規定されており、この規定のいずれかの道路種別に該当している必要があります。

　なお、規定の道路以外の道や空地等に接しており、特定行政庁の認定又は許可を受けた場合は、道路に接することを要しません（建基42・43①②）。

（2）　建築基準法42条2項道路

　建築基準法上の道路のうち、幅員4m未満の道で特定行政庁から指定を受けることで「道路」とみなされているものもあります。いわゆる「2項道路」と呼ばれるものです。2項道路については、その中心線から水平距離2mの線が道路境界線とみなされ、中心線から水平距離2m未満の部分については建築物等を設けることができず、セットバックをする必要があります。

　なお、中心線から水平距離2m未満でがけ地、川、線路敷地その他これらに類するものに沿う場合においては、がけ地等の道の側の境界線及びその境界線から道の側に水平距離4mの線がその道路の境界線とみなされます（建基42②）。

（3）　条例の規定による接道長さ等

　地方公共団体は、その用途、規模等に応じて、条例により、建築物の敷地が接しなければならない道路の幅員や道路に接する部分の長さ等に関して必要な制限を付加することができることとされており、建築物の規模や用途に応じて、必要な道路幅員や接道長さが異なる場合があります（建基43③）。

3－1　敷地等と道路との関係　249

主な改正履歴と改正の趣旨・内容

主な改正	施行・適用
1　敷地等と道路の関係に関する規定の制定	S 25.11.23
2　法第43条ただし書許可制の導入	H 11. 5. 1
3　法第43条ただし書許可を一部認定制に移行	H 30.9.25
4　法第43条認定対象の拡充	R 5.12.13

1　敷地等と道路の関係に関する規定の制定
○法第43条（敷地と道路との関係）

制定　公布：昭和25年法律第201号　施行：昭和25年11月23日

> 1　建築物の敷地は、道路に2m以上接しなければならない。但し、建築物の周囲に広い空地があり、その他これと同様の状況にある場合で安全上支障がないときは、この限りでない。
> 2　地方公共団体は、第35条に規定する建築物又は自動車車庫の敷地が接しなければならない道路の幅員、その敷地が道路に接する部分の長さその他その敷地と道路との関係についてこれらの建築物の用途又は規模の特殊性に因り、前項の規定によつては避難又は通行の安全の目的を充分に達し難いと認める場合においては、条例で、必要な制限を附加することができる。

〔趣旨・内容〕

　建築物の利用は全て道路を介して行われ、また市街地においては建築物内の採光、通風等も道路に負うところが多いです。このように市街地の建築物にとって道路は不可欠なものであり、道路のない所で建築物が建ち並ぶことは、平時の利用に不便なばかりでなく、災害時等の非常時の避難あるいは消防活動にも大きな支障を来すこととなります。このことから、建築物の敷地は、建築基準法上の道路に2m以上接していなければならないこととし、接道していない敷地には、原則として建築物の建築が認められないこととなっています。

250　3－1　敷地等と道路との関係

② 法第43条ただし書許可制の導入
○法第43条（敷地等と道路との関係）

改 正 公布：平成10年法律第100号　施行：平成11年5月1日

> 1　建築物の敷地は、道路（次に掲げるものを除く。次条第1項を除き、以下同じ。）に2m以上接しなければならない。ただし、その敷地の周囲に広い空地を有する建築物その他の建設省令で定める基準に適合する建築物で、特定行政庁が交通上、安全上、防火上及び衛生上支障がないと認めて建築審査会の同意を得て許可したものについては、この限りでない。
>
> 　（略）

〔趣旨・内容〕

　法第43条ただし書は建築規制の例外を定めたものですが、この例外は、従来、建築確認の際に建築主事が個別にその安全性等を審査し認められていました。

　平成11年施行の法改正による、建築確認検査事務の民間開放に伴い、建築確認の際は技術的な基準への適合性のチェックのみを行うこととし、一定の裁量を伴う判断を有する処分については、その公平性・客観性を担保するため、行政が一義的に判断することとして再構成され、本規定は特定行政庁の許可を要することとなりました。

③ 法第43条ただし書許可を一部認定制に移行
○法第43条（敷地等と道路との関係）

改 正 公布：平成30年法律第67号　施行：平成30年9月25日

> 1　建築物の敷地は、道路（次に掲げるものを除く。第44条第1項を除き、以下同じ。）に2m以上接しなければならない。
>
> 　（略）
>
> 2　前項の規定は、次の各号のいずれかに該当する建築物については、適用しない。
>
> 　一　その敷地が幅員4m以上の道（道路に該当するものを除き、避難及び通行の安全上必要な国土交通省令で定める基準に適合するものに限る。）に2m以上接する建築物のうち、利用者が少数であるものとしてその用途及び規模に関し国土交通省令で定める基準に適合するもので、特定行政庁が交通上、安全上、防火上及び衛生上支障がないと認めるもの

二　その敷地の周囲に広い空地を有する建築物その他の国土交通省令で定め
　　　　る基準に適合する建築物で、特定行政庁が交通上、安全上、防火上及び衛
　　　　生上支障がないと認めて建築審査会の同意を得て許可したもの
　　（略）

○規則第10条の3（敷地と道路との関係の特例の基準）

改正 公布：平成30年国土交通省令第69号　施行：平成30年9月25日

　1　法第43条第2項第一号の国土交通省令で定める道の基準は、次の各号のい
　　ずれかに掲げるものとする。
　　一　農道その他これに類する公共の用に供する道であること。
　　二　令第144条の4第1項各号に掲げる基準に適合する道であること。
　2　令第144条の4第2項及び第3項の規定は、前項第二号に掲げる基準につ
　　いて準用する。
　3　第43条第2項第一号の国土交通省令で定める建築物の用途及び規模に関す
　　る基準は、延べ面積（同一敷地内に2以上の建築物がある場合にあつては、
　　その延べ面積の合計）が200㎡以内の一戸建ての住宅であることとする。
　4　法第43条第2項第二号の国土交通省令で定める基準は、次の各号のいずれ
　　かに掲げるものとする。
　　一　その敷地の周囲に公園、緑地、広場等広い空地を有する建築物であるこ
　　　と。
　　二　その敷地が農道その他これに類する公共の用に供する道（幅員4m以上
　　　のものに限る。）に2m以上接する建築物であること。
　　三　その敷地が、その建築物の用途、規模、位置及び構造に応じ、避難及び
　　　通行の安全等の目的を達するために十分な幅員を有する通路であつて、道
　　　路に通ずるものに有効に接する建築物であること。

〔趣旨・内容〕

　建築物の敷地は、幅員4m以上の建築基準法上の道路に2m以上接するこ
ととされている一方、その敷地が幅員4m以上の農道に2m以上接する建築
物など、規則に定められた一定の基準を満たす建築物で、特定行政庁が建築
審査会の同意を得て許可したものについては、当該規制を適用除外すること
とされていました。

　特例許可を行うに当たっては、建築審査会の同意が必要とされているとこ
ろ、その開催には相当程度の事務が生じることから、申請から実際に許可を

252　　3－1　敷地等と道路との関係

行うまでに一定の期間を要していましたが、許可の実績が一定程度蓄積していること等を踏まえ、一定の基準を満たすものについては、手続を合理化し、認定の対象とされることとなりました。

④　法第43条認定対象の拡充

〇規則第10条の3（敷地と道路との関係の特例の基準）

改 正　公布：令和5年国土交通省令第93号　施行：令和5年12月13日

> 3　第43条第2項第一号の国土交通省令で定める建築物（その用途又は規模の特殊性により同条第3項の条例で制限が付加されているものを除く。）の用途及び規模に関する基準は、次のとおりとする。
> 一　次のイ及びロに掲げる道の区分に応じ、当該イ及びロに掲げる用途であること。
> 　　イ　第1項第一号に規定する道　法別表第1（い）欄（1）項に掲げる用途以外の用途
> 　　ロ　第1項第二号に規定する道　一戸建ての住宅、長屋又は法別表第2（い）項第二号に掲げる用途
> 二　延べ面積（同一敷地内に2以上の建築物がある場合にあつては、その延べ面積の合計）が500㎡以内であること。

〔趣旨・内容〕

　空家等対策の推進に関する特別措置法の改正に伴い、用途変更や建替え等を促進するため、特例認定の範囲が拡充されました。

参　考

・建設省住宅局建築指導課ほか監『平成11年5月1日施行　改正建築基準法（1年目施行）の解説』（新日本法規出版、1999）
・建築基準法研究会編『平成30年改正　建築基準法・同施行令等の解説』（ぎょうせい、2019）

3－2　用途地域等（法第48条、令第130条）

現行規制の内容

　用途地域は都市計画法において13地域が定められ、それら地域ごとの制限内容は建築基準法により定められています（都計9①～⑬、建基48①～⑬）。

主な改正履歴と改正の趣旨・内容

主な改正	施行・適用
① 用途地域等の制定	S 25.11.23
② 住居地域及び商業地域の細分化	S 46.1.1
③ 住居地域の細分化	H 5.6.25
④ 例外許可制度の合理化	H 5.6.25
⑤ 白地地域における制限の追加	H 19.11.30
⑥ 田園住居地域の追加	H 30.4.1
⑦ 特例許可の合理化	R 1.6.25

① 用途地域等の制定

〇法第49条（用途地域内の建築制限）〔現行第48条〕

制定　公布：昭和25年法律第201号　施行：昭和25年11月23日

> 1　住居地域内においては、別表第1（い）項に掲げる建築物は、建築してはならない。但し、特定行政庁が住居の安寧を害するおそれがないと認め、又は公益上やむを得ないと認めて許可した場合においては、この限りでない。
> 2　商業地域内においては、別表第1（ろ）項に掲げる建築物は、建築してはならない。但し、特定行政庁が商業の利便を害するおそれがないと認め、又は公益上やむを得ないと認めて許可した場合においては、この限りでない。
> 3　準工業地域内においては、別表第1（は）項に掲げる建築物は、建築してはならない。但し、特定行政庁が安全上若しくは防火上の危険の度若しくは衛生上の有害の度が低いと認め、又は公益上やむを得ないと認めて許可した場

254　　3－2　用途地域等

　　　合においては、この限りでない。
　4　工業地域内においては、学校、病院、劇場、映画館、演芸場、料理店又は
　　旅館の用途に供する建築物は、建築してはならない。但し、特定行政庁が工業
　　の利便上又は公益上必要と認めて許可した場合においては、この限りでない。

○法別表第1（用途地域内の建築物の制限）〔現行別表第2〕

制定　公布：昭和25年法律第201号　施行：昭和25年11月23日

| （い） | 住居地域内に建築してはならない建築物 | 一　（ろ）項及び（は）項に掲げるもの
二　原動機を使用する工場で作業場の床面積の合計が50㎡をこえるもの
三　左の各号に掲げる事業を営む工場
　（1）　容量10 l 以上30 l 以下のアセチレンガス発生器を用いる金属の工作
　（2）　馬力数の合計が0.25以下の原動機を使用する塗料の吹付
　（3）　原動機を使用する2台以下の研ま機による金属の乾燥研ま（工具研まを除く。）
　（4）　コルク、エボナイト又は合成樹脂の粉砕又は乾燥研まで原動機を使用するもの
　（5）　木材の引割若しくはかんな削り、裁縫、機織、ねん糸、組ひも、編物、製袋又はやすりの目立で馬力数の合計が1をこえる原動機を使用するもの
　（6）　印刷、製針又は石材の引割で馬力数の合計が2をこえる原動機を使用するもの
四　床面積の合計が50㎡をこえる自動車車庫
五　劇場、映画館、演芸場又は観覧場
六　待合、キヤバレー、舞踏場その他これらに類するもの
七　倉庫業を営む倉庫 |
| （ろ） | 商業地域内に建築してはならない建築物 | 一　（は）項に掲げるもの
二　原動機を使用する工場で作業場の床面積の合計が150㎡をこえるもの（日刊新聞の印刷所を除く。）
三　左の各号に掲げる事業を営む工場
　（1）　がん具用普通火工品の製造
　（2）　アセチレンガスを用いる金属の工作（アセチレンガス |

発生器の容量30ℓ以下のもの又は溶解アセチレンガスを用いるものを除く。）

（3）　引火性溶剤を用いるドライクリーニング又はドライダイイング

（4）　セルロイドの加熱加工又は機械のこぎりを使用する加工

（5）　印刷用インキ又は絵具の製造

（6）　馬力数の合計が0.25をこえる原動機を使用する塗料の吹付

（7）　亜硫酸ガスを用いる物品の漂白

（8）　骨炭その他動物質炭の製造

（9）　羽又は毛の洗じよう、染色又は漂白

（10）　ぼろ、くず綿、くず紙、くず糸、くず毛その他これらに類するものの消毒、選別、洗じよう又は漂白

（11）　製綿、古綿の再製、起毛、反毛又はフエルトの製造で原動機を使用するもの

（12）　骨、角、きば、ひずめ若しくは貝がらの引割若しくは乾燥研ま又は3台以上の研ま機による金属の乾燥研まで原動機を使用するもの

（13）　鉱物、岩石、土砂、硫黄、金属、ガラス、れん瓦、陶じ器、骨又は貝がらの粉砕で原動機を使用するもの

（14）　墨、懐炉灰又はれん炭の製造

（15）　活字又は金属工芸品の鋳造（印刷所における活字の鋳造を除く。）

（16）　瓦、れん瓦、土器、陶じ器、人造と石、るつぼ又はほうろう鉄器の製造

（17）　ガラスの製造又は砂吹

（18）　動力つちを使用する金属の鍛造

（は）	準工業地域内に建築してはならない建築物	一　左の各号に掲げる事業を営む工場

（1）　火薬類取締法（昭和25年法律第149号）の火薬類の製造

（2）　塩素酸塩類、過塩素酸塩類、硝酸塩類、黄りん、赤りん、硫化りん、金属カリウム、金属ナトリウム、マグネシユーム、過酸化水素水、過酸化カリ、過酸化ソーダ、過酸化バリウム、二硫化炭素、メタノール、アルコール、エー

テル、アセトン、さく酸エステル類、ニトロセルローズ、ベンゾール、トルオール、キシロール、ピクリン酸、ピクリン酸塩類、テレピン油又は石油類の製造

(3) マッチの製造

(4) セルロイドの製造

(5) ニトロセルローズ製品の製造

(6) ビスコース製品の製造

(7) 合成染料若しくはその中間物、顔料又は塗料の製造（うるし又は水性塗料の製造を除く。）

(8) 溶剤を用いるゴム製品又は芳香油の製造

(9) 乾燥油又は溶剤を用いる擬革紙布又は防水紙布の製造

(10) 溶剤を用いる塗料の加熱乾燥又は焼付

(11) 石炭ガス類又はコークスの製造

(12) 圧縮ガス又は液化ガスの製造（製氷又は冷凍を目的とするものを除く。）

(13) 塩素、臭素、ヨード、硫黄、塩化硫黄、ふつ化水素酸、塩酸、硝酸、硫酸、りん酸、か性カリ、か性ソーダ、アンモニア水、炭酸カリ、洗たくソーダ、ソーダ灰、さらし粉、次硝酸そう鉛、亜硫酸塩類、チオ硫酸塩類、ひ素化合物、鉛化合物、バリウム化合物、銅化合物、水銀化合物、シヤン化合物、クロロホルム、四塩化炭素、ホルマリン、ズルホナール、グリセリン、イヒチオールズルホン酸アンモン、さく酸、石炭酸、安息香酸、タンニン酸、アセトアニリド、アスピリン又はグアヤコールの製造

(14) たん白質の加水分解による製品の製造

(15) 油脂の採取、硬化又は加熱加工

(16) 石けん、フアクチス又は合成樹脂の製造

(17) 肥料の製造

(18) 製紙

(19) 製革、にかわの製造又は毛皮若しくは骨の精製

(20) アスフアルトの精製

(21) アスフアルト、コールタール、木タール、石油蒸りゆう産物又はその残渣を原料とする製造

(22) セメント、石こう、消石灰、生石灰又はカーバイドの製造

		(23) 金属の溶融又は精れん（活字又は金属工芸品の製造を目的とするものを除く。）
		(24) 電気用カーボンの製造
		(25) 金属厚板又は形鋼の工作でびよう打又は孔埋作業を伴うもの
		(26) 鉄釘類又は鋼球の製造
		(27) 伸線、伸管又はロールを用いる金属の圧延
		二 一号(1)号、(2)号、(3)号、(4)号及び(12)号の物品、可燃性ガス又はカーバイドの貯蔵又は処理に供するもの

○法別表第2（専用地区内の建築物の制限）〔現行別表第2〕

制定 公布：昭和25年法律第201号　施行：昭和25年11月23日

（い）	住居専用地区内に建築することができる建築物	一 住宅又は住宅で事務所、店舗その他これらに類する用途を兼ねるもの
		二 共同住宅、寄宿舎又は下宿
		三 学校、図書館その他これらに類するもの
		四 神社、寺院、教会その他これらに類するもの
		五 養育院、託児所その他これらに類するもの
		六 公衆浴場
		七 診療所
		八 前各号の建築物に附属するもの
（ろ）	工業専用地区内に建築してはならない建築物	一 住宅
		二 共同住宅、寄宿舎、下宿又は旅館
		三 物品販売業を営む店舗
		四 料理店又は飲食店
		五 待合、キヤバレーその他これらに類するもの
		六 劇場、映画館、演芸場又は観覧場
		七 学校、図書館その他これらに類するもの

〔趣旨・内容〕

　本条文は、建築基準法の前身である市街地建築物法を継承し、土地利用計画の実現を図り市街地の環境を保全するための最も基本的な制限として、市街地を構成する各建築物、各用途相互の悪影響を防止するとともに、それぞれの用途に応じ十分な機能を発揮させることを目的として、制定されました。

258　3－2　用途地域等

② 住居地域及び商業地域の細分化
〇法第48条（用途地域）

改正　公布：昭和45年法律第109号　施行：昭和46年1月1日

1　第一種住居専用地域内においては、別表第2（い）項に掲げる建築物以外の建築物は、建築してはならない。ただし、特定行政庁が低層住宅に係る良好な住居の環境を害するおそれがないと認め、又は公益上やむを得ないと認めて許可した場合においては、この限りでない。

2　第二種住居専用地域内においては、別表第2（ろ）項に掲げる建築物は、建築してはならない。ただし、特定行政庁が中高層住宅に係る良好な住居の環境を害するおそれがないと認め、又は公益上やむを得ないと認めて許可した場合においては、この限りでない。

3　住居地域内においては、別表第2（は）項に掲げる建築物は、建築してはならない。ただし、特定行政庁が住居の環境を害するおそれがないと認め、又は公益上やむを得ないと認めて許可した場合においては、この限りでない。

4　近隣商業地域内においては、別表第2（に）項に掲げる建築物は、建築してはならない。ただし、特定行政庁が近隣の住宅地の住民に対する日用品の供給を行なうことを主たる内容とする商業その他の業務の利便及び当該住宅地の環境を害するおそれがないと認め、又は公益上やむを得ないと認めて許可した場合においては、この限りでない。

5　商業地域内においては、別表第2（ほ）項に掲げる建築物は、建築してはならない。ただし、特定行政庁が商業の利便を害するおそれがないと認め、又は公益上やむを得ないと認めて許可した場合においては、この限りでない。

6　準工業地域内においては、別表第2（へ）項に掲げる建築物は、建築してはならない。ただし、特定行政庁が安全上若しくは防火上の危険の度若しくは衛生上の有害の度が低いと認め、又は公益上やむを得ないと認めて許可した場合においては、この限りでない。

7　工業地域内においては、別表第2（と）項に掲げる建築物は、建築してはならない。ただし、特定行政庁が工業の利便上又は公益上必要と認めて許可した場合においては、この限りでない。

8　工業専用地域内においては、別表第2（ち）項に掲げる建築物は、建築してはならない。ただし、特定行政庁が工業の利便を害するおそれがないと認め、又は公益上やむを得ないと認めて許可した場合においては、この限りでない。

9　特定行政庁は、第1項ただし書、第2項ただし書、第3項ただし書、第4項ただし書、第5項ただし書、第6項ただし書、第7項ただし書又は前項た

　　　　　　　　　　　　　　　　　３－２　用途地域等　　259

　　だし書の規定による許可をする場合においては、あらかじめ、その許可に利
　　害関係を有する者の出頭を求めて公開による聴聞を行ない、かつ、建築審査
　　会の同意を得なければならない。
　10　特定行政庁は、前項の規定による聴聞を行なう場合においては、その許可
　　しようとする建築物の建築の計画並びに聴聞の期日及び場所を期日の３日前
　　までに公告しなければならない。

○法別表第２（用途地域内の建築物の制限）
改正 公布：昭和45年法律第109号　施行：昭和46年１月１日

| (い) | 第一種住居専用地域内に建築することができる建築物 | 一　住宅
二　住宅で事務所、店舗その他これらに類する用途を兼ねるもののうち政令で定めるもの
三　共同住宅、寄宿舎又は下宿
四　学校（大学、高等専門学校及び各種学校を除く。）、図書館その他これらに類するもの
五　神社、寺院、教会その他これらに類するもの
六　養老院、託児所その他これらに類するもの
七　公衆浴場（風俗営業等取締法（昭和23年法律第122号）第４条の４第１項の個室付浴場業（以下この表において「個室付浴場業」という。）に係るものを除く。）
八　診療所
九　巡査派出所、公衆電話所その他これらに類する政令で定める公益上必要な建築物
十　前各号の建築物に附属するもの（政令で定めるものを除く。） |
| (ろ) | 第二種住居専用地域内に建築してはならない建築物 | 一　(は)項第四号から第六号まで及び(に)項第二号から第四号までに掲げるもの
二　工場（政令で定めるものを除く。）
三　ボーリング場、スケート場又は水泳場
四　まあじやん屋、ぱちんこ屋、射的場その他これらに類するもの
五　ホテル又は旅館
六　自動車教習所
七　政令で定める規模の畜舎 |

| （は） | 住居地域内に建築してはならない建築物 | 一　（に）項に掲げるもの
　（略）
三　（略）
　（1の2）　印刷用インキの製造
　（2）　出力の合計が0.75kW以下の原動機を使用する塗料の吹付
　（2の2）　原動機を使用する魚肉の練製品の製造
　　（略）
　（4の2）　厚さ0.5mm以上の金属板のつち打加工（金属工芸品の製造を目的とするものを除く。）又は原動機を使用する金属のプレス若しくは切断（機械のこぎりを使用するものを除く。）
　（4の3）　印刷用平版の研磨
　（4の4）　糖衣機を使用する菓子の製造
　（4の5）　原動機を使用するセメント製品の製造
　（4の6）　撚線、金網の製造又は直線機を使用する金属線の加工で出力の合計が0.75kWをこえる原動機を使用するもの
　（5）　木材の引割若しくはかんな削り、裁縫、機織、撚糸、組ひも、編物、製袋又はやすりの目立で出力の合計が0.75kWをこえる原動機を使用するもの
　（6）　製針又は石材の引割で出力の合計が1.5kWをこえる原動機を使用するもの
　（7）　出力の合計が2.5kWをこえる原動機を使用する製粉
　（8）　合成樹脂の射出成形加工
　（9）　出力の合計が10kWをこえる原動機を使用する金属の切削
　（10）　めつき
　（11）　原動機の出力の合計が1.5kWをこえる空気圧縮機を使用する作業
　（12）　原動機を使用する印刷
四　床面積の合計が50㎡をこえる自動車車庫（建築物に附属するもので政令で定めるもの又は都市計画として決定されたものを除く。）
五　倉庫業を営む倉庫 |

		六　（へ）項第一号（1）から（4）まで若しくは（12）の物品、可燃性ガス又はカーバイド（以下この表において「危険物」という。）の貯蔵又は処理に供するもので政令で定めるもの
（に）	近隣商業地域内に建築してはならない建築物	一　（ほ）項に掲げるもの 二　劇場、映画館、演芸場又は観覧場 三　待合、料理店、キヤバレー、舞踏場その他これらに類するもの 四　個室付浴場業に係る公衆浴場
（ほ）	商業地域内に建築してはならない建築物	一　（へ）項に掲げるもの 二　原動機を使用する工場で作業場の床面積の合計が150㎡をこえるもの（日刊新聞の印刷所及び作業場の床面積の合計が300㎡をこえない自動車修理工場を除く。） 三　次の各号に掲げる事業を営む工場 　（1）　玩具煙火の製造 　（略） 　（3）　引火性溶剤を用いるドライクリーニング、ドライダイイング又は塗料の加熱乾燥若しくは焼付（赤外線を用いるものを除く。） 　（4）　セルロイドの加熱加工又は機械のこぎりを使用する加工 　（5）　絵具の製造 　（6）　出力の合計が0.75kWをこえる原動機を使用する塗料の吹付 　（略） 　（8の2）　せつけんの製造 　（8の3）　魚粉又は魚粉を原料とする飼料の製造 　（8の4）　手すき紙の製造 　（略） 　（13の2）　レデイミクストコンクリートの製造又はセメントの袋詰で出力の合計が2.5kWをこえる原動機を使用するもの 　（14）　墨、懐炉灰又はれん炭の製造 　（15）　活字若しくは金属工芸品の鋳造又は金属の溶融で容量の合計が50ℓをこえないるつぼ又はかまを使用するもの（印刷所における活字の鋳造を除く。）

262   3－2　用途地域等

		（略）
		（17の2）　金属の溶射又は砂吹
		（17の3）　鉄板の波付加工
		（17の4）　ドラムかんの洗浄又は再生
		（18）　スプリングハンマーを使用する金属の鍛造
		（19）　伸線、伸管又はロールを用いる金属の圧延で出力の合計が4kW以下の原動機を使用するもの
		四　危険物の貯蔵又は処理に供するもので政令で定めるもの
（ヘ）	準工業地域内に建築してはならない建築物	一　次の各号に掲げる事業を営む工場
		（1）　火薬類取締法（昭和25年法律第149号）の火薬類（玩具煙火を除く。）の製造
		（略）
		（8）　引火性溶剤を用いるゴム製品又は芳香油の製造
		（9）　乾燥油又は引火性溶剤を用いる擬革紙布又は防水紙布の製造
		（10）　木材を原料とする活性炭の製造（水蒸気法によるものを除く。）
		（略）
		（13）　塩素、臭素、ヨード、硫黄、塩化硫黄、弗化水素酸、塩酸、硝酸、硫酸、燐酸、苛性カリ、苛性ソーダ、アンモニア水、炭酸カリ、せんたくソーダ、ソーダ灰、さらし粉、次硝酸蒼鉛、亜硫酸塩類、チオ硫酸塩類、砒素化合物、鉛化合物、バリウム化合物、銅化合物、水銀化合物、シヤン化合物、クロールズルホン酸、クロロホルム、四塩化炭素、ホルマリン、ズルホナール、グリセリン、イヒチオールズルホン酸アンモン、酢酸、石炭酸、安息香酸、タンニン酸、アセトアニリド、アスピリン又はグアヤコールの製造
		（略）
		（15）　油脂の採取、硬化又は加熱加工（化粧品の製造を除く。）
		（16）　フアクチス又は合成樹脂の製造
		（略）
		（18）　製紙（手すき紙の製造を除く。）又はパルプの製造
		（略）
		（23）　金属の溶融又は精練（容量の合計が50ℓをこえないるつぼ若しくはかまを使用するもの又は活字若しくは金属工

3－2　用途地域等　　263

			芸品の製造を目的とするものを除く。）
		（24）	電気用カーボンの製造又は黒鉛の粉砕
		（25）	金属厚板又は形鋼の工作で原動機を使用するはつり作業（グラインダーを用いるものを除く。）、びよう打作業又は孔埋作業を伴うもの
		（略）	
		（27）	伸線、伸管又はロールを用いる金属の圧延で出力の合計が４kWをこえる原動機を使用するもの
		（28）	動力つち（スプリングハンマーを除く。）を使用する金属の鍛造
		（29）	動物の臓器又ははいせつ物を原料とする医薬品の製造
		二	危険物の貯蔵又は処理に供するもので政令で定めるもの
（と）	工業地域内に建築してはならない建築物	一	ホテル又は旅館
		二	待合、料理店、キヤバレー、舞踏場その他これらに類するもの
		三	個室付浴場業に係る公衆浴場
		四	劇場、映画館、演芸場又は観覧場
		五	学校
		六	病院
（ち）	工業専用地域内に建築してはならない建築物	一	（と）項に掲げるもの
		二	住宅
		三	共同住宅、寄宿舎又は下宿
		四	物品販売業を営む店舗又は飲食店
		五	図書館、博物館その他これらに類するもの
		六	ボーリング場、スケート場又は水泳場
		七	まあじやん屋、ぱちんこ屋、射的場その他これらに類するもの

〔趣旨・内容〕

　用途地域内の用途制限を強化し、土地利用の純化を促進するため、従来の住居地域、商業地域、準工業地域及び工業地域のほかに、近隣住宅地のための日用品店舗が立地する地域としての近隣商業地域を新たに設けるとともに、住居専用地区を廃止して、低層地宅地として両行な環境を維持するための第一種住居専用地域及び中高層住宅地として良好な環境を維持するための

264　　3－2　用途地域等

第二種住居専用地域を設け、工業専用地区を廃止して工業専用地域を新設し、合計8用途地域となりました。

　上記の地域の新設と併せて、住居地域内における用途制限に新たに特殊浴場と公害を伴う工場を加えるほか、その他の地域においても用途制限が強化されました。

3　住居地域の細分化

○法第48条（用途地域）

改正　公布：平成4年法律第82号　施行：平成5年6月25日

1　第一種低層住居専用地域内においては、別表第2（い）項に掲げる建築物以外の建築物は、建築してはならない。ただし、特定行政庁が第一種低層住居専用地域における良好な住居の環境を害するおそれがないと認め、又は公益上やむを得ないと認めて許可した場合においては、この限りでない。

2　第二種低層住居専用地域内においては、別表第2（ろ）項に掲げる建築物以外の建築物は、建築してはならない。ただし、特定行政庁が第二種低層住居専用地域における良好な住居の環境を害するおそれがないと認め、又は公益上やむを得ないと認めて許可した場合においては、この限りでない。

3　第一種中高層住居専用地域内においては、別表第2（は）項に掲げる建築物以外の建築物は、建築してはならない。ただし、特定行政庁が第一種中高層住居専用地域における良好な住居の環境を害するおそれがないと認め、又は公益上やむを得ないと認めて許可した場合においては、この限りでない。

4　第二種中高層住居専用地域内においては、別表第2（に）項に掲げる建築物は、建築してはならない。ただし、特定行政庁が第二種中高層住居専用地域における良好な住居の環境を害するおそれがないと認め、又は公益上やむを得ないと認めて許可した場合においては、この限りでない。

5　第一種住居地域内においては、別表第2（ほ）項に掲げる建築物は、建築してはならない。ただし、特定行政庁が第一種住居地域における住居の環境を害するおそれがないと認め、又は公益上やむを得ないと認めて許可した場合においては、この限りでない。

6　第二種住居地域内においては、別表第2（へ）項に掲げる建築物は、建築してはならない。ただし、特定行政庁が第二種住居地域における住居の環境を害するおそれがないと認め、又は公益上やむを得ないと認めて許可した場合においては、この限りでない。

7　準住居地域内においては、別表第2（と）項に掲げる建築物は、建築してはならない。ただし、特定行政庁が準住居地域における住居の環境を害するお

それがないと認め、又は公益上やむを得ないと認めて許可した場合においては、この限りでない。

8　近隣商業地域内においては、別表第2（ち）項に掲げる建築物は、建築してはならない。ただし、特定行政庁が近隣の住宅地の住民に対する日用品の供給を行うことを主たる内容とする商業その他の業務の利便及び当該住宅地の環境を害するおそれがないと認め、又は公益上やむを得ないと認めて許可した場合においては、この限りでない。

9　商業地域内においては、別表第2（り）項に掲げる建築物は、建築してはならない。ただし、特定行政庁が商業の利便を害するおそれがないと認め、又は公益上やむを得ないと認めて許可した場合においては、この限りでない。

10　準工業地域内においては、別表第2（ぬ）項に掲げる建築物は、建築してはならない。ただし、特定行政庁が安全上若しくは防火上の危険の度若しくは衛生上の有害の度が低いと認め、又は公益上やむを得ないと認めて許可した場合においては、この限りでない。

11　工業地域内においては、別表第2（る）項に掲げる建築物は、建築してはならない。ただし、特定行政庁が工業の利便上又は公益上必要と認めて許可した場合においては、この限りでない。

12　工業専用地域内においては、別表第2（を）項に掲げる建築物は、建築してはならない。ただし、特定行政庁が工業の利便を害するおそれがないと認め、又は公益上やむを得ないと認めて許可した場合においては、この限りでない。

13　特定行政庁は、前各項のただし書の規定による許可をする場合においては、あらかじめ、その許可に利害関係を有する者の出頭を求めて公開による聴聞を行い、かつ、建築審査会の同意を得なければならない。ただし、前各項のただし書の規定による許可を受けた建築物の増築、改築又は移転（これらのうち、政令で定める場合に限る。）について許可をする場合においては、この限りでない。

14　特定行政庁は、前項の規定による聴聞を行う場合においては、その許可しようとする建築物の建築の計画並びに聴聞の期日及び場所を期日の3日前までに公告しなければならない。

○法別表第2（用途地域内の建築物の制限）

改正　公布：平成4年法律第82号　施行：平成5年6月25日

（い）	第一種低層住居専用地域内に建築	一　住宅
		二　住宅で事務所、店舗その他これらに類する用途を兼ねるもののうち政令で定めるもの

		することが	三	共同住宅、寄宿舎又は下宿
		できる建築	四	学校（大学、高等専門学校、専修学校及び各種学校を除く。）、図書館その他これらに類するもの
		物	五	神社、寺院、教会その他これらに類するもの
			六	老人ホーム、保育所、身体障害者福祉ホームその他これらに類するもの
			七	公衆浴場（風俗営業等の規制及び業務の適正化等に関する法律（昭和23年法律第122号）第2条第4項第一号に該当する営業（以下この表において「個室付浴場業」という。）に係るものを除く。）
			八	診療所
			九	巡査派出所、公衆電話所その他これらに類する政令で定める公益上必要な建築物
			十	前各号の建築物に附属するもの（政令で定めるものを除く。）
（ろ）	第二種低層住居専用地域内に建築することができる建築物	一	（い）項第一号から第九号までに掲げるもの
		二	店舗、飲食店その他これらに類する用途に供するもののうち政令で定めるものでその用途に供する部分の床面積の合計が150㎡以内のもの（3階以上の部分をその用途に供するものを除く。）
		三	前2号の建築物に附属するもの（政令で定めるものを除く。）
（は）	第一種中高層住居専用地域内に建築することができる建築物	一	（い）項第一号から第九号までに掲げるもの
		二	大学、高等専門学校、専修学校その他これらに類するもの
		三	病院
		四	老人福祉センター、児童厚生施設その他これらに類するもの
		五	店舗、飲食店その他これらに類する用途に供するもののうち政令で定めるものでその用途に供する部分の床面積の合計が500㎡以内のもの（3階以上の部分をその用途に供するものを除く。）
		六	自動車車庫で床面積の合計が300㎡以内のもの又は都市計画として決定されたもの（3階以上の部分をその用途に供するものを除く。）
		七	公益上必要な建築物で政令で定めるもの
		八	前各号の建築物に附属するもの（政令で定めるものを除く。）

（に）	第二種中高層住居専用地域内に建築してはならない建築物	一　（ほ）項第二号及び第三号、（へ）項第三号から第五号まで、（と）項第四号並びに（ち）項第三号及び第四号に掲げるもの 二　工場（政令で定めるものを除く。） 三　ボーリング場、スケート場、水泳場その他これらに類する政令で定める運動施設 四　ホテル又は旅館 五　自動車教習所 六　政令で定める規模の畜舎 七　3階以上の部分を（は）項に掲げる建築物以外の建築物の用途に供するもの（政令で定めるものを除く。） 八　（は）項に掲げる建築物以外の建築物の用途に供するものでその用途に供する部分の床面積の合計が1,500㎡を超えるもの（政令で定めるものを除く。）
（ほ）	第一種住居地域内に建築してはならない建築物	一　（へ）項に掲げるもの 二　マージャン屋、ぱちんこ屋、射的場、勝馬投票券発売所、場外車券売場その他これらに類するもの 三　カラオケボックスその他これに類するもの 四　（は）項に掲げる建築物以外の建築物の用途に供するものでその用途に供する部分の床面積の合計が3,000㎡を超えるもの（政令で定めるものを除く。）
（へ）	第二種住居地域内に建築してはならない建築物	一　（と）項第三号及び第四号並びに（ち）項第一号、第三号及び第四号に掲げるもの 二　原動機を使用する工場で作業場の床面積の合計が50㎡を超えるもの 三　劇場、映画館、演芸場又は観覧場 四　自動車車庫で床面積の合計が300㎡を超えるもの又は3階以上の部分にあるもの（建築物に附属するもので政令で定めるもの又は都市計画として決定されたものを除く。） 五　倉庫業を営む倉庫
（と）	準住居地域内に建築してはならない建築物	一　（ち）項に掲げるもの 二　原動機を使用する工場で作業場の床面積の合計が50㎡を超えるもの（作業場の床面積の合計が150㎡を超えない自動車修理工場を除く。）

三　次に掲げる事業（特殊の機械の使用その他の特殊の方法による事業であつて住居の環境を害するおそれがないものとして政令で定めるものを除く。）を営む工場

（1）　容量10l以上30l以下のアセチレンガス発生器を用いる金属の工作

（1の2）　印刷用インキの製造

（2）　出力の合計が0.75kW以下の原動機を使用する塗料の吹付

（2の2）　原動機を使用する魚肉の練製品の製造

（3）　原動機を使用する2台以下の研磨機による金属の乾燥研磨（工具研磨を除く。）

（4）　コルク、エボナイト若しくは合成樹脂の粉砕若しくは乾燥研磨又は木材の粉砕で原動機を使用するもの

（4の2）　厚さ0.5mm以上の金属板のつち打加工（金属工芸品の製造を目的とするものを除く。）又は原動機を使用する金属のプレス（液圧プレスのうち矯正プレスを使用するものを除く。）若しくはせん断

（4の3）　印刷用平版の研磨

（4の4）　糖衣機を使用する製品の製造

（4の5）　原動機を使用するセメント製品の製造

（4の6）　ワイヤーフォーミングマシンを使用する金属線の加工で出力の合計が0.75kWを超える原動機を使用するもの

（5）　木材の引割若しくはかんな削り、裁縫、機織、撚糸、組ひも、編物、製袋又はやすりの目立で出力の合計が0.75kWを超える原動機を使用するもの

（6）　製針又は石材の引割で出力の合計が1.5kWを超える原動機を使用するもの

（7）　出力の合計が2.5kWを超える原動機を使用する製粉

（8）　合成樹脂の射出成形加工

（9）　出力の合計が10kWを超える原動機を使用する金属の切削

（10）　めつき

（11）　原動機の出力の合計が1.5kWを超える空気圧縮機を使用する作業

		(12)　原動機を使用する印刷
		(13)　ベンディングマシン（ロール式のものに限る。）を使用する金属の加工
		(14)　タンブラーを使用する金属の加工
		(15)　ゴム練用又は合成樹脂練用のロール機（カレンダーロール機を除く。）を使用する作業
		(16)　(1)から(15)までに掲げるもののほか、安全上若しくは防火上の危険の度又は衛生上若しくは健康上の有害の度が高いことにより、住居の環境を保護する上で支障があるものとして政令で定める事業
		四　(ぬ)項第一号(1)から(3)まで、(11)又は(12)の物品((り)項第四号及び(ぬ)項第二号において「危険物」という。)の貯蔵又は処理に供するもので政令で定めるもの
（ち）	近隣商業地域内に建築してはならない建築物	一　(り)項に掲げるもの 二　劇場、映画館、演芸場又は観覧場のうち客席の部分の床面積の合計が200㎡以上のもの 三　キャバレー、料理店、ナイトクラブ、ダンスホールその他これらに類するもの 四　個室付浴場業に係る公衆浴場その他これに類する政令で定めるもの
（り）	商業地域内に建築してはならない建築物	一　(ぬ)項第一号及び第二号に掲げるもの （略） 三　次に掲げる事業（特殊の機械の使用その他の特殊の方法による事業であつて商業その他の業務の利便を害するおそれがないものとして政令で定めるものを除く。）を営む工場 （略） (5)　絵具又は水性塗料の製造 （略） (8の3)　魚粉、フェザーミール、肉骨粉、肉粉若しくは血粉又はこれらを原料とする飼料の製造 （略） (13)　鉱物、岩石、土砂、コンクリート、アスファルト・コンクリート、硫黄、金属、ガラス、れんが、陶磁器、骨又は貝殻の粉砕で原動機を使用するもの

		（略）
		(20)　（1）から(19)までに掲げるもののほか、安全上若しくは防火上の危険の度又は衛生上若しくは健康上の有害の度が高いことにより、商業その他の業務の利便を増進する上で支障があるものとして政令で定める事業
		（略）
（ぬ）	準工業地域内に建築してはならない建築物	一　次に掲げる事業（特殊の機械の使用その他の特殊の方法による事業であつて環境の悪化をもたらすおそれのない工業の利便を害するおそれがないものとして政令で定めるものを除く。）を営む工場

（略）

(2)　消防法（昭和23年法律第186号）第2条第7項に規定する危険物の製造（政令で定めるものを除く。）

（略）

(4)　ニトロセルロース製品の製造

(5)　ビスコース製品、アセテート又は銅アンモニアレーヨンの製造

(6)　合成染料若しくはその中間物、顔料又は塗料の製造（漆又は水性塗料の製造を除く。）

(7)　引火性溶剤を用いるゴム製品又は芳香油の製造

(8)　乾燥油又は引火性溶剤を用いる擬革紙布又は防水紙布の製造

(9)　木材を原料とする活性炭の製造（水蒸気法によるものを除く。）

(10)　石炭ガス類又はコークスの製造

(11)　可燃性ガスの製造（政令で定めるものを除く。）

（略）

(16)　ファクチス、合成樹脂、合成ゴム又は合成繊維の製造

（略）

(24)　炭素粉を原料とする炭素製品若しくは黒鉛製品の製造又は黒鉛の粉砕

（略）

(30)　石綿を含有する製品の製造又は粉砕

		(31) （1）から(30)までに掲げるもののほか、安全上若しく
		は防火上の危険の度又は衛生上若しくは健康上の有害の度
		が高いことにより、環境の悪化をもたらすおそれのない工
		業の利便を増進する上で支障があるものとして政令で定め
		る事業
		（略）
		三　個室付浴場業に係る公衆浴場その他これに類する政令で定
		めるもの
（る）	工業地域内に建築してはならない建築物	（略）
（を）	工業専用地域内に建築してはならない建築物	一　（る）項に掲げるもの
		（略）
		四　老人ホーム、身体障害者福祉ホームその他これらに類する
		もの
		五　物品販売業を営む店舗又は飲食店
		六　図書館、博物館その他これらに類するもの
		七　ボーリング場、スケート場、水泳場その他これらに類する
		政令で定める運動施設
		八　マージャン屋、ぱちんこ屋、射的場、勝馬投票券発売所、
		場外車券売場その他これらに類するもの

〔趣旨・内容〕

　当時の地価高騰により、住宅地に事務所ビルが進出することで、居住環境が悪化する、都心部では居住人口の流出による空洞化現象が加速するといった問題が生じていました。

　このような問題を解決するために適切な住環境の保護を図り、住宅の確保に資するとともに、併せて近年の新たな市街化形態にも対応し、よりきめ細やかな用途規制が行い得るよう、住居系の用途地域を細分化することとされました。

4　例外許可制度の合理化

○令第130条（用途地域の制限に適合しない建築物の増築等の許可に当たり聴聞等を要しない場合）

改正　公布：平成5年政令第170号　施行：平成5年6月25日

　法第48条第13項の政令で定める場合は、次に掲げる要件に該当する場合とする。

272   3－2   用途地域等

一 増築、改築又は移転が法第48条各項（第13項及び第14項を除く。以下この
  条において同じ。）のただし書の規定による許可（以下この条において「特例
  許可」という。）を受けた際における敷地内におけるものであること。
二 増築又は改築後の法第48条各項の規定に適合しない用途に供する建築物の
  部分の床面積の合計が、特例許可を受けた際におけるその部分の床面積の合
  計を超えないこと。
三 法第48条各項の規定に適合しない事由が原動機の出力、機械の台数又は容
  器等の容量による場合においては、増築、改築又は移転後のそれらの出力、
  台数又は容量の合計が、特例許可を受けた際におけるそれらの出力、台数又
  は容量の合計を超えないこと。

〔趣旨・内容〕
　従来、法第48条第1～12項ただし書の許可を受けて建築された建築物につ
いて増築、改築等を行う場合には、許可内容の変更とされ、改めて法第48条
第13項の規定に従い、利害関係を有する者の出頭を求めて公開による聴聞を
行い、かつ、建築審査会の同意を得なければならないとされていました。
　しかし、増改築により市街地環境に大きな影響を与えない場合、例えば用
途規制に不適合の劇場と適合の店舗が一建築物内にある場合において、店舗
のみの床面積を増加させる際においてもこのような手続を課すことは、必ず
しも必要とは認められないため、既存建築物について一定範囲内において増
改築等を行う場合には、公開による聴聞及び建築審査会の同意の手続が不要
となりました。

⑤　白地地域における制限の追加
○法第48条（用途地域等）
改正 公布：平成18年法律第46号　施行：平成19年11月30日

13　第一種低層住居専用地域、第二種低層住居専用地域、第一種中高層住居専
　　用地域、第二種中高層住居専用地域、第一種住居地域、第二種住居地域、準
　　住居地域、近隣商業地域、商業地域、準工業地域、工業地域又は工業専用地
　　域（以下「用途地域」と総称する。）の指定のない区域（都市計画法第7条第
　　1項に規定する市街化調整区域を除く。）内においては、別表第2（わ）項に掲
　　げる建築物は、建築してはならない。ただし、特定行政庁が当該区域におけ
　　る適正かつ合理的な土地利用及び環境の保全を図る上で支障がないと認め、
　　又は公益上やむを得ないと認めて許可した場合においては、この限りでない。

3－2 用途地域等 273

○法別表第2（用途地域等内の建築物の制限）

改正 公布：平成18年法律第46号 施行：平成19年11月30日

（い）	第一種低層住居専用地域内に建築することができる建築物	（略）
（ろ）	第二種低層住居専用地域内に建築することができる建築物	（略）
（は）	第一種中高層住居専用地域内に建築することができる建築物	（略）
（に）	第二種中高層住居専用地域内に建築してはならない建築物	（略）
（ほ）	第一種住居地域内に建築してはならない建築物	一　（へ）項第一号から第五号までに掲げるもの （略）
（へ）	第二種住居地域内に建築してはならない建築物	一　（と）項第三号及び第四号並びに（ち）項に掲げるもの （略） 六　店舗、飲食店、展示場、遊技場、勝馬投票券発売所、場外車券売場その他これらに類する用途で政令で定めるものに供する建築物でその用途に供する部分の床面積の合計が10,000㎡を超えるもの
（と）	準住居地域内に建築してはならない建築物	（略） 五　劇場、映画館、演芸場又は観覧場のうち客席の部分の床面積の合計が200㎡以上のもの 六　前号に掲げるもののほか、劇場、映画館、演芸場若し

		くは観覧場又は店舗、飲食店、展示場、遊技場、勝馬投票券発売所、場外車券売場その他これらに類する用途で政令で定めるものに供する建築物でその用途に供する部分（劇場、映画館、演芸場又は観覧場の用途に供する部分にあつては、客席の部分に限る。）の床面積の合計が10,000㎡を超えるもの
（ち）	近隣商業地域内に建築してはならない建築物	（略） 二　キャバレー、料理店、ナイトクラブ、ダンスホールその他これらに類するもの 三　個室付浴場業に係る公衆浴場その他これに類する政令で定めるもの
（り）	商業地域内に建築してはならない建築物	（略）
（ぬ）	準工業地域内に建築してはならない建築物	（略）
（る）	工業地域内に建築してはならない建築物	（略） 七　店舗、飲食店、展示場、遊技場、勝馬投票券発売所、場外車券売場その他これらに類する用途で政令で定めるものに供する建築物でその用途に供する部分の床面積の合計が10,000㎡を超えるもの
（を）	工業専用地域内に建築してはならない建築物	（略）
（わ）	用途地域の指定のない区域（都市計画法第7条第1項に規定する市街化調整区域を除く。）内に建築してはならない建築物	劇場、映画館、演芸場若しくは観覧場又は店舗、飲食店、展示場、遊技場、勝馬投票券発売所、場外車券売場その他これらに類する用途で政令で定めるものに供する建築物でその用途に供する部分（劇場、映画館、演芸場又は観覧場の用途に供する部分にあつては、客席の部分に限る。）の床面積の合計が10,000㎡を超えるもの

〔趣旨・内容〕

　第二種住居地域及び準住居地域は主として住宅地としての土地利用を想定し、住居の環境を保護することを目的とする用途地域ですが、近年、これらの用途地域において、従来想定していなかった大規模な集客施設が立地することにより、住宅地に著しく多数の人や車が進入し、騒音や排気ガス等による環境の悪化、生活道路を利用する歩行者の交通安全性の低下等の様々な問題が生じている事例が見られました。また、工業地域においても同様に、従来想定していなかった大規模な集客施設が立地し、著しく多数の人や車が進入することにより、工業地域が本来目的としている工業の利便の増進に大きな支障が生じている事例が見られていました。

　用途地域の指定のない区域（市街化調整区域を除きます。以下「白地地域」といいます。）についても、人口、産業等の現況及び将来の見通し等から市街地の拡大があまり見込まれず、従来、大規模な集客施設の立地を想定していない地域でしたが、近年、モータリゼーションの進展等を背景として、大規模な集客施設が立地することにより、当該立地場所及びその周辺地域において店舗等が無秩序に建築される等の土地利用上の問題を生じる事例が増加していました。

　大規模な集客施設は、著しく多数の人々を広い地域から集めることにより、立地場所周辺の環境等に影響を及ぼすだけでなく、広域的な交通流態等都市構造レベルで大きな影響を及ぼすおそれがあるという特性を有しており、その立地については、広域的な影響についての地域の判断を反映した適切なコントロールを行うことが必要ですが、これらの課題に対処するため、改正法においては、用途地域のうち、第二種住居地域、準住居地域及び工業地域において、並びに都市計画区域及び準都市計画区域内の白地地域において、新たに、大規模な集客施設の立地を制限することとされました。

6　田園住居地域の追加

○法第48条（用途地域等）

改正 公布：平成29年法律第26号　施行：平成30年4月1日

8　田園住居地域内においては、別表第2（ち）項に掲げる建築物以外の建築物は、建築してはならない。ただし、特定行政庁が農業の利便及び田園住居地域における良好な住居の環境を害するおそれがないと認め、又は公益上やむを得ないと認めて許可した場合においては、この限りでない。

276　　3－2　用途地域等

○法別表第2（用途地域等内の建築物の制限）

改正 公布：平成29年法律第26号　施行：平成30年4月1日

（い）	第一種低層住居専用地域内に建築することができる建築物	（略）
（ろ）	第二種低層住居専用地域内に建築することができる建築物	（略）
（は）	第一種中高層住居専用地域内に建築することができる建築物	（略）
（に）	第二種中高層住居専用地域内に建築してはならない建築物	一　（ほ）項第二号及び第三号、（へ）項第三号から第五号まで、（と）項第四号並びに（り）項第二号及び第三号に掲げるもの （略）
（ほ）	第一種住居地域内に建築してはならない建築物	（略）
（へ）	第二種住居地域内に建築してはならない建築物	一　（と）項第三号及び第四号並びに（り）項に掲げるもの （略） 三　劇場、映画館、演芸場若しくは観覧場又はナイトクラブその他これに類する政令で定めるもの （略）
（と）	準住居地域内に建築してはならない建築物	一　（り）項に掲げるもの （略） 四　（る）項第一号（1）から（3）まで、（11）又は（12）の物品（（ぬ）項第四号及び（る）項第二号において「危険物」という。）の貯蔵又は処理に供するもので政令で定めるもの

		五　劇場、映画館、演芸場若しくは観覧場のうち客席の部分の床面積の合計が200㎡以上のもの又はナイトクラブその他これに類する用途で政令で定めるものに供する建築物でその用途に供する部分の床面積の合計が200㎡以上のもの 六　前号に掲げるもののほか、劇場、映画館、演芸場若しくは観覧場、ナイトクラブその他これに類する用途で政令で定めるもの又は店舗、飲食店、展示場、遊技場、勝馬投票券発売所、場外車券売場その他これらに類する用途で政令で定めるものに供する建築物でその用途に供する部分（劇場、映画館、演芸場又は観覧場の用途に供する部分にあつては、客席の部分に限る。）の床面積の合計が10,000㎡を超えるもの
（ち）	田園住居地域内に建築することができる建築物	一　（い）項第一号から第九号までに掲げるもの 二　農産物の生産、集荷、処理又は貯蔵に供するもの（政令で定めるものを除く。） 三　農業の生産資材の貯蔵に供するもの 四　地域で生産された農産物の販売を主たる目的とする店舗その他の農業の利便を増進するために必要な店舗、飲食店その他これらに類する用途に供するもののうち政令で定めるものでその用途に供する部分の床面積の合計が500㎡以内のもの（３階以上の部分をその用途に供するものを除く。） 五　前号に掲げるもののほか、店舗、飲食店その他これらに類する用途に供するもののうち政令で定めるものでその用途に供する部分の床面積の合計が150㎡以内のもの（３階以上の部分をその用途に供するものを除く。） 六　前各号の建築物に附属するもの（政令で定めるものを除く。）
（り）	近隣商業地域内に建築してはならない建築物	一　（ぬ）項に掲げるもの 二　キャバレー、料理店その他これらに類するもの （略）

(ぬ)	商業地域内に建築してはならない建築物	一　(る)項第一号及び第二号に掲げるもの (略)
(る)	準工業地域内に建築してはならない建築物	一　次に掲げる事業（特殊の機械の使用その他の特殊の方法による事業であつて環境の悪化をもたらすおそれのない工業の利便を害するおそれがないものとして政令で定めるものを除く。）を営む工場 (略) 　(28)　鍛造機（スプリングハンマーを除く。）を使用する金属の鍛造 (略) 　(31)　（１）から(30)までに掲げるもののほか、安全上若しくは防火上の危険の度又は衛生上若しくは健康上の有害の度が高いことにより、環境の悪化をもたらすおそれのない工業の利便を増進する上で支障があるものとして政令で定める事業 (略)
(を)	工業地域内に建築してはならない建築物	一　(る)項第三号に掲げるもの (略) 三　キャバレー、料理店その他これらに類するもの 四　劇場、映画館、演芸場若しくは観覧場又はナイトクラブその他これに類する政令で定めるもの 五　学校（幼保連携型認定こども園を除く。） (略)
(わ)	工業専用地域内に建築してはならない建築物	一　(を)項に掲げるもの (略)
(か)	用途地域の指定のない区域（都市計画法第７条第１項に規定する市街化調整区域を除く。）内	劇場、映画館、演芸場若しくは観覧場、ナイトクラブその他これに類する用途で政令で定めるもの又は店舗、飲食店、展示場、遊技場、勝馬投票券発売所、場外車券売場その他これらに類する用途で政令で定めるものに供する建築物でその用途に供する部分（劇場、映画館、演芸場又は観覧場の用途に供する部分にあつては、客席の部分に限る。）の床

| | に建築してはな | 面積の合計が10,000㎡を超えるもの |
| | らない建築物 | |

〔趣旨・内容〕

　農業の利便の増進を図りつつ、これと調和した低層住宅に係る良好な住居の環境を保護することを目的に、新たな用途地域として田園住居地域が創設されました。用途地域に初めて農地が位置付けられ、住宅と農地とが共存するエリアが望ましい市街地像として新たに示されました。

　本用途地域内では、低層住居専用地域内に建築可能な建築物に加えて、農業に必要な倉庫や農産物直売所等の建築が可能とされました。

７　特例許可の合理化

○法第48条（用途地域等）

改正 公布：平成30年６月27日法律第67号　施行：令和元年６月25日

> 16　前項の規定にかかわらず、特定行政庁は、第一号に該当する場合においては同項の規定による意見の聴取及び同意の取得を要せず、第二号に該当する場合においては同項の規定による同意の取得を要しない。
> （略）
> 　二　日常生活に必要な政令で定める建築物で、騒音又は振動の発生その他の事象による住居の環境の悪化を防止するために必要な国土交通省令で定める措置が講じられているものの建築について特例許可（第１項から第７項までの規定のただし書の規定によるものに限る。）をする場合

○令第130条（用途地域の制限に適合しない建築物の増築等の許可に当たり意見の聴取等を要しない場合等）

改正 公布：令和元年政令第30号　施行：令和元年６月25日

> 2　法第48条第16項第二号の政令で定める建築物は、次に掲げるものとする。
> 　一　日用品の販売を主たる目的とする店舗で第一種低層住居専用地域又は第二種低層住居専用地域内にあるもの
> 　二　共同給食調理場（２以上の学校（法別表第２（い）項第四号に規定する学校に限る。）において給食を実施するために必要な施設をいう。）で第一種中高層住居専用地域、第二種中高層住居専用地域、第一種住居地域、第二種住居地域又は準住居地域内にあるもの

280　　3－2　用途地域等

> 三　自動車修理工場で第一種住居地域、第二種住居地域又は準住居地域内にあるもの

〔趣旨・内容〕

　一定の用途地域内で日常生活に必要な一定の建築物（日用品販売店舗・共同給食調理場・自動車修理工場）について、規則第10条の4の3に定める騒音又は振動の発生その他の事象による住居の環境の悪化を防止する措置を講じている場合に、対象とする建築物に応じて、法第48条第1項から第7項までのいずれかのただし書の規定による許可に際し、建築審査会の同意の取得を要しないこととされました。

参　考

・昭和45年7月24日住指発第326号「建築基準法の一部を改正する法律の公布及び建築基準法の運用について」
・昭和46年1月29日住指発第44号「建築基準法の一部を改正する法律等の施行及び運用について」
・平成5年6月25日建設省住指発第224号「都市計画法及び建築基準法の一部を改正する法律等の施行について」
・平成18年11月6日国都計第82号・国住街第161号「都市の秩序ある整備を図るための都市計画法等の一部を改正する法律による都市計画法及び建築基準法の一部改正について（技術的助言）」
・平成30年3月30日国都公景第193号・国都計第134号・国住街第236号「都市緑地法等の一部を改正する法律の施行について（技術的助言）」
・令和元年6月24日国住指第653号・国住街第40号「建築基準法の一部を改正する法律等の施行について（技術的助言）」
・日本建築センターほか編『平成5年6月25日施行　改正建築基準法・施行令の解説』（日本建築センター、1993）
・建築基準法研究会編『平成30年改正　建築基準法・同施行令等の解説』（ぎょうせい、2019）

3－3　容積率（法第52条）

現行規制の内容

（1）　容積率

　都市計画において、地域ごとの用途地域が指定され、併せて容積率の限度が指定（指定容積率）されています。また、指定された用途地域ごとに、敷地に接道した道路幅員（12m未満に限ります。）に応じて容積率が制限されており、対象敷地における容積率は、指定容積率又は前面道路の幅員による容積率のいずれか小さい数値以下でなければなりません（建基52）。

（2）　容積率算定の延べ面積

　延べ面積のうち、容積率算定の基礎となる延べ面積から除外できる部分があります。これらの部分は、延べ面積のうち規定された割合に応じて延べ面積から除外できます。

　例えば、エレベーターの昇降路については、当該部分を延べ面積から除外でき、共同住宅や老人ホームは、共用廊下や地下にある住戸などについても延べ面積から除外できるとされています。

主な改正履歴と改正の趣旨・内容

主な改正	施行・適用
① 容積率に係る規定の制定	S46.1.1
② 2以上の地域にまたがる場合の按分規定の追加	S52.11.1
③ 特定道路（幅員15m以上の道路）からの距離に応じた容積率の緩和制度の導入	S62.11.16
④ 地階の住宅部分に係る容積率算定の緩和	H6.6.29
⑤ 壁面線の指定等がある場合におけるひさし等の容積率算定の緩和	H7.5.25
⑥ 共同住宅の共用廊下等に係る容積率算定の緩和	H9.9.1
⑦ 昇降機の昇降路の部分に係る容積率算定の緩和	H26.7.1

282   3－3   容積率

| ⑧ 老人ホーム等の共用廊下等の部分に係る容積率算定の緩和 | H30.9.25 |
| 住宅等の高効率給湯設備を対象とした容積率不算入に係る認定制度の創設及び既存建築物のエネルギー消費性能の向上に関する改修工事の特例許可の拡充 | R5.4.1 |

1　容積率に係る規定の制定
○法第52条（延べ面積の敷地面積に対する割合）

制定 公布：昭和45年法律第109号　施行：昭和46年1月1日

1　建築物の延べ面積（同一敷地内に2以上の建築物がある場合においては、その延べ面積の合計。以下この節において同じ。）の敷地面積に対する割合は、次の各号に掲げる区分に従い、当該各号に掲げる数値以下であり、かつ、当該建築物の前面道路（前面道路が2以上あるときは、その幅員の最大のもの。以下この項において同じ。）が12m未満である場合においては、当該前面道路の幅員のmの数値に6／10を乗じたもの以下でなければならない。
　　一　第一種住居専用地域内の建築物　5／10、6／10、8／10、10／10、15／10又は20／10のうち当該地域に関する都市計画において定められたもの
　　二　第二種住居専用地域、住居地域、近隣商業地域、準工業地域、工業地域又は工業専用地域内の建築物　20／10、30／10又は40／10のうち当該地域に関する都市計画において定められたもの
　　三　商業地域内の建築物　40／10、50／10、60／10、70／10、80／10、90／10又は100／10のうち当該地域に関する都市計画において定められたもの
　　四　用途地域の指定のない区域内の建築物　40／10
2　建築物の敷地が都市計画において定められた計画道路（第42条第1項第四号に該当するものを除くものとし、以下この項において「計画道路」という。）に接する場合又は当該敷地内に計画道路がある場合において、特定行政庁が交通上、安全上、防火上及び衛生上支障がないと認めて許可した建築物については、当該計画道路を前項の前面道路とみなして、同項の規定を適用するものとする。この場合において、同項中「敷地面積」とあるのは、「敷地のうち計画道路（第42条第1項第四号に該当するものを除く。）に係る部分を除いた部分の面積」とする。
3　次の各号の一に該当する建築物で、特定行政庁が交通上、安全上、防火上及び衛生上支障がないと認めて許可したものの延べ面積の敷地面積に対する

割合は、第1項の規定にかかわらず、その許可の範囲内において、同項の規定による限度をこえるものとすることができる。

一　同一敷地内の建築物の機械室その他これに類する部分の床面積の合計の建築物の延べ面積に対する割合が著しく大きい場合におけるその敷地内の建築物

二　その敷地の周囲に広い公園、広場、道路その他の空地を有する建築物

三　その敷地内に政令で定める空地を有し、かつ、その敷地面積が政令で定める規模以上である建築物

4　第44条第2項の規定は、前2項の規定による許可をする場合に準用する。

〔趣旨・内容〕

　経済の発展に伴い、限られた市街地内の土地の合理的かつ高度な利用が望まれるようになり、従来の都市計画区域内における建築物の絶対高さの制限（住居地域内20m以下、住居地域外31m以下）では実情に合わない面が生じてきました。一方、都市への人口集中により顕著となった交通難、水不足等のいわゆる都市問題に対処して、道路、公園、下水道等の都市施設との均衡がとれた建築物の規模の規制をする必要が生じてきました。

　これらの社会的要請に応えて、従来の建蔽率と絶対高さの制限という間接的な密度規制に代えて、直接、容積率を規制することにより、合理的かつ健全な都市の発展を図ることを目的として、昭和38年度の法改正により容積地区制が新設されました。これは、東京都及び大阪市の一部の区域で実施されていましたが、用途形態、密度等の規制をセットにして、地域の環境を総合的に把握し、規制できるように改め、かつ全国全ての都市計画区域に適用することとして、本規定が制定されました。

② 2以上の地域にまたがる場合の按分規定の追加

○法第52条（延べ面積の敷地面積に対する割合）

改正　公布：昭和51年法律第83号　施行：昭和52年11月1日

2　建築物の敷地が前項の規定による建築物の延べ面積の敷地面積に対する割合に関する制限を受ける地域又は区域の2以上にわたる場合においては、当該建築物の延べ面積の敷地面積に対する割合は、同項の規定による当該各地域又は区域内の建築物の延べ面積の敷地面積に対する割合の限度にその敷地の当該地域又は区域内にある各部分の面積の敷地面積に対する割合を乗じて得たものの合計以下でなければならない。

284   3－3   容積率

〔趣旨・内容〕

　建築物又はその敷地が建築基準法による制限を受ける区域又は地域の内外にわたる場合における建築物の容積率については、建築物又はその敷地の過半の属する区域又は地域の制限を適用することを改め、異なる区域又は地域に属する敷地の部分の面積により加重平均をした制限が適用されることとなりました。

3　特定道路（幅員15m以上の道路）からの距離に応じた容積率の緩和制度の導入

○法第52条（延べ面積の敷地面積に対する割合）

改正 公布：昭和62年法律第66号　施行：昭和62年11月16日

> 3　建築物の敷地が、幅員15m以上の道路（以下この項において「特定道路」という。）に接続する幅員６m以上12m未満の前面道路のうち当該特定道路からの延長が70m以内の部分において接する場合における当該建築物に対する前２項の規定の適用については、第１項中「幅員」とあるのは、「幅員（第３項の特定道路に接続する同項の前面道路のうち当該特定道路からの延長が70m以内の部分にあつては、その幅員に、当該特定道路から当該建築物の敷地が接する当該前面道路の部分までの延長に応じて政令で定める数値を加えたもの）」とする。

○令第135条の４の４（延べ面積の敷地面積に対する割合の制限について前面道路の幅員に加算する数値）〔現行第135条の18〕

制定 公布：昭和62年政令第348号　施行：昭和62年11月16日

> 　法第52条第３項の政令で定める数値は、次の式によつて計算したものとする。
>
> $$Wa = \frac{(12 - Wr)\ (70 - L)}{70}$$
>
> 　この式において、Wa、Wr及びLは、それぞれ次の数値を表すものとする。
>
> Wa　法第52条第３項の政令で定める数値（単位　m）
>
> Wr　前面道路の幅員（単位　m）
>
> L　法第52条第３項の特定道路からその建築物の敷地が接する前面道路の部分の直近の端までの延長（単位　m）

3−3　容積率　285

〔趣旨・内容〕

　道路幅員による容積制限については、それまで、敷地とそれに接する前面道路の関係においてのみ容積率と道路のバランスを評価していたため、広幅員道路に接する敷地とそれに隣接する狭い幅員の道路に接する敷地との間で急激な土地利用及び空間形成の変化が生じていましたが、本改正において、広幅員道路の存在など敷地周辺の道路状況を総合的に評価した適用方式とするものとし、土地利用及び空間形成の変化を連続的かつ合理的なものとしました。

　このため、前面道路の幅員が6m以上であり、かつ、当該前面道路に沿って幅員15m以上の道路（特定道路）からの延長が70m以内である敷地については、前面道路幅員に政令で定める数値を加えて前面道路幅員による容積率の制限を適用することとしました。

　政令で定める数値については、当該数値と前面道路の幅を加えたものが、幅員6m以上の前面道路が特定道路に接続する位置で都市計画で指定された容積率がそのまま実現できる幅員である12m、特定道路から70mの位置で実際の幅員となるようにし、その間でこれが直線的に変化するよう定められました。

4 　地階の住宅部分に係る容積率算定の緩和

○法第52条（延べ面積の敷地面積に対する割合）

改正 公布：平成6年法律第62号　施行：平成6年6月29日

> 2 　前項、第4項及び第8項、第59条第1項及び第3項、第59条の2第1項、第60条第1項、第68条の3（第2項第一号イ並びに第3項ただし書及び第二号ロを除く。）、第68条の4第1項、第68条の5第1項、第68条の8、第68条の9並びに第86条第9項に規定する建築物の延べ面積（第59条第1項及び第68条の9に規定するものについては、建築物の延べ面積の敷地面積に対する割合の最高限度に係る場合に限る。）には、建築物の地階でその天井が地盤面からの高さ1m以下にあるものの住宅の用途に供する部分の床面積（当該床面積が当該建築物の住宅の用途に供する部分の床面積の合計の1／3を超える場合においては、当該建築物の住宅の用途に供する部分の床面積の合計の1／3）は、算入しないものとする。

〔趣旨・内容〕

　居住形態の多様化に対する国民の関心の増大や既成市街地等における合理

286　　3－3　容積率

的な土地利用に対する要請の高まり等に鑑み、良好な市街地環境を確保しつ
つ、ゆとりのある住宅の供給を図るため、住宅の地下室に係る容積率の制限
の合理化が図られました。具体的には、建築物の地階で住宅の用途に供する
部分の床面積について、容積率算定上、当該建築物の住宅の用途に供する部
分の床面積の合計の1／3を限度として延べ面積に算入しないものとされま
した。

⑤　壁面線の指定等がある場合におけるひさし等の容積率算定の緩和
○法第52条（延べ面積の敷地面積に対する割合）

改正　公布：平成7年法律第13号　施行：平成7年5月25日

8　第一種低層住居専用地域、第二種低層住居専用地域、第一種中高層住居専
用地域、第二種中高層住居専用地域、第一種住居地域、第二種住居地域若し
くは準住居地域又は第1項各号列記以外の部分の規定に基づき特定行政庁が
都市計画地方審議会の議を経て指定する区域内で、前面道路の境界線から後
退して壁面線の指定がある場合又は第68条の2第1項の規定に基づく条例で
定める壁面の位置の制限（道路に面する建築物の壁又はこれに代わる柱の位
置及び道路に面する高さ2mを超える門又は塀の位置を制限するものに限
る。）がある場合において、当該壁面線又は当該壁面の位置の制限として定め
られた限度の線（以下この項及び次項において「壁面線等」という。）を越え
ない建築物（ひさしその他の建築物の部分で政令で定めるものを除く。）につ
いては、当該前面道路の境界線は、当該壁面線等にあるものとみなして、第
1項から第5項までの規定を適用することができる。ただし、建築物の延べ
面積の敷地面積に対する割合は、当該前面道路の幅員のmの数値に6／10を
乗じたもの以下でなければならない。

9　前項の場合においては、当該建築物の敷地のうち前面道路と壁面線等との
間の部分の面積は、敷地面積又は敷地の部分の面積に算入しないものとする。

○令第135条の4の5（延べ面積の敷地面積に対する割合の算定に当たり建
築物から除かれる部分）〔現行第135条の19〕

制定　公布：平成7年政令第214号　施行：平成7年5月25日

法第52条第8項の政令で定める建築物の部分は、次に掲げるものとする。
一　ひさしその他これに類する建築物の部分で、次に掲げる要件に該当するも
の
イ　高さが5m以下であること。

ロ　当該部分の水平投影の前面道路に面する長さを敷地の前面道路に接する
部分の水平投影の長さで除した数値が１／５以下であること。

ハ　当該部分から前面道路の境界線までの水平距離のうち最小のものが１ｍ
以上であること。

二　建築物の地盤面下の部分

三　道路に沿つて設けられる高さが２ｍ以下の門又は塀（高さが1.2mを超える
ものにあつては、当該1.2mを超える部分が網状その他これに類する形状で
あるものに限る。）

四　隣地境界線に沿つて設けられる高さが２ｍ以下の門又は塀

五　歩廊、渡り廊下その他これらに類する建築物の部分で、特定行政庁がその
地方の気候若しくは風土の特殊性又は土地の状況を考慮して規則で定めたも
の

〔趣旨・内容〕

　土地の有効利用がふさわしい地域において、市街地環境を確保しながら前
面道路幅員による容積率制限の緩和を可能としたものとして、法第52条第
６・７項（現行第10・11項）に基づく許可によるものに加え、新たに同条第
８項（現行第12項）に基づき住居系用途地域内における確認手続による緩和
制度が設けられました。この容積率の算定に当たり、建築物から除かれる部
分について本政令で規定されました。

6　共同住宅の共用廊下等に係る容積率算定の緩和

○法第52条（延べ面積の敷地面積に対する割合）

改正　公布：平成９年法律第79号　施行：平成９年９月１日

4　第１項（第五号を除く。）、次項、第９項及び第11項、第59条第１項及び第
３項、第59条の２第１項、第60条第１項、第68条の３（第２項第一号イ及び
第３項第二号ロを除く。）、第68条の４第１項、第68条の５第１項、第68条の
５の２、第68条の８、第68条の９並びに第86条第９項に規定する建築物の延
べ面積には、共同住宅の共用の廊下又は階段の用に供する部分の床面積は、
算入しないものとする。

〔趣旨・内容〕

　長時間通勤の増大等をもたらしている都市構造の現状に鑑み、土地の有効
利用を通じて利便性の高い高層住宅の供給促進を図り、職住近接の都市構造
の実現に資するため、容積率制限について合理化が図られました。具体的に

288 　3－3 　容積率

は、ゆとりある廊下等を備えた良質な共同住宅の供給を図るため、共同住宅
の共用の廊下又は階段の用に供する部分の床面積については、容積率算定上、
その延べ面積に算入しないものとされました。

7 　昇降機の昇降路の部分に係る容積率算定の緩和

○法第52条（容積率）

改 正 公布：平成26年法律第54号　施行：平成26年7月1日（3項は平成27年6月
　　　　 1日）

　3 　第1項（ただし書を除く。）、前項、第7項、第12項及び第14項、第57条の
　　2第3項第二号、第57条の3第2項、第59条第1項及び第3項、第59条の2
　　第1項、第60条第1項、第60条の2第1項及び第4項、第68条の3第1項、
　　第68条の4、第68条の5（第二号イを除く。第6項において同じ。）、第68条
　　の5の2（第二号イを除く。第6項において同じ。）、第68条の5の3第1項
　　（第一号ロを除く。第6項において同じ。）、第68条の5の4（ただし書及び
　　第一号ロを除く。）、第68条の5の5第1項第一号ロ、第68条の8、第68条の
　　9第1項、第86条第3項及び第4項、第86条の2第2項及び第3項、第86条
　　の5第3項並びに第86条の6第1項に規定する建築物の容積率（第59条第1
　　項、第60条の2第1項及び第68条の9第1項に規定するものについては、建
　　築物の容積率の最高限度に係る場合に限る。第6項において同じ。）の算定
　　の基礎となる延べ面積には、建築物の地階でその天井が地盤面からの高さ1
　　m以下にあるものの住宅又は老人ホーム、福祉ホームその他これらに類する
　　もの（以下この項において「老人ホーム等」という。）の用途に供する部分（第
　　6項の政令で定める昇降機の昇降路の部分又は共同住宅の共用の廊下若しく
　　は階段の用に供する部分を除く。以下この項において同じ。）の床面積（当該
　　床面積が当該建築物の住宅及び老人ホーム等の用途に供する部分の床面積の
　　合計の1／3を超える場合においては、当該建築物の住宅及び老人ホーム等
　　の用途に供する部分の床面積の合計の1／3）は、算入しないものとする。
　　（略）
　6 　第1項、第2項、次項、第12項及び第14項、第57条の2第3項第二号、第
　　57条の3第2項、第59条第1項及び第3項、第59条の2第1項、第60条第1
　　項、第60条の2第1項及び第4項、第68条の3第1項、第68条の4、第68条
　　の5、第68条の5の2、第68条の5の3第1項、第68条の5の4（第一号ロ
　　を除く。）、第68条の5の5第1項第一号ロ、第68条の8、第68条の9第1項、
　　第86条第3項及び第4項、第86条の2第2項及び第3項、第86条の5第3項
　　並びに第86条の6第1項に規定する建築物の容積率の算定の基礎となる延べ

面積には、政令で定める昇降機の昇降路の部分又は共同住宅の共用の廊下若しくは階段の用に供する部分の床面積は、算入しないものとする。

○令第135条の16（容積率の算定の基礎となる延べ面積に昇降路の部分の床面積を算入しない昇降機）

制定 公布：平成26年政令第232号　施行：平成26年7月1日

法第52条第6項の政令で定める昇降機は、エレベーターとする。

〔趣旨・内容〕

　我が国における高齢者人口の急速な増加から、高齢者等の住まいの質の向上や良質な住まいの供給を促進することが必要であるところ、従来の住宅に加え、建築物の地階で老人ホーム等についても、それらの用途に供する部分の床面積の合計の1／3を限度として、容積率の算定の基礎となる延べ面積に算入しないこととされました。

　従来、エレベーターの昇降路の部分の床面積は、かご停止階全てについて容積率に算入しており、この容積率の算定方法は、建築物の確認申請・審査の簡素化等の面から一定の合理性はあるものの、近年のエレベーターの普及により、公共施設への負荷を統制するという趣旨に鑑みて不合理性が相対的に大きくなっていること、また、バリアフリー化等のエレベーターに期待される役割・ニーズが大きく変化していることに対応する必要があることから、エレベーターについて、昇降路の部分の床面積を容積率の算定の基礎となる延べ面積に算入しないこととされました。

8 老人ホーム等の共用廊下等の部分に係る容積率算定の緩和

○法第52条（容積率）

改正 公布：平成30年法律第67号　施行：平成30年9月25日

6　第1項、第2項、次項、第12項及び第14項、第57条の2第3項第二号、第57条の3第2項、第59条第1項及び第3項、第59条の2第1項、第60条第1項、第60条の2第1項及び第4項、第68条の3第1項、第68条の4、第68条の5、第68条の5の2、第68条の5の3第1項、第68条の5の4（第一号ロを除く。）、第68条の5の5第1項第一号ロ、第68条の8、第68条の9第1項、第86条第3項及び第4項、第86条の2第2項及び第3項、第86条の5第3項並びに第86条の6第1項に規定する建築物の容積率の算定の基礎となる延べ

290　　3－3　容積率

> 面積には、政令で定める昇降機の昇降路の部分又は共同住宅若しくは老人ホーム等の共用の廊下若しくは階段の用に供する部分の床面積は、算入しないものとする。

〔趣旨・内容〕

　高齢化の進展が見込まれていること等を受け、共同住宅から老人ホーム等への転用が円滑に行われるよう、老人ホーム等の共用の廊下又は階段の用に供する部分について、共同住宅と同様に、容積率の算定の基礎となる延べ面積に算入しないこととされました。

9　住宅等の高効率給湯設備を対象とした容積率不算入に係る認定制度の創設及び既存建築物のエネルギー消費性能の向上に関する改修工事の特例許可の拡充

○法第52条（容積率）

改正　公布：令和4年法律第69号　施行：令和5年4月1日

> 6　（略）
>
> 　三　住宅又は老人ホーム等に設ける機械室その他これに類する建築物の部分（給湯設備その他の国土交通省令で定める建築設備を設置するためのものであつて、市街地の環境を害するおそれがないものとして国土交通省令で定める基準に適合するものに限る。）で、特定行政庁が交通上、安全上、防火上及び衛生上支障がないと認めるもの
>
> 　（略）
>
> 14　（略）
>
> 　三　建築物のエネルギー消費性能（建築物のエネルギー消費性能の向上に関する法律（平成27年法律第53号）第2条第1項第二号に規定するエネルギー消費性能をいう。次条第5項第四号において同じ。）の向上のため必要な外壁に関する工事その他の屋外に面する建築物の部分に関する工事を行う建築物で構造上やむを得ないものとして国土交通省令で定めるもの

〔趣旨・内容〕

　高効率給湯設備を対象とした法第52条第14項第一号の規定に基づく許可の実績が一定程度蓄積していること等を踏まえ、一定の要件を満たすものについては、建築審査会の同意を不要とする手続の合理化が行われました。

　また、既存建築物のエネルギー消費性能を向上させるための改修工事等を行うことにより、容積率制限、建蔽率制限、高さ制限を超えてしまう場合で

あっても、建築物の構造上やむを得ない場合には、市街地環境を害しないものに限り、特定行政庁が特例許可を行うことで、必要最低限の範囲でこれらの制限を超えることが可能となりました。

▦▦▦ 「延べ面積」に係る主な改正 ▦▦▦

① 延べ面積の制定
○令第2条第1項第四号（面積、高さ等の算定方法）

制 定 公布：昭和25年政令第338号　施行：昭和25年11月23日

> 四　延べ面積　建築物の各階の床面積の合計による。但し、法第56条第3項の場合においては、地階の床面積は、算入しない。

〔趣旨・内容〕
　建築基準法制定当初から定められた規定です。法第56条の空地地区（現行削除）の制限においては、地上階のみで算定することとされました。

② 自動車車庫の面積不算入
○令第2条（面積、高さ等の算定方法）

改 正 公布：昭和39年政令第4号　施行：昭和39年1月15日

> 1　次の各号に掲げる面積、高さ及び階数の算定方法は、それぞれ当該各号に定めるところによる。
> （略）
> 　四　延べ面積　建築物の各階の床面積の合計による。ただし、法第56条第3項の場合においては地階の床面積を、法第59条の2第2項及び第4項並びに法第59条の3第3項の場合においては自動車車庫その他のもつぱら自動車の停留又は駐車のための施設（誘導車路、操車場所及び乗降場を含む。）の用途に供する部分の床面積を算入しない。
> （略）
> 3　第1項第四号ただし書の規定は、同項に規定するもつぱら自動車の停留又は駐車のための施設の用途に供する部分の床面積については、当該敷地内の建築物の各階の床面積の合計（同一敷地内に2以上の建築物がある場合においては、それらの建築物の各階の床面積の合計の和）の1／5を限度として適用するものとする。

292   3－3　容積率

〔趣旨・内容〕

　容積率制限においては、実質的建築利用密度との相関が少なく、かつ、道路事情に寄与するため、自動車車庫等の駐車スペースに供する部分の床面積は延べ面積（ただし、各階の合計の床面積の1／5を限度とします。）に不算入とされました。

③　自転車駐輪場の面積不算入

○令第2条（面積、高さ等の算定方法）

改正　公布：昭和62年政令第348号　施行：昭和62年11月16日

1　次の各号に掲げる面積、高さ及び階数の算定方法は、それぞれ当該各号に定めるところによる。

（略）

四　延べ面積　建築物の各階の床面積の合計による。ただし、法第52条第1項、第2項及び第6項、法第59条第1項（建築物の延べ面積の敷地面積に対する割合の最高限度に係る部分に限る。）、法第59条の2第1項並びに法第60条第1項の場合においては、自動車車庫その他の専ら自動車又は自転車の停留又は駐車のための施設（誘導車路、操車場所及び乗降場を含む。）の用途に供する部分の床面積を算入しない。

（略）

3　第1項第四号ただし書の規定は、同項に規定する専ら自動車又は自転車の停留又は駐車のための施設の用途に供する部分の床面積については、当該敷地内の建築物の各階の床面積の合計（同一敷地内に2以上の建築物がある場合においては、それらの建築物の各階の床面積の合計の和）の1／5を限度として適用するものとする。

〔趣旨・内容〕

　自転車交通が増大していることに伴って、駐輪場の設置の必要性が高まっていた中、駐輪場については駐車場と同様の性格のものということができるため、駐輪場（誘導車路等を含みます。）についても容積率制限において駐車場と同様の扱いをすることとされました。

④　備蓄倉庫、蓄電池、自家発電設備、貯水槽の面積不算入

○令第2条（面積、高さ等の算定方法）

改正　公布：平成24年政令第239号　施行：平成24年9月20日

1　次の各号に掲げる面積、高さ及び階数の算定方法は、それぞれ当該各号に

3－3　容積率　293

定めるところによる。

（略）

　四　延べ面積　建築物の各階の床面積の合計による。ただし、法第52条第1
　　項に規定する延べ面積（建築物の容積率の最低限度に関する規制に係る当
　　該容積率の算定の基礎となる延べ面積を除く。）には、次に掲げる建築物の
　　部分の床面積を算入しない。

　　イ　自動車車庫その他の専ら自動車又は自転車の停留又は駐車のための施
　　　設（誘導車路、操車場所及び乗降場を含む。）の用途に供する部分（第3
　　　項第一号及び第137条の8において「自動車車庫等部分」という。）

　　ロ　専ら防災のために設ける備蓄倉庫の用途に供する部分（第3項第二号
　　　及び第137条の8において「備蓄倉庫部分」という。）

　　ハ　蓄電池（床に据え付けるものに限る。）を設ける部分（第3項第三号及
　　　び第137条の8において「蓄電池設置部分」という。）

　　ニ　自家発電設備を設ける部分（第3項第四号及び第137条の8において
　　　「自家発電設備設置部分」という。）

　　ホ　貯水槽を設ける部分（第3項第五号及び第137条の8において「貯水槽
　　　設置部分」という。）

（略）

3　第1項第四号ただし書の規定は、次の各号に掲げる建築物の部分の区分に
　応じ、当該敷地内の建築物の各階の床面積の合計（同一敷地内に2以上の建
　築物がある場合においては、それらの建築物の各階の床面積の合計の和）に
　当該各号に定める割合を乗じて得た面積を限度として適用するものとする。

　一　自動車車庫等部分　　　1／5

　二　備蓄倉庫部分　　　　　1／50

　三　蓄電池設置部分　　　　1／50

　四　自家発電設備設置部分　1／100

　五　貯水槽設置部分　　　　1／100

〔趣旨・内容〕

　自動車又は自転車の停留又は駐車のための施設の用途に供する部分に加
え、専ら防災のために設ける備蓄倉庫の用途に供する部分、蓄電池（床に据
え付けるものに限ります。）を設ける部分、自家発電設備を設ける部分及び貯
水槽を設ける部分についても、その床面積を一定の範囲内で容積率の算定の
基礎となる延べ面積に算入しないこととされました。

294　3−3　容積率

5　宅配ボックスの面積不算入
○令第2条（面積、高さ等の算定方法）
改正　公布：平成30年政令第255号　施行：平成30年9月25日

1　次の各号に掲げる面積、高さ及び階数の算定方法は、それぞれ当該各号に
定めるところによる。
（略）
四　延べ面積　建築物の各階の床面積の合計による。ただし、法第52条第1
項に規定する延べ面積（建築物の容積率の最低限度に関する規制に係る当
該容積率の算定の基礎となる延べ面積を除く。）には、次に掲げる建築物の
部分の床面積を算入しない。
（略）
ヘ　宅配ボックス（配達された物品（荷受人が不在その他の事由により受
け取ることができないものに限る。）の一時保管のための荷受箱をいう。）
を設ける部分（第3項第六号及び第137条の8において「宅配ボックス設
置部分」という。）
（略）
3　第1項第四号ただし書の規定は、次の各号に掲げる建築物の部分の区分に
応じ、当該敷地内の建築物の各階の床面積の合計（同一敷地内に2以上の建
築物がある場合においては、それらの建築物の各階の床面積の合計の和）に
当該各号に定める割合を乗じて得た面積を限度として適用するものとする。
（略）
六　宅配ボックス設置部分　1／100

〔趣旨・内容〕

　自動車車庫等に加え、宅配ボックス（配達された物品（荷受人が不在その
他の事由により受け取ることができないものに限ります。）の一時保管のた
めの荷受箱をいいます。）を設ける部分についても、建築物の用途を問わず、
当該敷地内の建築物の各階の床面積の合計（同一敷地内に二以上の建築物が
ある場合においては、それらの建築物の各階の床面積の合計の和）に1／100
を乗じて得た面積を限度として、容積率の算定の基礎となる延べ面積に算入
しないこととされました。

参 考

- ・昭和52年10月28日住指発第770号「建築基準法の一部を改正する法律等の施行について」
- ・平成 6 年 6 月29日建設省住街発第73号「建築基準法の一部改正等について」
- ・平成 7 年 5 月25日建設省住街発第53号「住宅地等における壁面線制度の積極的かつ弾力的活用について」
- ・平成 9 年 6 月13日住指街第72号「都市計画法及び建築基準法の一部を改正する法律の一部の施行について」
- ・平成24年 9 月27日国住指第2315号・国住街第113号「建築基準法施行令の一部を改正する政令等の施行について（技術的助言）」
- ・平成27年 5 月27日国住指第555号・国住街第39号「建築基準法の一部を改正する法律等の施行について（技術的助言）」
- ・平成30年 9 月21日国住指第2074号・国住街第187号「建築基準法の一部を改正する法律等の施行について（技術的助言）」
- ・令和 5 年 3 月24日国住指第532号・国住街第239号「脱炭素社会の実現に資するための建築物のエネルギー消費性能の向上に関する法律等の一部を改正する法律等の施行について」
- ・日本建築センター編『詳解建築基準法』（帝国地方行政学会、1973）
- ・日本建築センター編『改正建築基準法の解説〔1987年版〕』（財団法人　日本建築センター、1987）
- ・建築基準法研究会編『平成26年改正　建築基準法・同施行令等の解説』（ぎょうせい、2015）

296   3－4   建蔽率

3－4   建蔽率 （法第53条）

現行規制の内容

（1）建蔽率

都市計画において、地域ごとの用途地域が指定され、併せて建蔽率の限度が指定（指定建蔽率）されています。建築物の建築面積の敷地面積に対する割合はこれを超えてはいけません（建基53①②）。

また、建蔽率の限度について、緩和措置が設けられています。用途地域と共に指定された建蔽率の限度が8／10以外の地域で、

① 防火地域、準防火地域における防耐火性能を有する建築物

② 角地にある敷地で特定行政庁が指定したもの

について、どちらか一方に適合すれば、建蔽率の値に1／10を加えたもの、両方に適合する場合は、2／10を加えたものが建蔽率の限度となります（建基53③）。

また、都市計画で指定された建蔽率の限度が8／10の地域内で防火地域内の耐火建築物については建蔽率が適用されません（建基53⑥）。

（2）建蔽率算定の建築面積

建築面積は、建築物の外壁又はこれに代わる柱の中心線（軒、ひさし等で外壁又はこれに代わる柱の中心線から水平距離1m以上突き出したものがある場合においては、その端から水平距離1m後退した線）で囲まれた部分の水平投影面積によります。地階で地盤面上1m以下にある部分は除かれます（建基令2①二）。

主な改正履歴と改正の趣旨・内容

主な改正	施行・適用
① 建蔽率に係る条項の制定	S25.11.23
② 現行の建蔽率制度への移行	S46.1.1
③ 2以上の地域にまたがる場合の按分規定の追加	S52.11.1
④ 壁面線の指定等がある場合の建蔽率の緩和制度の創設	H13.5.18

5 防火地域及び準防火地域内での建蔽率の緩和規定の追加		R1.6.25

1 建蔽率に係る条項の制定

〇法第55条（建築面積の敷地面積に対する割合）〔現行第53条〕

制定 公布：昭和25年法律第201号　施行：昭和25年11月23日

1　建築物の建築面積（同一敷地内に2以上の棟をなす建築物がある場合においては、その建築面積の合計とする。以下この章において同様とする。）は、住居地域内、準工業地域内又は工業地域内においては、敷地面積から30㎡を引いたものの6／10を、商業地域内又は用途地域の指定のない区域内においては、敷地面積の7／10を、それぞれこえてはならない。但し、公衆便所、巡査派出所、公共用歩廊その他これらに類するものについては、この限りでない。

2　前項の規定の適用については、第一号又は第二号のいずれかに該当する建築物に対しては、同項中「6／10」とあるのは「7／10」と、「7／10」とあるのは「8／10」とそれぞれ読み替え、第一号及び第二号に該当する建築物に対しては、同項中「6／10」とあるのは「8／10」と、「7／10」とあるのは「9／10」とそれぞれ読み替えるものとする。

一　防火地域内にある建築物で、主要構造部が耐火構造のもの

二　街区の角にある敷地又はこれに準ずる敷地で、特定行政庁が指定するものの内にある建築物

〔趣旨・内容〕

　昭和25年に建築面積の敷地面積に対する割合について定めた本規定が制定されました。

2 現行の建蔽率制度への移行

〇法第53条（建築面積の敷地面積に対する割合）

制定 公布：昭和45年法律第109号　施行：昭和46年1月1日

1　建築物の建築面積（同一敷地内に2以上の建築物がある場合においては、その建築面積の合計。第59条第1項を除き、以下この節において同じ。）の敷地面積に対する割合は、次の各号に掲げる区分に従い、当該各号に掲げる数値をこえてはならない。

一　第一種住居専用地域内の建築物　3／10、4／10、5／10又は6／10の

298   3－4 建蔽率

　　うち当該地域に関する都市計画において定められたもの
　二　第二種住居専用地域、住居地域、準工業地域、工業地域又は工業専用地
　　域内の建築物　6／10
　三　近隣商業地域又は商業地域内の建築物　8／10
　四　用途地域の指定のない区域内の建築物　7／10
2　前項の規定の適用については、第一号又は第二号のいずれかに該当する建
　築物にあつては同項各号に掲げる数値に1／10を加えたものをもつて当該各
　号に掲げる数値とし、第一号及び第二号に該当する建築物にあつては同項各
　号に掲げる数値に2／10を加えたものをもつて当該各号に掲げる数値とす
　る。
　一　近隣商業地域及び商業地域外で、かつ、防火地域内にある耐火建築物
　二　街区のかどにある敷地又はこれに準ずる敷地で特定行政庁が指定するも
　　のの内にある建築物
3　前2項の規定は、次の各号の一に該当する建築物については、適用しない。
　一　近隣商業地域及び商業地域内で、かつ、防火地域内にある耐火建築物
　二　巡査派出所、公衆便所、公共用歩廊その他これらに類するもの
　三　公園、広場、道路、川その他これらに類するものの内にある建築物で安
　　全上、防火上及び衛生上支障がないもの
4　建築物の敷地が防火地域の内外にわたる場合において、その敷地内の建築
　物の全部が耐火建築物であるときは、その敷地は、すべて防火地域内にある
　ものとみなして、第2項又は前項第一号の規定を適用する。

〔趣旨・内容〕
　改正前は本規定と建築物の高さの制限とで市街地建築物の容積、形態を規
制していましたが、いわゆる容積率制限が全国の都市計画区域に全面適用さ
れたため、建蔽率制限の趣旨は間接的な容積率規定の一翼を担うという目的
をはずされて、敷地内に空地をある程度確保することにより、通風、日照、
採光、防災等市街地の環境条件を確保するとともに、植樹等により、自然の
緑の空間を市街地にできるだけ残すという本来の目的に立ち返ることとなり
ました。
　しかしながら、市街地の土地価格の高騰により、建築物の敷地面積、とり
わけ住宅の敷地面積は狭小化の一途をたどり、従来の建蔽率制限が荷重にな
ってきていたので、この実情に合わせて、商業用途地域で1割アップ、その
他の用途地域では30㎡の基礎控除がはずされるなどの緩和が行われました。

3－4 建蔽率 299

③ 2以上の地域にまたがる場合の按分規定の追加
○法第53条（建築面積の敷地面積に対する割合）

改正 公布：昭和51年法律第83号　施行：昭和52年11月1日

> 2　建築物の敷地が前項の規定による建築物の建築面積の敷地面積に対する割合に関する制限を受ける地域又は区域の2以上にわたる場合においては、当該建築物の建築面積の敷地面積に対する割合は、同項の規定による当該各地域又は区域内の建築物の建築面積の敷地面積に対する割合の限度にその敷地の当該地域又は区域内にある各部分の面積の敷地面積に対する割合を乗じて得たものの合計以下でなければならない。

〔趣旨・内容〕

　建築物又はその敷地が建築基準法による制限を受ける区域又は地域の内外にわたる場合における建築物の建蔽率については、建築物又はその敷地の過半の属する区域又は地域の制限を適用することを改め、異なる区域又は地域に属する敷地の部分の面積により加重平均をした制限が適用されることとなりました。

④ 壁面線の指定等がある場合の建蔽率の緩和制度の創設
○法第53条（建ぺい率）

改正 公布：平成12年法律第73号　施行：平成13年5月18日

> 4　隣地境界線から後退して壁面線の指定がある場合又は第68条の2第1項の規定に基づく条例で定める壁面の位置の制限（隣地境界線に面する建築物の壁又はこれに代わる柱の位置及び隣地境界線に面する高さ2mを超える門又は塀の位置を制限するものに限る。）がある場合において、当該壁面線又は壁面の位置の制限として定められた限度の線を越えない建築物（ひさしその他の建築物の部分で政令で定めるものを除く。）で、特定行政庁が安全上、防火上及び衛生上支障がないと認めて許可したものの建ぺい率は、前3項の規定にかかわらず、その許可の範囲内において、前3項の規定による限度を超えるものとすることができる。

○令第135条の4の9（建ぺい率の制限の緩和に当たり建築物から除かれる部分）〔現行第135条の21〕

制定 公布：平成13年政令第98号　施行：平成13年5月18日

> 法第53条第4項の政令で定める建築物の部分は、次に掲げるものとする。

300   3－4　建蔽率

　　一　軒、ひさし、ぬれ縁及び国土交通省令で定める建築設備
　　二　建築物の地盤面下の部分
　　三　高さが2m以下の門又は塀

〔趣旨・内容〕

　我が国の市街地においては、戦前に形成された木造長屋や戦後の混乱の中で無秩序に建築された木造建築物が多く、都市における防災性の確保や良好な市街地環境を形成する上で大きな問題となっていました。このため、建築物の建替えを円滑に進め、耐火性能の向上等により市街地の防災性の向上等を図ることが必要ですが、その際には、ライフスタイルの多様化や居住環境の向上に対するニーズの高まり等に対応して、低層部における床面積の確保が強く求められているところでした。

　このため、隣地側の壁面線の指定等によって壁面の位置を揃えることにより、採光、通風等の居住環境を保持するため有効な一体的かつ連続的に空地が確保されるものについて、特定行政庁の許可により建蔽率制限を緩和することとして、協調的な建替えによる老朽建築物の更新の促進に寄与するものとして、本規定は制定されました。

　また、壁面線等を越えることが可能な建築物の部分として、ひさしその他の建築物の部分について、政令で具体的に定められました。

5　防火地域及び準防火地域内での建蔽率の緩和規定の追加

○法第53条（建蔽率）

改正　公布：平成30年法律第67号　施行：令和元年6月25日

　3　前2項の規定の適用については、第一号又は第二号のいずれかに該当する建築物にあつては第1項各号に定める数値に1／10を加えたものをもつて当該各号に定める数値とし、第一号及び第二号に該当する建築物にあつては同項各号に定める数値に2／10を加えたものをもつて当該各号に定める数値とする。
　　一　防火地域（第1項第二号から第四号までの規定により建蔽率の限度が8／10とされている地域を除く。）内にあるイに該当する建築物又は準防火地域内にあるイ若しくはロのいずれかに該当する建築物
　　　イ　耐火建築物又はこれと同等以上の延焼防止性能（通常の火災による周囲への延焼を防止するために壁、柱、床その他の建築物の部分及び防火戸その他の政令で定める防火設備に必要とされる性能をいう。ロにおいて同じ。）を有するものとして政令で定める建築物（以下この条及び第67

条第1項において「耐火建築物等」という。）

　　ロ　準耐火建築物又はこれと同等以上の延焼防止性能を有するものとして
　　　政令で定める建築物（耐火建築物等を除く。第8項及び第67条第1項に
　　　おいて「準耐火建築物等」という。）

　二　街区の角にある敷地又はこれに準ずる敷地で特定行政庁が指定するもの
　　の内にある建築物

　（略）

6　前各項の規定は、次の各号のいずれかに該当する建築物については、適用
　しない。

　一　防火地域（第1項第二号から第四号までの規定により建蔽率の限度が
　　8／10とされている地域に限る。）内にある耐火建築物等

　（略）

〇令第135条の20（耐火建築物と同等以上の延焼防止性能を有する建築物等）

制定　公布：令和元年政令第30号　施行：令和元年6月25日

1　法第53条第3項第一号イの政令で定める建築物は、次に掲げる要件に該当
　する建築物とする。

　一　外壁の開口部で延焼のおそれのある部分に防火設備が設けられているこ
　　と。

　二　壁、柱、床その他の建築物の部分及び前号の防火設備が第136条の2第一
　　号ロに掲げる基準に適合し、かつ、法第61条に規定する構造方法を用いる
　　もの又は同条の規定による認定を受けたものであること。

2　前項の規定は、法第53条第3項第一号ロの政令で定める建築物について準
　用する。この場合において、前項第二号中「第136条の2第一号ロ」とあるの
　は、「第136条の2第二号ロ」と読み替えるものとする。

〔趣旨・内容〕

　密集市街地等の整備改善に向けた規制の合理化の一環として、延焼防止性
能を有する建築物に関する建蔽率規制が合理化されました。具体的には、都
市計画で定められた建蔽率の限度の数値に1／10を加えるものとする建築物
として、防火地域（都市計画において定められた建蔽率の限度が8／10とさ
れている地域を除きます。）内にある耐火建築物と同等以上の延焼防止性能
を有する建築物並びに準防火地域内にある耐火建築物及び耐火建築物と同等

302   3－4　建蔽率

以上の延焼防性能を有する建築物並びに準耐火建築物及び準耐火建築物と同等以上の延焼防止性能を有する建築物が追加されました。また、建蔽率規制を適用しない建築物として、防火地域（都市計画において定められた建蔽率の限度が8／10とされている地域に限ります。）内にある耐火建築物と同等以上の延焼防止性能を有する建築物が追加されました。

　また、政令において、都市計画で定められた建蔽率の限度の数値に1／10を加えるものとする建築物として、耐火建築物と同等以上の延焼防止性能を有する建築物等について規定されました。

▓▓▓▓　「建築面積」に係る主な改正　▓▓▓▓

1　建築面積の制定
〇令第2条第1項第二号（面積、高さ等の算定方法）
制定　公布：昭和25年政令第338号　施行：昭和25年11月23日

> 二　建築面積　建築物（地階で地盤面上1m以下にある部分を除く。）の外壁又はこれに代る柱の中心線（軒、ひさし、はね出し縁その他これらに類するもので当該中心線から水平距離1m以上突き出たものがある場合においては、その端から水平距離1m後退した線）で囲まれた部分の水平投影面積による。

〔趣旨・内容〕
　敷地が建築物により覆われている程度を示します。軒やひさし等については、先端から1m以内の範囲は算定から除くこととされています。

2　高い開放性を有する部分の緩和
〇令第2条第1項第二号（面積、高さ等の算定方法）
改正　公布：平成5年政令第170号　施行：平成5年6月25日

> 二　建築面積　建築物（地階で地盤面上1m以下にある部分を除く。以下この号において同じ。）の外壁又はこれに代わる柱の中心線（軒、ひさし、はね出し縁その他これらに類するもので当該中心線から水平距離1m以上突き出たものがある場合においては、その端から水平距離1m後退した線）で囲まれた部分の水平投影面積による。ただし、建設大臣が高い開放性を有すると認めて指定する構造の建築物又はその部分については、その端から水平距離1m以内の部分の水平投影面積は、当該建築物の建築面積に算入しない。

○関係告示　高い開放性を有すると認めて指定する構造〔平5建告1437号〕

|制定| 公布：平成5年建設省告示第1437号　施行：平成5年6月25日

　一　外壁を有しない部分が連続して4m以上であること
　二　柱の間隔が2m以上であること
　三　天井の高さが2.1m以上であること
　四　地階を除く階数が1であること

〔趣旨・内容〕

　建築物の建築面積の算定については、原則は「建築物の外壁又はこれに代わる柱の中心線で囲まれた部分の水平投影面積」ですが、①地階で地盤面上の1m以下の部分、②軒、ひさし、はね出し縁その他のこれらに類するもので当該中心線から水平距離1m以上突き出たものである場合、その端から1m後退した線より外側の部分は算入しないこととされていました。したがって、水平距離1m以上の軒、ひさし等であっても、その端部にこれを支える柱がある場合には、②の緩和措置を講じないこととされていました。しかし、現実の建築物の様々な形態を想定すると、軒、ひさし等の端部に柱がある場合であっても、当該部分の外気への開放性について、端部に柱がない場合と同様の場合もあると考えられます。そこで、高い開放性を有する一定の構造の建築物については、建築物の端から1m以内の部分の水平投影面積は建築面積に算入しないこととされました。

　また、その構造の具体的基準について告示で定められました。

③　倉庫等の大規模庇の緩和

○令第2条第1項第二号（面積、高さ等の算定方法）

|改正| 公布：令和5年政令第34号　施行：令和5年4月1日

　二　建築面積　建築物（地階で地盤面上1m以下にある部分を除く。以下この号において同じ。）の外壁又はこれに代わる柱の中心線（軒、ひさし、はね出し縁その他これらに類するもの（以下この号において「軒等」という。）で当該中心線から水平距離1m以上突き出たもの（建築物の建蔽率の算定の基礎となる建築面積を算定する場合に限り、工場又は倉庫の用途に供する建築物において専ら貨物の積卸しその他これに類する業務のために設ける軒等でその端と敷地境界線との間の敷地の部分に有効な空地が確保されていることその他の理由により安全上、防火上及び衛生上支障がないものとして国土交通

304   3－4   建蔽率

大臣が定める軒等（以下この号において「特例軒等」という。）のうち当該中
心線から突き出た距離が水平距離１m以上５m未満のものであるものを除
く。）がある場合においては、その端から水平距離１m後退した線（建築物の
建蔽率の算定の基礎となる建築面積を算定する場合に限り、特例軒等のうち
当該中心線から水平距離５m以上突き出たものにあつては、その端から水平
距離５m以内で当該特例軒等の構造に応じて国土交通大臣が定める距離後退
した線））で囲まれた部分の水平投影面積による。ただし、国土交通大臣が高
い開放性を有すると認めて指定する構造の建築物又はその部分については、
当該建築物又はその部分の端から水平距離１m以内の部分の水平投影面積
は、当該建築物の建築面積に算入しない。

〇関係告示　安全上、防火上及び衛生上支障がない軒等を定める等の件〔令
　　　　　５国交通告143号〕

制定 公布：令和５年国土交通省告示第143号　施行：令和５年４月１日

第１　令第２条第１項第二号に規定する安全上、防火上及び衛生上支障がない
　軒等は、次の各号に掲げる基準に適合する軒等の全部又はその一部とする。
　一　軒等の全部の端からその突き出た方向の敷地境界線までの水平距離のう
　　ち最小のものが５m以上であること。
　二　軒等の全部の各部分の高さは、当該部分から当該軒等が突き出た方向の
　　敷地境界線までの水平距離に相当する距離以下とすること。
　三　軒等の全部が不燃材料で造られていること。
　四　軒等の全部の上部に上階を設けないこと。ただし、令第126条の６の非
　　常用の進入口に係る部分及び空気調和設備の室外機その他これらに類する
　　ものを設ける部分については、この限りでない。
　五　第一号から第四号に掲げる基準に適合する軒等の全部又はその一部につ
　　いて、次のイ又はロに掲げる軒等の区分に応じ、それぞれ当該イ又はロに
　　定める面積の合計は、敷地面積（建築基準法（昭和25年法律第201号）第53
　　条の規定により建蔽率の最高限度が定められている場合においては、敷地
　　面積に当該最高限度を乗じて得た面積）に１／10を乗じて得た面積以下と
　　すること。
　　イ　建築物の外壁又はこれに代わる柱の中心線から突き出た距離が水平距
　　　離１m以上５m未満の軒等　その端と当該中心線の間の部分の水平投影
　　　面積
　　ロ　建築物の外壁又はこれに代わる柱の中心線から水平距離５m以上突き

出た軒等　その端とその端から第2に定める距離後退した線の間の部分
　　　の水平投影面積
　第2　令第2条第1項第二号に規定する軒等の端からの後退距離は、水平距離
　　　5mとする。

〔趣旨・内容〕

　倉庫等に設けるトラックからの積卸し作業等を目的に設置された一定の要
件に該当する軒等については、大規模なものであっても建蔽率が保護する空
地の効果を減じないことが確認されたため、建蔽率の算定の基礎となる建築
面積の算定に当たり、1mを超えて最大5mまで不算入とすることで、規制
の合理化が図られました。

　不算入の対象となる軒等は、工場又は倉庫の用途に供する建築物において
専ら貨物の積卸しその他これに類する業務のために設ける軒等であって、安
全上、防火上及び衛生上支障がないものとして国土交通大臣が定める軒等に
限ることとされ、その具体的基準について告示で定められました。

参　考

・昭和52年10月28日住指発第770号「建築基準法の一部を改正する法律等の施行に
　ついて」
・平成13年5月15日国住街第40号「都市計画法及び建築基準法の一部を改正する法
　律等の施行について」
・令和元年6月24日国住指第653号・国住街第40号「建築基準法の一部を改正する
　法律等の施行について（技術的助言）」
・令和5年3月24日国住指第536号・国住街第244号「建築基準法施行令の一部を改
　正する政令等の施行について」
・日本建築センター編『詳解建築基準法』（帝国地方行政学会、1973）
・日本建築センターほか編『平成5年6月25日施行　改正建築基準法・施行令の解
　説』（日本建築センター、1993）

3－5　建築物の各部分の高さ（法第56条）

現行規制の内容

（1）　建築物の各部分の高さ

　斜線制限については、道路斜線制限、隣地斜線制限、北側斜線制限があります（建基56①・別表第3）。

①　道路斜線制限

　道路斜線制限は、建築物がある用途地域等、道路幅員、容積率の限度により制限の内容が定められ、前面道路の反対側の境界線からの水平距離に応じて建築物の高さが制限されます（建基56①一）。

　道路斜線制限における建築物の高さは道路中心からの高さとなりますが、階段室等の屋上突出物については、当該部分の水平投影面積の合計が1／8以内の場合においては、その部分の高さは12mまで高さに算入しないこととされています（建基令2①六）。

②　隣地斜線制限

　隣地斜線制限は、建築物がある用途地域、指定容積率により制限の内容が定められ、隣地境界線に沿って一定の高さ以上の部分について、隣地境界線からの水平距離に応じて建築物の高さが制限されます（建基56①二）。

　隣地斜線制限における建築物の高さは、地盤面からの高さとなりますが、道路斜線同様、階段室等の屋上突出物については、高さに算入しないこととされています（建基令2①六）。

③　北側斜線制限

　北側斜線制限は、前面道路の反対側又は隣地境界線までの真北方向の水平距離に応じて建築物の高さが制限されます（建基56①三）。

　北側斜線制限における建築物の高さは、地盤面からの高さとなりますが、道路斜線等と異なり、階段室等の屋上部分についても高さに算入することとされています（建基令2①六）。

（2）　天空率について

　道路斜線制限、隣地斜線制限、北側斜線制限により確保される採光、通風等と同程度以上の採光、通風等が確保されるものとして所定の基準等に適合する建築物については当該制限を適用しないとされています。

計画建築物の天空率が、通常の道路高さ制限等に適合する建築物の天空率以上であれば、通常の高さ制限は適用されません（建基56⑦、建基令135の5〜11）。

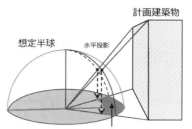

（出典：国土交通省ホームページ「建築基準法（集団規定）の概要」より一部抜粋）

主な改正履歴と改正の趣旨・内容

主な改正	施行・適用
1　高さ制限に係る規定の制定	S25.11.23
2　斜線制限の制定	S46.1.1
3　2以上の地域にまたがる場合の部分適用の追加	S52.11.1
4　適用距離、セットバック規定の追加	S62.11.16
5　天空率制度の導入	H15.1.1

1　高さ制限に係る規定の制定
○法第57条（高さの限度）〔現行上の規定なし〕
制定　公布：昭和25年法律第201号　施行：昭和25年11月23日

> 1　建築物の高さは、住居地域内においては20mを、住居地域外においては31mをこえてはならない。但し、左の各号の一に該当する場合において、特定行政庁の許可を受けたときは、この限りでない。
> 　一　建築物の周囲に広い公園、広場、道路その他の空地があつて、通行上、安全上、防火上及び衛生上支障がないと認める場合
> 　二　工業用の建築物その他の建築物でその用途によつてやむを得ないと認める場合

308   3－5　建築物の各部分の高さ

2　特定行政庁は、前項但書の規定による許可をする場合においては、あらかじめ、建築審査会の同意を得なければならない。

○法第58条（道路の幅員と建築物の高さとの関係）〔現行上の規定なし〕

制定 公布：昭和25年法律第201号　施行：昭和25年11月23日

1　建築物の各部分の高さは、その部分から前面道路の反対側の境界線までの水平距離の1.5倍以下で、且つ、その道路の幅員の1.5倍に8mを加えたもの以下としなければならない。
2　住居地域内における建築物に対する前項の規定の適用については、「1.5倍」とあるのは「1.25倍」と読み替えるものとする。
3　建築物の敷地が2以上の道路に接し、又は公園、広場、川若しくは海その他これらに類するものに接する場合、建築物の敷地とこれに接する道路との高低の差が著しい場合その他特別の場合における前2項の規定の適用の緩和に関する措置は、政令で定める。

○令第131条（高さの緩和措置）

制定 公布：昭和25年政令第338号　施行：昭和25年11月23日

1　法第58条第3項の規定による同条第1項又は第2項の規定の適用の緩和に関する措置は、この章に定めるところによる。
2　土地区画整理を施行した地区その他これに準ずる街区の整つた地区で特定行政庁が指定する地区内の街区については、その街区の接する道路を前面道路とみなす。

○令第132条（2以上の前面道路がある場合）

制定 公布：昭和25年政令第338号　施行：昭和25年11月23日

1　建築物の前面道路が2以上ある場合においては、幅員の最大な前面道路の境界線からの水平距離がその前面道路の幅員の2倍以内で、且つ、35m以内の区域及びその他の前面道路の中心線からの水平距離が10mをこえる区域については、すべての前面道路が幅員の最大な前面道路と同じ幅員を有するものとみなす。
2　前項の区域外の区域のうち、一の前面道路の境界線からの水平距離がその前面道路の幅員の2倍以内で、且つ、35m以内の区域については、その前面道路のみを前面道路とする。

3　第１項の区域外の区域のうち、２以上の前面道路の境界線からの水平距離
　　がそれぞれその前面道路の幅員の２倍以内で、且つ、35m以内の区域につい
　　ては、これらの前面道路のうち、幅員の小さい前面道路は、幅員の大きい前
　　面道路と同じ幅員を有するものとみなす。

○令第133条（敷地が公園、広場、水面その他これらに類するものに接する場
　合）〔現行上の規定なし〕

制定 公布：昭和25年政令第338号　施行：昭和25年11月23日

　　建築物の敷地が公園、広場、水面その他これらに類するものに接する場合に
　おいては、その建築物の各部分の高さは、前面道路の反対側の境界線からの水
　平距離の1.5倍（住居地域内においては、1.25倍）以下で、且つ、その前面道路
　の幅員の２倍（住居地域内においては、1.75倍）に８ｍを加えたもの以下、且
　つ、その公園、広場、水面その他これらに類するものの幅以下とすることがで
　きる。

○令第134条（前面道路の反対側に公園、広場、水面その他これらに類するも
　のがある場合）

制定 公布：昭和25年政令第338号　施行：昭和25年11月23日

　　前面道路の反対側に公園、広場、水面その他これらに類するものがある場合
　においては、その建築物の各部分の高さは、その部分から、その公園、広場、
　水面その他これらに類するものの反対側の境界線までの水平距離の1.5倍（住
　居地域内においては、1.25倍）以下で、且つ、その前面道路の幅員の２倍（住
　居地域内においては、1.75倍）に８ｍを加えたもの以下としなければならない。

○令第135条（前面道路の反対側の敷地に壁面線の指定がある場合）〔現行上
　の規定なし〕

制定 公布：昭和25年政令第338号　施行：昭和25年11月23日

　　前面道路の反対側に道路境界線から後退して壁面線の指定がある場合におい
　ては、その建築物の各部分の高さは、その部分からその壁面線までの水平距離
　の1.5倍（住居地域内においては、1.25倍）以下で、且つ、その前面道路の幅員
　の1.5倍（住居地域内においては、1.25倍）に８ｍを加えたもの以下としなけれ
　ばならない。

310   3－5 建築物の各部分の高さ

○令第136条（道路面と敷地の地盤面に高低差がある場合）〔現行第135条の２〕
　制定　公布：昭和25年政令第338号　施行：昭和25年11月23日

> 1　建築物の敷地の地盤面が前面道路より１ｍ以上高い場合においては、その
> 　前面道路は、敷地の地盤面と前面道路との高低差から１ｍを減じたものの
> 　１／２だけ高い位置にあるものとみなす。
> 2　特定行政庁は、地形の特殊性に因り前項の規定をそのまま適用することが
> 　著しく不適当であると認める場合においては、同項の規定にかかわらず、規
> 　則で、前面道路の位置を同項の規定による位置と敷地の地盤面の高さとの間
> 　において適当と認める高さに定めることができる。

〔趣旨・内容〕
　建築基準法の前身となる市街地建築物法においても規定されていた、建築
物の高さの限度及び道路の幅員と建築物の高さとの関係についての規定が、
建築基準法においても同様に定められました。

2　斜線制限の制定
○法第56条（建築物の各部分の高さ）
　制定　公布：昭和45年法律第109号　施行：昭和46年１月１日

> 1　建築物の各部分の高さは、次の各号に掲げるもの以下としなければならな
> 　い。
> 　一　当該部分から前面道路の反対側の境界線までの水平距離に、次に掲げる
> 　　区分に従い、イ、ロ又はハに掲げる数値を乗じて得たもの
> 　　イ　第一種住居専用地域、第二種住居専用地域又は住居地域内の建築物
> 　　　1.25
> 　　ロ　近隣商業地域、商業地域、準工業地域、工業地域又は工業専用地域内
> 　　　の建築物　1.5
> 　　ハ　用途地域の指定のない区域内の建築物　1.5
> 　二　当該部分から隣地境界線までの水平距離に、次に掲げる区分に従い、イ、
> 　　ロ又はハに掲げる数値を乗じて得たものに、イに掲げる建築物にあつては
> 　　20ｍを、ロ又はハに掲げる建築物にあつては31ｍを加えたもの
> 　　イ　第二種住居専用地域又は住居地域内の建築物　1.25
> 　　ロ　近隣商業地域、商業地域、準工業地域、工業地域又は工業専用地域内
> 　　　の建築物　2.5
> 　　ハ　用途地域の指定のない区域内の建築物　2.5

三　第一種住居専用地域内又は第二種住居専用地域内においては、当該部分
　から前面道路の反対側の境界線又は隣地境界線までの真北方向の水平距離
　に1.25を乗じて得たものに、第一種住居専用地域内の建築物にあつては5
　mを、第二種住居専用地域内の建築物にあつては10mを加えたもの

2　建築物の敷地が2以上の道路に接し、又は公園、広場、川若しくは海その
　他これらに類するものに接する場合、建築物の敷地とこれに接する道路若し
　くは隣地との高低の差が著しい場合その他特別の事情がある場合における前
　項の規定の適用の緩和に関する措置は、政令で定める。

3　その敷地内に政令で定める空地を有し、かつ、その敷地面積が政令で定め
　る規模以上である建築物で、特定行政庁が交通上、安全上、防火上及び衛生
　上支障がないと認めて許可したものの各部分の高さは、前2項の規定にかか
　わらず、その許可の範囲内において、これらの規定による限度をこえるもの
　とすることができる。

4　第44条第2項の規定は、前項の規定による許可をする場合に準用する。

○令第131条（前面道路との関係についての建築物の各部分の高さの制限の
　緩和）

改 正　公布：昭和45年政令第333号　施行：昭和46年1月1日

　　法第56条第2項の規定による同条第1項の規定の適用の緩和に関する措置で
　同項第一号に係るものは、第131条の2から第135条の2までに定めるところに
　よる。

○令第134条（前面道路の反対側に公園、広場、水面その他これらに類するも
　のがある場合）

改 正　公布：昭和45年政令第333号　施行：昭和46年1月1日

1　前面道路の反対側に公園、広場、水面その他これらに類するものがある場
　合においては、当該前面道路の反対側の境界線は、当該公園、広場、水面そ
　の他これらに類するものの反対側の境界線にあるものとみなす。

2　建築物の前面道路が2以上ある場合において、その反対側に公園、広場、
　水面その他これらに類するものがある前面道路があるときは、第132条第1
　項の規定によらないで、当該公園、広場、水面その他これらに類するものが
　ある前面道路（2以上あるときは、そのうちの1）の境界線からの水平距離
　がその公園、広場、水面その他これらに類するものの反対側の境界線から当

312　3－5　建築物の各部分の高さ

該前面道路の境界線までの水平距離の2倍以内で、かつ、35m以内の区域及びその他の前面道路の中心線からの水平距離が10mをこえる区域については、すべての前面道路を当該公園、広場、水面その他これらに類するものがある前面道路と同じ幅員を有し、かつ、その反対側に同様の公園、広場、水面その他これらに類するものがあるものとみなして、前項の規定によることができる。この場合においては、第132条第2項及び第3項の規定を準用する。

○令第135条（前面道路の反対側に壁面線の指定がある場合）〔現行上の規定なし〕

改正 公布：昭和45年政令第333号　施行：昭和46年1月1日

1　前面道路の反対側に道路境界線から後退して壁面線の指定がある場合においては、当該前面道路の反対側の境界線は、当該壁面線にあるものとみなす。
2　建築物の前面道路が2以上ある場合において、その反対側に道路境界線から後退して壁面線の指定がある前面道路があるときは、第132条第1項及び前条第2項前段の規定によらないで、当該壁面線の指定がある前面道路（2以上あるときは、そのうちの1）の境界線からの水平距離がその壁面線から当該前面道路の境界線までの水平距離の2倍以内で、かつ、35m以内の区域及びその他の前面道路の中心線からの水平距離が10mをこえる区域については、すべての前面道路を当該壁面線の指定がある前面道路と同じ幅員を有し、かつ、同様の壁面線の指定があるものとみなして、前項の規定によることができる。この場合においては、第132条第2項及び第3項の規定を準用する。

○令第135条の2（道路面と敷地の地盤面に高低差がある場合）

改正 公布：昭和45年政令第333号　施行：昭和46年1月1日

1　建築物の敷地の地盤面が前面道路より1m以上高い場合においては、その前面道路は、敷地の地盤面と前面道路との高低差から1mを減じたものの1／2だけ高い位置にあるものとみなす。
2　特定行政庁は、地形の特殊性により前項の規定をそのまま適用することが著しく不適当であると認める場合においては、同項の規定にかかわらず、規則で、前面道路の位置を同項の規定による位置と敷地の地盤面の高さとの間において適当と認める高さに定めることができる。

3－5　建築物の各部分の高さ　313

○令第135条の３（隣地との関係についての建築物の各部分の高さの制限の緩和）

改正 公布：昭和45年政令第333号　施行：昭和46年１月１日

1　法第56条第２項の規定による同条第１項の規定の適用の緩和に関する措置で同項第二号に係るものは、次の各号に定めるところによる。

一　建築物の敷地が公園（都市公園法施行令（昭和31年政令第290号）第２条第一号に規定する児童公園を除く。）、広場、水面その他これらに類するものに接する場合においては、その公園、広場、水面その他これらに類するものに接する隣地境界線は、その公園、広場、水面その他これらに類するものの幅の１／２だけ外側にあるものとみなす。

二　建築物の敷地の地盤面が隣地の地盤面（隣地に建築物がない場合においては、当該隣地の平均地表面をいう。次項において同じ。）より１ｍ以上低い場合においては、その建築物の敷地の地盤面は、当該高低差から１ｍを減じたものの１／２だけ高い位置にあるものとみなす。

三　第131条の２第２項の規定により計画道路を前面道路とみなす場合においては、その計画道路内の隣地境界線は、ないものとみなす。

2　特定行政庁は、前項第二号の場合において、地形の特殊性により同号の規定をそのまま適用することが著しく不適当であると認めるときは、規則で、建築物の敷地の地盤面の位置を当該建築物の敷地の地盤面の位置と隣地の地盤面の位置との間において適当と認める高さに定めることができる。

○令第135条の４（北側の前面道路又は隣地との関係についての建築物の各部分の高さの制限の緩和）

制定 公布：昭和45年政令第333号　施行：昭和46年１月１日

1　法第56条第２項の規定による同条第１項の規定の適用の緩和に関する措置で同項第三号に係るものは、次の各号に定めるところによる。

一　北側の前面道路の反対側に水面、線路敷その他これらに類するものがある場合又は建築物の敷地が北側で水面、線路敷その他これらに類するものに接する場合においては、当該前面道路の反対側の境界線又は当該水面、線路敷その他これらに類するものに接する隣地境界線は、当該水面、線路敷その他これらに類するものの幅の１／２だけ外側にあるものとみなす。

二　建築物の敷地の地盤面が北側の隣地（北側に前面道路がある場合においては、当該前面道路の反対側の隣接地をいう。以下この条において同じ。）

314   3-5   建築物の各部分の高さ

の地盤面（隣地に建築物がない場合においては、当該隣地の平均地表面を
いう。次項において同じ。）より1m以上低い場合においては、その建築物
の敷地の地盤面は、当該高低差から1mを減じたものの1／2だけ高い位
置にあるものとみなす。
　三　第131条の2第2項の規定により計画道路を前面道路とみなす場合にお
いては、その計画道路内の隣地境界線は、ないものとみなす。
2　特定行政庁は、前項第二号の場合において、地形の特殊性により同号の規
定をそのまま適用することが著しく不適当であると認めるときは、規則で、
建築物の敷地の地盤面の位置を当該建築物の敷地の地盤面の位置と北側の隣
地の地盤面の位置との間において適当と認める高さに定めることができる。

〔趣旨・内容〕

　建築物の高さに係る従来の制限が廃止され、第一種住居専用地域内におけ
る絶対高さ制限と斜線制限とに再編されました。

　斜線制限については、改正以前からの道路斜線、隣地斜線のほか、特に日
照、採光、通風等に影響の大きい北側部分に対する制限として、第一種住居
専用地域及び第二種住居専用地域に限り、新たに敷地の北側境界からの斜線
制限が設けられました。

③　2以上の地域にまたがる場合の部分適用の追加

○法第56条（建築物の各部分の高さ）

改正 公布：昭和51年法律第83号　施行：昭和52年11月1日

　2　建築物が前項の地域又は区域の2以上にわたる場合においては、同項各号
　　中「建築物」とあるのは、「建築物の部分」とする。

〔趣旨・内容〕

　建築物又はその敷地が建築基準法による制限を受ける区域又は地域の内外
にわたる場合における建築物の各部分の高さについては、建築物又はその敷
地の過半の属する区域又は地域の制限を適用することを改め、当該各部分の
存する区域又は地域の制限が適用されることとなりました。

④　適用距離、セットバック規定の追加

○法第56条（建築物の各部分の高さ）

改正 公布：昭和62年法律第66号　施行：昭和62年11月16日

　1　建築物の各部分の高さは、次の各号に掲げるもの以下としなければならな
　　い。

3－5　建築物の各部分の高さ　　315

　　一　別表第3(い)欄及び(ろ)欄に掲げる地域又は区域及び割合の限度の区分
　　　　に応じ、前面道路の反対側の境界線からの水平距離が同表(は)欄に掲げる
　　　　距離以下の範囲内においては、当該部分から前面道路の反対側の境界線ま
　　　　での水平距離に、同表(に)欄に掲げる数値を乗じて得たもの
　　二　当該部分から隣地境界線までの水平距離に、次に掲げる区分に従い、イ
　　　　に掲げる建築物で高さが20mを超える部分を有するもの又はロ若しくはハ
　　　　に掲げる建築物で高さが31mを超える部分を有するものにあつては、それ
　　　　ぞれその部分から隣地境界線までの水平距離のうち最小のものに相当する
　　　　距離を加えたものに、イ、ロ又はハに掲げる数値を乗じて得たものに、イ
　　　　に掲げる建築物にあつては20mを、ロ又はハに掲げる建築物にあつては
　　　　31mを加えたもの
　　　(略)
　2　前面道路の境界線から後退した建築物に対する前項第一号の規定の適用に
　　　ついては、同号中「前面道路の反対側の境界線」とあるのは、「前面道路の反
　　　対側の境界線から当該建築物の後退距離（当該建築物（地盤面下の部分その
　　　他政令で定める部分を除く。）から前面道路の境界線までの水平距離のうち
　　　最小のものをいう。）に相当する距離だけ外側の線」とする。

○令第130条の11（建築物の敷地が2以上の地域又は区域にわたる場合の法
　別表第3(は)欄に掲げる距離の適用の特例）

制定 公布：昭和62年政令第348号　施行：昭和62年11月16日

　　建築物の敷地が法別表第3(い)欄に掲げる地域又は区域の2以上にわたる場
　合における同表(は)欄に掲げる距離の適用については、同表(い)欄中「建築物
　がある地域又は区域」とあるのは、「建築物又は建築物の部分の前面道路に面す
　る方向にある当該前面道路に接する敷地の部分の属する地域又は区域」とする。

○令第130条の12（前面道路との関係についての建築物の各部分の高さの制
　限に係る建築物の後退距離の算定の特例）

制定 公布：昭和62年政令第348号　施行：昭和62年11月16日

　　法第56条第2項の政令で定める建築物の部分は、次に掲げるものとする。
　一　物置その他これに類する用途に供する建築物の部分で次に掲げる要件に該
　　　当するもの

316   3－5   建築物の各部分の高さ

　イ　軒の高さが2.3m以下で、かつ、床面積の合計が5㎡以内であること。
　ロ　当該部分の水平投影の前面道路に面する長さを敷地の前面道路に接する
　　部分の水平投影の長さで除した数値が1／5以下であること。
　ハ　当該部分から前面道路の境界線までの水平距離のうち最小のものが1m
　　以上であること。
二　ポーチその他これに類する建築物の部分で、前号ロ及びハに掲げる要件に
　該当し、かつ、高さが5m以下であるもの
三　道路に沿つて設けられる高さが2m以下の門又は塀（高さが1.2mを超える
　ものにあつては、当該1.2mを超える部分が網状その他これに類する形状で
　あるものに限る。）
四　隣地境界線に沿つて設けられる門又は塀
五　歩廊、渡り廊下その他これらに類する建築物の部分で、特定行政庁がその
　地方の気候若しくは風土の特殊性又は土地の状況を考慮して規則で定めたも
　の
六　前各号に掲げるもののほか、建築物の部分で高さが1.2m以下のもの

〔趣旨・内容〕
　道路又は隣地の採光、通風等の環境の水準を維持しつつ、土地の適切な高
度利用の促進及び良好な建築形態の確保を図ることを目的として、道路斜線
制限及び隣地斜線制限の合理化が図られました。
　道路斜線制限の適用については、前面道路の反対側の境界線から一定距離
以下の範囲内のみに限ることとされ、前面道路や隣地境界線から後退した建
築物については、その後退距離に応じて、道路斜線や隣地斜線制限が緩和さ
れました。
　また、併せて前面道路の反対側に壁面線の指定等がある場合の道路斜線制
限の緩和措置が廃止されています。
5　天空率制度の導入
○法第56条（建築物の各部分の高さ）
改 正 公布：平成14年法律第85号　施行：平成15年1月1日

　7　次の各号のいずれかに掲げる規定によりその高さが制限された場合にそれ
　　ぞれ当該各号に定める位置において確保される採光、通風等と同程度以上の
　　採光、通風等が当該位置において確保されるものとして政令で定める基準に
　　適合する建築物については、それぞれ当該各号に掲げる規定は、適用しない。

3－5　建築物の各部分の高さ　317

　　一　第１項第一号、第２項から第４項まで及び前項（同号の規定の適用の緩
　　　和に係る部分に限る。）　前面道路の反対側の境界線上の政令で定める位
　　　置
　　二　第１項第二号、第５項及び前項（同号の規定の適用の緩和に係る部分に
　　　限る。）　隣地境界線からの水平距離が、第１項第二号イ又はニに定める数
　　　値が1.25とされている建築物にあつては16m、第１項第二号イからニまで
　　　に定める数値が2.5とされている建築物にあつては12.4mだけ外側の線上
　　　の政令で定める位置
　　三　第１項第三号、第５項及び前項（同号の規定の適用の緩和に係る部分に
　　　限る。）　隣地境界線から真北方向への水平距離が、第一種低層住居専用地
　　　域又は第二種低層住居専用地域内の建築物にあつては４m、第一種中高層
　　　住居専用地域又は第二種中高層住居専用地域内の建築物にあつては８mだ
　　　け外側の線上の政令で定める位置

○令第135条の５（天空率）

制定 公布：平成14年政令第331号　施行：平成15年１月１日

　　この章において「天空率」とは、次の式によつて計算した数値をいう。

$$Rs = \frac{As - Ab}{As}$$

　　この式において、Rs、As及びAbは、それぞれ次の数値を表すものとする。
　　Rs　天空率
　　As　地上のある位置を中心としてその水平面上に想定する半球（以下こ
　　　の章において「想定半球」という。）の水平投影面積
　　Ab　建築物及びその敷地の地盤をAsの想定半球と同一の想定半球に投
　　　影した投影面の水平投影面積

○令第135条の６（前面道路との関係についての建築物の各部分の高さの制
　限を適用しない建築物の基準等）

制定 公布：平成14年政令第331号　施行：平成15年１月１日

　1　法第56条第７項の政令で定める基準で同項第一号に掲げる規定を適用しな
　　い建築物に係るものは、次のとおりとする。
　　一　当該建築物（法第56条第７項第一号に掲げる規定による高さの制限（以
　　　下この章において「道路高さ制限」という。）が適用される範囲内の部分に

318   3－5　建築物の各部分の高さ

限る。）の第135条の9に定める位置を想定半球の中心として算定する天空
率が、当該建築物と同一の敷地内において道路高さ制限に適合するものと
して想定する建築物（道路高さ制限が適用される範囲内の部分に限り、階
段室、昇降機塔、装飾塔、物見塔、屋窓その他これらに類する建築物の屋
上部分の水平投影面積の合計が建築物の建築面積の1／8以内であつて、
かつ、その部分の高さが12m以内であるもの（以下この章において「階段
室等」という。）及び棟飾、防火壁の屋上突出部その他これらに類する屋上
突出物（以下この章において「棟飾等」という。）を除く。以下この章にお
いて「道路高さ制限適合建築物」という。）の当該位置を想定半球の中心と
して算定する天空率以上であること。
二　当該建築物の前面道路の境界線からの後退距離（法第56条第2項に規定
する後退距離をいう。以下この号において同じ。）が、前号の道路高さ制限
適合建築物と同一の道路高さ制限適合建築物の前面道路の境界線からの後
退距離以上であること。
2　当該建築物の敷地が、道路高さ制限による高さの限度として水平距離に乗
ずべき数値が異なる地域、地区又は区域（以下この章において「道路制限勾
配が異なる地域等」という。）にわたる場合における前項第一号の規定の適用
については、同号中「限る。）」とあるのは「限る。）の道路制限勾配が異なる
地域等ごとの部分」と、「という。）の」とあるのは「という。）の道路制限勾
配が異なる地域等ごとの部分の」とする。
3　当該建築物の前面道路が2以上ある場合における第1項第一号の規定の適
用については、同号中「限る。）」とあるのは「限る。）の第132条又は第134条
第2項に規定する区域ごとの部分」と、「という。）の」とあるのは「という。）
の第132条又は第134条第2項に規定する区域ごとの部分の」とする。

〇令第135条の7（隣地との関係についての建築物の各部分の高さの制限を
適用しない建築物の基準等）

制定　公布：平成14年政令第331号　施行：平成15年1月1日

1　法第56条第7項の政令で定める基準で同項第二号に掲げる規定を適用しな
い建築物に係るものは、次のとおりとする。
一　当該建築物（法第56条第7項第二号に掲げる規定による高さの制限（以
下この章において「隣地高さ制限」という。）が適用される地域、地区又は
区域内の部分に限る。）の第135条の10に定める位置を想定半球の中心とし
て算定する天空率が、当該建築物と同一の敷地内の同一の地盤面において
隣地高さ制限に適合するものとして想定する建築物（隣地高さ制限が適用

3－5　建築物の各部分の高さ　319

される地域、地区又は区域内の部分に限り、階段室等及び棟飾等を除く。以下この章において「隣地高さ制限適合建築物」という。）の当該位置を想定半球の中心として算定する天空率以上であること。

二　当該建築物（法第56条第1項第二号イ又はニに定める数値が1.25とされている建築物にあつては高さが20mを、同号イからニまでに定める数値が2.5とされている建築物にあつては高さが31mを超える部分に限る。）の隣地境界線からの後退距離（同号に規定する水平距離のうち最小のものに相当する距離をいう。以下この号において同じ。）が、前号の隣地高さ制限適合建築物と同一の隣地高さ制限適合建築物（同項第二号イ又はニに定める数値が1.25とされている隣地高さ制限適合建築物にあつては高さが20mを、同号イからニまでに定める数値が2.5とされている隣地高さ制限適合建築物にあつては高さが31mを超える部分に限る。）の隣地境界線からの後退距離以上であること。

2　当該建築物の敷地が、隣地高さ制限による高さの限度として水平距離に乗ずべき数値が異なる地域、地区又は区域（以下この章において「隣地制限勾配が異なる地域等」という。）にわたる場合における前項第一号の規定の適用については、同号中「限る。）」とあるのは「限る。）の隣地制限勾配が異なる地域等ごとの部分」と、「という。）の」とあるのは「という。）の隣地制限勾配が異なる地域等ごとの部分の」とする。

3　当該建築物が周囲の地面と接する位置の高低差が3mを超える場合における第1項第一号の規定の適用については、同号中「限る。）」とあるのは「限る。）の周囲の地面と接する位置の高低差が3m以内となるようにその敷地を区分した区域（以下この章において「高低差区分区域」という。）ごとの部分」と、「地盤面」とあるのは「高低差区分区域ごとの地盤面」と、「という。）の」とあるのは「という。）の高低差区分区域ごとの部分の」とする。

○令第135条の8（北側の隣地との関係についての建築物の各部分の高さの制限を適用しない建築物の基準等）

制定　公布：平成14年政令第331号　施行：平成15年1月1日

1　法第56条第7項の政令で定める基準で同項第三号に掲げる規定を適用しない建築物に係るものは、当該建築物（同号に掲げる規定による高さの制限（以下この章において「北側高さ制限」という。）が適用される地域内の部分に限る。）の第135条の11に定める位置を想定半球の中心として算定する天空率が、当該建築物と同一の敷地内の同一の地盤面において北側高さ制限に適合するものとして想定する建築物（北側高さ制限が適用される地域内の部分に限り、

320　3－5　建築物の各部分の高さ

棟飾等を除く。）の当該位置を想定半球の中心として算定する天空率以上であることとする。
2　当該建築物の敷地が、北側高さ制限による高さの限度として加える高さが異なる地域（以下この章において「北側制限高さが異なる地域」という。）にわたる場合における前項の規定の適用については、同項中「限る。）」とあるのは「限る。）の北側制限高さが異なる地域ごとの部分」と、「除く。）」とあるのは「除く。）の北側制限高さが異なる地域ごとの部分」とする。
3　当該建築物が周囲の地面と接する位置の高低差が3mを超える場合における第1項の規定の適用については、同項中「限る。）」とあるのは「限る。）の高低差区分区域ごとの部分」と、「地盤面」とあるのは「高低差区分区域ごとの地盤面」と、「除く。）」とあるのは「除く。）の高低差区分区域ごとの部分」とする。

○令第135条の9（法第56条第7項第一号の政令で定める位置）

制定　公布：平成14年政令第331号　施行：平成15年1月1日

1　法第56条第7項第一号の政令で定める位置は、前面道路の路面の中心の高さにある次に掲げる位置とする。
一　当該建築物の敷地（道路高さ制限が適用される範囲内の部分に限る。）の前面道路に面する部分の両端から最も近い当該前面道路の反対側の境界線上の位置
二　前号の位置の間の境界線の延長が当該前面道路の幅員の1／2を超えるときは、当該位置の間の境界線上に当該前面道路の幅員の1／2以内の間隔で均等に配置した位置
2　当該建築物の敷地が道路制限勾配が異なる地域等にわたる場合における前項の規定の適用については、同項第一号中「限る。）」とあるのは、「限る。）の道路制限勾配が異なる地域等ごと」とする。
3　当該建築物の前面道路が2以上ある場合における第1項の規定の適用については、同項第一号中「限る。）」とあるのは、「限る。）の第132条又は第134条第2項に規定する区域ごと」とする。
4　当該建築物の敷地の地盤面が前面道路の路面の中心の高さより1m以上高い場合においては、第1項に規定する前面道路の路面の中心は、当該高低差から1mを減じたものの1／2だけ高い位置にあるものとみなす。
5　第135条の2第2項の規則で前面道路の位置の高さが別に定められている場合にあつては、前項の規定にかかわらず、当該高さを第1項に規定する前面道路の路面の中心の高さとみなす。

3－5　建築物の各部分の高さ　　321

○令第135条の10（法第56条第7項第二号の政令で定める位置）

制定　公布：平成14年政令第331号　施行：平成15年1月1日

1　法第56条第7項第二号の政令で定める位置は、当該建築物の敷地の地盤面の高さにある次に掲げる位置とする。
一　法第56条第7項第二号に規定する外側の線（以下この条において「基準線」という。）の当該建築物の敷地（隣地高さ制限が適用される地域、地区又は区域内の部分に限る。）に面する部分の両端上の位置
二　前号の位置の間の基準線の延長が、法第56条第1項第二号イ又はニに定める数値が1.25とされている建築物にあつては8m、同号イからニまでに定める数値が2.5とされている建築物にあつては6.2mを超えるときは、当該位置の間の基準線上に、同号イ又はニに定める数値が1.25とされている建築物にあつては8m、同号イからニまでに定める数値が2.5とされている建築物にあつては6.2m以内の間隔で均等に配置した位置
2　当該建築物の敷地が隣地制限勾配が異なる地域等にわたる場合における前項の規定の適用については、同項第一号中「限る。）」とあるのは、「限る。）の隣地制限勾配が異なる地域等ごとの部分」とする。
3　当該建築物が周囲の地面と接する位置の高低差が3mを超える場合における第1項の規定の適用については、同項中「地盤面」とあるのは「高低差区分区域ごとの地盤面」と、同項第一号中「限る。）」とあるのは「限る。）の高低差区分区域ごとの部分」とする。
4　当該建築物の敷地の地盤面が隣地の地盤面（隣地に建築物がない場合においては、当該隣地の平均地表面をいう。）より1m以上低い場合においては、第1項に規定する当該建築物の敷地の地盤面は、当該高低差から1mを減じたものの1／2だけ高い位置にあるものとみなす。
5　第135条の3第2項の規則で建築物の敷地の地盤面の位置の高さが別に定められている場合にあつては、前項の規定にかかわらず、当該高さを第1項に規定する当該建築物の敷地の地盤面の高さとみなす。

○令第135条の11（法第56条第7項第三号の政令で定める位置）

制定　公布：平成14年政令第331号　施行：平成15年1月1日

法第56条第7項第三号の政令で定める位置は、当該建築物の敷地の地盤面の高さにある次に掲げる位置とする。
一　当該建築物の敷地（北側高さ制限が適用される地域内の部分に限る。）の真北に面する部分の両端から真北方向の法第56条第7項第三号に規定する

322　3－5　建築物の各部分の高さ

外側の線（以下この条において「基準線」という。）上の位置

二　前号の位置の間の基準線の延長が、第一種低層住居専用地域又は第二種低層住居専用地域内の建築物にあつては1m、第一種中高層住居専用地域又は第二種中高層住居専用地域内の建築物にあつては2mを超えるときは、当該位置の間の基準線上に、第一種低層住居専用地域又は第二種低層住居専用地域内の建築物にあつては1m、第一種中高層住居専用地域又は第二種中高層住居専用地域内の建築物にあつては2m以内の間隔で均等に配置した位置

2　当該建築物の敷地が北側制限高さが異なる地域にわたる場合における前項の規定の適用については、同項第一号中「限る。）」とあるのは、「限る。）の北側制限高さが異なる地域ごと」とする。

3　当該建築物が周囲の地面と接する位置の高低差が3mを超える場合における第1項の規定の適用については、同項中「地盤面」とあるのは「高低差区分区域ごとの地盤面」と、同項第一号中「限る。）」とあるのは「限る。）の高低差区分区域ごと」とする。

4　当該建築物の敷地の地盤面が北側の隣地の地盤面（隣地に建築物がない場合においては、当該隣地の平均地表面をいう。）より1m以上低い場合においては、第1項に規定する当該建築物の敷地の地盤面は、当該高低差から1mを減じたものの1／2だけ高い位置にあるものとみなす。

5　第135条の4第2項の規則で建築物の敷地の地盤面の位置の高さが別に定められている場合にあつては、前項の規定にかかわらず、当該高さを第1項に規定する当該建築物の敷地の地盤面の高さとみなす。

〔趣旨・内容〕

　居住環境の改善、適正な土地利用の促進等に資する合理的・機動的な建築・都市計画制限を行うため、本規定を含め建築物の形態規制の合理化が図られました。

　道路高さ制限、隣地高さ制限及び北側高さ制限は、市街地における採光、通風等を確保することを目的としていますが、この採光、通風等について、建築しようとする計画建築物が、通常の道路高さ制限、隣地高さ制限又は北側高さ制限に適合する適合建築物における天空率以上の場合は、それぞれ通常の高さ制限を適用しないことになりました。

　具体の天空率の算定方法や算定位置等については、併せて政令において定められています。

3 － 5 　建築物の各部分の高さ　　323

参　考

・昭和45年 7 月24日住指発第326号「建築基準法の一部を改正する法律の公布及び建築基準法の運用について」
・昭和46年 1 月29日住指発第44号「建築基準法の一部を改正する法律等の施行及び運用について」
・昭和52年10月28日住指発第770号「建築基準法の一部を改正する法律等の施行について」
・昭和62年12月 3 日建設省住指発第394号「建築基準法の一部を改正する法律等の施行について」
・昭和62年12月 3 日建設省住指発第395号「建築基準法の一部を改正する法律等の施行について」
・平成14年12月27日国住街発第110号「建築基準法等の一部を改正する法律の一部の施行について」

324　　3－6　日影による中高層の建築物の高さの制限

3－6　日影による中高層の建築物の高さの制限（法第56条の2）

現行規制の内容

　日影規制は、敷地境界線から5m及び10mを超える範囲において条例で規定する時間以上の日影を生じさせてはならないとされており、具体の制限内容は、地方公共団体の条例で定めることで適用されます。

　同一の敷地内に2以上の建築物がある場合は、これらの建築物を一の建築物とみなして当該制限が適用され、また、対象区域外にある建築物であっても、冬至日において対象区域内の土地に日影を生じさせるものは、対象区域内にある建築物とみなして当該制限が適用されます（建基56の2）。

　なお、日影規制において、制限の対象となる建築物の高さは、地盤面からの高さとされ、測定面の基準となる平均地盤面は、当該建築物が周囲の地面と接する位置の平均の高さにおける水平面からの高さとされています（建基別表第4）。

主な改正履歴と改正の趣旨・内容

主な改正	施行・適用
1　日影規制の制定	S 52.11.1
2　適用除外に係る手続の合理化	H30.9.25

1　日影規制の制定
〇法第56条の2（日影による中高層の建築物の高さの制限）
制定　公布：昭和51年法律第83号　施行：昭和52年11月1日

> 1　別表第3（い）欄の各項に掲げる地域の全部又は一部で地方公共団体の条例で指定する区域（以下この条において「対象区域」という。）内にある同表（ろ）欄の当該各項に掲げる建築物は、冬至日の真太陽時による午前8時から午後4時まで（道の区域内にあつては、午前9時から午後3時まで）の間において、それぞれ、同表（は）欄の各項に掲げる平均地盤面からの高さの水平面（対象区域外の部分及び当該建築物の敷地内の部分を除く。）に、敷地境界線から

3−6　日影による中高層の建築物の高さの制限　325

の水平距離が5mを超える範囲において、同表(に)欄の(1)、(2)又は(3)の号（同表の3の項にあつては、(1)又は(2)の号）のうちから地方公共団体がその地方の気候及び風土、土地利用の状況等を勘案して条例で指定する号に掲げる時間以上日影となる部分を生じさせることのないものとしなければならない。ただし、特定行政庁が土地の状況等により周囲の居住環境を害するおそれがないと認めて建築審査会の同意を得て許可した場合においては、この限りでない。

2　同一の敷地内に2以上の建築物がある場合においては、これらの建築物を一の建築物とみなして、前項の規定を適用する。

3　建築物の敷地が道路、川又は海その他これらに類するものに接する場合、建築物の敷地とこれに接する隣地との高低差が著しい場合その他これらに類する特別の事情がある場合における第1項本文の規定の適用の緩和に関する措置は、政令で定める。

4　対象区域外にある高さが10mを超える建築物で、冬至日において、対象区域内の土地に日影を生じさせるものは、当該対象区域内にある建築物とみなして、第1項の規定を適用する。

5　建築物が第1項の規定による日影時間の制限の異なる区域の内外にわたる場合又は建築物が、冬至日において、対象区域のうち当該建築物がある区域外の土地に日影を生じさせる場合における同項の規定の適用に関し必要な事項は、政令で定める。

〇令第135条の4の2（日影による中高層の建築物の高さの制限の緩和）〔現行第135条の12〕

制定　公布：昭和52年政令第266号　施行：昭和52年11月1日

1　法第56条の2第3項の規定による同条第1項本文の規定の適用の緩和に関する措置は、次の各号に定めるところによる。

　一　建築物の敷地が道路、水面、線路敷その他これらに類するものに接する場合においては、当該道路、水面、線路敷その他これらに類するものに接する敷地境界線は、当該道路、水面、線路敷その他これらに類するものの幅の1／2だけ外側にあるものとみなす。ただし、当該道路、水面、線路敷その他これらに類するものの幅が10mを超えるときは、当該道路、水面、線路敷その他これらに類するものの反対側の境界線から当該敷地の側に水平距離5mの線を敷地境界線とみなす。

　二　建築物の敷地の平均地盤面が隣地又はこれに連接する土地で日影の生ず

326　　3－6　日影による中高層の建築物の高さの制限

　　るものの地盤面（隣地又はこれに連接する土地に建築物がない場合におい
　　ては、当該隣地又はこれに連接する土地の平均地表面をいう。次項におい
　　て同じ。）より1m以上低い場合においては、その建築物の敷地の平均地盤
　　面は、当該高低差から1mを減じたものの1／2だけ高い位置にあるもの
　　とみなす。
　2　特定行政庁は、前項第二号の場合において、地形の特殊性により同号の規
　　定をそのまま適用することが著しく不適当であると認めるときは、規則で、
　　建築物の敷地の平均地盤面の位置を当該建築物の敷地の平均地盤面の位置と
　　隣地又はこれに連接する土地で日影の生ずるものの地盤面の位置との間にお
　　いて適当と認める高さに定めることができる。

○令第135条の4の3（建築物が日影時間の制限の異なる区域の内外にわた
　る場合等の措置）〔現行第135条の13〕

制定　公布：昭和52年政令第266号　施行：昭和52年11月1日

　　法第56条の2第1項に規定する対象区域（以下この条において「対象区域」
　という。）である第一種住居専用地域内にある部分の軒の高さが7mを超える
　建築物若しくは当該部分の地階を除く階数が3以上である建築物又は高さが
　10mを超える建築物（以下この条において「対象建築物」という。）が同項の規
　定による日影時間の制限の異なる区域の内外にわたる場合には当該対象建築物
　がある各区域内に、対象建築物が、冬至日において、対象区域のうち当該対象
　建築物がある区域外の土地に日影を生じさせる場合には当該対象建築物が日影
　を生じさせる各区域内に、それぞれ当該対象建築物があるものとして、同項の
　規定を適用する。

〔趣旨・内容〕
　日照阻害は基本的には私法上の相隣関係の問題ではあるものの、住宅地に
おける中高層の建築物における日照阻害はその影響範囲が大きく、地域の居
住環境として重大な問題であるため、公法上の最低限の基準として本規定が
設けられました。
　第一種住居専用地域、第二種住居専用地域、住居地域、近隣商業地域及び
準工業地域のうち条例で指定された区域において、建築物の周辺の日照条件
の悪化を防ぎ、良好な住居環境を保つため、中高層の建築物を対象に敷地外
の一定距離以上の部分に条例で指定された時間以上日影を生じさせないよう

3－6　日影による中高層の建築物の高さの制限　　327

制限を行うことになりました。

　また、建築物の敷地が道路、水面、線路敷等に接する場合や建築物の敷地の平均地盤面が日影の生ずる隣地の地盤面より１ｍ以上低い場合の緩和措置や、建築物が日影時間の制限の異なる区域の内外にわたる場合等の措置についても併せて規定されています。

2　**適用除外に係る手続の合理化**

〇法第56条の２（日影による中高層の建築物の高さの制限）

改 正　公布：平成30年法律第67号　施行：平成30年９月25日

> 1　別表第４（い）欄の各項に掲げる地域又は区域の全部又は一部で地方公共団体の条例で指定する区域（以下この条において「対象区域」という。）内にある同表（ろ）欄の当該各項（４の項にあつては、同項イ又はロのうちから地方公共団体がその地方の気候及び風土、当該区域の土地利用の状況等を勘案して条例で指定するもの）に掲げる建築物は、冬至日の真太陽時による午前８時から午後４時まで（道の区域内にあつては、午前９時から午後３時まで）の間において、それぞれ、同表（は）欄の各項（４の項にあつては、同項イ又はロ）に掲げる平均地盤面からの高さ（２の項及び３の項にあつては、当該各項に掲げる平均地盤面からの高さのうちから地方公共団体が当該区域の土地利用の状況等を勘案して条例で指定するもの）の水平面（対象区域外の部分、高層住居誘導地区内の部分、都市再生特別地区内の部分及び当該建築物の敷地内の部分を除く。）に、敷地境界線からの水平距離が５ｍを超える範囲において、同表（に）欄の（1）、（2）又は（3）の号（同表の３の項にあつては、（1）又は（2）の号）のうちから地方公共団体がその地方の気候及び風土、土地利用の状況等を勘案して条例で指定する号に掲げる時間以上日影となる部分を生じさせることのないものとしなければならない。ただし、特定行政庁が土地の状況等により周囲の居住環境を害するおそれがないと認めて建築審査会の同意を得て許可した場合又は当該許可を受けた建築物を周囲の居住環境を害するおそれがないものとして政令で定める位置及び規模の範囲内において増築し、改築し、若しくは移転する場合においては、この限りでない。

〇令第135条の12（日影による中高層の建築物の高さの制限の適用除外等）

改 正　公布：平成30年政令第255号　施行：平成30年９月25日

> 1　法第56条の２第１項ただし書の政令で定める位置は、同項ただし書の規定による許可を受けた際における敷地の区域とする。

328　　3－6　日影による中高層の建築物の高さの制限

> 2　法第56条の2第1項ただし書の政令で定める規模は、同項に規定する平均地盤面からの高さの水平面に、敷地境界線からの水平距離が5mを超える範囲において新たに日影となる部分を生じさせることのない規模とする。

〔趣旨・内容〕

　日影規制に係る許可を受けた建築物について、周囲の居住環境を害するおそれがない一定の範囲内で増築、改築又は移転する場合においては、改めての許可を要しないことになりました。

　具体の要件として、敷地が日影規制に係る許可を受けた際の敷地と同一であり、敷地境界線からの水平距離が5mを超える範囲において新たに日影となる部分を生じさせることのない規模であることとされています。

参　考

・昭和52年10月28日住指発第771号「建築基準法の一部を改正する法律等の施行について」
・平成30年9月21日国住指第2075号・国住街第188号「建築基準法の一部を改正する法律等の施行について（技術的助言）」

3－7　防火地域及び準防火地域内の建築物等　　329

3－7　防火地域及び準防火地域内の建築物等（法第61条・第62条）

現行規制の内容

（1）　防火地域、準防火地域における建築制限

　防火地域、準防火地域内において、建築物の規模に応じて建築制限が定められています。

　防火地域及び準防火地域内では、一部の規模や構造の建築物を除き、耐火建築物、準耐火建築物又はそれらと同等の延焼防止性能を有する建築物とする必要があります。また、外壁の開口部の延焼のおそれのある部分には防火戸その他の防火設備を設けることとされています（建基61、建基令136の2）。

＜防火地域内における規制対象建築物の規模＞

延べ面積＼階数	100㎡以下	100㎡超
4階以上	耐火建築物相当（建基令136の2一イ）延焼防止建築物（建基令136の2一ロ）	
3階		
2階	準耐火建築物相当（建基令136の2二イ）準延焼防止建築物（建基令136の2二ロ）	
1階		

＜準防火地域内における規制対象建築物の規模＞

延べ面積＼階数	500㎡以下	500㎡超1,500㎡以下	1,500㎡超
4階以上	耐火建築物相当（建基令136の2一イ）延焼防止建築物（建基令136の2一ロ）		
3階	準耐火建築物相当（建基令136の2二イ）準延焼防止建築物（建基令136の2二ロ）		
2階	木造：外壁・軒裏防火構造＋20分間防火設備（建基令136の2三イ・ロ）木造以外：20分間防火設備（建基令136の2四イ・ロ）		
1階			

（2）　高さ2mを超える門、塀への制限

　高さ2mを超える門又は塀で防火地域内にある建築物に附属するもの又は

330　　3－7　防火地域及び準防火地域内の建築物等

準防火地域内にある木造建築物等に附属するものについては、延焼防止上支障のない構造としなければなりません（建基61、建基令136の2五）。

主な改正履歴と改正の趣旨・内容

主な改正	施行・適用
① 防火地域及び準防火地域内の建築物に対する制限の制定	S 25.11.23
② 簡易耐火建築物に係る規定の追加等	S 34.12.23
③ 準防火地域内の防火制限の合理化（3階建木造建築物）	S 62.11.16
④ 主要構造部規制の性能規定化（延焼防止建築物等の導入）	R 1.6.25

① 防火地域及び準防火地域内の建築物に対する制限の制定

○法第61条（防火地域内の建築物）

制定 公布：昭和25年法律第201号　施行：昭和25年11月23日

　　防火地域内においては、延べ面積が100㎡をこえる建築物の主要構造部及びその他の建築物の外壁は、耐火構造としなければならない。但し、左の各号の一に該当するものは、この限りでない。
　一　延べ面積が50㎡以内の平家建の附属建築物で、外壁及び軒裏が防火構造のもの
　二　卸売市場の上家その他これに類する建築物で、主要構造部が不燃材料で造られたもの
　三　高さ2mをこえる門又はへいで不燃材料で造り、又はおおわれたもの
　四　高さ2m以下の門又はへい

○法第62条（準防火地域内の建築物）〔現行第61条〕

制定 公布：昭和25年法律第201号　施行：昭和25年11月23日

　1　準防火地域内にある建築物で、階数が3以上であり、又は延べ面積が500㎡をこえるものは、主要構造部を耐火構造としなければならない。但し、前条

3－7　防火地域及び準防火地域内の建築物等　　331

第二号に該当するものは、この限りでない。
2　準防火地域内にある木造の建築物は、その外壁及び軒裏で延焼のおそれの
ある部分を防火構造としなければならない。但し、前条第四号に該当するも
のは、この限りでない。

〇法第63条（屋根）〔現行第62条〕

制定　公布：昭和25年法律第201号　施行：昭和25年11月23日

防火地域又は準防火地域内においては、建築物の屋根で耐火構造でないもの
は、不燃材料で造り、又はふかなければならない。

〇法第64条（開口部の防火戸）〔現行第61条〕

制定　公布：昭和25年法律第201号　施行：昭和25年11月23日

防火地域又は準防火地域内にある建築物は、その外壁の開口部で延焼のおそ
れのある部分に、政令で定める構造の防火戸その他の防火設備を設けなければ
ならない。

〔趣旨・内容〕

　建築基準法の前身となる市街地建築物法において規定されていた甲種防火
地区、乙種防火地区、準防火区域における地区的な防火に関する制限を受け
継ぎ、防火地域内、準防火地域内の建築物に係る構造、屋根、開口部に関す
る制限が定められました。

2　簡易耐火建築物に係る規定の追加等

〇法第61条（防火地域内の建築物）

改正　公布：昭和34年法律第156号　施行：昭和34年12月23日

防火地域内においては、階数が3以上であり、又は延べ面積が100㎡をこえる
建築物は耐火建築物とし、その他の建築物は耐火建築物又は簡易耐火建築物と
しなければならない。ただし、次の各号の一に該当するものは、この限りでない。
（略）
二　卸売市場の上家又は機械製作工場で主要構造部が不燃材料で造られたもの
その他これらに類する構造でこれらと同等以上に火災の発生のおそれの少な
い用途に供するもの
（略）

332　3－7　防火地域及び準防火地域内の建築物等

○法第62条（準防火地域内の建築物）〔現行第61条〕

改正　公布：昭和34年法律第156号　施行：昭和34年12月23日

　1　準防火地域内においては、地階を除く階数が4以上である建築物又は延べ
　　面積が1,500㎡をこえる建築物は耐火建築物とし、地階を除く階数が3であ
　　る建築物又は延べ面積が500㎡をこえ1,500㎡以下の建築物は耐火建築物又は
　　簡易耐火建築物としなければならない。ただし、前条第二号に該当するもの
　　は、この限りでない。
　2　準防火地域内にある木造の建築物は、その外壁及び軒裏で延焼のおそれの
　　ある部分を防火構造とし、これに附属する高さ2mをこえる門又はへいで当
　　該門又はへいが建築物の1階であるとした場合に延焼のおそれのある部分に
　　該当する部分を不燃材料で造り、又はおおわなければならない。

〔趣旨・内容〕

　建築基準法制定当初より、都市計画において指定された防火地域及び準防
火地域内の建築物については、規模等に応じて耐火要件を定められていまし
たが、簡易耐火建築物の構造が規定されたこと等により、防火地域及び準防火
地域において簡易耐火建築物とすることができる規模等が定められました。

　また、準防火地域内における木造の建築物に附属する2mを超える門又は
塀についての構造制限も追加されています。

3　準防火地域内の防火制限の合理化（3階建木造建築物）

○法第62条（準防火地域内の建築物）〔現行第61条〕

改正　公布：昭和62年法律第66号　施行：昭和62年11月16日

　1　準防火地域内においては、地階を除く階数が4以上である建築物又は延べ
　　面積が1,500㎡を超える建築物は耐火建築物とし、延べ面積が500㎡を超え
　　1,500㎡以下の建築物は耐火建築物又は簡易耐火建築物とし、地階を除く階
　　数が3である建築物は耐火建築物、簡易耐火建築物又は外壁の開口部の構造
　　及び面積、主要構造部の防火の措置その他の事項について防火上必要な政令
　　で定める技術的基準に適合する建築物としなければならない。ただし、前条
　　第二号に該当するものは、この限りでない。

○令第136条の2（地階を除く階数が3である建築物の技術的基準）

制定　公布：昭和62年政令第348号　施行：昭和62年11月16日

　法第62条第1項の政令で定める技術的基準は、次のとおりとする。

3－7　防火地域及び準防火地域内の建築物等　333

一　隣地境界線又は当該建築物と同一敷地内の他の建築物（同一敷地内の建築物の延べ面積の合計が500㎡以内である場合における当該他の建築物を除く。）との外壁間の中心線（以下この条において「隣地境界線等」という。）に面する外壁の開口部（防火上有効な公園、広場、川等の空地若しくは水面又は耐火構造の壁その他これらに類するものに面するものを除く。以下この条において同じ。）で当該隣地境界線等からの水平距離が1m以下のものについて、当該外壁の開口部に常時閉鎖式防火戸である甲種防火戸若しくは乙種防火戸、その他の甲種防火戸若しくは乙種防火戸で第112条第14項第一号及び第三号に定める構造のもの又ははめごろし戸である乙種防火戸が設けられていること。ただし、換気孔又は居室以外の室（かまど、こんろその他火を使用する設備又は器具を設けた室を除く。）に設ける換気のための窓で、開口面積が各々0.2㎡以内のものについては、この限りでない。

二　隣地境界線等又は道路中心線に面する外壁の開口部で当該隣地境界線等又は道路中心線からの水平距離が5m以下のものについて、当該外壁の開口部の面積が当該隣地境界線等又は道路中心線からの水平距離に応じて建設大臣が延焼防止上必要があると認めて定める基準に適合していること。

三　外壁が、防火構造であり、かつ、建設大臣の定める基準に従つてその屋内側からの通常の火災時における炎及び火熱を有効に遮ることができる構造であること。

四　軒裏が防火構造であること。

五　主要構造部である柱及びはりその他建設大臣が指定する建築物の部分が、建設大臣の定める基準に従つて通常の火災により建築物全体が容易に倒壊するおそれのない構造であること。

六　床（最下階の床を除く。）又はその直下の天井が、建設大臣の定める基準に従つてそれらの下方からの通常の火災時の加熱に対してそれらの上方への延焼を有効に防止することができる構造であること。

七　屋根又はその直下の天井が、建設大臣の定める基準に従つてそれらの屋内側からの通常の火災時における炎及び火熱を有効に遮ることができる構造であること。

八　3階の室の部分とそれ以外の部分とが間仕切壁又は戸（ふすま、障子その他これらに類するものを除く。）で区画されていること。

〔趣旨・内容〕

近年の火災に関する研究の進展並びに木造建築物の防火性能の向上に関す

334   3－7　防火地域及び準防火地域内の建築物等

る構法及び計画技術の確立、普及等を踏まえ、防火上必要な技術的基準に適合する３階建て木造建築物については、準防火地域内で建築することができることとされ、この技術的基準として令第136条の２が新たに制定されました。

4 主要構造部規制の性能規定化（延焼防止建築物等の導入）

〇法第61条（防火地域及び準防火地域内の建築物）

改 正　公布：平成30年法律第67号　施行：令和元年６月25日

> 　防火地域又は準防火地域内にある建築物は、その外壁の開口部で延焼のおそれのある部分に防火戸その他の政令で定める防火設備を設け、かつ、壁、柱、床その他の建築物の部分及び当該防火設備を通常の火災による周囲への延焼を防止するためにこれらに必要とされる性能に関して防火地域及び準防火地域の別並びに建築物の規模に応じて政令で定める技術的基準に適合するもので、国土交通大臣が定めた構造方法を用いるもの又は国土交通大臣の認定を受けたものとしなければならない。ただし、門又は塀で、高さ２ｍ以下のもの又は準防火地域内にある建築物（木造建築物等を除く。）に附属するものについては、この限りでない。

〇法第62条（屋根）

改 正　公布：平成30年法律第67号　施行：令和元年６月25日

> 　防火地域又は準防火地域内の建築物の屋根の構造は、市街地における火災を想定した火の粉による建築物の火災の発生を防止するために屋根に必要とされる性能に関して建築物の構造及び用途の区分に応じて政令で定める技術的基準に適合するもので、国土交通大臣が定めた構造方法を用いるもの又は国土交通大臣の認定を受けたものとしなければならない。

〇令第136条の２（防火地域又は準防火地域内の建築物の壁、柱、床その他の部分及び防火設備の性能に関する技術的基準）

改 正　公布：令和元年政令第30号　施行：令和元年６月25日

> 　法第61条の政令で定める技術的基準は、次の各号に掲げる建築物の区分に応じ、それぞれ当該各号に定めるものとする。
> 一　防火地域内にある建築物で階数が３以上のもの若しくは延べ面積が100㎡を超えるもの又は準防火地域内にある建築物で地階を除く階数が４以上のもの若しくは延べ面積が1,500㎡を超えるもの次のイ又はロのいずれかに掲げる基準

3－7　防火地域及び準防火地域内の建築物等　335

　イ　主要構造部が第107条各号又は第108条の３第１項第一号イ及びロに掲げ
　　る基準に適合し、かつ、外壁開口部設備（外壁の開口部で延焼のおそれの
　　ある部分に設ける防火設備をいう。以下この条において同じ。）が第109条
　　の２に規定する基準に適合するものであること。ただし、準防火地域内に
　　ある建築物で法第86条の４各号のいずれかに該当するものの外壁開口部設
　　備については、この限りでない。
　ロ　当該建築物の主要構造部、防火設備及び消火設備の構造に応じて算出し
　　た延焼防止時間（建築物が通常の火災による周囲への延焼を防止すること
　　ができる時間をいう。以下この条において同じ。）が、当該建築物の主要構
　　造部及び外壁開口部設備（以下このロ及び次号ロにおいて「主要構造部等」
　　という。）がイに掲げる基準に適合すると仮定した場合における当該主要
　　構造部等の構造に応じて算出した延焼防止時間以上であること。
二　防火地域内にある建築物のうち階数が２以下で延べ面積が100㎡以下のも
　の又は準防火地域内にある建築物のうち地階を除く階数が３で延べ面積が
　1,500㎡以下のもの若しくは地階を除く階数が２以下で延べ面積が500㎡を超
　え1,500㎡以下のもの　次のイ又はロのいずれかに掲げる基準
　イ　主要構造部が第107条の２各号又は第109条の３第一号若しくは第二号に
　　掲げる基準に適合し、かつ、外壁開口部設備が前号イに掲げる基準（外壁
　　開口部設備に係る部分に限る。）に適合するものであること。
　ロ　当該建築物の主要構造部、防火設備及び消火設備の構造に応じて算出し
　　た延焼防止時間が、当該建築物の主要構造部等がイに掲げる基準に適合す
　　ると仮定した場合における当該主要構造部等の構造に応じて算出した延焼
　　防止時間以上であること。
三　準防火地域内にある建築物のうち地階を除く階数が２以下で延べ面積が
　500㎡以下のもの（木造建築物等に限る。）　次のイ又はロのいずれかに掲げ
　る基準
　イ　外壁及び軒裏で延焼のおそれのある部分が第108条各号に掲げる基準に
　　適合し、かつ、外壁開口部設備に建築物の周囲において発生する通常の火
　　災による火熱が加えられた場合に、当該外壁開口部設備が加熱開始後20分
　　間当該加熱面以外の面（屋内に面するものに限る。）に火炎を出さないもの
　　であること。ただし、法第86条の４各号のいずれかに該当する建築物の外
　　壁開口部設備については、この限りでない。
　ロ　当該建築物の主要構造部、防火設備及び消火設備の構造に応じて算出し
　　た延焼防止時間が、当該建築物の外壁及び軒裏で延焼のおそれのある部分
　　並びに外壁開口部設備（以下このロにおいて「特定外壁部分等」という。）

336　　3－7　防火地域及び準防火地域内の建築物等

　　　がイに掲げる基準に適合すると仮定した場合における当該特定外壁部分等
　　　の構造に応じて算出した延焼防止時間以上であること。
　四　準防火地域内にある建築物のうち地階を除く階数が2以下で延べ面積が
　　500㎡以下のもの（木造建築物等を除く。）　次のイ又はロのいずれかに掲げ
　　る基準
　　　イ　外壁開口部設備が前号イに掲げる基準（外壁開口部設備に係る部分に限
　　　　る。）に適合するものであること。
　　　ロ　当該建築物の主要構造部、防火設備及び消火設備の構造に応じて算出し
　　　　た延焼防止時間が、当該建築物の外壁開口部設備がイに掲げる基準に適合
　　　　すると仮定した場合における当該外壁開口部設備の構造に応じて算出した
　　　　延焼防止時間以上であること。
　五　高さ2mを超える門又は塀で、防火地域内にある建築物に附属するもの又
　　は準防火地域内にある木造建築物等に附属するもの　延焼防止上支障のない
　　構造であること。

○令第136条の2の2（防火地域又は準防火地域内の建築物の屋根の性能に
　関する技術的基準）

改正　公布：令和元年政令第30号　施行：令和元年6月25日

　　　法第62条の政令で定める技術的基準は、次に掲げるもの（不燃性の物品を保
　管する倉庫その他これに類するものとして国土交通大臣が定める用途に供する
　建築物又は建築物の部分で、市街地における通常の火災による火の粉が屋内に
　到達した場合に建築物の火災が発生するおそれのないものとして国土交通大臣
　が定めた構造方法を用いるものの屋根にあつては、第一号に掲げるもの）とす
　る。
　一　屋根が、市街地における通常の火災による火の粉により、防火上有害な発
　　炎をしないものであること。
　二　屋根が、市街地における通常の火災による火の粉により、屋内に達する防
　　火上有害な溶融、亀裂その他の損傷を生じないものであること。

○関係告示　防火地域又は準防火地域内の建築物の部分及び防火設備の構造
　　　　　　方法を定める件〔令元国交通告194号〕

制定　公布：令和元年国土交通省告示第194号　施行：令和元年6月25日

　第1　建築基準法施行令（昭和25年政令第338号。以下「令」という。）第136条

の２第一号イに掲げる基準に適合する建築物の部分及び外壁開口部設備（同号イに定める外壁開口部設備をいう。以下同じ。）の構造方法は、次に定めるものとする。

一　主要構造部は、耐火構造又は令第108条の３第１項第一号若しくは第二号に該当する構造とすること。

二　外壁開口部設備は、建築基準法（以下「法」という。）第２条第九号の二ロに規定する防火設備とすること。

第２　令第136条の２第一号ロに掲げる基準に適合する建築物の部分及び外壁開口部設備の構造方法は、次の各号に掲げる建築物の区分に応じ、それぞれ当該各号に定めるものとする。

一　次に掲げる基準に適合する建築物　次の表二に掲げる建築物の区分に応じ、それぞれ同表に定める構造方法

イ　地階を除く階数が３以下であること。

ロ　延べ面積が3000㎡（一戸建ての住宅にあっては、200㎡）以下であること。

ハ　各階における外壁の開口部の面積の合計の当該外壁の面積に対する割合が、次の表一に掲げる場合の区分に応じ、それぞれ同表に定める数値以下であること。

一

s≦１の場合	0.05
１＜ s ≦３の場合	s を10で除して得た数値から0.05を減じて得た数値
３＜ s の場合	0.25

この表において、ｓは、当該外壁の開口部から隣地境界線、当該建築物と同一敷地内の他の建築物（同一敷地内の建築物の延べ面積の合計が500㎡以内である場合における当該他の建築物を除く。第４第一号イ（１）（ⅱ）（三）において同じ。）との外壁間の中心線（第４第一号において「隣地境界線等」という。）又は道路中心線までの水平距離（単位　m）を表すものとする。

ニ　次の表二の（一）から（三）までに掲げる建築物のうち延べ面積が500㎡（同表の（二）に掲げる建築物にあっては、100㎡）を超えるものにあっては、床面積の合計500㎡（同表の（二）に掲げる建築物にあっては、100㎡）以内ごとに１時間準耐火基準に適合する準耐火構造の床若しくは壁又は特定防火設備で区画され、かつ、当該区画された部分ごとにスプリンクラー設備（水源として、水道の用に供する水管を連結したものを除く。）、

水噴霧消火設備、泡消火設備その他これらに類するもので自動式のものが設けられていること。

ホ　次の表二の(四)に掲げる建築物にあっては、令第112条第10項に規定する竪たて穴部分と当該竪たて穴部分以外の部分とが準耐火構造の床若しくは壁又は令第112条第12項に規定する10分間防火設備で区画されていること。

二

	建築物	主要構造部（外壁、屋根及び階段を除く。）の構造方法	外壁及び屋根の軒裏の構造方法	屋根（軒裏を除く。）及び階段の構造方法	外壁開口部設備の構造方法
(一)	別表第1（い）欄(1)項、(3)項若しくは(4)項に掲げる用途（物品販売業を営む店舗を除く。）又は事務所の用途に供する建築物	1時間準耐火基準に適合する準耐火構造とすること。	75分間準耐火構造とすること。	準耐火構造とすること。	法第2条第九号の二ロに規定する防火設備とすること。
(二)	法別表第1（い）欄(2)項に掲げる用途に供する建築物	1時間準耐火基準に適合する準耐火構造とすること。	90分間準耐火構造とすること。	準耐火構造とすること。	法第2条第九号の二ロに規定する防火設備とすること。
(三)	物品販売業を営む店舗の用途に供する建築物	1時間準耐火基準に適合する準耐火構造とすること。	90分間準耐火構造とすること。	準耐火構造とすること。	30分間防火設備とすること。
(四)	一戸建ての住宅	準耐火構造とすること。	75分間準耐火構造とすること。	準耐火構造とすること。	法第2条第九号の二ロに規定する防火設備とすること。

二　卸売市場の上家、機械製作工場その他これらと同等以上に火災の発生のおそれが少ない用途に供する建築物　次のイ及びロに掲げる構造方法

3－7　防火地域及び準防火地域内の建築物等　　339

　　　　イ　主要構造部は、不燃材料で造られたものその他これに類する構造とすること。
　　　　ロ　外壁開口部設備は、20分間防火設備（令第137条の10第四号に規定する20分間防火設備をいう。以下同じ。）とすること。
2　前項第一号の「75分間準耐火構造」とは、令和元年国土交通省告示第193号第1第2項に規定する75分間準耐火構造をいう。
3　第1項第一号の「90分間準耐火構造」とは、次の各号に掲げる建築物の部分の区分に応じ、それぞれ当該各号に定める構造をいう。
　（略）
4　第1項第一号の「30分間防火設備」とは、次に掲げる防火設備（周囲の部分が不燃材料で造られた開口部に取り付けられたものであって、枠又は他の防火設備と接する部分を相じゃくりとし、又は定規縁若しくは戸当たりが設けられていることその他の閉鎖した際に隙間が生じない構造とし、かつ、取付金物を当該防火設備が閉鎖した際に露出しないように取り付けたものに限る。）をいう。
　（略）
第3　令第136条の2第二号イに掲げる基準に適合する建築物の部分及び外壁開口部設備の構造方法は、次に定めるものとする。
　一　主要構造部は、準耐火構造又は令第109条の3第一号若しくは第二号に掲げる基準に適合する構造とすること。
　二　外壁開口部設備は、法第2条第九号の二ロに規定する防火設備とすること。
第4　令第136条の2第二号ロに掲げる基準に適合する建築物の部分及び外壁開口部設備の構造方法は、次の各号に掲げる建築物の区分に応じ、それぞれ当該各号に定めるものとする。
　一　準防火地域内にある建築物のうち地階を除く階数が3で延べ面積が500㎡以下のもの（第三号に掲げる建築物で同号に定める構造方法を用いるものを除く。）　次のイ又はロのいずれかに掲げる構造方法
　　イ　次に掲げる構造とすること。
　　　（1）　外壁は、次に掲げる基準に適合する構造とすること。
　　　　（ｉ）　準耐火構造又は次に掲げる基準に適合する構造であること。
　　　　　（一）　防火構造であること。
　　　　　（二）　当該外壁（天井裏（直下の天井が（5）に定める構造であるものに限る。（3）において同じ。）又は床下にある部分を除く。）の

屋内側の部分に次の(イ)から(ハ)までのいずれかに該当する防火
被覆を設けた構造であること。
- (イ) 厚さが12㎜以上のせっこうボード
- (ロ) 厚さが5.5㎜以上の難燃合板又は厚さが9㎜以上のせっこ
  うボードの上に厚さが9㎜以上のせっこうボードを張ったもの
- (ハ) 厚さが7㎜以上のせっこうラスボードの上に厚さが8㎜以
  上のせっこうプラスターを塗ったもの

(三) 防火被覆の取合いの部分、目地の部分その他これらに類する
部分(以下第4において「取合い等の部分」という。)が、当該取
合い等の部分の裏面に当て木が設けられていることその他の外壁
の内部への炎の侵入を有効に防止することができる構造であるこ
と。

(ⅱ) 隣地境界線等又は道路中心線に面する外壁にあっては、その開
口部(防火上有効な公園、広場、川その他の空地又は水面、耐火構
造の壁その他これらに類するものに面するものを除く。以下同じ。)
で、当該隣地境界線等又は道路中心線からの水平距離が5m以下の
ものについて、当該開口部の面積が、当該隣地境界線等又は道路中
心線からの水平距離に応じて次に定める基準に適合するものである
こと。

(一) 張り間方向又は桁行方向と直交し、かつ、当該建築物に面す
る平面(以下この(一)及び(二)において「基準面」という。)のそ
れぞれについて、各開口部の当該基準面への張り間方向又は桁行
方向の投影面積(単位 ㎡)(以下この(一)において「投影面積」
という。)を当該開口部に面する隣地境界線等又は道路中心線か
ら当該開口部までの水平距離の区分に応じて次の表に掲げる数値
で除して得た数値を合計したものが1を超えないものであるこ
と。この場合において、法第2条第九号の二ロに規定する防火設
備で、令第112条第18項第一号イ及びニに掲げる要件を満たすも
の又ははめごろし戸であるものを設けた開口部以外の開口部の投
影面積は、当該投影面積の1.5倍であるものとみなす。

隣地境界線等又は道路中心線からの水平距離 (単位 m)	投影面積を除する数値
1以下	9
1を超え、2以下	16

3－7　防火地域及び準防火地域内の建築物等　341

2を超え、3以下	25
3を超え、4以下	36
4を超え、5以下	49

（二）　外壁面の基準面への張り間方向又は桁行方向の投影長さが10mを超える場合においては、（一）の数値の合計は当該基準面の長さ10m以内ごとに区分された部分について算定する。この場合において、（一）の表の数値に当該区分された部分の長さのmの数値を10で除した数値を乗じて得た数値を同表の数値とする。

（三）　道路の幅員又は当該建築物と同一敷地内の他の建築物の外壁との水平距離（以下この（三）において「道路の幅員等」という。）が6mを超える場合においては、（一）の適用に当たっては、道路中心線又は当該建築物と同一敷地内の他の建築物との外壁間の中心線（以下この（三）において「道路中心線等」という。）からの水平距離に道路の幅員等の1／2を加えたもののmの数値から3を減じたものを道路中心線等からの水平距離のmの数値とみなす。

（2）　構造耐力上主要な部分に枠組壁工法を用いた建築物（平成13年国土交通省告示第1540号第1から第12までに規定する技術的基準に適合する建築物をいう。（5）において同じ。）の耐力壁は、準耐火構造又は（3）（ⅱ）（一）（イ）及び（ロ）に掲げる基準に適合する構造とすること。

（3）　主要構造部である柱及びはりは、準耐火構造又は次に掲げる基準に適合する構造とすること。

（ⅰ）　全部又は一部に木材を用いたものであること。

（ⅱ）　次の（一）から（四）までのいずれかに該当するものを除き、その小径が12cm以上であること。

（一）　次に掲げる基準に適合する壁の内部にあるもの

（イ）　壁（準耐火構造であるもの及び天井裏又は床下にある部分を除く。）の屋内側の部分に（1）（ⅰ）（二）（イ）から（ハ）までのいずれかに該当する防火被覆が設けられた構造であること。

（ロ）　防火被覆の取合い等の部分が、当該取合い等の部分の裏面に当て木が設けられていることその他の壁の内部への炎の侵入を有効に防止することができる構造であること。

（二）　（4）に規定する構造の床、準耐火構造の床又は令第109条の3第二号ハ若しくは第115条の2第1項第四号に規定する構造の床の内部にあるもの

342　3－7　防火地域及び準防火地域内の建築物等

　　（三）　（6）に規定する構造の屋根の内部にあるもの
　　（四）　天井裏にあるもの
（4）　床は、令第109条の3第二号ハに掲げる構造又は次に掲げる基準
　　に適合する構造とすること。
　（ⅰ）　床の裏側の部分に次の（一）又は（二）のいずれかに該当する防火
　　被覆が設けられた構造であること。
　　（一）　厚さが12㎜以上のせっこうボード
　　（二）　厚さが5.5㎜以上の難燃合板又は厚さが9㎜以上のせっこう
　　　ボードの上に厚さが9㎜以上のせっこうボード又は厚さが9㎜以
　　　上のロックウール吸音板を張ったもの
　（ⅱ）　防火被覆の取合い等の部分が、当該取合い等の部分の裏面に当
　　て木が設けられていることその他の床の内部への炎の侵入を有効に
　　防止することができる構造であること。
（5）　床又は構造耐力上主要な部分に枠組壁工法を用いた建築物のトラ
　　ス（小屋組に用いる場合に限る。）の直下の天井は、令第109条の3第
　　二号ハに掲げる構造又は次に掲げる基準に適合する構造とすること。
　（ⅰ）　（4）（ⅰ）（一）又は（二）のいずれかに該当する防火被覆が設けら
　　れた構造であること。
　（ⅱ）　防火被覆の取合い等の部分が、当該取合い等の部分の裏面に当
　　て木が設けられていることその他の天井裏の内部への炎の侵入を有
　　効に防止することができる構造であること。
（6）　屋根は、令第109条の3第一号に規定する構造又は次に掲げる基
　　準に適合する構造とすること。
　（ⅰ）　屋根の屋内側の部分に次の（一）又は（二）のいずれかに該当する
　　防火被覆が設けられた構造であること。
　　（一）　厚さが12㎜以上のせっこうボードの上に厚さが9㎜以上のせ
　　　っこうボード又は厚さが9㎜以上のロックウール吸音板を張った
　　　もの
　　（二）　厚さが9㎜以上のせっこうボードの上に厚さが12㎜以上のせ
　　　っこうボードを張ったもの
　（ⅱ）　防火被覆の取合い等の部分が、当該取合い等の部分の裏面に当
　　て木が設けられていることその他の屋根の内部への炎の侵入を有効
　　に防止することができる構造であること。
（7）　屋根の直下の天井は、次に掲げる基準に適合する構造とすること。

3－7　防火地域及び準防火地域内の建築物等　343

　　　　（ⅰ）（6）（ⅰ）（一）又は(二)のいずれかに該当する防火被覆が設けられた構造であること。
　　　　（ⅱ）　防火被覆の取合い等の部分が、当該取合い等の部分の裏面に当て木が設けられていることその他の天井裏の内部への炎の侵入を有効に防止することができる構造であること。
　　（8）　軒裏は、防火構造とすること。
　　（9）　3階の室の部分は、それ以外の部分と間仕切壁又は戸（ふすま、障子その他これらに類するものを除く。）で区画すること。
　　（10）　外壁開口部設備は、20分間防火設備とすること。ただし、隣地境界線等に面する外壁の開口部で、当該隣地境界線等からの水平距離が1m以下のもの（換気孔又は居室以外の室（かまど、こんろその他火を使用する設備又は器具を設けたものを除く。）に設ける換気のための窓で、開口面積が各々0.2㎡以内のものを除く。）に設ける外壁開口部設備にあっては、法第2条第九号の2ロに規定する防火設備で、昭和48年建設省告示第2563号第3若しくは第4に規定する構造方法を用いるもの又ははめごろし戸であるものとすることとする。
　ロ　次に掲げる基準に適合する構造とすること。
　　（1）　主要構造部は、令第108条の3第1項第一号又は第二号に該当する構造であること。
　　（2）　外壁開口部設備は、法第2条第9号の二ロに規定する防火設備であること。
二　延べ面積が50㎡以内の平家建ての附属建築物　次のイ又はロのいずれかに掲げる構造方法
　イ　次に掲げる基準に適合する構造とすること。
　　（1）　外壁及び軒裏は、防火構造であること。
　　（2）　外壁開口部設備は、20分間防火設備であること。
　ロ　次に掲げる基準に適合する構造とすること。
　　（1）　主要構造部は、令第108条の3第1項第一号又は第二号に該当する構造であること。
　　（2）　外壁開口部設備は、法第2条第9号の二ロに規定する防火設備であること。
三　卸売市場の上家、機械製作工場その他これらと同等以上に火災の発生のおそれが少ない用途に供する建築物　次のイ又はロに掲げる構造方法
　イ　第2第1項第二号イ及びロに掲げる構造方法
　ロ　次に掲げる基準に適合する構造とすること。

344 3－7 防火地域及び準防火地域内の建築物等

　　　（1）　主要構造部は、令第108条の3第1項第一号又は第二号に該当する構造であること。
　　　（2）　外壁開口部設備は、法第2条第九号の二ロに規定する防火設備であること。
　四　前3号に掲げる建築物以外の建築物　次に掲げる基準に適合する構造とすること。
　　イ　主要構造部は、令第108条の3第1項第一号又は第二号に該当する構造であること。
　　ロ　外壁開口部設備は、法第2条第九号の二ロに規定する防火設備であること。
第5　令第136条の2第三号イに掲げる基準に適合する建築物の部分及び外壁開口部設備の構造方法は、次の各号のいずれかに定めるものとする。
　一　次に掲げる基準に適合する構造とすること。
　　イ　外壁及び軒裏で延焼のおそれのある部分は、防火構造であること。
　　ロ　外壁開口部設備は、20分間防火設備であること。
　二　次に掲げる基準に適合する構造とすること。
　　イ　主要構造部は、令第108条の3第1項第一号又は第二号に該当する構造であること。
　　ロ　外壁開口部設備は、法第2条第九号の二ロに規定する防火設備であること。
第6　令第136条の2第四号イに掲げる基準に適合する外壁開口部設備の構造方法は、20分間防火設備とすることとする。
第7　令第136条の2第五号に掲げる基準に適合する門又は塀（準防火地域内にある木造建築物等に附属するものにあっては、当該門又は塀が建築物の1階であるとした場合に延焼のおそれのある部分に限る。）の構造方法は、門にあっては第一号、塀にあっては第二号に定めるものとする。
　一　次に掲げる構造方法
　　イ　不燃材料で造り、又は覆うこと。
　　ロ　道に面する部分を厚さ24mm以上の木材で造ること。
　二　次に掲げる構造方法
　　イ　不燃材料で造り、又は覆うこと。
　　ロ　厚さ24mm以上の木材で造ること。
　　ハ　土塗真壁造で塗厚さが30mm以上のもの（表面に木材を張ったものを含む。）とすること。
第8　第1第二号、第3第二号及び第4第四号ロの規定は、準防火地域内にあ

る建築物で法第86条の４各号のいずれかに該当するものの外壁開口部設備には適用しない。
2　第２第１項第二号ロ、第４第一号イ(10)及びロ(２)、第二号イ(２)及びロ(２)並びに第三号ロ(２)、第５第一号ロ及び第二号ロ並びに第６の規定は、法第86条の４各号のいずれかに該当する建築物の外壁開口部設備には適用しない。

〔趣旨・内容〕

　主要構造部規制について性能規定化が図られ、防火地域又は準防火地域内にある建築物について、壁、柱、床その他の建築物の部分及び防火設備が、火災による周囲への延焼を防止するために必要な性能（延焼防止性能）を有していればよいことになりました。

　従来は全ての主要構造部に対して一律に耐火構造であることを要求されていたものについて、外壁や窓の性能を向上させることで外部からのもらい火や内部からの火炎噴出のリスクを低減し、内部の柱やはりに燃えしろ設計による準耐火構造を用いることが可能となりました。

　この見直しにより、旧法第61条から第64条の規定が新法第61条及び第62条に統合されるとともに、法律は必要性能を、政令は技術的基準を、具体の仕様は告示又は大臣認定によるものと条文構成も整理されました。

　また、門又は塀に関して、従来は防火地域内にあるもので、高さ２mを超えるもの又は、準防火地域内にある木造建築物に附属するもので高さ２mを超えるものについては、不燃材料で造るか覆うことが義務付けられていましたが、改正法により延焼防止上支障のない構造であれば不燃材料以外で造ることも可能となりました。

参　考

・昭和62年12月３日建設省住指発第395号「建築基準法の一部を改正する法律等の施行について」
・日本建築学会編『建築基準法令解説（昭和25年11月）』（1950）
・建築基準法研究会編『平成30年改正　建築基準法・同施行令等の解説』（ぎょうせい、2019）

346　　4－1　構造耐力

第4章　構造規定

4－1　構造耐力 (法第20条、令第36条)

現行規制の内容

　建築物は自重、積載荷重、積雪荷重、風圧、土圧及び水圧並びに地震その他の振動及び衝撃に対し安全でなければならないと規定されています。これは、建築物の建築から除却までの存置期間中、常に保持されなければならない構造上の安全に関する原則です。この原則が実現されるよう、建築物の高さ、構造種別などが定められています。構造安全性を確保する方法として仕様規定と構造計算の規定からなり、前者は令第36条に、また後者は令第81条にそれぞれ、本条で分類された建築物に応じて、どの規定を適用すべきか規定されています (建基20、建基令36)。

主な改正履歴と改正の趣旨・内容

主な改正	施行・適用
① 建築物の構造上の安全性に係る規定の制定	S25.11.23
② 鉄筋コンクリート造の帯筋間隔（接合部）の制定	S46.1.1
③ 新耐震設計法の制定	S56.6.1
④ 構造方法に関する技術的基準の制定	H12.6.1
⑤ 限界耐力計算の制定	H12.6.1
⑥ 荷重及び外力の見直し	H12.6.1
⑦ 木造の耐震壁の配置の制定	H12.6.1
⑧ 構造関係規定の見直し	H19.6.20
⑨ 構造計算適合性判定制度の制定	H19.6.20
⑩ 特定天井の制定	H26.4.1
⑪ エレベーター等の脱落防止の制定	H26.4.1

12	積雪荷重の割増の制定	H31.1.15
13	階高の高い木造建築物等の増加を踏まえた構造安全性の検証法の合理化	R7.4.1
14	木造建築物の仕様の実況に応じた壁量基準等の見直し	R7.4.1

1 建築物の構造上の安全性に係る規定の制定

○法第20条（構造耐力）

制定 公布：昭和25年法律第201号　施行：昭和25年11月23日

1　建築物は、自重、積載荷重、積雪、風圧、土圧及び水圧並びに地震その他の震動及び衝撃に対して安全な構造でなければならない。

2　第6条第1項第二号又は第三号に掲げる建築物に関する設計図書の作成にあたつては、構造計算によつて、その構造が安全であることを確かめなければならない。

〔趣旨・内容〕

　構造安全性に関する規定として基本的な要求を定め、各種の荷重・外力に対し建築物が安全であるべきことを規定した法第20条があり、その規定を実施、補足するための基準として、令第3章の規定が定められました。この令の規定に係る仕様規定は、構造方法に係る仕様規定と構造計算規定から構成されました。構造方法は、基本的に全ての建築物に対して適用されるものとして、令第3章第1節から第7節までに規定されました。また構造計算規定は、法第6条第1項第二号又は第三号に該当する建築物のみに適用されるものとして、令第3章第8節に規定されました。

2 鉄筋コンクリート造の帯筋間隔（接合部）の制定

○令第77条（柱の構造）

改正 公布：昭和45年政令第333号　施行：昭和46年1月1日

　構造耐力上主要な部分である柱は、次の各号に定める構造としなければならない。

（略）

348   4－1　構造耐力

> 二　帯筋の径は、6 mm以上とし、その間隔は、15cm（柱に接着する壁、はり
> その他の横架材から上方又は下方に柱の小径の2倍以内の距離にある部分
> においては、10cm）以下で、かつ、最も細い主筋の径の15倍以下とするこ
> と。
> （略）

〔趣旨・内容〕

　構造耐力上主要な柱の帯筋は、せん断補強のほか、内部のコンクリートの
拘束、主筋の座屈防止に有効です。その効果を十分発揮するためには補強筋
を多くするだけでなく、間隔を密にすることが重要です。このために帯筋の
最小径を6 mm以上、間隔を15cm又は柱の小径の2倍以内の距離にある部分は
10cm以下で、かつ最も細い主筋の径の15倍以下と規定されました。

③　新耐震設計法の制定

○令第81条の2（高さが60mを超える建築物の特例）〔現行上の規定なし〕

制定　公布：昭和55年政令第196号　施行：昭和56年6月1日

> 　高さが60mを超える建築物の構造計算は、建設大臣が当該建築物について構
> 造耐力上安全であることを確かめることができると認める構造計算によらなけ
> ればならない。

○令第82条の2（層間変形角）

制定　公布：昭和55年政令第196号　施行：昭和56年6月1日

> 　第81条第1項の規定によつて木造の建築物及び組積造その他の構造の建築物
> で建設大臣が定めるもの（以下この款において「木造建築物等」という。）以外
> の建築物の構造計算をするに当たつては、前条の規定によるほか、建築物の地
> 上部分について、第88条第1項に規定する地震力（以下この款において「地震
> 力」という。）によつて各階に生ずる水平方向の層間変位の当該各階の高さに対
> する割合（次条において「層間変形角」という。）が1／200（地震力による構
> 造耐力上主要な部分の変形によつて建築物の部分に著しい損傷が生ずるおそれ
> のない場合にあつては、1／120）以内であることを確かめなければならない。

4－1　構造耐力　　349

○令第82条の3（剛性率、偏心率等）〔現行第82条の6〕

制定 公布：昭和55年政令第196号　施行：昭和56年6月1日

　　第81条第1項の規定によつて木造建築物等以外の建築物で高さが31m以下の
　ものの構造計算をするに当たつては、前2条の規定によるほか、建築物の地上
　部分について、次の各号に定めるところによらなければならない。ただし、建
　築物の地上部分について次条各号に定める構造計算を行つた場合においては、
　この限りでない。
　一　各階の剛性率を次の式によつて計算し、それらの剛性率がそれぞれ6／10
　　以上であることを確かめること。

$$Rs = \frac{rs}{\overline{rs}}$$

　　　　この式において、Rs、rs及び$\overline{rs}$は、それぞれ次の数値を表すものとす
　　　る。
　　　Rs　各階の剛性率
　　　rs　各階の層間変形角の逆数
　　　$\overline{rs}$　当該建築物についてのrsの相加平均
　二　各階の偏心率を次の式によつて計算し、それらの偏心率がそれぞれ
　　15／100を超えないことを確かめること。

$$Re = \frac{e}{re}$$

　　　　この式において、Re、e及びreは、それぞれ次の数値を表すものとす
　　　る。
　　　Re　各階の偏心率
　　　e　各階の構造耐力上主要な部分が支える固定荷重及び積載荷重（第86
　　　　条第2項ただし書の規定によつて特定行政庁が指定する多雪区域にあ
　　　　つては、固定荷重、積載荷重及び積雪荷重）の重心と当該各階の剛心を
　　　　それぞれ同一水平面に投影させて結ぶ線を計算しようとする方向と直
　　　　交する平面に投影させた線の長さ（単位　cm）
　　　re　各階の剛心周りのねじり剛性の数値を当該各階の計算しようとする
　　　　方向の水平剛性の数値で除した数値の平方根（単位　cm）
　三　前2号に定めるもののほか、建設大臣が建築物の構造方法に応じ、地震に
　　対し、安全上必要があると認めて定める基準に従つた構造計算を行うこと。

○令第82条の4（保有水平耐力）〔現行第82条の3〕

制定 公布：昭和55年政令第196号　施行：昭和56年6月1日

　　第81条第1項の規定によつて木造建築物等以外の建築物で高さが31mを超え

350   4−1　構造耐力

るものの構造計算をするに当たつては、第82条及び第82条の２の規定によるほか、建築物の地上部分について、次の各号に定めるところによらなければならない。

一　第４款に規定する材料強度によつて各階の水平力に対する耐力（以下この条において「保有水平耐力」という。）を計算すること。

二　地震力に対する各階の必要保有水平耐力を次の式によつて計算すること。

Qun＝Ds Fes Qud

　　この式において、Qun、Ds、Fes及びQudは、それぞれ次の数値を表すものとする。

Qun　各階の必要保有水平耐力（単位　t）

Ds　各階の構造特性を表すものとして、建築物の振動に関する減衰性及び各階の靭性を考慮して建設大臣が定める方法により算出した数値

Fes　各階の形状特性を表すものとして、各階の剛性率及び偏心率に応じて建設大臣が定める方法により算出した数値

Qud　地震力によつて各階に生ずる水平力（単位　t）

三　第一号の規定によつて計算した保有水平耐力が、前号の規定によつて計算した必要保有水平耐力以上であることを確かめること。

○令第87条（風圧力）

改正 公布：昭和55年政令第196号　施行：昭和56年６月１日

2　前項の速度圧は、次の表の式によつて計算しなければならない。ただし、特定行政庁は、規則で、区域を指定し、建設大臣がその地方における風の状況に応じて定める基準に基づいて、その数値の60％（前条第２項ただし書の規定によつて特定行政庁が指定する多雪区域においては、40％）に相当する数値を下らない範囲において、その区域における速度圧を定めることができる。

| 建築物の高さが16m以下の部分 | $q = 60\sqrt{h}$ |
| 建築物の高さが16mを超える部分 | $q = 120\sqrt[4]{h}$ |

　この表において、q及びhは、それぞれ次の数値を表すものとする。

q　速度圧（単位　kg/㎡）

h　地盤面からの高さ（単位　m）

　　　　　　　　　　　　　　　4－1　構造耐力　351

○令第88条（地震力）

改 正 公布：昭和55年政令第196号　施行：昭和56年6月1日

1　建築物の地上部分の地震力については、当該建築物の各部分の高さに応じ、当該高さの部分が支える部分に作用する全体の地震力として計算するものとし、その数値は、当該部分の固定荷重と積載荷重との和（第86条第2項ただし書の規定によつて特定行政庁が指定する多雪区域においては、更に積雪荷重を加えるものとする。）に当該高さにおける地震層せん断力係数を乗じて計算しなければならない。この場合において、地震層せん断力係数は、次の式によつて計算するものとする。

$C_i = Z\ R_t\ A_i\ C_o$

　　この式において、C_i、Z、R_t、A_i及びC_oは、それぞれ次の数値を表すものとする。

　C_i　建築物の地上部分の一定の高さにおける地震層せん断力係数

　Z　その地方における過去の地震の記録に基づく震害の程度及び地震活動の状況その他地震の性状に応じて1.0から0.7までの範囲内において建設大臣が定める数値

　R_t　建築物の振動特性を表すものとして、建築物の固有周期及び地盤の種類に応じて建設大臣が定める方法により算出した数値

　A_i　建築物の振動特性に応じて地震層せん断力係数の建築物の高さ方向の分布を表すものとして建設大臣が定める方法により算出した数値

　C_o　標準せん断力係数

2　標準せん断力係数は、0.2以上としなければならない。ただし、地盤が著しく軟弱な区域として特定行政庁が建設大臣の定める基準に基づいて規則で指定する区域内における木造の建築物にあつては、0.3以上としなければならない。

3　第82条の4第二号の規定により必要保有水平耐力を計算する場合においては、前項の規定にかかわらず、標準せん断力係数は、1.0以上としなければならない。

4　建築物の地下部分の各部分に作用する地震力は、当該部分の固定荷重と積載荷重との和に次の式に適合する水平震度を乗じて計算しなければならない。ただし、地震時における建築物の振動の性状を適切に評価して計算をすることができる場合においては、当該計算によることができる。

352　4－1　構造耐力

$$k \geqq 0.1\left(1-\frac{H}{40}\right)Z$$

　この式において、k、H及びZは、それぞれ次の数値を表すものとする。
　k　水平震度
　H　建築物の地下部分の各部分の地盤面からの深さ（20を超えるときは20とする。）（単位　m）
　Z　第1項に規定するZの数値

〔趣旨・内容〕

　1978年（昭和53年）の宮城県沖地震による被害などを契機に建築基準法施行令の耐震基準の見直しの必要性が強く認識されるようになり、1981年（昭和56年）に、構造計算基準を中心とする大幅な見直しがされました。新耐震設計法の導入などが行われ、従来の令第82条に基づく許容応力度計算が「一次設計」と称されるとともに、新たに「二次設計」と呼ばれる、想定すべき最大級の地震に対する倒壊等防止性能を確保するための構造計算が追加されました。

　二次設計の基準には、各階の層間変形角が1／200以内、各階の剛性率が0.6以上、各階の偏心率が0.15以下、構造種別に応じた必要な靭性等を確保するための基準の適合が必要な「ルート2」といわれる構造計算方法及び、各階の層間変形角が1／200以内、保有水平耐力計算の適合を確かめる「ルート3」の構造計算方法が規定されました。

4　構造方法に関する技術的基準の制定

○法第20条（構造耐力）

改正　公布：平成10年法律第100号　施行：平成12年6月1日

　建築物は、自重、積載荷重、積雪、風圧、土圧及び水圧並びに地震その他の震動及び衝撃に対して安全な構造のものとして、次に定める基準に適合するものでなければならない。
一　建築物の安全上必要な構造方法に関して政令で定める技術的基準に適合すること。
二　次に掲げる建築物にあつては、前号に定めるもののほか、政令で定める基準に従つた構造計算によつて確かめられる安全性を有すること。
　イ　第6条第1項第二号又は第三号に掲げる建築物

4－1　構造耐力　353

　　ロ　イに掲げるもののほか、高さが13m又は軒の高さが９mを超える建築物
　　　で、その主要構造部（床、屋根及び階段を除く。）を石造、れんが造、コン
　　　クリートブロック造、無筋コンクリート造その他これらに類する構造とし
　　　たもの

○令第36条（構造方法に関する技術的基準）
制定　公布：平成12年政令第211号　施行：平成12年６月１日

１　法第20条第一号の政令で定める技術的基準（建築設備に係る技術的基準を
　除く。）は、この節から第７節の２までに定めるところによる。
２　法第20条第二号に掲げる建築物以外の建築物の構造方法は、次の各号のい
　ずれかに該当するものとしなければならない。
　一　この節から第７節の２までの規定に適合する構造方法
　二　耐久性等関係規定（この条から第37条まで、第38条第１項、第５項及び
　　第６項、第39条第１項、第41条、第49条、第70条、第72条（第79条の４及
　　び第80条において準用する場合を含む。）、第74条から第76条まで（第79条
　　の４及び第80条において準用する場合を含む。）、第79条（第79条の４にお
　　いて準用する場合を含む。）、第79条の３並びに第80条の２の規定（建設大
　　臣が定めた安全上必要な技術的基準のうちその指定する基準に係る部分に
　　限る。）をいう。）に適合し、かつ、第82条の６に規定する限界耐力計算又
　　は第81条第１項ただし書に規定する構造計算（建設大臣が限界耐力計算に
　　よる場合と同等以上に安全さを確かめることができるものとして指定した
　　ものに限る。）によつて安全性が確かめられた構造方法
　三　耐久性等関係規定に適合し、かつ、第81条の２の規定により建設大臣が
　　定める基準に従つた構造計算によつて安全性が確かめられたものとして建
　　設大臣の認定を受けた構造方法
３　法第20条第二号に掲げる建築物（高さが60mを超える建築物（次項、第81
　条及び第81条の２において「超高層建築物」という。）を除く。）の構造方法
　は、次の各号のいずれかに該当するものとしなければならない。
　一　この節から第７節の２までの規定に適合し、かつ、第82条に規定する許
　　容応力度等計算又は第81条第１項ただし書に規定する構造計算によつて安
　　全性が確かめられた構造方法
　二　前項第二号又は第三号に掲げる構造方法
４　超高層建築物の構造方法は、耐久性等関係規定に適合し、かつ、第81条の
　２の規定により建設大臣が定める基準に従つた構造計算によつて安全性が確
　かめられたものとして建設大臣の認定を受けたものとしなければならない。

354   4－1   構造耐力

〔趣旨・内容〕

　技術基準の性能規定化を主目的とする改正により、構造安全性の要求の基本的規定である法第20条が改正され、従来の構造安全性を要求することから、構造安全性の確保のための政令で定める技術基準への適合を求めることに変更されました。

　令第3章の構造関係規定は、構造方法に係る仕様規定・構造計算規定のいずれについても、令第36条に基づく基準から、法第20条に基づく基準へと変更され、構造方法に係る仕様規定は、その根拠規定が変わるなど仕様規定の適用関係の整理について令第36条が制定されました。法第20条の改正により、建築物は安全上必要な構造方法に関して令第36条で定める技術的基準に従った構造計算によって確かめられる安全性を有することとされました。これを踏まえ仕様規定の適用関係について建築物の構造、規模に応じて次のとおり整理がされました。

| （1） | （2）及び（3）に掲げる建築物以外の建築物 | 次の①から③までのいずれかに該当する構造方法とすること
①　令第3章第1節から第7節の2までの規定に適合する構造方法
②　耐久性等関係規定に適合し、かつ、限界耐力計算又は令第81条第1項ただし書に規定する構造計算（建設大臣が限界耐力計算による場合と同等以上に安全さを確かめることができるものとして指定したものに限る。）によって安全性が確かめられた構造方法
③　耐久性等関係規定に適合し、かつ、令第81条の2の構造計算によって安全性が確かめられたものとして建設大臣の認定を受けた構造方法 |
| （2） | 法第20条第二号に掲げる建築物（高さが60mを超える建築物（以下「超高層建築物」という。）を除く。） | 次の①又は②のいずれかに該当する構造方法とすること
①　令第3章第1節から第7節の2までの規定に適合し、かつ、許容応力度等計算又は令第81条第1項ただし書に規定する構造計算によって安全性が確かめられた構造方法
②　（1）の②又は③に該当する構造方法 |

（3）	超高層建築物	耐久性等関係規定に適合し、かつ、令第81条の2の構造計算によって安全性が確かめられたものとして建設大臣の認定を受けた構造方法とすること

5 限界耐力計算の制定

○令第82条の6（限界耐力計算）〔現行第82条の5〕

|制 定| 公布：平成12年政令第211号　施行：平成12年6月1日

第81条第1項第二号に規定する「限界耐力計算」とは、次に定めるところによりする構造計算をいう。
一　地震時を除き、第82条第一号から第三号まで（地震に係る部分を除く。）に定めるところによること。
二　積雪時又は暴風時に、建築物の構造耐力上主要な部分に生ずる力を次の表に掲げる式によつて計算し、当該構造耐力上主要な部分に生ずる力が、それぞれ第4款の規定による材料強度によつて計算した当該構造耐力上主要な部分の耐力を超えないことを確かめること。

荷重及び外力について想定する状態	一般の場合	第86条第2項ただし書の規定によつて特定行政庁が指定する多雪区域における場合	備考
積雪時	$G+P+1.4S$	$G+P+1.4S$	
暴風時	$G+P+1.6W$	$G+P+1.6W$	建築物の転倒、柱の引抜き等を検討する場合においては、Pについては、建築物の実況に応じて積載荷重を減らした数値によるものとする。
		$G+P+0.35S+1.6W$	

この表において、G、P、S及びWは、それぞれ次の力（軸方向力、曲げモーメント、せん断力等をいう。）を表すものとする。
G　第84条に規定する固定荷重によつて生ずる力
P　第85条に規定する積載荷重によつて生ずる力
S　第86条に規定する積雪荷重によつて生ずる力
W　第87条に規定する風圧力によつて生ずる力
三　地震による加速度によつて建築物の地上部分の各階に作用する地震力及び

356   4－1　構造耐力

各階に生ずる層間変位を次に定めるところによつて計算し、当該地震力が、損傷限界耐力（建築物の各階の構造耐力上主要な部分の断面に生ずる応力度が第3款の規定による短期に生ずる力に対する許容応力度に達する場合の建築物の各階の水平力に対する耐力をいう。以下この号において同じ。）を超えないことを確かめるとともに、層間変位の当該各階の高さに対する割合が1／200（地震力による構造耐力上主要な部分の変形によつて建築物の部分に著しい損傷が生ずるおそれのない場合にあつては、1／120）を超えないことを確かめること。

イ　各階が、損傷限界耐力に相当する水平力その他のこれに作用する力に耐えている時に当該階に生ずる水平方向の層間変位（以下この号において「損傷限界変位」という。）を計算すること。

ロ　建築物のいずれかの階において、イによつて計算した損傷限界変位に相当する変位が生じている時の建築物の固有周期（以下この号及び第七号において「損傷限界固有周期」という。）を建設大臣が定める方法によつて計算すること。

ハ　地震により建築物の各階に作用する地震力を、損傷限界固有周期に応じて次の表に掲げる式によつて計算した当該階以上の各階に水平方向に生ずる力の総和として計算すること。

Td＜0.16の場合	$Pdi = (0.64 + 6\,Td)\ mi\ Bdi\ Z\ Gs$
0.16≦Td＜0.64の場合	$Pdi = 1.6\ mi\ Bdi\ Z\ Gs$
0.64≦Tdの場合	$Pdi = \dfrac{1.024mi\ Bdi\ Z\ Gs}{Td}$

この表において、Td、Pdi、mi、Bdi、Z及びGsは、それぞれ次の数値を表すものとする。

Td　建築物の損傷限界固有周期（単位　sec）

Pdi　各階に水平方向に生ずる力（単位　kN）

mi　各階の質量（各階の固定荷重及び積載荷重との和（第86条第2項ただし書の規定によつて特定行政庁が指定する多雪区域においては、更に積雪荷重を加えたものとする。）を重力加速度で除したもの）（単位　t）

Bdi　建築物の各階に生ずる加速度の分布を表すものとして、損傷限界固有周期に応じて建設大臣が定める基準に従つて算出した数値

Z　第88条第1項に規定するZの数値

> Gs　表層地盤による加速度の増幅率を表すものとして、表層地盤の種類に応じて建設大臣が定める方法により算出した数値

　　ニ　各階が、ハによって計算した地震力その他のこれに作用する力に耐えている時に当該階に生ずる水平方向の層間変位を計算すること。

四　第88条第4項に規定する地震力により建築物の地下部分の構造耐力上主要な部分の断面に生ずる応力度を第82条第一号及び第二号の規定によつて計算し、それぞれ第3款の規定による短期に生ずる力に対する許容応力度を超えないことを確かめること。

五　地震による加速度によつて建築物の各階に作用する地震力を次に定めるところによつて計算し、当該地震力が保有水平耐力を超えないことを確かめること。

　　イ　各階が、保有水平耐力に相当する水平力その他のこれに作用する力に耐えている時に当該階に生ずる水平方向の最大の層間変位（以下この号において「安全限界変位」という。）を建設大臣が定める方法によつて計算すること。

　　ロ　建築物のいずれかの階において、イによつて計算した安全限界変位に相当する変位が生じている時の建築物の周期（以下この号において「安全限界固有周期」という。）を建設大臣が定める方法によつて計算すること。

　　ハ　地震により建築物の各階に作用する地震力を、安全限界固有周期に応じて次の表に掲げる式によつて計算した当該階以上の各階に水平方向に生ずる力の総和として計算すること。

$Ts<0.16$ の場合	$Psi=(3.2+30Ts)\ mi\ Bsi\ Fh\ Z\ Gs$
$0.16\leqq Ts<0.64$ の場合	$Psi=8\ mi\ Bsi\ Fh\ Z\ Gs$
$0.64\leqq Ts$ の場合	$Psi=\dfrac{5.12mi\ Bsi\ Fh\ Z\ Gs}{Ts}$

この表において、Ts、Psi、mi、Bsi、Fh、Z及びGsは、それぞれ次の数値を表すものとする。

Ts　建築物の安全限界固有周期（単位　sec）

Psi　各階に水平方向に生ずる力（単位　kN）

mi　第三号の表に規定するmiの数値

Bsi　各階に生ずる加速度の分布を表すものとして、安全限界固有周期に対応する振動特性に応じて建設大臣が定める基準に従つて算出した数値

358   4－1   構造耐力

> Fh　安全限界固有周期における振動の減衰による加速度の低減率を表すものとして建設大臣が定める基準に従つて算出した数値
> Z　第88条第1項に規定するZの数値
> Gs　第三号の表に規定するGsの数値

六　第82条第四号の規定によること。
七　屋根ふき材、外装材及び屋外に面する帳壁が、第三号ニの規定によつて計算した建築物の各階に生ずる水平方向の層間変位及び同号ロの規定によつて計算した建築物の損傷限界固有周期に応じて建築物の各階に生ずる加速度を考慮して建設大臣が定める基準に従つた構造計算によつて風圧並びに地震その他の震動及び衝撃に対して構造耐力上安全であることを確かめること。

〔趣旨・内容〕

　荷重及び外力が建築物に作用している際の建築物に生ずる力及び変形を直接算出する構造計算手法（限界耐力計算）を導入し、現行の構造計算規定との選択制とすることとしました。

　限界耐力計算は、極めて大規模な積雪及び暴風に対する安全性を直接検証するとともに、地震時における建築物の変形を計算し、それに基づいて必要な耐力を計算して求め、安全性を確認する手法です。そのため、限界耐力計算においては、従来の構造計算と異なり、耐久性等に関する規定以外の仕様規定の適用を不要とすることとされました。

6　荷重及び外力の見直し

○令第86条（積雪荷重）

改正　公布：平成12年政令第211号　施行：平成12年6月1日

> 1　積雪荷重は、積雪の単位荷重に屋根の水平投影面積及びその地方における垂直積雪量を乗じて計算しなければならない。
> 2　前項に規定する積雪の単位荷重は、積雪量1cmごとに1㎡につき20N以上としなければならない。ただし、特定行政庁は、規則で、建設大臣が定める基準に基づいて多雪区域を指定し、その区域につきこれと異なる定めをすることができる。
> 3　第1項に規定する垂直積雪量は、建設大臣が定める基準に基づいて特定行政庁が規則で定める数値としなければならない。

4　屋根の積雪荷重は、屋根に雪止めがある場合を除き、その勾配が60度以下の場合においては、その勾配に応じて第1項の積雪荷重に次の式によつて計算した屋根形状係数（特定行政庁が屋根ふき材、雪の性状等を考慮して規則でこれと異なる数値を定めた場合においては、その定めた数値）を乗じた数値とし、その勾配が60度を超える場合においては、零とすることができる。

$$\mu b = \sqrt{\cos(1.5\beta)}$$

この式において、μb及びβは、それぞれ次の数値を表すものとする。
μb　屋根形状係数
β　屋根勾配（単位　度）

5　屋根面における積雪量が不均等となるおそれのある場合においては、その影響を考慮して積雪荷重を計算しなければならない。

6　雪下ろしを行う慣習のある地方においては、その地方における垂直積雪量が1mを超える場合においても、積雪荷重は、雪下ろしの実況に応じて垂直積雪量を1mまで減らして計算することができる。

7　前項の規定により垂直積雪量を減らして積雪荷重を計算した建築物については、その出入口、主要な居室又はその他の見やすい場所に、その軽減の実況その他必要な事項を表示しなければならない。

○令第87条（風圧力）

改正　公布：平成12年政令第211号　施行：平成12年6月1日

2　前項の速度圧は、次の式によつて計算しなければならない。

$$q = 0.6E \quad Vo^2$$

この式において、q、E及びVoは、それぞれ次の数値を表すものとする。
q　速度圧（単位　N/㎡）
E　当該建築物の屋根の高さ及び周辺の地域に存する建築物その他の工作物、樹木その他の風速に影響を与えるものの状況に応じて建設大臣が定める方法により算出した数値
Vo　その地方における過去の台風の記録に基づく風害の程度その他の風の性状に応じて30m/sから46m/sまでの範囲内において建設大臣が定める風速（単位　m/s）

（略）

4　第1項の風力係数は、風洞試験によつて定める場合のほか、建築物又は工作物の断面及び平面の形状に応じて建設大臣が定める数値によらなければならない。

360　4－1　構造耐力

〔趣旨・内容〕

　積雪荷重の算定に用いる垂直積雪量については、建設大臣が定める垂直積雪量の算定方法に関する基準に基づき、特定行政庁が規則で定めることとされました。

　また、屋根の勾配による積雪荷重の低減方法については、国際規格に整合するものと定められました。

　風圧力の算定に用いる、現在全国一律に定めている速度圧については、各地方における風速及び建築物の周辺市街地の状況を考慮して算定する方法に改められました。また、風力係数については、最新の知見に基づき見直し、係数の設定が詳細化すること及び今後の実験・研究の成果に基づき順次係数の追加を行う必要があることから、建設大臣が定める基準とされました。

７　木造の耐震壁の配置の制定

○令第46条（構造耐力上必要な軸組等）

改正 公布：平成12年政令第211号　施行：平成12年6月1日

　（略）

　2　前項の規定は、次の各号のいずれかに該当する木造の建築物又は建築物の構造部分については、適用しない。

　一　次に掲げる基準に適合するもの

　　イ　構造耐力上主要な部分である柱及び横架材（間柱、小ばりその他これらに類するものを除く。以下この号において同じ。）に使用する集成材その他の木材の品質が、当該柱及び横架材の強度及び耐久性に関し建設大臣の定める基準に適合していること。

　　（略）

　　ハ　イ及びロに掲げるもののほか、建設大臣が定める基準に従つた構造計算によつて、構造耐力上安全であることが確かめられた構造であること。

　　（略）

　3　床組及び小屋ばり組の隅角には火打材を使用し、小屋組には振れ止めを設けなければならない。ただし、建設大臣が定める基準に従つた構造計算によつて構造耐力上安全であることが確かめられた場合においては、この限りでない。

　4　階数が2以上又は延べ面積が50㎡を超える木造の建築物においては、第1

項の規定によつて各階の張り間方向及びけた行方向に配置する壁を設け又は
筋かいを入れた軸組を、それぞれの方向につき、次の表1の軸組の種類の欄
に掲げる区分に応じて当該軸組の長さに同表の倍率の欄に掲げる数値を乗じ
て得た長さの合計が、その階の床面積（その階又は上の階の小屋裏、天井裏
その他これらに類する部分に物置等を設ける場合にあつては、当該物置等の
床面積及び高さに応じて建設大臣が定める面積をその階の床面積に加えた面
積）に次の表2に掲げる数値（特定行政庁が第88条第2項の規定によつて指
定した区域内における場合においては、表2に掲げる数値のそれぞれ1.5倍
とした数値）を乗じて得た数値以上で、かつ、その階（その階より上の階が
ある場合においては、当該上の階を含む。）の見付面積（張り間方向又はけた
行方向の鉛直投影面積をいう。以下同じ。）からその階の床面からの高さが
1.35m以下の部分の見付面積を減じたものに次の表3に掲げる数値を乗じて
得た数値以上となるように、建設大臣が定める基準に従つて設置しなければ
ならない。

一

	軸組の種類	倍率
（1）	（略）	（略）
（2）	木ずりその他これに類するものを柱及び間柱の両面に打ち付けた壁を設けた軸組 厚さ1.5cm以上で幅9cm以上の木材又は径9mm以上の鉄筋の筋かいを入れた軸組	1
（3）	厚さ3cm以上で幅9cm以上の木材の筋かいを入れた軸組	1.5
（4）	厚さ4.5cm以上で幅9cm以上の木材の筋かいを入れた軸組	2
（5）	9cm角以上の木材の筋かいを入れた軸組	3
（6）	（2）から（4）までに掲げる筋かいをたすき掛けに入れた軸組	（2）から（4）までのそれぞれの数値の2倍
（7）	（5）に掲げる筋かいをたすき掛けに入れた軸組	5
（8）	その他（1）から（7）までに掲げる軸組と同等以上の耐力を有するものとして建設大臣が定めた	0.5から5までの範囲内において建設大臣が定める数

362　4-1　構造耐力

	構造方法を用いるもの又は建設大臣の認定を受けたもの	値
（9）	（1）又は（2）に掲げる壁と（2）から（6）までに掲げる筋かいとを併用した軸組	（1）又は（2）のそれぞれの数値と（2）から（6）までのそれぞれの数値との和

二

建築物	階の床面積に乗ずる数値（単位　1㎡につきcm）					
	階数が1の建築物	階数が2の建築物の1階	階数が2の建築物の2階	階数が3の建築物の1階	階数が3の建築物の2階	階数が3の建築物の3階
第43条第1項の表の（1）又は（3）に掲げる建築物	15	33	21	50	39	24
第43条第1項の表の（2）に掲げる建築物	11	29	15	46	34	18

　この表における階数の算定については、地階の部分の階数は、算入しないものとする。

三

	区域	見付面積に乗ずる数値（単位　1㎡につきcm）
（1）	特定行政庁がその地方における過去の風の記録を考慮してしばしば強い風が吹くと認めて規則で指定する区域	50を超え、75以下の範囲内において特定行政庁がその地方における風の状況に応じて規則で定める数値
（2）	（1）に掲げる区域以外の区域	50

〇関係告示　木造の建築物に物置等を設ける場合に階の床面積に加える面積を定める件〔平12建告1351号〕〔現行廃止〕

制定 公布：平成12年建設省告示第1351号　施行：平成12年6月1日

　建築基準法施行令（以下「令」という。）第46条第4項に規定する木造の建築物に物置等を設ける場合に階の床面積に加える面積は、次の式によって計算した値とする。ただし、当該物置等の水平投影面積がその存する階の床面積の1／8以下である場合は、零とすることができる。

$$a = \frac{h}{2.1} A$$

この式において、a、h及びAは、それぞれ次の数値を表すものとする。

a　階の床面積に加える面積（単位　㎡）

h　当該物置等の内法高さの平均の値（ただし、同一階に物置等を複数個設ける場合にあっては、それぞれのhのうち最大の値をとるものとする。）（単位　m）

A　当該物置等の水平投影面積（単位　㎡）

〇関係告示　木造建築物の軸組の設置の基準を定める件〔平12建告1352号〕〔現行廃止〕

制定　公布：平成12年建設省告示第1352号　施行：平成12年6月1日

　建築基準法施行令（以下「令」という。）第46条第4項に規定する木造建築物においては、次に定める基準に従って軸組を設置しなければならない。ただし、令第82条の3第二号に定めるところにより構造計算を行い、各階につき、張り間方向及びけた行方向の偏心率が0.3以下であることを確認した場合においては、この限りでない。

一　各階につき、建築物の張り間方向にあってはけた行方向の、けた行方向にあっては張り間方向の両端からそれぞれ1／4の部分（以下「側端部分」という。）について、令第46条第4項の表一の数値に側端部分の軸組の長さを乗じた数値の和（以下「存在壁量」という。）及び同項の表二の数値に側端部分の床面積（その階又は上の階の小屋裏、天井裏その他これらに類する部分に物置等を設ける場合においては、平成12年建設省告示第1351号に規定する数値を加えた数値とする。）を乗じた数値（以下「必要壁量」という。）を求めること。この場合において、階数については、建築物全体の階数にかかわらず、側端部分ごとに独立して計算するものとする。

二　各側端部分のそれぞれについて、存在壁量を必要壁量で除した数値（以下「壁量充足率」という。）を求め、建築物の各階における張り間方向及びけた行方向双方ごとに、壁量充足率の小さい方を壁量充足率の大きい方で除した数値（次号において「壁率比」という。）を求めること。

三　前号の壁率比がいずれも0.5以上であることを確かめること。ただし、前号の規定により算出した側端部分の壁量充足率がいずれも1を超える場合においては、この限りでない。

364   4－1　構造耐力

○令第47条（構造耐力上主要な部分である継手又は仕口）

改正 公布：平成12年政令第211号　施行：平成12年6月1日

> 1　構造耐力上主要な部分である継手又は仕口は、ボルト締、かすがい打、込み栓打その他の建設大臣が定める構造方法によりその部分の存在応力を伝えるように緊結しなければならない。この場合において、横架材の丈が大きいこと、柱と鉄骨の横架材とが剛に接合していること等により柱に構造耐力上支障のある局部応力が生ずるおそれがあるときは、当該柱を添木等によって補強しなければならない。
> （略）

○関係告示　木造の継手及び仕口の構造方法を定める件〔平12建告1460号〕

制定 公布：平成12年建設省告示第1460号　施行：平成12年6月1日

> 　建築基準法施行令（以下「令」という。）第47条に規定する木造の継手及び仕口の構造方法は、次に定めるところによらなければならない。ただし、令第82条第一号から第三号までに定める構造計算によって構造耐力上安全であることが確かめられた場合においては、この限りでない。
> 一　筋かいの端部における仕口にあっては、次に掲げる筋かいの種類に応じ、それぞれイからホまでに定める接合方法又はこれらと同等以上の引張耐力を有する接合方法によらなければならない。
> 　　イ　径9mm以上の鉄筋　柱又は横架材を貫通した鉄筋を三角座金を介してナット締めとしたもの又は当該鉄筋に止め付けた鋼板添え板に柱及び横架材に対して長さ9cmの太め鉄丸くぎ（日本工業規格A5508（くぎ）－1992のうち太め鉄丸くぎに適合するもの又はこれと同等以上の品質を有するものをいう。以下同じ。）を8本打ち付けたもの
> 　　ロ　厚さ1.5cm以上で幅9cm以上の木材　柱及び横架材を欠き込み、柱及び横架材に対してそれぞれ長さ6.5cmの鉄丸くぎ（日本工業規格A5508（くぎ）－1992のうち鉄丸くぎに適合するもの又はこれと同等以上の品質を有するものをいう。以下同じ。）を5本平打ちしたもの
> 　　ハ　厚さ3cm以上で幅9cm以上の木材　厚さ1.6mmの鋼板添え板を、筋かいに対して径12mmのボルト（日本工業規格B1180（六角ボルト）－1994のうち強度区分4.6に適合するもの又はこれと同等以上の品質を有するものをいう。以下同じ。）締め及び長さ6.5cmの太め鉄丸くぎを3本平打ち、柱に対して長さ6.5cmの太め鉄丸くぎを3本平打ち、横架材に対して長さ6.5cmの太め鉄丸くぎを4本平打ちとしたもの

4－1　構造耐力　365

　　ニ　厚さ4.5cm以上で幅9cm以上の木材　厚さ2.3mm以上の鋼板添え板を、筋
　　　　かいに対して径12mmのボルト締め及び長さ50mm、径4.5mmのスクリューく
　　　　ぎ7本の平打ち、柱及び横架材に対してそれぞれ長さ50mm、径4.5mmのスク
　　　　リューくぎ5本の平打ちとしたもの
　　ホ　厚さ9cm以上で幅9cm以上の木材　柱又は横架材に径12mmのボルトを用
　　　　いた1面せん断接合としたもの
　二　壁を設け又は筋かいを入れた軸組の柱の柱脚及び柱頭の仕口にあっては、
　　　軸組の種類と柱の配置に応じて、平家部分又は最上階の柱にあっては次の表
　　　一に、その他の柱にあっては次の表二に、それぞれ掲げる表三(い)から(ぬ)
　　　までに定めるところによらなければならない。ただし、当該仕口の周囲の軸
　　　組の種類及び配置を考慮して、柱頭又は柱脚に必要とされる引張力が、当該
　　　部分の引張耐力を超えないことが確かめられた場合においては、この限りで
　　　ない。

表一

軸組の種類		出隅の柱	その他の軸組端部の柱
木ずりその他これに類するものを柱及び間柱の片面又は両面に打ち付けた壁を設けた軸組		表三(い)	表三(い)
厚さ1.5cm以上幅9cm以上の木材の筋かい又は径9mm以上の鉄筋の筋かいを入れた軸組		表三(ろ)	表三(い)
厚さ3cm以上幅9cm以上の木材の筋かいを入れた軸組	筋かいの下部が取り付く柱	表三(ろ)	表三(い)
	その他の柱	表三(に)	表三(ろ)
厚さ1.5cm以上幅9cm以上の木材の筋かいをたすき掛けに入れた軸組又は径9mm以上の鉄筋の筋かいをたすき掛けに入れた軸組		表三(に)	表三(ろ)
厚さ4.5cm以上幅9cm以上の木材の筋かいを入れた軸組	筋かいの下部が取り付く柱	表三(は)	表三(ろ)
	その他の柱	表三(ほ)	
構造用合板等を昭和56年建設省告示第1100号別表第1(一)項又は(二)項に定める方法で打ち付けた壁を設けた軸組		表三(ほ)	表三(ろ)

厚さ3cm以上幅9cm以上の木材の筋かいをたすき掛けに入れた軸組	表三 (と)	表三 (は)
厚さ4.5cm以上幅9cm以上の木材の筋かいをたすき掛けに入れた軸組	表三 (と)	表三 (に)

表二

軸組の種類	上階及び当該階の柱が共に出隅の柱の場合	上階の柱が出隅の柱であり、当該階の柱が出隅の柱でない場合	上階及び当該階の柱が共に出隅の柱でない場合
木ずりその他これに類するものを柱及び間柱の片面又は両面に打ち付けた壁を設けた軸組	表三 (い)	表三 (い)	表三 (い)
厚さ1.5cm以上幅9cm以上の木材の筋かい又は径9mm以上の鉄筋の筋かいを入れた軸組	表三 (ろ)	表三 (い)	表三 (い)
厚さ3cm以上幅9cm以上の木材の筋かいを入れた軸組	表三 (に)	表三 (ろ)	表三 (い)
厚さ1.5cm以上幅9cm以上の木材の筋かいをたすき掛けに入れた軸組又は径9mm以上の鉄筋の筋かいをたすき掛けに入れた軸組	表三 (と)	表三 (は)	表三 (ろ)
厚さ4.5cm以上幅9cm以上の木材の筋かいを入れた軸組	表三 (と)	表三 (は)	表三 (ろ)
構造用合板等を昭和56年建設省告示第1100号別表第1(一)項又は(二)項に定める方法で打ち付けた壁を設けた軸組	表三 (ち)	表三 (へ)	表三 (は)
厚さ3cm以上幅9cm以上の木材の筋かいをたすき掛けに入れた軸組	表三 (り)	表三 (と)	表三 (に)
厚さ4.5cm以上幅9cm以上の木材の筋かいをたすき掛けに入れた軸組	表三 (ぬ)	表三 (ち)	表三 (と)

表三

| (い) | 短ほぞ差し、かすがい打ち又はこれらと同等以上の接合方法としたもの |

（ろ）	長ほぞ差し込み栓打ち若しくは厚さ2.3mmのL字型の鋼板添え板を、柱及び横架材に対してそれぞれ長さ6.5cmの太め鉄丸くぎを5本平打ちとしたもの又はこれらと同等以上の接合方法としたもの
（は）	厚さ2.3mmのT字型の鋼板添え板を用い、柱及び横架材にそれぞれ長さ6.5cmの太め鉄丸くぎを5本平打ちしたもの若しくは厚さ2.3mmのV字型の鋼板添え板を用い、柱及び横架材にそれぞれ長さ9cmの太め鉄丸くぎを4本平打ちとしたもの又はこれらと同等以上の接合方法としたもの
（に）	厚さ3.2mmの鋼板添え板に径12mmのボルトを溶接した金物を用い、柱に対して径12mmのボルト締め、横架材に対して厚さ4.5mm、40mm角の角座金を介してナット締めをしたもの若しくは厚さ3.2mmの鋼板添え板を用い、上下階の連続する柱に対してそれぞれ径12mmのボルト締めとしたもの又はこれらと同等以上の接合方法としたもの
（ほ）	厚さ3.2mmの鋼板添え板に径12mmのボルトを溶接した金物を用い、柱に対して径12mmのボルト締め及び長さ50mm、径4.5mmのスクリュー釘打ち、横架材に対して厚さ4.5mm、40mm角の角座金を介してナット締めしたもの又は厚さ3.2mmの鋼板添え板を用い、上下階の連続する柱に対してそれぞれ径12mmのボルト締め及び長さ50mm、径4.5mmのスクリュー釘打ちとしたもの又はこれらと同等以上の接合方法としたもの
（へ）	厚さ3.2mmの鋼板添え板を用い、柱に対して径12mmのボルト2本、横架材、布基礎若しくは上下階の連続する柱に対して当該鋼板添え板に止め付けた径16mmのボルトを介して緊結したもの又はこれと同等以上の接合方法としたもの
（と）	厚さ3.2mmの鋼板添え板を用い、柱に対して径12mmのボルト3本、横架材（土台を除く。）、布基礎若しくは上下階の連続する柱に対して当該鋼板添え板に止め付けた径16mmのボルトを介して緊結したもの又はこれと同等以上の接合方法としたもの
（ち）	厚さ3.2mmの鋼板添え板を用い、柱に対して径12mmのボルト4本、横架材（土台を除く。）、布基礎若しくは上下階の連続する柱に対して当該鋼板添え板に止め付けた径16mmのボルトを介して緊結したもの又はこれと同等以上の接合方法としたもの
（り）	厚さ3.2mmの鋼板添え板を用い、柱に対して径12mmのボルト5本、横架材（土台を除く。）、布基礎若しくは上下階の連続する柱に対して当該鋼板添え板に止め付けた径16mmのボルトを介して緊結したもの又はこれと同等以上の接合方法としたもの

（ぬ）	（と）に掲げる仕口を２組用いたもの

三　前二号に掲げるもののほか、その他の構造耐力上主要な部分の継手又は仕口にあっては、ボルト締、かすがい打、込み栓打その他の構造方法によりその部分の存在応力を伝えるように緊結したものでなくてはならない。

〔趣旨・内容〕

　木造の建築物については、基準の明確化を図る観点から、耐震壁の配置の方法に関して建設大臣が定める基準によらなければならないこととされました。建設大臣が定める基準においては、建築物の部分ごとの耐震壁量の割合等を定めました。また、小屋裏、天井裏その他これらに類する部分に物置等がある場合において、当該物置等の最高の内法高さが1.4m以下で、かつ、その水平投影面積がその存する部分の床面積の１／２未満であれば、当該部分については階として取り扱う必要はないものですが、近年このような物置等を設置する事例が増加してきていることを踏まえ、当該物置等の水平投影面積がその存する階の床面積の１／８以下である場合は、加える面積を０とする等の軸組等の規定が整備されました。なお、構造計算が必要となる場合においては、令第85条の規定に基づき当該部分の積載の実況を反映させて積載荷重を計算することが必要です。

　木造建築物の柱、梁及び筋かいの継手又は仕口については、仕様規定の明確化を図る観点から、建設大臣が定める構造方法を用いるものとしなければならないこととされました。建設大臣の定める構造方法においては、継手、仕口等の種別に応じた接合部材、接合方法等が定められました。

8　構造関係規定の見直し

○法第20条（構造耐力）

改正　公布：平成18年法律第92号　施行：平成19年６月20日

　建築物は、自重、積載荷重、積雪荷重、風圧、土圧及び水圧並びに地震その他の震動及び衝撃に対して安全な構造のものとして、次の各号に掲げる建築物の区分に応じ、それぞれ当該各号に定める基準に適合するものでなければならない。

一　高さが60mを超える建築物　当該建築物の安全上必要な構造方法に関して

政令で定める技術的基準に適合するものであること。この場合において、その構造方法は、荷重及び外力によつて建築物の各部分に連続的に生ずる力及び変形を把握することその他の政令で定める基準に従つた構造計算によつて安全性が確かめられたものとして国土交通大臣の認定を受けたものであること。

二　高さが60m以下の建築物のうち、第6条第1項第二号に掲げる建築物（高さが13m又は軒の高さが9mを超えるものに限る。）又は同項第三号に掲げる建築物（地階を除く階数が4以上である鉄骨造の建築物、高さが20mを超える鉄筋コンクリート造又は鉄骨鉄筋コンクリート造の建築物その他これらの建築物に準ずるものとして政令で定める建築物に限る。）　次に掲げる基準のいずれかに適合するものであること。

　イ　当該建築物の安全上必要な構造方法に関して政令で定める技術的基準に適合すること。この場合において、その構造方法は、地震力によつて建築物の地上部分の各階に生ずる水平方向の変形を把握することその他の政令で定める基準に従つた構造計算で、国土交通大臣が定めた方法によるもの又は国土交通大臣の認定を受けたプログラムによるものによつて確かめられる安全性を有すること。

　ロ　前号に定める基準に適合すること。

三　高さが60m以下の建築物のうち、第6条第1項第二号又は第三号に掲げる建築物その他その主要構造部（床、屋根及び階段を除く。）を石造、れんが造、コンクリートブロック造、無筋コンクリート造その他これらに類する構造とした建築物で高さが13m又は軒の高さが9mを超えるもの（前号に掲げる建築物を除く。）　次に掲げる基準のいずれかに適合するものであること。

　イ　当該建築物の安全上必要な構造方法に関して政令で定める技術的基準に適合すること。この場合において、その構造方法は、構造耐力上主要な部分ごとに応力度が許容応力度を超えないことを確かめることその他の政令で定める基準に従つた構造計算で、国土交通大臣が定めた方法によるもの又は国土交通大臣の認定を受けたプログラムによるものによつて確かめられる安全性を有すること。

　ロ　前2号に定める基準のいずれかに適合すること。

四　前3号に掲げる建築物以外の建築物　次に掲げる基準のいずれかに適合するものであること。

　イ　当該建築物の安全上必要な構造方法に関して政令で定める技術的基準に適合すること。

　ロ　前3号に定める基準のいずれかに適合すること。

370 4－1 構造耐力

○令第36条（構造方法に関する技術的基準）

改正 公布：平成19年政令第49号 施行：平成19年6月20日

1 法第20条第一号の政令で定める技術的基準（建築設備に係る技術的基準を除く。）は、耐久性等関係規定（この条から第37条まで、第38条第1項、第5項及び第6項、第39条第1項、第41条、第49条、第70条、第72条（第79条の4及び第80条において準用する場合を含む。）、第74条から第76条まで（これらの規定を第79条の4及び第80条において準用する場合を含む。）、第79条（第79条の4において準用する場合を含む。）、第79条の3並びに第80条の2（国土交通大臣が定めた安全上必要な技術的基準のうちその指定する基準に係る部分に限る。）の規定をいう。以下同じ。）に適合する構造方法を用いることとする。

2 法第20条第二号イの政令で定める技術的基準（建築設備に係る技術的基準を除く。）は、次の各号に掲げる場合の区分に応じ、それぞれ当該各号に定める構造方法を用いることとする。

一 第81条第2項第一号イに掲げる構造計算によつて安全性を確かめる場合 この節から第4節の2まで、第5節（第67条第1項（同項各号に掲げる措置に係る部分を除く。）及び第68条第4項（これらの規定を第79条の4において準用する場合を含む。）を除く。）、第6節（第73条、第77条第二号から第六号まで、第77条の2第2項、第78条（プレキャスト鉄筋コンクリートで造られたはりで2以上の部材を組み合わせるものの接合部に適用される場合に限る。）及び第78条の2第1項第三号（これらの規定を第79条の4において準用する場合を含む。）を除く。）、第6節の2、第80条及び第7節の2（第80条の2（国土交通大臣が定めた安全上必要な技術的基準のうちその指定する基準に係る部分に限る。）を除く。）の規定に適合する構造方法

二 第81条第2項第一号ロに掲げる構造計算によつて安全性を確かめる場合 耐久性等関係規定に適合する構造方法

三 第81条第2項第二号イに掲げる構造計算によつて安全性を確かめる場合 この節から第7節の2までの規定に適合する構造方法

3 法第20条第三号イ及び第四号イの政令で定める技術的基準（建築設備に係る技術的基準を除く。）は、この節から第7節の2までの規定に適合する構造方法を用いることとする。

4 - 1　構造耐力　371

〔趣旨・内容〕

　法第20条において、以下の建築物の規模・構造計算の難易度の区別ごとに構造規定を再編することとされ、令第36条ではこれらの区別ごとに適合すべき技術的基準が定められ、令第81条から第82条の6までに定める基準に従った構造計算によって安全性を確かめることとされました。

①　特に高度な構造計算（時刻歴応答解析）が義務付けられ、全て国土交通大臣の認定が必要になる建築物（高さが60mを超える建築物（建基20一））

②　高度な構造計算（保有水平耐力計算・限界耐力計算・許容応力度等計算）が義務付けられる一定規模以上の建築物（高さが60m以下の一定の建築物（建基20二））

③　簡易な構造計算（令第82条各号及び令第82条の4に定めるところによる構造計算）が義務付けられる一定規模以上の建築物（高さが60m以下で上記②の建築物以外の中規模建築物（建基20三））

④　仕様規定を全て満たせば構造計算が不要となる建築物（小規模建築物（建基20四））

　一方、構造計算に係る基準については、現在構造設計者の工学的判断に任されている事項のうち特に必要性の高いものについて、構造設計者が適切に設計を行えるよう、「国土交通大臣が定める方法」として必要な規定を追加しました。

　また、特に高度で大臣認定が義務付けられる構造計算（時刻歴応答解析）以外の構造計算（保有水平耐力計算・限界耐力計算・許容応力度等計算・許容応力度計算）については、大臣認定プログラムによる構造計算によって安全性を確かめられることを法律上位置付けることとなりました。

9　構造計算適合性判定制度の制定

○法第6条（建築物の建築等に関する申請及び確認）

改正　公布：平成18年法律第92号　施行：平成19年6月20日

　3　建築主事は、第1項の申請書が提出された場合において、その計画が建築士法第3条第1項、第3条の2第1項若しくは第3条の3第1項の規定又は同法第3条の2第3項の規定に基づく条例の規定に違反するときは、当該申請書を受理することができない。

372　　4－1　構造耐力

4　建築主事は、第1項の申請書を受理した場合においては、同項第一号から第三号までに係るものにあつてはその受理した日から35日以内に、同項第四号に係るものにあつてはその受理した日から7日以内に、申請に係る建築物の計画が建築基準関係規定に適合するかどうかを審査し、審査の結果に基づいて建築基準関係規定に適合することを確認したときは、当該申請者に確認済証を交付しなければならない。

5　建築主事は、前項の場合において、申請に係る建築物の計画が第20条第二号又は第三号に定める基準（同条第二号イ又は第三号イの政令で定める基準に従つた構造計算で、同条第二号イに規定する方法若しくはプログラムによるもの又は同条第三号イに規定するプログラムによるものによつて確かめられる安全性を有することに係る部分に限る。次条第3項及び第18条第4項において同じ。）に適合するかどうかを審査するときは、都道府県知事の構造計算適合性判定（第20条第二号イ又は第三号イの構造計算が同条第二号イに規定する方法若しくはプログラム又は同条第三号イに規定するプログラムにより適正に行われたものであるかどうかの判定をいう。以下同じ。）を求めなければならない。

6　都道府県知事は、当該都道府県に置かれた建築主事から前項の構造計算適合性判定を求められた場合においては、当該建築主事を当該構造計算適合性判定に関する事務に従事させてはならない。

7　都道府県知事は、特別な構造方法の建築物の計画について第5項の構造計算適合性判定を行うに当たつて必要があると認めるときは、当該構造方法に係る構造計算に関して専門的な識見を有する者の意見を聴くものとする。

8　都道府県知事は、第5項の構造計算適合性判定を求められた場合においては、当該構造計算適合性判定を求められた日から14日以内にその結果を記載した通知書を建築主事に交付しなければならない。

9　都道府県知事は、前項の場合（第20条第二号イの構造計算が同号イに規定する方法により適正に行われたものであるかどうかの判定を求められた場合その他国土交通省令で定める場合に限る。）において、同項の期間内に建築主事に同項の通知書を交付することができない合理的な理由があるときは、35日の範囲内において、同項の期間を延長することができる。この場合においては、その旨及びその延長する期間並びにその期間を延長する理由を記載した通知書を同項の期間内に建築主事に交付しなければならない。

10　第5項の構造計算適合性判定に要する費用は、当該構造計算適合性判定を求めた建築主事が置かれた都道府県又は市町村の負担とする。

4－1　構造耐力　　373

11　建築主事は、第5項の構造計算適合性判定により当該建築物の構造計算が第20条第二号イに規定する方法若しくはプログラム又は同条第三号イに規定するプログラムにより適正に行われたものであると判定された場合（次条第8項及び第18条第10項において「適合判定がされた場合」という。）に限り、第1項の規定による確認をすることができる。

12　建築主事は、第4項の場合（申請に係る建築物の計画が第20条第二号に定める基準（同号イの政令で定める基準に従つた構造計算で同号イに規定する方法によるものによつて確かめられる安全性を有することに係る部分に限る。）に適合するかどうかを審査する場合その他国土交通省令で定める場合に限る。）において、同項の期間内に当該申請者に第1項の確認済証を交付することができない合理的な理由があるときは、35日の範囲内において、第4項の期間を延長することができる。この場合においては、その旨及びその延長する期間並びにその期間を延長する理由を記載した通知書を同項の期間内に当該申請者に交付しなければならない。

13　建築主事は、第4項の場合において、申請に係る建築物の計画が建築基準関係規定に適合しないことを認めたとき、又は申請書の記載によつては建築基準関係規定に適合するかどうかを決定することができない正当な理由があるときは、その旨及びその理由を記載した通知書を同項の期間（前項の規定により第4項の期間を延長した場合にあつては、当該延長後の期間）内に当該申請者に交付しなければならない。

14　第1項の確認済証の交付を受けた後でなければ、同項の建築物の建築、大規模の修繕又は大規模の模様替の工事は、することができない。

15　第1項の規定による確認の申請書、同項の確認済証並びに第12項及び第13項の通知書の様式は、国土交通省令で定める。

○法第6条の2（国土交通大臣等の指定を受けた者による確認）

改正　公布：平成18年法律第92号　施行：平成19年6月20日

1　前条第1項各号に掲げる建築物の計画（建築士法第3条第1項、第3条の2第1項若しくは第3条の3第1項の規定又は同法第3条の2第3項の規定に基づく条例の規定に違反するものを除く。）が建築基準関係規定に適合するものであることについて、第77条の18から第77条の21までの規定の定めるところにより国土交通大臣又は都道府県知事が指定した者の確認を受け、国土交通省令で定めるところにより確認済証の交付を受けたときは、当該確認は前条第1項の規定による確認と、当該確認済証は同項の確認済証とみなす。
（略）

374　　4－1　構造耐力

3　第1項の規定による指定を受けた者は、同項の規定による確認の申請を受けた場合において、申請に係る建築物の計画が第20条第二号又は第三号に定める基準に適合するかどうかを審査するときは、都道府県知事の構造計算適合性判定を求めなければならない。

4　都道府県知事は、特別な構造方法の建築物の計画について前項の構造計算適合性判定を行うに当たつて必要があると認めるときは、当該構造方法に係る構造計算に関して専門的な識見を有する者の意見を聴くものとする。

5　都道府県知事は、第3項の構造計算適合性判定を求められた場合においては、当該構造計算適合性判定を求められた日から14日以内にその結果を記載した通知書を第1項の規定による指定を受けた者に交付しなければならない。

6　都道府県知事は、前項の場合（第20条第二号イの構造計算が同号イに規定する方法により適正に行われたものであるかどうかの判定を求められた場合その他国土交通省令で定める場合に限る。）において、同項の期間内に第1項の規定による指定を受けた者に前項の通知書を交付することができない合理的な理由があるときは、35日の範囲内において、同項の期間を延長することができる。この場合においては、その旨及びその延長する期間並びにその期間を延長する理由を記載した通知書を同項の期間内に第1項の規定による指定を受けた者に交付しなければならない。

7　第3項の構造計算適合性判定に要する費用は、当該構造計算適合性判定を求めた第1項の規定による指定を受けた者の負担とする。

8　第1項の規定による指定を受けた者は、第3項の構造計算適合性判定により適合判定がされた場合に限り、第1項の規定による確認をすることができる。

9　第1項の規定による指定を受けた者は、同項の規定による確認の申請を受けた場合において、申請に係る建築物の計画が建築基準関係規定に適合しないことを認めたとき、又は申請の内容によつては建築基準関係規定に適合するかどうかを決定することができない正当な理由があるときは、国土交通省令で定めるところにより、その旨及びその理由を記載した通知書を当該申請者に交付しなければならない。

10　第1項の規定による指定を受けた者は、同項の確認済証又は前項の通知書の交付をしたときは、国土交通省令で定める期間内に、国土交通省令で定めるところにより、確認審査報告書を作成し、当該確認済証又は当該通知書の交付に係る建築物の計画に関する国土交通省令で定める書類を添えて、これ

4－1　構造耐力　375

を特定行政庁に提出しなければならない。

11　特定行政庁は、前項の規定による確認審査報告書の提出を受けた場合において、第1項の確認済証の交付を受けた建築物の計画が建築基準関係規定に適合しないと認めるときは、当該建築物の建築主及び当該確認済証を交付した同項の規定による指定を受けた者にその旨を通知しなければならない。この場合において、当該確認済証は、その効力を失う。

12　前項の場合において、特定行政庁は、必要に応じ、第9条第1項又は第10項の命令その他の措置を講ずるものとする。

〔趣旨・内容〕

　建築主事等が、許容応力度等計算など一定の構造計算を行った建築物の計画について建築確認を行う際には、都道府県知事又は都道府県知事の指定を受けた指定構造計算適合性判定機関に構造計算適合性判定を求めなければならないこととされました。また、構造計算適合性判定の対象となる建築物、都道府県知事等が構造計算適合性判定の結果を記載した通知書を交付する期限（当該構造計算適合性判定を求められた日から14日以内）を延長することができる場合（大臣認定プログラムにより行われた構造計算に係る情報を記録した磁気ディスク等の提出がなかった場合や構造計算適合性判定員相互間で意見が異なる場合）及び指定構造計算適合性判定機関の指定に関する手続等について定められました。

⑩　特定天井の制定

○令第39条（屋根ふき材等）

改正　公布：平成25年政令第217号　施行：平成26年4月1日

1　屋根ふき材、内装材、外装材、帳壁その他これらに類する建築物の部分及び広告塔、装飾塔その他建築物の屋外に取り付けるものは、風圧並びに地震その他の震動及び衝撃によつて脱落しないようにしなければならない。

2　屋根ふき材、外装材及び屋外に面する帳壁の構造は、構造耐力上安全なものとして国土交通大臣が定めた構造方法を用いるものとしなければならない。

3　特定天井（脱落によつて重大な危害を生ずるおそれがあるものとして国土交通大臣が定める天井をいう。以下同じ。）の構造は、構造耐力上安全なものとして、国土交通大臣が定めた構造方法を用いるもの又は国土交通大臣の認

376　　4－1　構造耐力

定を受けたものとしなければならない。

4　特定天井で特に腐食、腐朽その他の劣化のおそれのあるものには、腐食、腐朽その他の劣化しにくい材料又は有効なさび止め、防腐その他の劣化防止のための措置をした材料を使用しなければならない。

○関係告示　特定天井及び特定天井の構造耐力上安全な構造方法を定める件
〔平25国交通告771号〕

制定　公布：平成25年国土交通省告示第771号　施行：平成26年4月1日

　建築基準法施行令（昭和25年政令第338号）第39条第3項の規定に基づき、特定天井を第二に、特定天井の構造方法を第三に定める。

第一　この告示において次の各号に掲げる用語の意義は、それぞれ当該各号に定めるところによる。

　一　吊り天井　天井のうち、構造耐力上主要な部分又は支持構造部（以下「構造耐力上主要な部分等」という。）から天井面構成部材を吊り材により吊り下げる構造の天井をいう。

　二　天井材　天井面構成部材、吊り材、斜め部材その他の天井を構成する材料をいう。

　三　天井面構成部材　天井面を構成する天井板、天井下地材及びこれに附属する金物をいう。

　四　天井面構成部材等　天井面構成部材並びに照明設備その他の建築物の部分又は建築物に取り付けるもの（天井材以外の部分のみで自重を支えるものを除く。）であって、天井面構成部材に地震その他の震動及び衝撃により生ずる力を負担させるものをいう。

　五　吊り材　吊りボルト、ハンガーその他の構造耐力上主要な部分等から天井面構成部材を吊るための部材をいう。

　六　斜め部材　地震の震動により天井に生ずる力を構造耐力上主要な部分等に伝達するために天井面に対して斜めに設ける部材をいう。

　七　吊り長さ　構造耐力上主要な部分（支持構造部から吊り下げる天井で、支持構造部が十分な剛性及び強度を有する場合にあっては、支持構造部）で吊り材が取り付けられた部分から天井面の下面までの鉛直方向の長さをいう。

第二　特定天井

　特定天井は、吊り天井であって、次の各号のいずれにも該当するものとする。

　一　居室、廊下その他の人が日常立ち入る場所に設けられるもの

二　高さが6mを超える天井の部分で、その水平投影面積が200㎡を超えるものを含むもの

三　天井面構成部材等の単位面積質量（天井面の面積の1㎡当たりの質量をいう。以下同じ。）が2kgを超えるもの

第三　特定天井の構造方法

特定天井の構造方法は、次の各号の基準に適合するものとする。

一　天井面構成部材等の単位面積質量は、20kg以下とすること。

二　天井材（グラスウール、ロックウールその他の軟質な繊維状の材料から成る単位面積質量が4kg以下の天井板で、他の天井面構成部材に適切に取り付けられているものを除く。）は、ボルト接合、ねじ接合その他これらに類する接合方法により相互に緊結すること。

三　支持構造部は十分な剛性及び強度を有するものとし、建築物の構造耐力上主要な部分に緊結すること。

四　吊り材には日本工業規格（以下「ＪＩＳ」という。）A6517（建築用鋼製下地（壁・天井））－2010に定めるつりボルトの規定に適合するもの又はこれと同等以上の引張強度を有するものを用いること。

五　吊り材及び斜め部材（天井材に緊結するものを除く。）は、埋込みインサートを用いた接合、ボルト接合その他これらに類する接合方法により構造耐力上主要な部分等に緊結すること。

六　吊り材は、天井面構成部材を鉛直方向に支持し、かつ、天井面の面積が1㎡当たりの平均本数を1本（天井面構成部材等の単位面積質量が6kg以下のものにあっては、0.5本）以上とし、釣合い良く配置しなければならない。

七　天井面構成部材に天井面の段差その他の地震時に有害な応力集中が生ずるおそれのある部分を設けないこと。

八　吊り長さは、3m以下とし、おおむね均一とすること。

九　斜め部材（ＪＩＳ　G3302（溶融亜鉛めっき鋼板及び鋼帯）－2010、ＪＩＳ　G3321（溶融55％アルミニウム－亜鉛合金めっき鋼板及び鋼帯）－2010又はこれと同等以上の品質を有する材料を使用したものに限る。）は、2本の斜め部材の下端を近接してV字状に配置したものを一組とし、次の表に掲げる式により算定した組数以上を張り間方向及びけた行方向に釣合い良く配置しなければならない。ただし、水平方向に同等以上の耐力を有することが確かめられ、かつ、地震その他の震動及び衝撃により天井に生ずる力を伝達するために設ける部材が釣合い良く配置されている場合にあっては、この限りでない。

378 4－1 構造耐力

式	$n = \dfrac{kW}{3\alpha B} \cdot \gamma \cdot {L_b}^3$

この式において、n、k、W、α、B、γ及びL_bは、それぞれ次の数値を表すものとする。

n 2本の斜め部材から構成される組数

k 天井を設ける階に応じて次の表に掲げる水平震度

	天井を設ける階	水平震度
(1)	0.3（2N+1）を超えない整数に1を加えた階から最上階までの階	2.2r
(2)	（1）及び（3）以外の階	1.3r
(3)	0.11（2N+1）を超えない整数から最下階までの階	0.5r

この表において、N及びrは、それぞれ次の数値を表すものとする。

N 地上部分の階数

r 次に定める式によって計算した数値

$$r = \min\left[\dfrac{1 + 0.125\,(N-1)}{1.5}, 1.0\right]$$

W 天井面構成部材及び天井面構成部材に地震その他の震動及び衝撃により生ずる
   力を負担させるものの総重量（単位 kN）

α 斜め部材の断面形状及び寸法に応じて次の表に掲げる数値

	断面形状	寸法（単位 mm）			α
		高さ	幅	板厚	
(1)	溝形	38	12	1.2	0.785
(2)		38	12	1.6	1.000
(3)		40	20	1.6	4.361
(4)	その他の断面形状又は寸法				I/1080

この表において、Iは次の数値を表すものとする。

I 当該断面形状及び寸法の斜め部材の弱軸周りの断面二次モーメント（単位
   mm^4）

B 斜め部材の水平投影長さ（単位 m）

γ 斜め部材の細長比に応じて次の表に掲げる割増係数

細長比	割増係数
$\lambda < 130$の場合	$\left\{\dfrac{18}{63\left(\dfrac{\lambda}{130}\right)^2}\right\}\left\{\dfrac{\dfrac{2}{3}+\dfrac{3}{2}\left(\dfrac{\lambda}{130}\right)^2}{1-\dfrac{2}{5}\left(\dfrac{\lambda}{130}\right)^2}\right\}$
$\lambda \geqq 130$の場合	1
この表において、λは斜め部材の細長比を表す。	

L_b　斜め部材の長さ（単位　m）

十　天井面構成部材と壁、柱その他の建築物の部分又は建築物に取り付けるもの（構造耐力上主要な部分以外の部分であって、天井面構成部材に地震その他の震動及び衝撃により生ずる力を負担させるものを除く。以下「壁等」という。）との間に、6cm以上の間（当該間の全部又は一部に相互に応力を伝えない部分を設ける場合にあっては、当該部分は間とみなす。以下同じ。）を設けること。ただし、特別な調査又は研究の結果に基づいて、地震時に天井面構成部材が壁等と衝突しないよう天井面構成部材と壁等との間を算出する場合においては、当該算出によることができるものとする。

十一　建築物の屋外に面する天井は、風圧により脱落することがないように取り付けること。

2　前項の規定は、次の各号のいずれかに定める構造方法とする場合には、適用しない。

一　次のイからニまでに定めるところにより行う構造計算によって構造耐力上安全であることが確かめられた構造方法とすること。この場合において、吊り材、斜め部材その他の天井は釣合い良く配置することとし、吊り材を支持構造部に取り付ける場合にあっては、支持構造部は十分な剛性及び強度を有するものとしなければならない。

　イ　天井面構成部材の各部分が、地震の震動により生ずる力を構造耐力上有効に当該天井面構成部材の他の部分に伝えることができる剛性及び強度を有することを確かめること。

　ロ　天井面構成部材及び天井面構成部材に地震その他の震動及び衝撃により生ずる力を負担させるものの総重量に、天井を設ける階に応じて次の表に掲げる水平震度以上の数値を乗じて得られた水平方向の地震力（計算しようとする方向の柱の相互の間隔が15mを超える場合にあっては、当該水平方向の地震力に加えて、天井面構成部材及び天井面構成部材に地震その他の震動及び衝撃により生ずる力を負担させるものの総重量に

380　4－1　構造耐力

数値が一以上の鉛直震度を乗じて得られた鉛直方向の地震力）により天井に生ずる力が当該天井の許容耐力（繰り返し載荷試験その他の試験又は計算によって確認した損傷耐力（天井材の損傷又は接合部分の滑り若しくは外れが生ずる力に対する耐力をいう。）に２／３以下の数値を乗じた値をいう。）を超えないことを確かめること。

天井を設ける階		水平震度
（1）	0.3（2N+1）を超えない整数に１を加えた階から最上階までの階	2.2rZ
（2）	（1）及び（3）以外の階	1.3rZ
（3）	0.11（2N+1）を超えない整数の階から最下階までの階	0.5

この表において、N、r及びZは、それぞれ次の数値を表すものとする。

N　地上部分の階数

r　次に定める式によって計算した数値

$$r = \min\left[\frac{1 + 0.125（N-1）}{1.5}, 1.0\right]$$

Z　建築基準法施行令（昭和25年政令第338号）第88条第1項に規定するZの数値

　　ハ　天井面構成部材と壁等との間が、６cmに吊り長さが３mを超える部分の長さに1.5／200を乗じた値を加えた数値以上であることを確かめること。ただし、特別な調査又は研究の結果に基づいて、地震時に天井面構成部材が壁等と衝突しないよう天井面構成部材と壁等との間を算出する場合においては、当該算出によることができるものとする。

　　ニ　イからハまでの構造計算を行うに当たり、風圧並びに地震以外の震動及び衝撃を適切に考慮すること。

　二　平成12年建設省告示第1457号第11第二号の規定に基づく構造計算によって構造耐力上安全であることが確かめられた構造方法とすること

〔趣旨・内容〕

　平成23年３月に発生した東日本大震災において、大規模空間を有する建築物において天井が脱落した事案が多数生じたことを踏まえ改正されました。

　脱落によって重大な危害を生ずるおそれがある「特定天井」は、天井の高さ、水平投影面積及び単位面積質量という客観的な指標を用いて定義されており、具体的には、６m超えの高さにある、水平投影面積200㎡超、天井面構

成部材等の単位面積質量2kg/㎡超の吊天井で、人が日常利用する場所に設置されているものが規制の対象となります。

また、構造方法として、一定の仕様規定に適合し、計算により構造耐力上の安全性を検証することが示されております。

時刻歴応答計算や限界耐力計算を用いて構造計算を行った建築物については令第39条第3項は適用除外とされていますが、別途、令第81条第1項第三号又は第82条の5第七号において、屋根ふき材等と同様に、特定天井について風圧並びに地震その他の振動及び衝撃に対して構造耐力上安全であることを確かめる必要が規定されています。

11 エレベーター等の脱落防止の制定

○令第129条の4（エレベーターの構造上主要な部分）

改正 公布：平成25年政令第217号　施行：平成26年4月1日

2　（略）

三　前号の規定によつて計算した常時及び安全装置の作動時の各応力度が、それぞれ主要な支持部分等の材料の破壊強度を安全率（エレベーターの設置時及び使用時の別に応じて、主要な支持部分等の材料の摩損又は疲労破壊による強度の低下を考慮して国土交通大臣が定めた数値をいう。）で除して求めた許容応力度を超えないことを確かめること。

四　次項第二号に基づき設けられる独立してかごを支え、又は吊ることができる部分について、その一がないものとして第一号及び第二号に定めるところにより計算した各応力度が、当該部分の材料の破壊強度を限界安全率（エレベーターの設置時及び使用時の別に応じて、当該部分にかごの落下をもたらすような損傷が生じないように材料の摩損又は疲労破壊による強度の低下を考慮して国土交通大臣が定めた数値をいう。）で除して求めた限界の許容応力度を超えないことを確かめること。

3　（略）

五　釣合おもりを用いるエレベーターにあつては、地震その他の震動によつて釣合おもりが脱落するおそれがないものとして国土交通大臣が定めた構造方法を用いるものであること。

六　国土交通大臣が定める基準に従つた構造計算により地震その他の震動に対して構造耐力上安全であることが確かめられたものであること。

382   4－1　構造耐力

　　七　屋外に設けるエレベーターで昇降路の壁の全部又は一部を有しないもの
　　　にあつては、国土交通大臣が定める基準に従つた構造計算により風圧に対
　　　して構造耐力上安全であることが確かめられたものであること。

○令第129条の12（エスカレーターの構造）

改正　公布：平成25年政令第217号　施行：平成26年4月1日

　　1　　（略）
　　二　勾配は、30度以下とすること。
　　（略）
　　六　地震その他の震動によつて脱落するおそれがないものとして、国土交通
　　　大臣が定めた構造方法を用いるもの又は国土交通大臣の認定を受けたもの
　　　とすること。

〔趣旨・内容〕

　平成23年3月に発生した東日本大震災において、エレベーター等が脱落す
る事案等が複数生じたことを踏まえ、改正されました。

　エレベーター等の脱落防止措置等として、エスカレーターの脱落防止対策
に係る規定が法第20条に基づく技術的基準のうち建築設備に係るものとして
位置付けられ、エレベーター等における釣合おもりの脱落防止（平25国交通告
1048）及び耐震性の確保（平25国交通告1049）、エスカレーターの脱落防止対策（平
25国交通告1046）に係る規定が追加されました。

12　積雪荷重の割増の制定

○関係告示　保有水平耐力計算及び許容応力度等計算の方法を定める件〔平
　　　　　19国交通告594号〕

改正　公布：平成30年国土交通省告示第80号　施行：平成31年1月15日

　第2　　（略）
　　三　　（略）
　　　ホ　令第86条第2項ただし書の規定により特定行政庁が指定する多雪区域
　　　　以外の区域（同条第1項に規定する垂直積雪量が0.15m以上である区域
　　　　に限る。）内にある建築物（屋根版を鉄筋コンクリート造又は鉄骨鉄筋コ
　　　　ンクリート造としたものを除く。）が特定緩勾配屋根部分（屋根勾配が15

4－1　構造耐力　383

度以下で、かつ、最上端から最下端までの水平投影の長さが10m以上の屋根の部分をいう。以下同じ。）を有する場合　特定緩勾配屋根部分に作用する荷重及び外力（積雪荷重にあっては、同条に規定する方法によって計算した積雪荷重に次の式によって計算した割り増し係数を乗じて得た数値（屋根面における雨水が滞留するおそれのある場合にあっては、当該数値にその影響を考慮した数値）とする。）に対して、特定緩勾配屋根部分及び特定緩勾配屋根部分が接続される構造耐力上主要な部分に生ずる力を計算して令第82条第一号から第三号までに規定する構造計算を行い安全であることを確かめること。

$$\alpha = 0.7 + \sqrt{\frac{dr}{\mu bd}}$$

　この式において、α、dr、μb及びdは、それぞれ次の数値を表すものとする。

α　割り増し係数（当該数値が1.0未満の場合には、1.0）

dr　特定緩勾配屋根部分の最上端から最下端までの水平投影の長さ及び屋根勾配に応じて、次の表に掲げる数値（単位　m）

最上端から最下端までの水平投影の長さ（単位　m）	屋根勾配（単位　度）	drの数値
10	2以下	0.05
	15	0.01
50以上	2以下	0.14
	15	0.03

この表に掲げる最上端から最下端までの水平投影の長さ及び屋根勾配の数値以外の当該数値に応じたdrは、表に掲げる数値をそれぞれ直線的に補間した数値とする。

μb　令第86条第4項に規定する屋根形状係数

d　令第86条第1項に規定する垂直積雪量（単位　m）

〔趣旨・内容〕

　平成26年2月の関東甲信地方を中心とした大雪の直後に雨が降ったことにより、体育館等の勾配の緩い大きな屋根の崩落や、カーポートの倒壊などの被害が生じたことを踏まえ改正されました。

384   4－1　構造耐力

　対象となる建築物は、多雪区域外の区域にある建築物で、大スパン（棟からの軒までの長さが10m以上）、緩勾配（15度以下）、屋根重量が軽い（屋根版が鉄筋コンクリート造又は鉄骨鉄筋コンクリート造でないもの）ものです。

　構造計算において積雪荷重に積雪後の降雨を考慮した割増係数を乗じることになりました。

13 **階高の高い木造建築物等の増加を踏まえた構造安全性の検証法の合理化**

○法第20条（構造耐力）

| 改 正 | 公布：令和４年法律第69号　施行：令和７年４月１日

1　建築物は、自重、積載荷重、積雪、風圧、土圧及び水圧並びに地震その他の震動及び衝撃に対して安全な構造のものとして、次に定める基準に適合するものでなければならない。
　（略）
　二　高さが60m以下の建築物のうち、木造の建築物（地階を除く階数が４以上であるもの又は高さが16mを超えるものに限る。）又は木造以外の建築物（地階を除く階数が４以上である鉄骨造の建築物、高さが20mを超える鉄筋コンクリート造又は鉄骨鉄筋コンクリート造の建築物その他これらの建築物に準ずるものとして政令で定める建築物に限る。）　次に掲げる基準のいずれかに適合するものであること。
　（略）
　三　高さが60m以下の建築物（前号に掲げる建築物を除く。）のうち、第６条第１項第一号又は第二号に掲げる建築物（木造の建築物にあつては、地階を除く階数が３以上であるもの又は延べ面積が300㎡を超えるものに限る。）　次に掲げる基準のいずれかに適合するものであること。
　（略）

〔趣旨・内容〕

　従来、高さ13m又は軒高９mを超える木造建築物を建築する場合、高度な構造計算（許容応力度等計算等）により、構造安全性を確認する必要があり、一級建築士でなければ設計又は工事監理をしてはならないとされていました。

　断熱性向上等のため、階高を高くした建築物のニーズが高まっていることや、平成30年の法改正において、一定の耐火性能が求められる木造建築物の

規模が、高さ13m超又は軒高9m超から、4階建て以上又は高さ16m超に見直されたことを踏まえ、高度な構造計算までは求めず、許容応力度計算（ルート1）で建築できる範囲が拡大されました。

　一方で、2階建て以下で延べ面積500㎡以下の木造建築物については、大スパンの屋根であっても構造計算が求められていませんでしたが、過去の豪雪被害や大空間を有する建築物の構造安全性の確保の観点から、階数2以下の木造建築物で構造計算が必要となる規模を延べ面積300㎡超に引き下げ、構造計算の対象が拡大されました。

14 木造建築物の仕様の実況に応じた壁量基準等の見直し

○令第43条（柱の小径）

改正 公布：令和6年法律第172号　施行：令和7年4月1日

> 1　構造耐力上主要な部分である柱の張り間方向及び桁行方向の小径は、それぞれの方向でその柱に接着する土台、足固め、胴差、はり、桁その他の構造耐力上主要な部分である横架材の相互間の垂直距離に対して、建築物の用途及び規模並びに屋根、外壁その他の建築物の部分の構造に応じて国土交通大臣が定める割合以上のものでなければならない。

○令第46条（構造耐力上必要な軸組等）

改正 公布：令和6年法律第172号　施行：令和7年4月1日

> 4　階数が2以上又は延べ面積が50㎡を超える木造の建築物においては、第1項の規定により配置する軸組は、当該建築物の各階に作用する水平力により構造耐力上支障のある変形又は破壊が生じないよう木材、鉄筋その他必要な強度を有する材料を使用した壁又は筋かいが有効に設けられたものとして国土交通大臣が定めた構造方法を用いるもの又は国土交通大臣の認定を受けたものを、当該建築物が地震及び風圧に対して構造耐力上安全なものとなるように国土交通大臣が定める基準に従つて設置するものでなければならない。

○関係告示　木造の柱の構造耐力上の安全性を確かめるための構造計算の基準を定める件〔平12建告1349号〕

改正 公布：令和6年国土交通省告示第447号　施行：令和7年4月1日

> 第1　建築基準法施行令（以下「令」という。）第43条第1項の国土交通大臣が

386   4－1　構造耐力

定める割合は、次の式によって計算した割合とする。ただし、壁が柱に取り付く場合（当該壁を設ける方向の小径について横架材の相互間の垂直距離に対する割合を計算する場合に限る。）及び第2に定める基準に従った構造計算によって構造耐力上安全であることが確かめられた場合においては、この限りでない。

$$de/l=0.027+22.5 \cdot Wd/l^2$$

　この式において、de、l及びWdは、それぞれ次の数値を表すものとする。

de　柱の小径（単位　mm）

l　横架材の相互間の垂直距離（単位　mm）

Wd　当該階が負担する単位面積当たりの固定荷重と積載荷重の和（単位　1㎡につきN）

2　柱が負担する荷重の実況に応じて、構造耐力上の安全性を適切に評価して計算をすることができる場合にあっては、前項の規定にかかわらず、令第43条第1項の国土交通大臣が定める割合を当該計算により得られた数値とすることができる。

（略）

〇関係告示　木造の建築物の軸組の構造方法及び設置の基準を定める件〔昭56建告1100号〕

改正　公布：令和6年国土交通省告示第447号　施行：令和7年4月1日

第3　令第46条第4項に規定する木造の建築物においては、第1各号に定める軸組又は同項の規定による国土交通大臣の認定を受けた軸組を、各階の張り間方向及び桁行方向につき、当該軸組の長さに第2各号に定める当該軸組の倍率の数値を乗じて得た長さの合計（以下「存在壁量」という。）が、次の各号に掲げる数値以上となるように、設置しなければならない。

一　当該階の床面積（当該階又は上の階の小屋裏、天井裏その他これらに類する部分に物置その他これに類するもの（以下「物置等」という。）を設ける場合にあつては、当該階の床面積に小屋裏面積を加えた面積）に次の式により計算した数値（第4第一号において「単位面積当たりの必要壁量」という。）を乗じて得た数値（以下この号において「必要壁量」という。）。この場合において、第1各号に定める軸組及び令第46条第4項の規定による国土交通大臣の認定を受けた軸組のうち、第1第十二号に定める軸組及びこれに類する形状の軸組（以下「準耐力壁等」という。）以外のものの長

さに当該軸組の倍率の数値を乗じて得た長さの合計は、準耐力壁等において柱の折損その他の脆性的な破壊によつて構造耐力上支障のある急激な耐力の低下が生ずるおそれがないことが確かめられた場合を除き、必要壁量の2分の1以上としなければならない。

$$Lw = (Ai \cdot Co \cdot \Sigma wi) \diagup (0.0196 \cdot Afi)$$

> この式において、Lw、Ai、Co、Σwi及びAfiは、それぞれ次の数値を表すものとする。
>
> Lw　単位面積あたりの必要壁量（単位　1㎡につきcm）
>
> Ai　昭和55年建設省告示第1793号第3に定める式により算出した数値
>
> Co　0.2（特定行政庁が令第88条第2項の規定によつて指定した区域内における場合においては、0.3）
>
> Σwi　当該階（当該階が3階以下の階である場合に限る。）が地震時に負担する固定荷重と積載荷重の和（単位　kN）
>
> Afi　当該階の床面積（当該階又は上の階の小屋裏、天井裏その他これらに類する部分に物置等を設ける場合にあつては、当該階の床面積に小屋裏面積を加えた面積）（単位　㎡）

二　当該階（当該階より上の階がある場合においては、当該上の階を含む。）の見付面積（張り間方向又は桁行方向の鉛直投影面積をいう。以下この号において同じ。）から当該階の床面からの高さが1.35m以下の部分の見付面積を減じたものに次の表に掲げる数値を乗じて得た数値

	区域	見付面積に乗ずる数値（単位　1㎡につきcm）
（一）	特定行政庁がその地方における過去の風の記録を考慮してしばしば強い風が吹くと認めて規則で指定する区域	50を超え、75以下の範囲内において特定行政庁がその地方における風の状況に応じて規則で定める数値
（二）	（一）に掲げる区域以外の区域	50

2　前項第一号の「小屋裏面積」とは、次の式によつて計算した面積をいう。ただし、物置等の水平投影面積がその存する階の床面積の1／8以下である場合は、零とすることができる。

$$a = \frac{h}{2.1}A$$

388   4－1　構造耐力

> この式において、a、h及びAは、それぞれ次の数値を表すものとする。
>
> a　小屋裏面積（単位　㎡）
>
> h　当該物置等の内法高さの平均の値（ただし、同一階に物置等を複数個設ける場合にあつては、それぞれのhのうち最大の値をとるものとする。）（単位　m）
>
> A　当該物置等の水平投影面積（単位　㎡）

第4　令第46条第4項に規定する木造の建築物においては、次に定める基準に従つて軸組を設置しなければならない。ただし、令第82条の6第二号ロに定めるところにより構造計算を行い、各階につき、張り間方向及び桁行方向の偏心率が0.3以下であることを確認した場合においては、この限りでない。

一　各階につき、建築物の張り間方向にあつては桁行方向の、桁行方向にあつては張り間方向の両端からそれぞれ1／4の部分（以下「側端部分」という。）について、第1各号に定める軸組又は令第46条第4項の規定による国土交通大臣の認定を受けた軸組（当該側端部分に設けるものに限り、準耐力壁等（第3第1項第一号の規定により柱の折損その他の脆性的な破壊によつて構造耐力上支障のある急激な耐力の低下が生ずるおそれがないことを確かめたものを除く。）を除く。）の長さに第2各号に定める当該軸組の倍率の数値を乗じて得た長さの合計（次号において「側端部分の存在壁量」という。）及び当該側端部分の床面積（当該階又は上の階の小屋裏、天井裏その他これらに類する部分に物置等を設ける場合にあつては、当該階の床面積に第3第2項に規定する小屋裏面積を加えた面積）に側端部分の単位面積当たりの必要壁量を乗じて得た数値（同号において「側端部分の必要壁量」という。）を求めること。

二　各側端部分のそれぞれについて、側端部分の存在壁量を側端部分の必要壁量で除した数値（以下この号及び次号において「壁量充足率」という。）を求め、建築物の各階における張り間方向及び桁行方向双方ごとに、壁量充足率の小さい方を壁量充足率の大きい方で除した数値（同号において「壁率比」という。）を求めること。

三　前号に規定する壁率比がいずれも0.5以上であることを確かめること。ただし、同号の規定により算出した側端部分の壁量充足率がいずれも1を超える場合においては、この限りでない。

第5　令第88条第1項に規定する地震力により建築物の各階の張り間方向又は桁行方向に生ずる水平力に対する当該階の壁又は筋かいが負担する水平力の

比が0.8以上であつて、かつ、昭和62年建設省告示第1899号に規定する構造計算によつて構造耐力上安全であることが確かめられた木造の建築物（地階を除く階数が3以下であるものに限り、直交集成板を用いたパネルを水平力及び鉛直力を負担する壁として設ける工法によるもの及び短期に生ずる力に対する許容せん断耐力が1mにつき13.72kNを超える軸組を用いるものを除く。）にあつては、第2から第4までに定める基準によらないことができる。

別表第1

		（い）	（ろ）
（一）		土塗壁又は木ずりその他これに類するものを柱及び間柱の片面に打ち付けた壁を設けた軸組	0.5
（二）		木ずりその他これに類するものを柱及び間柱の両面に打ち付けた壁を設けた軸組	1
		厚さ1.5cm以上で幅9cm以上の木材又は径9mm以上の鉄筋の筋かいを入れた軸組	
（三）		厚さ3cm以上で幅9cm以上の木材の筋かいを入れた軸組	1.5
（四）		厚さ4.5cm以上で幅9cm以上の木材の筋かいを入れた軸組	2
（五）		9cm角以上の木材の筋かいを入れた軸組	3
（六）		（二）項から（五）項までに掲げる筋かいをたすき掛けに入れた軸組	（二）項から（五）項までのそれぞれの数値の2倍（（五）項に掲げる筋かいをたすき掛けに入れた軸組にあつては、5）

一　（二）項から（六）項までに掲げる筋かいを入れた軸組にあつては、当該筋かいの両端の端部を、柱とはりその他の横架材との仕口又はその周辺に緊結しなければならない。

二　前号の軸組にあつては、横架材の上端の相互間の垂直距離が3.2mを超える場合は、（ろ）欄に掲げる数値に次の式によつて計算した数値（当該数値が1を超える場合にあつては、1）を乗ずることとする。

$\alpha h = 3.5 \times Ld / Ho$

390 　　4－1　構造耐力

> 　この式において、αh、Ld及びHoは、それぞれ次の数値を表すものとする。
> αh　（ろ）欄の数値に乗ずる値
> Ld　当該軸組の柱間の距離（単位　mm）
> Ho　横架材の上端の相互間の垂直距離（単位　mm）

（略）

別表第10

	（い）	（ろ）
（一）	別表第2(四)項、(五)項又は(十二)項の(い)欄に掲げる材料を、同表(ろ)欄に掲げる方法によつて、柱及び間柱の片面に高さ36cm以上となるように打ち付けた壁を設けた軸組（壁の高さが横架材間内法寸法の8／10未満である場合にあつては、当該軸組の両端の柱の距離は2m以下とし、かつ、両端の柱のそれぞれに連続して、同じ側に同じ材料を同じ方法によつて、柱及び間柱の片面に高さが横架材間内法寸法の8／10以上となるように打ち付けた壁（ただし、同表(十二)項(い)欄に掲げる材料の端部を入り隅の柱に打ち付ける場合にあつては、同表(ろ)欄に掲げる方法によつて、当該端部を厚さ3cm以上で幅4cm以上の木材を用いて柱にくぎ（ＪＩＳ Ａ5508－2005（くぎ）に定めるN75、NZ75又はこれらと同等以上の品質を有するものに限る。）で打ち付けた受材（釘の間隔は、30cm以下に限る。）の片面に打ち付け、他端を柱又は間柱に打ち付けた壁とすることができる。）を有するものとする。(二)項において同じ。）	別表第2(は)欄に掲げる数値に0.6を乗じて得た数に、壁の高さの横架材間内法寸法に対する比を乗じて得た数値
（二）	木ずりその他これに類するものを柱及び間柱の片面に高さ36cm以上となるように打ち付けた壁を設けた軸組	0.5に壁の高さの横架材間内法寸法に対する比を乗じて得た数値
（三）	(一)項又は(二)項の壁をそれぞれ両面に設けた軸組	(一)項又は(二)項のそれぞれの数値の2倍
（四）	(一)項又は(二)項の壁を組み合わせた軸組	(一)項又は(二)項の数値の和

4－1　構造耐力　　391

> 　この表において、上下に離して同じ壁を設けた場合にあつては、壁の高さはそれぞれの壁の高さの和とする。
>
> 　（略）

〔趣旨・内容〕

　従来の壁量基準、柱の小径の基準では、「軽い屋根」「重い屋根」の区分に応じて必要壁量・柱の小径の算定を行っていましたが、木造建築物の仕様の多様化、省エネニーズの高まりによる建物重量の増加等に対応するため、仕様の実況に応じて必要壁量・柱の小径を算定することができるように見直されました。

　また、存在壁量の検討の際に耐力壁に加え、腰壁、垂れ壁等の「準耐力壁等」についても考慮できることや壁倍率の高い高耐力壁の仕様も可能とされました。

参　考

・平成12年 6 月 1 日建設省住指発第682号「建築基準法の一部を改正する法律の施行について」
・平成19年 6 月20日国住指第1331号・国住街第55号「建築物の安全性の確保を図るための建築基準法等の一部を改正する法律等の施行について（技術的助言）」
・平成26年 3 月31日国住指第4444号「エスカレーターの脱落防止等に係る技術基準の見直し等について（技術的助言）」
・平成30年 1 月15日国住指第3699号「保有水平耐力計算及び許容応力度等計算の方法を定める件の改正について（技術的助言）」
・建築基準法・建築物省エネ法改正法制度説明資料（令和 6 年 9 月国土交通省住宅局建築指導課参事官（建築企画担当）付市街地建築課）
・日本建築センター編『詳解建築基準法』（帝国地方行政学会、1973）
・「建築物における天井脱落対策に係る技術基準の解説」（一般社団法人建築性能基準推進協会、2013）
・国土交通省国土技術政策総合研究所監『建築物の構造関係技術基準解説書〔2020年版〕』（全国官報販売協同組合、2020）

392　　5-1　仮設建築物に対する制限の緩和等

第5章　雑　則

5-1　仮設建築物に対する制限の緩和等（法第85条・第87条の3）

現行規制の内容

（1）　仮設建築物に対する制限の緩和

　非常災害が発生した場合における応急仮設建築物や工事現場に設ける事務所、仮設興行場等については、その性格上、建築基準法の一定の規定については適用除外とされています。

① 　非常災害によって破損した建築物の応急の修繕や国、地方公共団体等が災害救助のため、又は被災者が自ら使用するために建築する30㎡以内の応急仮設建築物の建築で災害発生日より1か月以内に着手する工事については、建築基準法の規定は適用されません（建基85①）。

② 　災害があった場合に建築する停車場、官公署その他これらに類する公益上必要な用途に供する応急仮設建築物、工事を施工するために現場に設ける事務所等の仮設建築物については、規定の一部が適用されません（建基85②）。

③ 　仮設興行場、博覧会建築物、仮設店舗その他これらに類する仮設建築物については、1年以内の期間（仮設店舗等については特定行政庁が必要と認める期間）において、特定行政庁の許可により規定の一部を適用しないことができます（建基85⑥）。

④ 　国際的な規模の会議又は競技会の用に供することその他の理由により1年を超えて使用する特別の必要がある仮設興行場等については、特定行政庁の許可により、使用上必要と認める期間を定め、規定の一部を適用しないことができます（建基85⑦）。

（2）　建築物の用途を変更して一時的に他の用途の建築物として使用する場合の制限の緩和

　既存建築物の用途を変更して一時的に他の用途の建築物として使用する場合について、仮設建築物を建築する場合と同様に、法の全部又は一部の規定が適用除外とされます（建基87の3）。

5－1　仮設建築物に対する制限の緩和等　393

主な改正履歴と改正の趣旨・内容

主な改正	施行・適用
1 仮設建築物に対する制限緩和規定の制定	S 25.11.23
2 仮設興行場等の存続期間の延長	S 46. 1. 1
3 国際的な規模の会議又は競技会に係る存続期間の延長	H 30. 9.25
4 建築物の用途を変更して一時的に他の用途の建築物として使用する場合の制限の緩和制度の創設	R 1. 6.25
5 応急仮設建築物の存続期間の延長	R 4. 5.31

1　仮設建築物に対する制限緩和規定の制定
○法第85条（仮設建築物に対する制限の緩和）

制定 公布：昭和25年法律第201号　施行：昭和25年11月23日

1　非常災害があつた場合において、その発生した区域又はこれに隣接する区域で特定行政庁が建設大臣の承認を得て指定するものの内においては、災害に因り破損した建築物の応急の修繕又は左の各号の一に該当する応急仮設建築物の建築でその災害が発生した日から1月以内にその工事に着手するものについては、この法律並びにこれに基く命令及び条例の規定は、適用しない。但し、防火地域内に建築する場合については、この限りでない。
　一　国、地方公共団体又は日本赤十字社が災害救助のために建築するもの
　二　被災者が自ら使用するために建築するもので延べ面積が30㎡以内のもの
2　災害があつた場合において建築する停車場、郵便局、官公署その他これらに類する公益上必要な用途に供する応急仮設建築物又は工事を施工するために現場に設ける事務所、下小屋、材料置場その他これらに類する仮設建築物については、第6条、第7条、第15条、第19条、第21条から第23条まで、第26条、第31条、第33条、第35条、第36条中第19条、第21条、第26条、第31条、第33条及び第35条に関する部分、第37条、第39条並びに第40条の規定並びに第3章から第7章までの規定は、適用しない。但し、防火地域又は準防火地域内にある延べ面積が50㎡をこえるものについては、第22条の規定の適用があるものとする。
3　前2項の応急仮設建築物を建築した者は、その建築工事を完了した後3月

第5章

394   5－1   仮設建築物に対する制限の緩和等

　　をこえて当該建築物を存続しようとする場合においては、特定行政庁の許可
　　を受けなければならない。この場合において、特定行政庁は、安全上、防火
　　上及び衛生上支障がないと認めるときは、2年以内の期間を限つて、その許
　　可をすることができる。
　4　特定行政庁は、仮設興行場、博覧会建築物その他これらに類する仮設建築
　　物について安全上、防火上及び衛生上支障がないと認める場合においては、
　　1月以内の期間を定めてその建築を許可することができる。この場合におい
　　ては、第21条から第27条まで及び第31条の規定並びに第3章から第6章まで
　　の規定は、適用しない。
　5　特定行政庁は、前項の仮設建築物について安全上、防火上及び衛生上支障が
　　ないものと認める場合においては、1月をこえ6月以内の期間を定めてその
　　建築を許可することができる。この場合においては、第21条、第22条、第26条、
　　第27条及び第31条の規定並びに第3章から第6章までの規定は、適用しない。

○令第143条（仮設建築物に対する制限の緩和）〔現行第147条〕

制定　公布：昭和25年政令第338号　施行：昭和25年11月23日

　1　左の表の上欄に掲げる仮設建築物については、それぞれ当該下欄に掲げる
　　規定は、適用しない。

仮設建築物の種類	適用しない規定
法第85条第2項に規定する仮設建築物	第22条、第29条、第30条、第35条、第37条、第38条、第46条、第48条、第49条、第67条、第70条、第112条、第114条及び第5章から第7章までの規定
法第85条第4項に規定する仮設建築物	第22条、第29条、第30条、第35条、第37条、第38条、第46条、第49条、第67条、第70条、第112条、第114条、第6章及び第7章の規定
法第85条第5項に規定する仮設建築物	第22条、第29条、第30条、第35条、第37条、第38条、第46条、第49条、第67条、第70条、第6章及び第7章の規定

　2　第138条第一号から第四号までに掲げる工作物でその存続期間が2年以内
　　のものについては、第139条から第141条までの規定中第37条、第67条及び第
　　70条の規定の準用に関する部分は、適用しない。

〔趣旨・内容〕
　建築基準法制定当初から定められている規定です。併せて制限の緩和を受
ける場合の基準を定めた各政令も定められています。

5−1 仮設建築物に対する制限の緩和等 395

② 仮設興行場等の存続期間の延長

○法第85条（仮設建築物に対する制限の緩和）

改正 公布：昭和45年法律第109号 施行：昭和46年1月1日

> 4 特定行政庁は、仮設興行場、博覧会建築物、仮設店舗その他これらに類する仮設建築物について安全上、防火上及び衛生上支障がないと認める場合においては、1年以内の期間（建築物の工事を施工するためその工事期間中当該従前の建築物に替えて必要となる仮設店舗その他の仮設建築物については、特定行政庁が当該工事の施工上必要と認める期間）を定めてその建築を許可することができる。この場合においては、第12条第1項及び第2項、第21条から第27条まで、第31条、第34条第2項、第35条の2並びに第35条の3の規定並びに第3章（第6節を除く。）の規定は、適用しない。

○令第147条（仮設建築物等に対する制限の緩和）

改正 公布：昭和45年政令第333号 施行：昭和46年1月1日

> 1 法第85条第2項又は第4項に規定する仮設建築物については、第22条、第28条から第30条まで、第37条、第46条、第49条、第67条、第70条、第3章第8節、第112条、第114条、第5章の2、第129条の13の2及び第129条の13の3の規定は適用せず、法第85条第2項に規定する仮設建築物については、第41条から第43条まで、第48条及び第5章の規定は適用しない。
> 2 第138条第1項第一号から第四号までに掲げる工作物でその存続期間が2年以内のものについては、第139条から第141条までの規定中第37条、第38条第5項、第67条及び第70条の規定の準用に関する部分は、適用しない。

〔趣旨・内容〕

法第85条第4項（現行第5項）の仮設興行場等の存続期間は、法制定当初は「6月以内」とされていましたが、ニーズや実態に照らし、「1年以内」と改正されました。

③ 国際的な規模の会議又は競技会に係る存続期間の延長

○法第85条（仮設建築物に対する制限の緩和）

改正 公布：平成30年法律第67号 施行：平成30年9月25日

> 3 前2項の応急仮設建築物を建築した者は、その建築工事を完了した後3月を超えて当該建築物を存続させようとする場合においては、その超えることとなる日前に、特定行政庁の許可を受けなければならない。ただし、当該許

396 5－1 仮設建築物に対する制限の緩和等

可の申請をした場合において、その超えることとなる日前に当該申請に対する処分がされないときは、当該処分がされるまでの間は、なお当該建築物を存続させることができる。

（略）

5 特定行政庁は、仮設興行場、博覧会建築物、仮設店舗その他これらに類する仮設建築物（次項及び第101条第1項第十号において「仮設興行場等」という。）について安全上、防火上及び衛生上支障がないと認める場合においては、1年以内の期間（建築物の工事を施工するためその工事期間中当該従前の建築物に代えて必要となる仮設店舗その他の仮設建築物については、特定行政庁が当該工事の施工上必要と認める期間）を定めてその建築を許可することができる。この場合においては、第12条第1項から第4項まで、第21条から第27条まで、第31条、第34条第2項、第35条の2、第35条の3及び第37条の規定並びに第3章の規定は、適用しない。

6 特定行政庁は、国際的な規模の会議又は競技会の用に供することその他の理由により1年を超えて使用する特別の必要がある仮設興行場等について、安全上、防火上及び衛生上支障がなく、かつ、公益上やむを得ないと認める場合においては、前項の規定にかかわらず、当該仮設興行場等の使用上必要と認める期間を定めてその建築を許可することができる。この場合においては、同項後段の規定を準用する。

7 特定行政庁は、前項の規定による許可をする場合においては、あらかじめ、建築審査会の同意を得なければならない。

〔趣旨・内容〕

　国際的規模の競技会等の用に供することその他の理由により1年を超えて使用する特別の必要がある仮設興行場等の仮設建築物について、安全上、防火上、及び衛生上支障がなく、かつ公益上やむを得ないと認めた上で建築審査会の同意を得た場合には、特定行政庁は1年を超える期間を定めてその建築を許可できることとされました。

　「国際的な規模の会議又は競技会」については、例えば典型的には、オリンピック・パラリンピックやスポーツの世界大会等は「国際的な規模の競技会」に該当し、どのような会議又は競技会がこれに該当するか否かについては特定行政庁が個別に判断されることとなります。

　また、「国際的な規模の会議又は競技会の用に供すること」は例示であり、

5−1　仮設建築物に対する制限の緩和等　　397

国内の会議・競技会や、大規模な文化・芸術活動の用に供するため１年を超えて使用する特別な必要がある場合を排除しているものではありません。

　また、法第85条第５項における仮設建築物については、技術基準の一部が除外されていたところですが、本改正により建築材料の品質に関する規定についても適用除外とされています。

④　建築物の用途を変更して一時的に他の用途の建築物として使用する場合の制限の緩和制度の創設
○法第87条の３（建築物の用途を変更して一時的に他の用途の建築物として使用する場合の制限の緩和）

制定 公布：平成30年法律第67号　施行：令和元年６月25日

> 1　非常災害があつた場合において、非常災害区域等内にある建築物の用途を変更して災害救助用建築物（住宅、病院その他これらに類する建築物で、国、地方公共団体又は日本赤十字社が災害救助のために使用するものをいう。第３項及び第101条第１項第十六号において同じ。）として使用するとき（その災害が発生した日から１月以内に当該用途の変更に着手するときに限る。）における当該災害救助用建築物については、建築基準法令の規定は、適用しない。ただし、非常災害区域等のうち防火地域内にある建築物については、この限りでない。
> 2　災害があつた場合において、建築物の用途を変更して公益的建築物（学校、集会場その他これらに類する公益上必要な用途に供する建築物をいう。次項及び第101条第１項第十六号において同じ。）として使用するときにおける当該公益的建築物については、第12条第１項から第４項まで、第21条、第22条、第26条、第30条、第34条第２項、第35条、第36条（第21条、第26条、第34条第２項及び第35条に係る部分に限る。）、第39条、第40条、第３章並びに第87条第１項及び第２項の規定は、適用しない。
> 3　建築物の用途を変更して第１項の災害救助用建築物又は前項の公益的建築物とした者は、その用途の変更を完了した後３月を超えて当該建築物を引き続き災害救助用建築物又は公益的建築物として使用しようとする場合においては、その超えることとなる日前に、特定行政庁の許可を受けなければならない。ただし、当該許可の申請をした場合において、その超えることとなる日前に当該申請に対する処分がされないときは、当該処分がされるまでの間は、当該建築物を引き続き災害救助用建築物又は公益的建築物として使用することができる。

398　　5−1　仮設建築物に対する制限の緩和等

4　特定行政庁は、前項の許可の申請があつた場合において、安全上、防火上及び衛生上支障がないと認めるときは、2年以内の期間を限つて、その許可をすることができる。

5　特定行政庁は、建築物の用途を変更して興行場等（興行場、博覧会建築物、店舗その他これらに類する建築物をいう。以下同じ。）とする場合における当該興行場等について安全上、防火上及び衛生上支障がないと認めるときは、1年以内の期間（建築物の用途を変更して代替建築物（建築物の工事を施工するためその工事期間中当該従前の建築物に代えて使用する興行場、店舗その他これらに類する建築物をいう。）とする場合における当該代替建築物については、特定行政庁が当該工事の施工上必要と認める期間）を定めて、当該建築物を興行場等として使用することを許可することができる。この場合においては、第12条第1項から第4項まで、第21条、第22条、第24条、第26条、第27条、第34条第2項、第35条の2、第35条の3、第3章及び第87条第2項の規定は、適用しない。

6　特定行政庁は、建築物の用途を変更して特別興行場等（国際的な規模の会議又は競技会の用に供することその他の理由により1年を超えて使用する特別の必要がある興行場等をいう。以下この項において同じ。）とする場合における当該特別興行場等について、安全上、防火上及び衛生上支障がなく、かつ、公益上やむを得ないと認めるときは、前項の規定にかかわらず、当該特別興行場等の使用上必要と認める期間を定めて、当該建築物を特別興行場等として使用することを許可することができる。この場合においては、同項後段の規定を準用する。

7　特定行政庁は、前項の規定による許可をする場合においては、あらかじめ、建築審査会の同意を得なければならない。

〔趣旨・内容〕

　既存建築物の用途を変更して一時的に他の用途の建築物として使用する場合について、仮設建築物を建築する場合と同様に、法の全部又は一部の規定が適用除外とされました。具体的には、例えば、災害時に既存の事務所を一時的に学校に用途変更する場合等が想定されます。

5 　応急仮設建築物の存続期間の延長

○法第85条（仮設建築物に対する制限の緩和）

改正　公布：令和4年法律第44号　施行：令和4年5月31日

5　特定行政庁は、被災者の需要に応ずるに足りる適当な建築物が不足するこ

とその他の理由により前項に規定する期間を超えて使用する特別の必要がある応急仮設建築物について、安全上、防火上及び衛生上支障がなく、かつ、公益上やむを得ないと認める場合においては、同項の規定にかかわらず、更に1年を超えない範囲内において同項の規定による許可の期間を延長することができる。被災者の需要に応ずるに足りる適当な建築物が不足することその他の理由により当該延長に係る期間を超えて使用する特別の必要がある応急仮設建築物についても、同様とする。

（略）

8　特定行政庁は、第5項の規定により許可の期間を延長する場合又は前項の規定による許可をする場合においては、あらかじめ、建築審査会の同意を得なければならない。ただし、官公署、病院、学校その他の公益上特に必要なものとして国土交通省令で定める用途に供する応急仮設建築物について第5項の規定により許可の期間を延長する場合は、この限りでない。

〔趣旨・内容〕

　法第85条第1項若しくは第2項の応急仮設建築物について、建築工事完了後又は用途の変更を完了した後3月を超えて存続等をする必要がある場合、特定行政庁は2年以内の期間を限ってその許可をすることができましたが、本改正により、安全上、防火上及び衛生上支障がなく、かつ、公益上やむを得ないと認める場合においては、更に1年を超えない範囲内において許可の期間を延長することが可能となりました。

参　考

・平成30年9月21日国住指第2074号・国住街第187号「建築基準法の一部を改正する法律等の施行について（技術的助言）」
・平成30年9月21日国住指第2075号・国住街第188号「建築基準法の一部を改正する法律等の施行について（技術的助言）」
・令和元年6月24日国住指第654号・国住街第41号「建築基準法の一部を改正する法律等の施行について（技術的助言）」
・令和4年5月20日国住指第126号「地域の自主性及び自立性を高めるための改革の推進を図るための関係法律の整備に関する法律等の施行について（技術的助言）」
・建築基準法研究会編『平成30年改正　建築基準法・同施行令等の解説』（ぎょうせい、2019）

400　　5－2　一の敷地とみなすこと等による制限の緩和

5－2　一の敷地とみなすこと等による制限の緩和（法第86条）

現行規制の内容

（1）　一団地の総合的設計制度

　一団地内において、相互に調整した合理的な計画・設計により建築等される一又は二以上の建築物について、各建築物の位置及び構造が安全上、防火上及び衛生上支障がないと特定行政庁が認めるものについては、同一敷地内にあるものとみなして一体的に特例対象規定を適用することができます（建基86①）。

特例対象規定
第23条　外壁
第43条　敷地等と道路との関係
第52条第１項〜第14項　容積率
第53条第１項、第２項　建蔽率
第54条第１項　第一種低層住居専用地域等内における外壁の後退距離
第55条第２項　第一種低層住居専用地域等内における建築物の高さの限度
第56条第１項〜第４項、第６項、第７項　建築物の各部分の高さ
第56条の２第１項〜第３項　日影による中高層の建築物の高さの制限
第57条の２　特例容積率適用地区内における建築物の容積率の特例
第57条の３第１項〜第４項　指定の取消し
第59条第１項　高度利用地区
第59条の２第１項　敷地内に広い空地を有する建築物の容積率等の特例
第60条第１項　特定街区
第60条の２第１項　都市再生特別地区
第60条の２の２第１項　居住環境向上用途誘導地区
第60条の３第１項　特定用途誘導地区
第61条　防火地域及び準防火地域内の建築物
第68条の３第１項〜第３項　再開発等促進区等内の制限の緩和等

（2）　連担建築物設計制度

　一団の土地の区域内において、既存建築物の存在を前提とした合理的な計画・設計により建築等される一又は二以上の建築物について、各建築物の位置及び構造が安全上、防火上、衛生上支障がないと特定行政庁が認めるもの

5－2　一の敷地とみなすこと等による制限の緩和　401

については、同一敷地内にあるものとみなして一体的に特例対象規定を適用することができます (建基86②)。

主な改正履歴と改正の趣旨・内容

主な改正	施行・適用
1 総合的設計による建築物に対する制限緩和規定の制定	S 25.11.23
2 総合的設計による同一敷地内建築物の公告の義務付け	S 62.11.16
3 連坦建築物設計制度の創設、取消手続の位置付け	H 11.5.1
4 総合設計制度を併用する場合の手続の合理化	H 15.1.1
5 防災空地等の空地を含めた一団地制度の制定	H 17.6.1

1　総合的設計による建築物に対する制限緩和規定の制定
〇法第86条（一街区内における総合的設計による建築物の取扱）
制定 公布：昭和25年法律第201号　施行：昭和25年11月23日

> 　一街区内に2以上の構えをなす建築物を綜合的設計によつて建築する場合において、特定行政庁がその各建築物の位置及び構造が安全上、防火上及び衛生上支障がないと認めるものについては、第23条、第43条、第56条第3項若しくは第4項、第58条、第62条第2項又は第64条の規定を適用する場合においては、これらの建築物は、同一敷地内にあるものとみなす。

〔趣旨・内容〕
　建築物の集団を総合的設計によって建設することは、極めて望ましいことであるという趣旨に基づき、特定行政庁の認定により、防火、道路及び空地地区に関する規定を、建築物の集団を同一敷地内にある一構えの建築物とみなして適用する当該規定が設けられました。
　個々の敷地の隣地境界線にとらわれることなく、団地設計に対する総合的判断に基づき認定することを原則とし、準防火地域内等にある建築物の外壁及び軒裏、外壁の開口部で延焼のおそれのある部分に関する事項についても、

402　5－2　一の敷地とみなすこと等による制限の緩和

団地内の個々の建築物の隣棟間隔又は配置計画によって考慮することとされています。

2　総合的設計による同一敷地内建築物の公告の義務付け
〇法第86条（総合的設計による一団地の建築物の取扱い）
改正　公布：昭和62年法律第66号　施行：昭和62年11月16日

> 2　特定行政庁は、前項の規定により同一敷地内にあるものとみなされる2以上の構えをなす建築物（以下この条において「総合的設計による同一敷地内建築物」という。）について建築主事が第6条第3項又は第18条第3項の規定による通知をしたときは、遅滞なく、これらの建築物について、建設省令で定める事項を公告しなければならない。
> 3　前項の規定による公告があつた日以後、総合的設計による同一敷地内建築物に係る一団地内において総合的設計による同一敷地内建築物以外の建築物を建築しようとする者は、建設省令で定めるところにより、当該建築物の位置及び構造が当該一団地内の他の建築物の位置及び構造との関係において安全上、防火上及び衛生上支障がない旨の特定行政庁の認定を受けなければならない。
> 4　第1項の規定は、前項の規定による認定を受けた建築物及び当該一団地内の他の建築物について準用する。
> 5　総合的設計による同一敷地内建築物に係る一団地内に第3項の規定による認定を受けた建築物がある場合における同項の規定の適用については、当該建築物を総合的設計による同一敷地内建築物とみなす。

〔趣旨・内容〕

　適用を受けた一団地内における建築物の建替え等に適切に対応するとともに、既成市街地における協調的建築計画やタウンハウス等について円滑な規定の活用を図ることを目的に公告制度の整備及びその担保措置の明確化が行われました。

　一団地の区域が特定されるように地番をもって公告することとされ、公告の方法は、原則として公報に掲載することとされました。

3　連坦建築物設計制度の創設、取消手続の位置付け
〇法第86条（一定の複数建築物に対する制限の特例）
改正　公布：平成10年法律第100号　施行：平成11年5月1日

> 1　一団地（その内に第6項の規定により現に公告されている他の対象区域が

5－2　一の敷地とみなすこと等による制限の緩和　403

あるときは、当該他の対象区域の全部を含むものに限る。）内に2以上の構え
を成す建築物で総合的設計によつて建築されるもののうち、建設省令で定め
るところにより、特定行政庁がその各建築物の位置及び構造が安全上、防火
上及び衛生上支障がないと認めるものに対する第23条、第43条、第52条第1
項から第11項まで、第53条第1項若しくは第2項、第54条第1項、第55条第
2項、第56条第1項から第4項まで若しくは第6項、第56条の2第1項から
第3項まで、第59条第1項、第59条の2第1項、第60条第1項、第62条第2
項、第64条、第68条の4第1項から第3項まで又は第68条の5第1項の規定
（次項において「特例対象規定」という。）の適用については、これらの建築
物は、同一敷地内にあるものとみなす。

2　一定の一団の土地の区域（その内に第6項の規定により現に公告されてい
る他の対象区域があるときは、当該他の対象区域の全部を含むものに限る。）
内に現に存する建築物の位置及び構造を前提として、安全上、防火上及び衛
生上必要な建設省令で定める基準に従い総合的見地からした設計によつて当
該区域内に建築物が建築される場合において、建設省令で定めるところによ
り、特定行政庁がその位置及び構造が安全上、防火上及び衛生上支障がない
と認める当該区域内に存することとなる各建築物に対する特例対象規定の適
用については、これらの建築物は、同一敷地内にあるものとみなす。

3　第1項又は前項の規定による認定を申請しようとする者は、建設省令で定
めるところにより、対象区域（第1項の一団地又は前項の一定の一団の土地
の区域をいう。以下同じ。）内の各建築物の位置及び構造に関する計画を策
定して提出するとともに、その者以外に当該対象区域の内にある土地につい
て所有権又は借地権を有する者があるときは、当該計画について、あらかじ
め、これらの者の同意を得なければならない。

（略）

6　特定行政庁は、第1項又は第2項の規定による認定をしたときは、遅滞な
く、当該認定に係る第3項の計画に関して、対象区域その他建設省令で定め
る事項を公告するとともに、対象区域、各建築物の位置その他建設省令で定
める事項を表示した図書をその事務所に備えて、一般の縦覧に供さなければ
ならない。

7　第1項又は第2項の規定による認定は、前項の規定による公告によつて、
その効力を生ずる。

〔趣旨・内容〕

　既成市街地は建築物の更新期を迎えており、市街地の環境を確保しつつ建
築物による土地の有効利用を実現することが喫緊の課題となっている中、隣

404　　5－2　一の敷地とみなすこと等による制限の緩和

接する建築物の建築計画のいかんにかかわらず敷地単位で適用される一般基準に加えて、具体の建築計画について形成される建築環境の水準の観点から判断する規制方式を導入することにより、建築物相互の環境影響についてより合理的な判断を可能とするとともに、建築物の密度の配分や形態の調整を個々の敷地単位ではなくより大きな規模の土地の区画で行うことにより、設計の自由度を向上させることを目的に、一団地の総合的設計制度に加え、既存建築物を前提に設計調整する連坦建築物設計制度が創設されました。

　一定の一団の土地の区域内に現に存する建築物の位置及び構造を前提として、総合的見地からした設計によって当該区域内に建築物が建築される場合において、特定行政庁がその位置及び構造が安全上、防火上及び衛生上支障がないと認める各建築物については、同一敷地内にあるものとみなして建築基準法の容積率制限等の関係規定を適用することとされています。

　認定の対象及び効果は、新たに建築される建築物のみならず、当該対象区域内の全ての建築物に対して、直接的かつ創設的に及ぶものであるため、関係権利者の権利を保護する観点から、認定申請に当たっては、当該対象区域内の土地について、所有権又は借地権を有する者の同意を得ることとされるとともに、公告対象区域内において、同一敷地内建築物以外の建築物を建築しようとする者は、申請者以外に広告対象区域内の土地について所有権等を有する者に対する申請に係る計画に関する説明のために講じた措置を記載した書面を添付することともされています。

　さらに、当該対象区域内の土地について、その取引の安全を保護するため、公告・縦覧制度を充実することにより、当該対象区域内の各建築物の位置等の事項について、誰しもが確認できるようにされました。

　また、関係権利者全員の合意により、当該認定を取り消すことができる法第86条の５の規定も併せて制定されています。

4　総合設計制度を併用する場合の手続の合理化

○法第86条（一定の複数建築物に対する制限の特例）

改正　公布：平成14年法律第85号　施行：平成15年１月１日

3　政令で定める空地を有し、かつ、面積が政令で定める規模以上である一団地（その内に第８項の規定により現に公告されている他の対象区域があるときは、当該他の対象区域の全部を含むものに限る。）内に２以上の構えを成す

5－2　一の敷地とみなすこと等による制限の緩和　405

建築物で総合的設計によつて建築されるもののうち、国土交通省令で定める
ところにより、特定行政庁が、各建築物の位置及び建ぺい率、容積率、各部
分の高さその他の構造について、交通上、安全上、防火上及び衛生上支障が
なく、かつ、総合的な配慮がなされていることにより市街地の環境の整備改
善に資すると認めて許可したものについては、特例対象規定（第59条の２第
１項を除く。）の適用について、これらの建築物を同一敷地内にあるものとみ
なすとともに、これらの建築物の容積率又は各部分の高さを、その許可の範
囲内において、これらの建築物が同一敷地内にあるものとして適用する第52
条第１項から第８項まで、第52条の２第６項若しくは第56条又は第55条第１
項の規定による限度を超えるものとすることができる。

4　その面積が政令で定める規模以上である一定の一団の土地の区域（その内
に第８項の規定により現に公告されている他の対象区域があるときは、当該
他の対象区域の全部を含むものに限る。）内に現に存する建築物の位置及び
建ぺい率、容積率、各部分の高さその他の構造を前提として、交通上、安全
上、防火上及び衛生上必要な国土交通省令で定める基準に従い総合的見地か
らした設計によつて当該区域内に建築物が建築され、かつ、当該区域内に政
令で定める空地を有する場合において、国土交通省令で定めるところにより、
特定行政庁が、その建築物の位置及び建ぺい率、容積率、各部分の高さその
他の構造について、交通上、安全上、防火上及び衛生上支障がなく、かつ、
総合的な配慮がなされていることにより市街地の環境の整備改善に資すると
認めて許可したときは、当該区域内に存することとなる各建築物に対する特
例対象規定（第59条の２第１項を除く。）の適用について、これらの建築物を
同一敷地内にあるものとみなすとともに、建築される建築物の容積率又は各
部分の高さを、その許可の範囲内において、これらの建築物が同一敷地内に
あるものとして適用する第52条第１項から第８項まで、第52条の２第６項若
しくは第56条又は第55条第１項の規定による限度を超えるものとすることが
できる。

5　第44条第２項の規定は、前２項の規定による許可をする場合に準用する。

6　第１項から第４項までの規定による認定又は許可を申請しようとする者
は、国土交通省令で定めるところにより、対象区域（第１項若しくは第３項
の一団地又は第２項若しくは第４項の一定の一団の土地の区域をいう。以下
同じ。）内の各建築物の位置及び構造に関する計画を策定して提出するとと
もに、その者以外に当該対象区域の内にある土地について所有権又は借地権
を有する者があるときは、当該計画について、あらかじめ、これらの者の同
意を得なければならない。

406　5－2　一の敷地とみなすこと等による制限の緩和

〇令第136条の12（一団地内の空地及び一団地の面積の規模）

制定 公布：平成14年政令第331号　施行：平成15年１月１日

1　第136条第１項及び第２項の規定は、法第86条第３項及び第４項並びに法第86条の２第２項の政令で定める空地について準用する。

2　第136条第３項の規定は、法第86条第３項の政令で定める一団地の規模、同条第４項の政令で定める一定の一団の土地の区域の規模及び法第86条の２第２項の政令で定める公告認定対象区域の規模について準用する。

〔趣旨・内容〕

総合設計制度と一団地の総合的設計制度又は連担建築物設計制度は、これまでも併用されてきたところでしたが、これらの制度がより使いやすくなるよう、総合設計制度の許可と一団地の総合的設計制度又は連担建築物設計制度の認定を一の手続で行うことが可能とされました。

5　防災空地等の空地を含めた一団地制度の制定

〇法第86条（一の敷地とみなすこと等による制限の緩和）

改正 公布：平成16年法律第67号　施行：平成17年６月１日

1　建築物の敷地又は建築物の敷地以外の土地で２以上のものが一団地を形成している場合において、当該一団地（その内に第８項の規定により現に公告されている他の対象区域があるときは、当該他の対象区域の全部を含むものに限る。以下この項、第６項及び第７項において同じ。）内に建築される１又は２以上の構えを成す建築物（２以上の構えを成すものにあつては、総合的設計によつて建築されるものに限る。以下この項及び第３項において「１又は２以上の建築物」という。）のうち、国土交通省令で定めるところにより、特定行政庁が当該１又は２以上の建築物の位置及び構造が安全上、防火上及び衛生上支障がないと認めるものに対する第23条、第43条、第52条第１項から第14項まで、第53条第１項若しくは第２項、第54条第１項、第55条第２項、第56条第１項から第４項まで、第６項若しくは第７項、第56条の２第１項から第３項まで、第57条の２、第57条の３第１項から第４項まで、第59条第１項、第59条の２第１項、第60条第１項、第60条の２第１項、第62条第２項、第64条又は第68条の３第１項から第３項までの規定（次項から第４項までにおいて「特例対象規定」という。）の適用については、当該一団地を当該１又は２以上の建築物の一の敷地とみなす。

（略）

5－2　一の敷地とみなすこと等による制限の緩和　407

3　建築物の敷地又は建築物の敷地以外の土地で２以上のものが、政令で定める空地を有し、かつ、面積が政令で定める規模以上である一団地を形成している場合において、当該一団地（その内に第８項の規定により現に公告されている他の対象区域があるときは、当該他の対象区域の全部を含むものに限る。以下この項、第６項、第７項及び次条第８項において同じ。）内に建築される１又は２以上の建築物のうち、国土交通省令で定めるところにより、特定行政庁が、当該１又は２以上の建築物の位置及び建ぺい率、容積率、各部分の高さその他の構造について、交通上、安全上、防火上及び衛生上支障がなく、かつ、総合的な配慮がなされていることにより市街地の環境の整備改善に資すると認めて許可したものについては、特例対象規定（第59条の２第１項を除く。）の適用について、当該一団地を当該１又は２以上の建築物の一の敷地とみなすとともに、当該建築物の各部分の高さ又は容積率を、その許可の範囲内において、第55条第１項の規定又は当該一団地を一の敷地とみなして適用する第52条第１項から第９項まで、第56条若しくは第57条の２第６項の規定による限度を超えるものとすることができる。

〔趣旨・内容〕

市街地における防災空間の確保等のため、計画建築物の敷地と防災空地等の空地から成る一団地内において建築される建築物について、特定行政庁の認定を受けることにより、当該一団地を当該建築物の一の敷地として使用できることとされました。

なお、線路敷、河川敷、都市計画施設である公園等の土地は、一般的には、建築物の建築が想定されない土地であることから、これらの土地を本制度を適用する建築物の敷地として扱うことは想定されていません。

参　考

・昭和28年１月８日住発第２号「法第86条の規定の運用について」
・昭和62年12月３日建設省住指発第394号「建築基準法の一部を改正する法律等の施行について」
・昭和62年12月３日建設省住指発第395号「建築基準法の一部を改正する法律等の施行について」
・昭和62年12月３日建設省住指発第396号・住街発第110号「建築基準法の一部を改正する法律等の施行について」

408　5－2　一の敷地とみなすこと等による制限の緩和

・平成11年4月28日建設省住指発第201号・住街発第48号「建築基準法の一部を改正する法律の一部の施行について」
・平成14年12月27日国住街発第110号「建築基準法等の一部を改正する法律の一部の施行について」
・平成17年6月1日国住指第667号「建築物の安全性及び市街地の防災機能の確保等を図るための建築基準法等の一部を改正する法律等の施行について（技術的助言）」
・建設省住宅局建築指導課ほか監『平成11年5月1日施行　改正建築基準法（1年目施行）の解説』（新日本法規出版、1999）
・「一団地の総合的設計制度等の解説（令和5年6月）」（国土交通省住宅局市街地建築課）

5−3 既存の建築物に対する制限の緩和 (法第86条の7)

現行規制の内容

　法の施行又は適用の際に現に存していた建築物又はその際に工事中であった建築物に法の規定に適合しない部分があるときは、法第3条第2項の規定によりその規定は適用されないこととされていますが、増改築等を行う場合においては、同条第3項第三号及び第四号の規定により、既存部分を含めて適法にしなければならないものとされています。

　しかし、軽微な増改築等をしたことで直ちに影響を及ぼさないような規定についても同様の義務を課すことは既存建築物の利用を著しく妨げ、また建築主にとっても酷にすぎるとの考えから、一定の範囲内のものについては、同条第3項第三号及び第四号の規定に関わらず既存建築部の部分に遡及適用を受けないものとして増改築等を行えることとしています。

　法第86条の7第1項では、遡及適用を受けない増改築等の範囲が定められ、同2項では増築等をする独立部分にのみ適用される規定、同第3項では当該増築等をする部分にのみ適用される規定がそれぞれ定められています。

第1項	遡及適用を受けない増改築等の範囲が定められている規定	法第20条、第21条、第22条第1項、第23条、第25条から27条まで、第28条の2 (同条第一号及び二号に掲げる基準に係る部分に限る。)、第30条、第34条第2項、第35条 (政令で定めるものに係る部分に限る。)、第36条 (政令で定めるものに係る部分に限る。)、第43条第1項、第44条第1項、第47条、第48条第1項から第14項まで、第51条、第52条第1項、第2項、第7項、第53条第1項、第2項、第54条第1項、第55条第1項、第56条第1項、第56条の2第1項、第57条の4第1項、第57条の5第1項、第58条第1項、第59条第1項若しくは第2項、第60条第1項、第2項、第60条の2第1項、第2項、第60条の2の2第1項から第3項まで、第60条の3第1項、第2項、第61条、第62条、第67条第1項、第5項から第7項まで、第68条第1項、第2項
第2項	増改築等をする独立部分にのみ適用される規定	第20条、第21条、第23条、第26条、第27条、第35条 (政令で定めるものに係る部分に限る。)、第36条 (防火壁等に関する技術的基準 (政令で定めるものに係る部分を除く。) に係る部分に限る。) 又は第61条

410　　5－3　既存の建築物に対する制限の緩和

| 第3項 | 増改築等をする部分にのみ適用される規定 | 第28条、第28条の2（政令で定める部分）、第29条～第32条、第34条第1項、第35条（政令で定めるものに係る部分に限る。）、第35条の2、第35条の3、第36条（防火壁、防火床、防火区画、消火設備及び避雷設備の設置及び構造に係る部分を除く。）又は第37条 |

主な改正履歴と改正の趣旨・内容

主な改正	施行・適用
1　既存の建築物に対する制限の緩和に係る条項の制定	S34.12.23
2　用途地域等に係る不適合用途部分の床面積上限値の改正等	S46.1.1
3　構造耐力規定の適用の合理化	H17.6.1
4　増改築時における部分的な建築基準の適用	H17.6.1
5　シックハウス、石綿等の制限緩和に係る条項の制定	H18.10.1
6　構造耐力規定に関する規制の合理化	H24.9.20
7　構造基準適用の明確化	H27.6.1
8　移転の際の適用拡大	H27.6.1
9　防火避難規定に係る規制の合理化	R6.4.1
10　接道義務等の規定に係る規制の合理化	R6.4.1

1　既存の建築物に対する制限の緩和に係る条項の制定

○法第86条の2（既存の建築物に対する制限の緩和）〔現行第86条の7〕

制定　公布：昭和34年法律第156号　施行：昭和34年12月23日

　　第3条第2項の規定により第26条、第27条、第49条第1項から第4項まで、第50条第2項若しくは第4項、第61条又は第62条第1項の規定の適用を受けない建築物について政令で定める範囲内において増築、改築、大規模の修繕又は大規模の模様替をする場合においては、第3条第3項第三号及び第四号の規定にかかわらず、これらの規定は、適用しない。

5－3　既存の建築物に対する制限の緩和　411

○令第137条の2（防火壁関係）〔現行第137条の3〕

制定 公布：昭和34年政令第344号　施行：昭和34年12月23日

> 　法第3条第2項の規定により法第26条の規定の適用を受けない建築物について法第86条の2の規定により政令で定める範囲は、増築及び改築については、工事の着手が基準時以後である増築及び改築に係る部分の床面積の合計が50㎡をこえないこととする。

○令第137条の3（耐火建築物等としなければならない特殊建築物関係）〔現行第137条の4〕

制定 公布：昭和34年政令第344号　施行：昭和34年12月23日

> 　法第3条第2項の規定により法第27条の規定の適用を受けない特殊建築物について法第86条の2の規定により政令で定める範囲は、増築（劇場の客席、病院の病室、学校の教室その他の当該特殊建築物の主たる用途に供する部分以外の部分に係るものに限る。）及び改築については、工事の着手が基準時以後である増築及び改築に係る部分の床面積の合計が50㎡をこえないこととする。

○令第137条の4（用途地域等関係）〔現行第137条の7〕

制定 公布：昭和34年政令第344号　施行：昭和34年12月23日

> 　法第3条第2項の規定により法第49条第1項から第4項まで又は法第50条第2項若しくは第4項の規定の適用を受けない建築物について法第86条の2の規定により政令で定める範囲は、増築及び改築については、次の各号に定めるところによる。
>
> 一　増築又は改築が基準時における敷地内におけるものであり、かつ、増築又は改築後における建築面積又は延べ面積が基準時における敷地面積に対してそれぞれ法第55条又は法第56条第3項の規定に適合すること。
>
> 二　増築後の床面積の合計は、基準時における床面積の合計の1.5倍をこえないこと。
>
> 三　増築後の法第49条第1項から第4項まで又は法第50条第2項若しくは第4項の規定に適合しない用途に供する建築物の部分の床面積の合計は、基準時におけるその部分の床面積の合計の1.5倍をこえないこと。
>
> 四　法第49条の規定に適合しない事由が原動機の出力、機械の台数又は容器等の容量による場合においては、増築後のそれらの出力、台数又は容量の合計は、基準時におけるそれらの出力、台数又は容量の合計の1.5倍をこえないこと。

412   5−3　既存の建築物に対する制限の緩和

○令第137条の５（防火地域関係）〔現行第137条の10〕
　制 定　公布：昭和34年政令第344号　施行：昭和34年12月23日

　　法第３条第２項の規定により法第61条の規定の適用を受けない建築物（木造
　の建築物にあつては、外壁又はその屋内面及び軒裏が耐火構造又は防火構造の
　ものに限る。）について法第86条の２の規定により政令で定める範囲は、増築及
　び改築については、次の各号に定めるところによる。
　一　工事の着手が基準時以後である増築及び改築に係る部分の床面積の合計
　　　（当該増築又は改築に係る建築物が同一敷地内に２以上ある場合において
　　　は、これらの増築又は改築に係る部分の床面積の合計）は、50㎡をこえず、
　　　かつ、基準時における当該建築物の延べ面積の合計をこえないこと。
　二　増築又は改築後における階数が２以下で、かつ、延べ面積が500㎡をこえな
　　　いこと。
　三　増築又は改築に係る部分の外壁及び軒裏は、耐火構造又は防火構造とする
　　　こと。

○令第137条の６（準防火地域関係）〔現行第137条の11〕
　制 定　公布：昭和34年政令第344号　施行：昭和34年12月23日

　　法第３条第２項の規定により法第62条第１項の規定の適用を受けない建築物
　（木造の建築物にあつては、外壁又はその屋内面及び軒裏が耐火構造又は防火
　構造のものに限る。）について法第86条の２の規定により政令で定める範囲は、
　増築及び改築については、次の各号に定めるところによる。
　一　工事の着手が基準時以後である増築及び改築に係る部分の床面積の合計
　　　（当該増築又は改築に係る建築物が同一敷地内に２以上ある場合において
　　　は、これらの増築又は改築に係る部分の床面積の合計）は、50㎡をこえない
　　　こと。
　二　増築又は改築後における階数が２以下であること。
　三　増築又は改築に係る部分の外壁及び軒裏は、耐火構造又は防火構造とする
　　　こと。

○令第137条の７（大規模の修繕又は大規模の模様替）〔現行第137条の12〕
　制 定　公布：昭和34年政令第344号　施行：昭和34年12月23日

　　法第３条第２項の規定により法第26条、法第27条、法第61条又は法第62条第
　１項の規定の適用を受けない建築物について法第86条の２の規定により政令で

5－3　既存の建築物に対する制限の緩和　　413

定める範囲は、大規模の修繕又は大規模の模様替については、これらの修繕又は模様替のすべてとする。

〔趣旨・内容〕

　昭和34年に既存の建築物に対する制限の緩和について定めた本規定が制定されました。

　併せて制限の緩和を受ける場合の基準を定めた各政令（建基令137の2～137の7（現行137の3～137の12））も定められました。

② 用途地域等に係る不適合用途部分の床面積上限値の改正等

○法第86条の2（既存の建築物に対する制限の緩和）〔現行第86条の7〕

改　正　公布：昭和45年法律第109号　施行：昭和46年1月1日

　1　第3条第2項の規定により第26条、第27条、第30条の2、第34条第2項、第48条第1項から第8項まで、第52条第1項、第59条第1項、第61条又は第62条第1項の規定の適用を受けない建築物について政令で定める範囲内において増築、改築、大規模の修繕又は大規模の模様替をする場合においては、第3条第3項第三号及び第四号の規定にかかわらず、これらの規定は、適用しない。

○令第137条の4（用途地域等関係）〔現行第137条の7〕

改　正　公布：昭和45年政令第333号　施行：昭和46年1月1日

　法第3条第2項の規定により法第48条第1項から第8項までの規定の適用を受けない建築物について法第86条の2の規定により政令で定める範囲は、増築及び改築については、次の各号に定めるところによる。

　一　増築又は改築が基準時における敷地内におけるものであり、かつ、増築又は改築後における延べ面積及び建築面積が基準時における敷地面積に対してそれぞれ法第52条第1項及び法第53条の規定に適合すること。

　二　増築後の床面積の合計は、基準時における床面積の合計の1.2倍をこえないこと。

　三　増築後の法第48条第1項から第8項までの規定に適合しない用途に供する建築物の部分の床面積の合計は、基準時におけるその部分の床面積の合計の1.2倍をこえないこと。

　四　法第48条第1項から第8項までの規定に適合しない事由が原動機の出力、機械の台数又は容器等の容量による場合においては、増築後のそれらの出力、

414   5－3　既存の建築物に対する制限の緩和

台数又は容量の合計は、基準時におけるそれらの出力、台数又は容量の合計の1.2倍をこえないこと。

○令第137条の10（類似の用途等）〔現行第137条の19〕

改正 公布：昭和45年政令第333号　施行：昭和46年1月1日

1　法第87条第3項第二号の規定により政令で指定する類似の用途は、次の各号の一に列記する各用途につき当該各号に列記する他の用途とする。ただし、法第48条第1項から第8項までの規定の準用に関しては、この限りでない。

（略）

2　法第87条第3項第三号の規定により政令で定める範囲は、次の各号に定めるものとする。

一　法別表第二（ろ）項第三号から第七号までの一、同表（は）項第三号中（1）から（12）までの一、同項第四号若しくは第五号、同表（に）項第二号から第四号までの一、同表（ほ）項第三号中（1）から（19）までの一、同表（へ）項第一号中（1）から（29）まで（（1）から（4）まで及び（12）中「製造」とあるのは、「製造、貯蔵又は処理」とする。）の一、同表（と）項第五号若しくは第六号若しくは同表（ち）項第二号から第五号までの一のそれぞれに列記する用途相互間又は可燃性ガス若しくはカーバイドの製造、貯蔵若しくは処理の用途相互間（可燃性ガスの製造とカーバイドの製造相互間を除く。）におけるものであること。

二　法第48条第1項から第8項までの規定に適合しない事由が原動機の出力、機械の台数又は容器等の容量による場合においては、用途変更後のそれらの出力、台数又は容量の合計は、基準時におけるそれらの出力、台数又は容量の合計の1.2倍をこえないこと。

三　用途変更後の法第48条第1項から第8項までの規定に適合しない用途に供する建築物の部分の床面積の合計は、基準時におけるその部分の床面積の合計の1.2倍をこえないこと。

3　法第87条第3項の規定によつて同項に掲げる条例の規定を準用する場合における同項第二号に規定する類似の用途の指定については、第1項の規定にかかわらず、当該条例で、別段の定めをすることができる。

〔趣旨・内容〕

既存不適格建築物の増改築に伴う規模等の増加の許容範囲は、従来は基準時の1.5倍まででしたが、これを1.2倍までに縮小することとされました。こ

5－3　既存の建築物に対する制限の緩和　　415

れは、既に多数の公害問題を惹起している既存不適格工場等の規模の大幅な増加を許容することは市街地環境の維持上妥当でないという趣旨によるものです。

　また、同様の趣旨から既存不適格建築物の用途変更についても、当該建築物の不適格事由である原動機の出力等の増大の許容範囲を縮小するとともに、増改築等の建築行為を伴わずに既存不適格部分を増大させる行為に対処して、令第137条の10第2項第三号が新設されました。

　併せて、長屋又は共同住宅の各戸の界壁関係、非常用の昇降機関係の規定も設けられています。

③　構造耐力規定の適用の合理化

○法第86条の7（既存の建築物に対する制限の緩和）

改正　公布：平成16年法律第67号　施行：平成17年6月1日

> 1　第3条第2項（第86条の9第1項において準用する場合を含む。以下この条、次条及び第87条において同じ。）の規定により第20条、第26条、第27条、第30条、第34条第2項、第47条、第48条第1項から第12項まで、第51条、第52条第1項、第2項若しくは第7項、第53条第1項若しくは第2項、第54条第1項、第55条第1項、第56条第1項、第56条の2第1項、第57条の4第1項、第57条の5第1項、第58条、第59条第1項若しくは第2項、第60条第1項若しくは第2項、第60条の2第1項若しくは第2項、第61条、第62条第1項、第67条の2第1項若しくは第5項から第7項まで又は第68条第1項若しくは第2項の規定の適用を受けない建築物について政令で定める範囲内において増築、改築、大規模の修繕又は大規模の模様替（以下この条及び次条において「増築等」という。）をする場合においては、第3条第3項第三号及び第四号の規定にかかわらず、これらの規定は、適用しない。
>
> 2　第3条第2項の規定により第20条又は第35条（同条の技術的基準のうち政令で定めるものに係る部分に限る。以下この項及び第87条第4項において同じ。）の規定の適用を受けない建築物であつて、第20条又は第35条に規定する基準の適用上一の建築物であつても別の建築物とみなすことができる部分として政令で定める部分（以下この項において「独立部分」という。）が2以上あるものについて増築等をする場合においては、第3条第3項第三号及び第四号の規定にかかわらず、当該増築等をする独立部分以外の独立部分に対しては、これらの規定は、適用しない。

416   5-3   既存の建築物に対する制限の緩和

〇令第137条の2（構造耐力関係）

制定 公布：平成17年政令第192号　施行：平成17年6月1日

1　法第3条第2項の規定により法第20条の規定の適用を受けない建築物（超
高層建築物及び法第86条の7第2項の規定により法第20条の規定の適用を受
けない部分を除く。第137条の12第1項において同じ。）について法第86条の
7第1項の規定により政令で定める範囲は、増築及び改築については、次の
各号のいずれかに該当することとする。
一　増築又は改築に係る部分の床面積の合計が基準時における延べ面積の
　1／2を超えず、かつ、増築又は改築後の建築物の構造方法が次のいずれ
　かに該当するものであること。
　イ　耐久性等関係規定に適合し、かつ、自重、積載荷重、積雪、風圧、土
　　圧及び水圧並びに地震その他の震動及び衝撃による当該建築物の倒壊及
　　び崩落並びに屋根ふき材、外装材及び屋外に面する帳壁の脱落のおそれ
　　がないものとして国土交通大臣が定める基準に適合する構造方法
　ロ　第3章第1節から第7節の2まで（第36条及び第38条第2項から第4
　　項までを除く。）の規定に適合し、かつ、その基礎の補強について国土交
　　通大臣が定める基準に適合する構造方法（法第20条第二号イ又はロに掲
　　げる建築物以外の建築物である場合に限る。）
二　増築又は改築に係る部分の床面積の合計が基準時における延べ面積の
　1／20（50㎡を超える場合にあつては、50㎡）を超えず、かつ、増築又は
　改築後の建築物の構造方法が次のいずれにも適合するものであること。
　イ　増築又は改築に係る部分が第3章の規定及び法第40条の規定に基づく
　　条例の構造耐力に関する制限を定めた規定に適合すること。
　ロ　増築又は改築に係る部分以外の部分の構造耐力上の危険性が増大しな
　　いこと。

〇令第137条の12（大規模の修繕又は大規模の模様替）

改正 公布：平成17年政令第192号　施行：平成17年6月1日

1　法第3条第2項の規定により法第20条の規定の適用を受けない建築物につ
いて法第86条の7第1項の規定により政令で定める範囲は、大規模の修繕又
は大規模の模様替については、当該建築物の構造耐力上の危険性が増大しな
いこれらの修繕又は模様替のすべてとする。

5－3　既存の建築物に対する制限の緩和　417

○令第137条の14（独立部分）

制定　公布：平成17年政令第192号　施行：平成17年6月1日

> 1　法第86条の7第2項（法第88条第1項において準用する場合を含む。）の政令で定める部分は、次の各号に掲げる建築物の部分の区分に応じ、当該各号に定める部分とする。
> 一　法第20条に規定する基準の適用上一の建築物であつても別の建築物とみなすことができる部分　建築物の2以上の部分がエキスパンションジョイントその他の相互に応力を伝えない構造方法のみで接している場合における当該建築物の部分

〔趣旨・内容〕

　既存不適格建築物をわずかでも増改築しようとすると、基礎を全面的に打ち直さなければならないなど、現行規定に適合させるために多額の負担を要することから、結果として増改築を断念し、既存不適格の状態のままで放置されるケースが生じていました。

　このため、構造耐力規定に関する既存不適格建築物について、大規模の地震では倒壊しないレベルまで構造耐力を確保しつつ、一定範囲の増改築や大規模修繕・模様替えを可能とするため、構造耐力規定（建基20）が本規定の緩和の対象に追加されました。

4　増改築時における部分的な建築基準の適用

○法第86条の7（既存の建築物に対する制限の緩和）

改正　公布：平成16年法律第67号　施行：平成17年6月1日

> 1　第3条第2項（第86条の9第1項において準用する場合を含む。以下この条、次条及び第87条において同じ。）の規定により第20条、第26条、第27条、第30条、第34条第2項、第47条、第48条第1項から第12項まで、第51条、第52条第1項、第2項若しくは第7項、第53条第1項若しくは第2項、第54条第1項、第55条第1項、第56条第1項、第56条の2第1項、第57条の4第1項、第57条の5第1項、第58条、第59条第1項若しくは第2項、第60条第1項若しくは第2項、第60条の2第1項若しくは第2項、第61条、第62条第1項、第67条の2第1項若しくは第5項から第7項まで又は第68条第1項若しくは第2項の規定の適用を受けない建築物について政令で定める範囲内において増築、改築、大規模の修繕又は大規模の模様替（以下この条及び次条において「増築等」という。）をする場合においては、第3条第3項第三号及び

418   5－3   既存の建築物に対する制限の緩和

第四号の規定にかかわらず、これらの規定は、適用しない。
2   第３条第２項の規定により第20条又は第35条（同条の技術的基準のうち政
令で定めるものに係る部分に限る。以下この項及び第87条第４項において同
じ。）の規定の適用を受けない建築物であつて、第20条又は第35条に規定する
基準の適用上一の建築物であつても別の建築物とみなすことができる部分と
して政令で定める部分（以下この項において「独立部分」という。）が２以上
あるものについて増築等をする場合においては、第３条第３項第三号及び第
四号の規定にかかわらず、当該増築等をする独立部分以外の独立部分に対し
ては、これらの規定は、適用しない。
3   第３条第２項の規定により第28条、第28条の２（同条の技術的基準のうち
政令で定めるものに係る部分に限る。）、第29条から第32条まで、第34条第１
項、第35条の３又は第36条（防火壁、防火区画、消火設備及び避雷設備の設
置及び構造に係る部分を除く。）の規定の適用を受けない建築物について増
築等をする場合においては、第３条第３項第三号及び第四号の規定にかかわ
らず、当該増築等をする部分以外の部分に対しては、これらの規定は、適用
しない。

○令第137条の12（大規模の修繕又は大規模の模様替）

改正 公布：平成17年政令第192号   施行：平成17年６月１日

2   法第３条第２項の規定により法第26条、法第27条、法第30条、法第34条第
２項、法第47条、法第51条、法第52条第１項、第２項若しくは第７項、法第
53条第１項若しくは第２項、法第54条第１項、法第55条第１項、法第56条第
１項、法第56条の２第１項、法第57条の４第１項、法第57条の５第１項、法
第58条、法第59条第１項若しくは第２項、法第60条第１項若しくは第２項、
法第60条の２第１項若しくは第２項、法第61条、法第62条第１項、法第67条
の２第１項若しくは第５項から第７項まで又は第68条第１項若しくは第２項
の規定の適用を受けない建築物について法第86条の７第１項の規定により政
令で定める範囲は、大規模の修繕又は大規模の模様替については、これらの
修繕又は模様替のすべてとする。
3   法第３条第２項の規定により法第48条第１項から第12項までの規定の適用
を受けない建築物について法第86条の７第１項の規定により政令で定める範
囲は、大規模の修繕又は大規模の模様替については、当該建築物の用途の変
更（第137条の18第２項に規定する範囲内のものを除く。）を伴わないこれら
の修繕又は模様替のすべてとする。

○令第137条の13（増築等をする独立部分以外の独立部分に対して適用され
ない技術的基準）

制定 公布：平成17年政令第192号　施行：平成17年6月1日

　法第86条の7第2項（法第87条第4項において準用する場合を含む。次条に
おいて同じ。）の政令で定める技術的基準は、第5章第2節（第117条第2項を
除く。）、第3節（第126条の2第2項を除く。）及び第4節に規定する技術的基
準とする。

○令第137条の14（独立部分）

制定 公布：平成17年政令第192号　施行：平成17年6月1日

1　法第86条の7第2項（法第88条第1項において準用する場合を含む。）の政
　令で定める部分は、次の各号に掲げる建築物の部分の区分に応じ、当該各号
　に定める部分とする。
（略）
　二　法第35条（第5章第2節（第117条第2項を除く。）及び第4節に規定す
　　る技術的基準に係る部分に限る。）に規定する基準の適用上一の建築物で
　　あつても別の建築物とみなすことができる部分　建築物が開口部のない耐
　　火構造の床又は壁で区画されている場合における当該区画された部分
　三　法第35条（第5章第3節（第126条の2第2項を除く。）に規定する技術
　　的基準に係る部分に限る。）に規定する基準の適用上一の建築物であつて
　　も別の建築物とみなすことができる部分　建築物が次のいずれかに該当す
　　るもので区画されている場合における当該区画された部分
　　イ　開口部のない準耐火構造の床又は壁
　　ロ　法第2条第九号の二ロに規定する防火設備でその構造が第112条第14
　　　項第一号イ及び第二号ロに掲げる要件を満たすものとして、国土交通大
　　　臣が定めた構造方法を用いるもの又は国土交通大臣の認定を受けたもの

○令第137条の15（増築等をする部分以外の居室に対して適用されない技術
的基準）

制定 公布：平成17年政令第192号　施行：平成17年6月1日

　法第86条の7第3項の政令で定める技術的基準は、第20条の5（第1項第一
号及び第二号を除く。）から第20条の7までに規定する技術的基準とする。

420 5－3 既存の建築物に対する制限の緩和

〔趣旨・内容〕

　既存不適格制度の合理化により安全性向上に資する改修を円滑化するため、建築物及びその部分に係る単体規定のうち、規定の性格上、既に現行規定において分離して適用することが可能であり、かつ既存不適格建築物への規定の遡及適用の際にも分離して考えることが合理的な規定については、増築等がなされる部分と一体の部分のみ現行規定を適用することとされました。

　さらに、斜線制限等の集団規定に係る既存不適格建築物について、特に安全性に直接関連する接道義務及び道路内建築制限を除き、大規模な修繕・模様替えを行う場合に現行規定に適合させることを要しないこととされました。

⑤　シックハウス、石綿等の制限緩和に係る条項の制定

○令第137条の４の２（増築等をする場合に適用されない物質の飛散又は発散に対する衛生上の措置に関する基準）

制定 公布：平成18年政令第308号　施行：平成18年10月１日

> 　法第86条の７第１項及び法第88条第１項の政令で定める基準は、法第28条の２第一号及び第二号に掲げる基準とする。

○令第137条の４の３（石綿関係）

制定 公布：平成18年政令第308号　施行：平成18年10月１日

> 　法第３条第２項の規定により法第28条の２（前条に規定する基準に係る部分に限る。第137条の12第３項において同じ。）の規定の適用を受けない建築物について法第86条の７第１項の規定により政令で定める範囲は、増築及び改築については、次に定めるところによる。
> 一　増築又は改築に係る部分の床面積の合計が基準時における延べ面積の１／２を超えないこと。
> 二　増築又は改築に係る部分が前条に規定する基準に適合すること。
> 三　増築又は改築に係る部分以外の部分が、建築材料から石綿を飛散させるおそれがないものとして石綿が添加された建築材料を被覆し又は添加された石綿を建築材料に固着する措置について国土交通大臣が定める基準に適合すること。

　　　　　　　　5－3　既存の建築物に対する制限の緩和　　421

〔趣旨・内容〕

　吹付け石綿等のある既存建築物については、従前の床面積の１／２を超え
ない増改築及び大規模修繕・模様替えについては、当該部分以外の部分につ
いては、封じ込め及び囲い込みの措置を許容することとされました。

6　構造耐力規定に関する規制の合理化

○令第137条の２（構造耐力関係）

| 改 正 | 公布：平成24年政令第239号　施行：平成24年９月20日 |

　法第３条第２項の規定により法第20条の規定の適用を受けない建築物（同条
第一号に掲げる建築物及び法第86条の７第２項の規定により法第20条の規定の
適用を受けない部分を除く。第137条の12第１項において同じ。）について法第
86条の７第１項の規定により政令で定める範囲は、増築及び改築については、
次の各号のいずれかに該当することとする。
一　増築又は改築後の建築物の構造方法が次のいずれにも適合するものである
　　こと。
　イ　第３章第８節の規定に適合すること。
　ロ　増築又は改築に係る部分が第３章第１節から第７節の２まで及び第129
　　　条の２の４の規定並びに法第40条の規定に基づく条例の構造耐力に関する
　　　制限を定めた規定に適合すること。
　ハ　増築又は改築に係る部分以外の部分が耐久性等関係規定に適合し、かつ、
　　　自重、積載荷重、積雪荷重、風圧、土圧及び水圧並びに地震その他の震動
　　　及び衝撃による当該建築物の倒壊及び崩落並びに屋根ふき材、外装材及び
　　　屋外に面する帳壁の脱落のおそれがないものとして国土交通大臣が定める
　　　基準に適合すること。
二　増築又は改築に係る部分がそれ以外の部分とエキスパンションジョイント
　　その他の相互に応力を伝えない構造方法のみで接し、かつ、増築又は改築後
　　の建築物の構造方法が次のいずれにも適合するものであること。
　イ　増築又は改築に係る部分が第３章及び第129条の２の４の規定並びに法
　　　第40条の規定に基づく条例の構造耐力に関する制限を定めた規定に適合す
　　　ること。
　ロ　増築又は改築に係る部分以外の部分が耐久性等関係規定に適合し、かつ、
　　　自重、積載荷重、積雪荷重、風圧、土圧及び水圧並びに地震その他の震動
　　　及び衝撃による当該建築物の倒壊及び崩落並びに屋根ふき材、外装材及び

屋外に面する帳壁の脱落のおそれがないものとして国土交通大臣が定める
　　基準に適合すること。
三　増築又は改築に係る部分の床面積の合計が基準時における延べ面積の
　　１／２を超えず、かつ、増築又は改築後の建築物の構造方法が次のいずれか
　　に該当するものであること。
　（略）
四　増築又は改築に係る部分の床面積の合計が基準時における延べ面積の
　　１／20（50㎡を超える場合にあつては、50㎡）を超えず、かつ、増築又は改
　　築後の建築物の構造方法が次のいずれにも適合するものであること。
　　イ　増築又は改築に係る部分が第３章及び第129条の２の４の規定並びに法
　　　第40条の規定に基づく条例の構造耐力に関する制限を定めた規定に適合す
　　　ること。
　　（略）

〔趣旨・内容〕
　法第86条の７第１項の規定に基づく既存の建築物に対する制限の緩和の対
象となる増改築の範囲については、増改築に係る部分の床面積の合計が従前
の延べ面積の１／２を超えず、かつ、増改築後の建築物の構造方法が耐久性
等関係規定に適合する等の基準に適合する建築物等を対象とされていました
が、改正により、増改築部分の床面積の合計が従前の延べ面積の１／２を超
える増改築であっても、増改築後の建築物の構造方法が改正後の告示（平17国
交通告566）に定める基準等に適合する建築物について制限の緩和の対象とす
ることとされました。

7　構造基準適用の明確化
○法第86条の７（既存の建築物に対する制限の緩和）
改 正 公布：平成26年法律第54号　施行：平成27年６月１日

　１　第３条第２項（第86条の９第１項において準用する場合を含む。以下この
　　条、次条及び第87条において同じ。）の規定により第20条、第26条、第27条、
　　第28条の２（同条各号に掲げる基準のうち政令で定めるものに係る部分に限
　　る。）、第30条、第34条第２項、第47条、第48条第１項から第13項まで、第51
　　条、第52条第１項、第２項若しくは第７項、第53条第１項若しくは第２項、
　　第54条第１項、第55条第１項、第56条第１項、第56条の２第１項、第57条の
　　４第１項、第57条の５第１項、第58条、第59条第１項若しくは第２項、第60

5－3　既存の建築物に対する制限の緩和　423

条第1項若しくは第2項、第60条の2第1項若しくは第2項、第60条の3第1項、第61条、第62条第1項、第67条の3第1項若しくは第5項から第7項まで又は第68条第1項若しくは第2項の規定の適用を受けない建築物について政令で定める範囲内において増築、改築、大規模の修繕又は大規模の模様替（以下この条及び次条において「増築等」という。）をする場合（第3条第2項の規定により第20条の規定の適用を受けない建築物について当該政令で定める範囲内において増築又は改築をする場合にあつては、当該増築又は改築後の建築物の構造方法が政令で定める基準に適合する場合に限る。）においては、第3条第3項第三号及び第四号の規定にかかわらず、これらの規定は、適用しない。

○令第137条の2（構造耐力関係）

改正 公布：平成27年政令第11号　施行：平成27年6月1日

1　法第3条第2項の規定により法第20条の規定の適用を受けない建築物（同条第1項第一号に掲げる建築物及び法第86条の7第2項の規定により法第20条の規定の適用を受けない部分を除く。第137条の12第1項において同じ。）について法第86条の7第1項の規定により政令で定める範囲は、増築及び改築については、次の各号に掲げる範囲とし、同項の政令で定める基準は、それぞれ当該各号に定める基準とする。

一　増築又は改築の全て（次号及び第三号に掲げる範囲を除く。）　増築又は改築後の建築物の構造方法が次のいずれかに適合するものであること。

　イ　次に掲げる基準に適合するものであること。

　（1）　第3章第8節の規定に適合すること。

　（2）　増築又は改築に係る部分が第3章第1節から第7節の2まで及び第129条の2の4の規定並びに法第40条の規定に基づく条例の構造耐力に関する制限を定めた規定に適合すること。

　（3）　増築又は改築に係る部分以外の部分が耐久性等関係規定に適合し、かつ、自重、積載荷重、積雪荷重、風圧、土圧及び水圧並びに地震その他の震動及び衝撃による当該建築物の倒壊及び崩落、屋根ふき材、特定天井、外装材及び屋外に面する帳壁の脱落並びにエレベーターの籠の落下及びエスカレーターの脱落のおそれがないものとして国土交通大臣が定める基準に適合すること。

　ロ　次に掲げる基準に適合するものであること。

　（1）　増築又は改築に係る部分がそれ以外の部分とエキスパンションジョイントその他の相互に応力を伝えない構造方法のみで接すること。

424   5－3   既存の建築物に対する制限の緩和

　　（2）　増築又は改築に係る部分が第3章及び第129条の2の4の規定並
　　　びに法第40条の規定に基づく条例の構造耐力に関する制限を定めた規
　　　定に適合すること。
　　（3）　増築又は改築に係る部分以外の部分が耐久性等関係規定に適合
　　　し、かつ、自重、積載荷重、積雪荷重、風圧、土圧及び水圧並びに地
　　　震その他の震動及び衝撃による当該建築物の倒壊及び崩落、屋根ふき
　　　材、特定天井、外装材及び屋外に面する帳壁の脱落並びにエレベータ
　　　ーの籠の落下及びエスカレーターの脱落のおそれがないものとして国
　　　土交通大臣が定める基準に適合すること。
　二　増築又は改築に係る部分の床面積の合計が基準時における延べ面積の
　　1／20（50㎡を超える場合にあつては、50㎡）を超え、1／2を超えない
　　こと　増築又は改築後の建築物の構造方法が次のいずれかに適合するもの
　　であること。
　　イ　耐久性等関係規定に適合し、かつ、自重、積載荷重、積雪荷重、風圧、
　　　土圧及び水圧並びに地震その他の震動及び衝撃による当該建築物の倒壊
　　　及び崩落、屋根ふき材、特定天井、外装材及び屋外に面する帳壁の脱落
　　　並びにエレベーターの籠の落下及びエスカレーターの脱落のおそれがな
　　　いものとして国土交通大臣が定める基準に適合するものであること。
　　ロ　第3章第1節から第7節の2まで（第36条及び第38条第2項から第4
　　　項までを除く。）の規定に適合し、かつ、その基礎の補強について国土交
　　　通大臣が定める基準に適合するものであること（法第20条第1項第四号
　　　に掲げる建築物である場合に限る。）。
　　ハ　前号に定める基準に適合するものであること。
　三　増築又は改築に係る部分の床面積の合計が基準時における延べ面積の
　　1／20（50㎡を超える場合にあつては、50㎡）を超えないこと　増築又は
　　改築後の建築物の構造方法が次のいずれかに適合するものであること。
　　イ　次に掲げる基準に適合するものであること。
　　　（1）　増築又は改築に係る部分が第3章及び第129条の2の4の規定並
　　　　びに法第40条の規定に基づく条例の構造耐力に関する制限を定めた規
　　　　定に適合すること。
　　　（2）　増築又は改築に係る部分以外の部分の構造耐力上の危険性が増大
　　　　しないこと。
　　ロ　前2号に定める基準のいずれかに適合するものであること。

5－3　既存の建築物に対する制限の緩和　　425

〔趣旨・内容〕

　既存建築物を増改築して活用する様々なニーズに対応するため、法第86条の7第1項の規定に基づき増改築する場合であっても、特定増改築構造計算基準によって安全性を確かめる場合には、構造計算適合性判定を行うことが義務付けられました。これに伴い、同項の規定による増改築時に適用される基準を整理、特定増改築構造計算基準に該当する基準が適用される場合が明確化されました。

⑧　移転の際の適用拡大

○法第86条の7（既存の建築物に対する制限の緩和）

改正　公布：平成26年法律第54号　施行：平成27年6月1日

> 4　第3条第2項の規定により建築基準法令の規定の適用を受けない建築物について政令で定める範囲内において移転をする場合においては、同条第3項第三号及び第四号の規定にかかわらず、建築基準法令の規定は、適用しない。

○令第137条の16（移転）

制定　公布：平成27年政令第11号　施行：平成27年6月1日

> 　法第86条の7第4項の政令で定める範囲は、次の各号のいずれかに該当することとする。
> 一　移転が同一敷地内におけるものであること。
> 二　移転が交通上、安全上、防火上、避難上、衛生上及び市街地の環境の保全上支障がないと特定行政庁が認めるものであること。

〔趣旨・内容〕

　従来、建築物を移転（曳家）する場合については、現行基準に適合しない住宅等を同一敷地内であれば既存不適格のまま移動することが可能でしたが、他の敷地に移転する場合は新築として扱われるため、現行の建築基準に適合しなければなりませんでした。

　既存ストックの有効活用が求められているとともに、曳家技術の進展を背景に、本改正では、制度を合理化し、一定の緩和基準に適合する場合には、既存不適格のまま敷地外への移転ができることとなりました。

426　　5－3　既存の建築物に対する制限の緩和

9　防火避難規定に係る規制の合理化
○法第86条の7（既存の建築物に対する制限の緩和）

改正　公布：令和4年法律第69号　施行：令和6年4月1日

1　第3条第2項（第86条の9第1項において準用する場合を含む。以下この条、次条、第87条及び第87条の2において同じ。）の規定により第20条、第21条、第22条第1項、第23条、第25条から第27条まで、第28条の2（同条第一号及び第二号に掲げる基準に係る部分に限る。）、第30条、第34条第2項、第35条（同条の階段、出入口その他の避難施設及び排煙設備に関する技術的基準のうち政令で定めるもの（次項及び第87条第4項において「階段等に関する技術的基準」という。）並びに第35条の敷地内の避難上及び消火上必要な通路に関する技術的基準のうち政令で定めるものに係る部分に限る。）、第36条（同条の防火壁及び防火区画の設置及び構造に関する技術的基準のうち政令で定めるもの（次項において「防火壁等に関する技術的基準」という。）に係る部分に限る。）、第43条第1項、第44条第1項、第47条、第48条第1項から第14項まで、第51条、第52条第1項、第2項若しくは第7項、第53条第1項若しくは第2項、第54条第1項、第55条第1項、第56条第1項、第56条の2第1項、第57条の4第1項、第57条の5第1項、第58条第1項、第59条第1項若しくは第2項、第60条第1項若しくは第2項、第60条の2第1項若しくは第2項、第60条の2の2第1項から第3項まで、第60条の3第1項若しくは第2項、第61条、第62条、第67条第1項若しくは第5項から第7項まで又は第68条第1項若しくは第2項の規定の適用を受けない建築物について政令で定める範囲内において増築、改築、大規模の修繕又は大規模の模様替（以下この条及び次条において「増築等」という。）をする場合（第3条第2項の規定により第20条の規定の適用を受けない建築物について当該政令で定める範囲内において増築又は改築をする場合にあつては、当該増築又は改築後の建築物の構造方法が政令で定める基準に適合する場合に限る。）においては、第3条第3項（第三号及び第四号に係る部分に限る。以下この条において同じ。）の規定にかかわらず、これらの規定は、適用しない。

2　第3条第2項の規定により第20条、第21条、第23条、第26条、第27条、第35条（階段等に関する技術的基準に係る部分に限る。）、第36条（防火壁等に関する技術的基準（政令で定める防火区画に係る部分を除く。）に係る部分に限る。）又は第61条の規定の適用を受けない建築物であつて、これらの規定に規定する基準の適用上一の建築物であつても別の建築物とみなすことができる部分として政令で定める部分（以下この項において「独立部分」という。）

が2以上あるものについて増築等をする場合においては、第3条第3項の規定にかかわらず、当該増築等をする独立部分以外の独立部分に対しては、これらの規定は、適用しない。

3　第3条第2項の規定により第28条、第28条の2（同条第三号に掲げる基準のうち政令で定めるものに係る部分に限る。）、第29条から第32条まで、第34条第1項、第35条（同条の廊下並びに非常用の照明装置及び進入口に関する技術的基準のうち政令で定めるもの（第87条第4項において「廊下等に関する技術的基準」という。）に係る部分に限る。）、第35条の2、第35条の3、第36条（防火壁、防火床、防火区画、消火設備及び避雷設備の設置及び構造に係る部分を除く。）又は第37条の規定の適用を受けない建築物について増築等をする場合においては、第3条第3項の規定にかかわらず、当該増築等をする部分以外の部分に対しては、これらの規定は、適用しない。

○令第137条の2の3（屋根関係）

制定　公布：令和5年政令第280号　施行：令和6年4月1日

法第3条第2項の規定により法第22条第1項の規定の適用を受けない建築物についての法第86条の7第1項の政令で定める範囲は、増築及び改築については、増築又は改築に係る部分の対象床面積の合計が基準時における延べ面積の1／20を超えず、かつ、当該増築又は改築が当該増築又は改築に係る部分以外の部分の屋根における延焼の危険性を増大させないものである増築又は改築に係る部分とする。

○令第137条の2の4（外壁関係）

制定　公布：令和5年政令第280号　施行：令和6年4月1日

法第3条第2項の規定により法第23条の規定の適用を受けない木造建築物等についての法第86条の7第1項の政令で定める範囲は、増築及び改築については、次の各号のいずれかに該当する増築又は改築に係る部分とする。

一　次のイ及びロに該当するものであること。

イ　増築又は改築に係る部分が火熱遮断壁等で区画されるものであること。

ロ　増築又は改築に係る部分の外壁（法第23条に規定する準防火性能を有すべきものとして国土交通大臣が定める外壁に限る。）が、第109条の9に掲げる基準に適合するもので、国土交通大臣が定めた構造方法を用いるもの又は国土交通大臣の認定を受けたものであること。

二　増築又は改築に係る部分の対象床面積の合計が基準時における延べ面積の

428　　5－3　既存の建築物に対する制限の緩和

　1／20を超えず、かつ、当該増築又は改築が当該増築又は改築に係る部分以外の部分の外壁における延焼の危険性を増大させないものであること。

○令第137条の２の５（大規模の木造建築物等の外壁等関係）

制定 公布：令和５年政令第280号　施行：令和６年４月１日

　法第３条第２項の規定により法第25条の規定の適用を受けない木造建築物等についての法第86条の７第１項の政令で定める範囲は、増築及び改築については、増築又は改築に係る部分の対象床面積の合計が基準時における延べ面積の１／20を超えず、かつ、当該増築又は改築が当該増築又は改築に係る部分以外の部分の外壁及び軒裏並びに屋根における延焼の危険性を増大させないものである増築又は改築に係る部分とする。

○令第137条の３（防火壁及び防火床関係）

改正 公布：令和５年政令第280号　施行：令和６年４月１日

　法第３条第２項の規定により法第26条の規定の適用を受けない建築物についての法第86条の７第１項の政令で定める範囲は、増築及び改築については、次の各号のいずれかに該当する増築又は改築に係る部分とする。
一　次のイ及びロに該当するものであること。
　イ　増築又は改築に係る部分が火熱遮断壁等で区画されるものであること。
　ロ　増築又は改築に係る部分が、法第26条第１項に規定する基準に相当する建築物の部分に関する基準として国土交通大臣が定めるものに従い、防火上有効な構造の防火壁又は防火床によつて有効に区画されるものであること。
二　工事の着手が基準時以後である増築又は改築に係る部分の対象床面積の合計が50㎡を超えないものであること。

○令第137条の４（耐火建築物等としなければならない特殊建築物関係）

改正 公布：令和５年政令第280号　施行：令和６年４月１日

　法第３条第２項の規定により法第27条の規定の適用を受けない特殊建築物についての法第86条の７第１項の政令で定める範囲は、増築及び改築については、次の各号のいずれか（劇場の客席、病院の病室、学校の教室その他の当該特殊建築物の主たる用途に供する部分に係る増築にあつては、第一号）に該当する増築又は改築に係る部分とする。

5－3　既存の建築物に対する制限の緩和　429

　一　次のイ及びロに該当するものであること。
　　イ　増築又は改築に係る部分が火熱遮断壁等で区画されるものであること。
　　ロ　増築又は改築に係る部分が、法第27条第１項から第３項までに規定する
　　　基準に相当する建築物の部分に関する基準として国土交通大臣が定めるも
　　　のに適合するもので、国土交通大臣の定めた構造方法を用いるもの又は国
　　　土交通大臣の認定を受けたものであること。
　二　工事の着手が基準時以後である増築又は改築に係る部分の対象床面積の合
　　計が50㎡を超えないものであること。

○令第137条の６の２（階段等関係）

制定　公布：令和５年政令第280号　施行：令和６年４月１日

　　法第86条の７第１項の政令で定める階段、出入口その他の避難施設及び排煙
　設備に関する技術的基準は、第５章第２節（第119条を除く。）及び第３節に規
　定する技術的基準とする。
　２　法第３条第２項の規定により法第35条（前項に規定する技術的基準に係る
　　部分に限る。）の規定の適用を受けない建築物についての法第86条の７第１
　　項の政令で定める範囲は、増築及び改築については、次の各号のいずれか（居
　　室の部分に係る増築にあつては、第一号）に該当する増築又は改築に係る部
　　分とする。
　　一　次のイ及びロに該当するものであること。
　　　イ　増築又は改築に係る部分及びその他の部分が、増築又は改築後におい
　　　　て、それぞれ第117条第２項各号（法第35条（第５章第３節に規定する技
　　　　術的基準に係る部分に限る。）の規定の適用を受けない建築物について
　　　　増築又は改築を行う場合にあつては、第126条の２第２項各号）のいずれ
　　　　かに掲げる建築物の部分となるものであること。
　　　ロ　増築又は改築に係る部分が、前項に規定する技術的基準に相当する建
　　　　築物の部分に関する基準として国土交通大臣が定めるものに適合するも
　　　　のであること。
　　二　増築又は改築に係る部分の対象床面積の合計が基準時における延べ面積
　　　の１／20を超えず、かつ、当該増築又は改築が当該増築又は改築に係る部
　　　分以外の部分における避難の安全上支障とならないものであること。

○令第137条の６の３（敷地内の避難上及び消火上必要な通路関係）

制定　公布：令和５年政令第280号　施行：令和６年４月１日

　１　法第86条の７第１項の政令で定める敷地内の避難上及び消火上必要な通路

430   5－3　既存の建築物に対する制限の緩和

に関する技術的基準は、第５章第６節（第128条の３を除く。）に規定する技
術的基準とする。

2　法第３条第２項の規定により法第35条（前項に規定する技術的基準に係る
部分に限る。）の規定の適用を受けない建築物についての法第86条の７第１
項の政令で定める範囲は、増築（居室の部分に係るものを除く。以下この項
において同じ。）及び改築については、増築又は改築に係る部分の対象床面積
の合計が基準時における延べ面積の１／20を超えず、かつ、当該増築又は改
築が当該増築又は改築に係る部分以外の部分における避難及び消火の安全上
支障とならないものである増築又は改築に係る部分とする。

○令第137条の６の４（防火壁及び防火区画関係）

制定　公布：令和５年政令第280号　施行：令和６年４月１日

1　法第86条の７第１項の政令で定める防火壁及び防火区画の設置及び構造に
関する技術的基準は、第112条及び第114条に規定する技術的基準（第112条第
11項から第13項までに規定する竪穴部分の技術的基準のうち、当該竪穴部分
が第120条又は第121条の規定による直通階段に該当する場合に適用されるこ
ととなるもの（次項第二号において「特定竪穴基準」という。）を除く。）と
する。

2　法第３条第２項の規定により法第36条（前項に規定する技術的基準に係る
部分に限る。）の規定の適用を受けない建築物についての法第86条の７第１
項の政令で定める範囲は、増築及び改築については、次の各号に掲げる建築
物の区分に応じ、当該各号に定める要件に該当する増築又は改築に係る部分
とする。

一　次号に掲げる建築物以外の建築物　次のイ又はロのいずれかに該当する
ものであること。

イ　次の（1）及び（2）に該当するものであること。

（1）　増築又は改築に係る部分が火熱遮断壁等で区画されるものである
こと。

（2）　増築又は改築に係る部分が、前項に規定する技術的基準に相当す
る建築物の部分に関する基準として国土交通大臣が定めるものに適合
するものであること。

ロ　増築又は改築に係る部分の対象床面積の合計が基準時における延べ面
積の１／20を超えず、かつ、当該増築又は改築が当該増築又は改築に係

5−3 既存の建築物に対する制限の緩和 431

る部分以外の部分における延焼の危険性を増大させないものであること。
二 第112条第11項から第13項までに規定する竪穴部分の技術的基準（特定竪穴基準を除く。）に適合しない建築物 前号ロに該当するものであること。

○令第137条の10（防火地域関係）

改正 公布：令和5年政令第280号 施行：令和6年4月1日

法第3条第2項の規定により法第61条（防火地域内にある建築物に係る部分に限る。）の規定の適用を受けない建築物についての法第86条の7第1項の政令で定める範囲は、増築及び改築については、次の各号に掲げる建築物の区分に応じ、当該各号に定める要件に該当する増築又は改築に係る部分とする。
一 次号に掲げる建築物以外の建築物 次のイ又はロのいずれかに該当するものであること。
イ 次の(1)及び(2)に該当するものであること。
(1) 増築又は改築に係る部分が火熱遮断壁等で区画されるものであること。
(2) 増築又は改築に係る部分が、第136条の2各号に定める基準（防火地域内にある建築物に係るものに限る。）に相当する建築物の部分に関する基準として国土交通大臣が定めるものに適合するもので、国土交通大臣の定めた構造方法を用いるもの又は国土交通大臣の認定を受けたものであること。
ロ 次の(1)から(5)までに該当するものであること。
(1) 工事の着手が基準時以後である増築及び改築に係る部分の対象床面積の合計（当該増築又は改築に係る建築物が同一敷地内に2以上ある場合においては、これらの増築又は改築に係る部分の床面積の合計）は、50㎡を超えず、かつ、基準時における当該建築物の延べ面積の合計を超えないこと。
(2) 増築又は改築後における建築物の階数が2以下で、かつ、延べ面積が500㎡を超えないこと。
(3) 増築又は改築に係る部分の外壁及び軒裏は、防火構造であること。
(4) 増築又は改築に係る部分の外壁の開口部（法第86条の4各号のいずれかに該当する建築物の外壁の開口部を除く。(5)及び第137条の12第9項において同じ。）で延焼のおそれのある部分に、20分間防火設備（第109条に規定する防火設備であつて、これに建築物の周囲において発生

432   5－3　既存の建築物に対する制限の緩和

する通常の火災による火熱が加えられた場合に、加熱開始後20分間当該
加熱面以外の面（屋内に面するものに限る。）に火炎を出さないものとし
て、国土交通大臣が定めた構造方法を用いるもの又は国土交通大臣の認
定を受けたものをいう。（5）及び同項において同じ。）を設けること。
　（5）　増築又は改築に係る部分以外の部分の外壁の開口部で延焼のおそれ
のある部分に、20分間防火設備が設けられていること。
二　木造の建築物のうち、外壁及び軒裏が防火構造のもの以外のもの　前号イ
に該当するものであること。

○令第137条の11（準防火地域関係）

改 正　公布：令和5年政令第280号　施行：令和6年4月1日

　法第3条第2項の規定により法第61条（準防火地域内にある建築物に係る部
分に限る。）の規定の適用を受けない建築物についての法第86条の7第1項の
政令で定める範囲は、増築及び改築については、次の各号に掲げる建築物の区
分に応じ、当該各号に定める要件に該当する増築又は改築に係る部分とする。
一　次号に掲げる建築物以外の建築物　次のイ又はロのいずれかに該当するも
のであること。
　イ　次の（1）及び（2）に該当するものであること。
　　（1）　増築又は改築に係る部分が火熱遮断壁等で区画されるものであるこ
と。
　　（2）　増築又は改築に係る部分が、第136条の2各号に定める基準（準防火
地域内にある建築物に係るものに限る。）に相当する建築物の部分に関
する基準として国土交通大臣が定めるものに適合するもので、国土交通
大臣の定めた構造方法を用いるもの又は国土交通大臣の認定を受けたも
のであること。
　ロ　次の（1）及び（2）並びに前条第一号ロ（3）から（5）までに該当するもの
であること。
　　（1）　工事の着手が基準時以後である増築及び改築に係る部分の対象床面
積の合計（当該増築又は改築に係る建築物が同一敷地内に2以上ある場
合においては、これらの増築又は改築に係る部分の床面積の合計）は、
50㎡を超えないこと。
　　（2）　増築又は改築後における建築物の階数が2以下であること。
二　木造の建築物のうち、外壁及び軒裏が防火構造のもの以外のもの　前号イ
に該当するものであること。

5－3　既存の建築物に対する制限の緩和　　433

○令第137条の11の２（防火地域及び準防火地域内の建築物の屋根関係）

制定 公布：令和５年政令第280号　施行：令和６年４月１日

　　法第３条第２項の規定により法第62条の規定の適用を受けない建築物（木造の建築物にあつては、外壁及び軒裏が防火構造のものに限る。）についての法第86条の７第１項の政令で定める範囲は、増築及び改築については、次の各号のいずれにも該当する増築又は改築に係る部分とする。
一　工事の着手が基準時以後である増築及び改築に係る部分の対象床面積の合計（当該増築又は改築に係る建築物が同一敷地内に２以上ある場合においては、これらの増築又は改築に係る部分の床面積の合計）は、50㎡を超えず、かつ、基準時における当該建築物の延べ面積の合計を超えないものであること。
二　増築又は改築が当該増築又は改築に係る部分以外の部分の屋根における延焼の危険性を増大させないものであること。

○令第137条の11の３（特定防災街区整備地区関係）

制定 公布：令和５年政令第280号　施行：令和６年４月１日

　　法第３条第２項の規定により法第67条第１項の規定の適用を受けない建築物（木造の建築物にあつては、外壁及び軒裏が防火構造のものに限る。）についての法第86条の７第１項の政令で定める範囲は、増築及び改築については、第137条の10第一号ロに該当する増築又は改築に係る部分とする。

○令第137条の12（大規模の修繕又は大規模の模様替）

改正 公布：令和５年政令第280号　施行：令和６年４月１日

　（略）
４　法第３条第２項の規定により法第35条（第137条の６の２第１項又は第137条の６の３第１項に規定する技術的基準に係る部分に限る。）の規定の適用を受けない建築物についての法第86条の７第１項の政令で定める範囲は、大規模の修繕又は大規模の模様替については、当該建築物における屋根又は外壁に係る大規模の修繕又は大規模の模様替であつて、当該建築物の避難の安全上支障とならないものとする。
５　法第３条第２項の規定により法第36条（第137条の６の４第１項に規定する技術的基準に係る部分に限る。）の規定の適用を受けない建築物について

434   5－3   既存の建築物に対する制限の緩和

> の法第86条の7第1項の政令で定める範囲は、大規模の修繕又は大規模の模
> 様替については、当該建築物における屋根又は外壁に係る全ての大規模の修
> 繕又は大規模の模様替とする。
> （略）

○令第137条の13（技術的基準から除かれる防火区画）

改正 公布：令和5年政令第280号 施行：令和6年4月1日

> 法第86条の7第2項の政令で定める防火区画は、第112条第11項から第13項
> までの規定による竪穴部分の防火区画（当該竪穴部分が第120条又は第121条の
> 規定による直通階段に該当する場合のものを除く。）とする。

○令第137条の14（独立部分）

改正 公布：令和5年政令第280号 施行：令和6年4月1日

> （略）
> 二　法第21条第1項若しくは第2項、法第23条、法第26条第1項、法第27条第
> 　1項から第3項まで、法第36条（法第86条の7第2項に規定する防火壁等に
> 　関する技術的基準に係る部分に限る。）又は法第61条第1項に規定する基準
> 　の適用上一の建築物であつても別の建築物とみなすことができる部分　第
> 　109条の8に規定する建築物の部分
> （略）

○令第137条の15（増築等をする部分以外の部分に対して適用されない基準）

改正 公布：令和5年政令第280号 施行：令和6年4月1日

> 2　法第86条の7第3項の政令で定める技術的基準は、第119条並びに第5章
> 第4節及び第5節に規定する技術的基準とする。

〔趣旨・内容〕

　既存不適格建築物に係る増築等時における制限の緩和の対象に防火避難規
定を追加し、各規定ごとに、小規模な増改築、規定の適用上別棟とみなすこ
とができる部分の増築や屋根・外壁に係る大規模な修繕・模様替え等、一定
の範囲の増築等時においては、以下のとおり現行基準に適合するための改修
を行うことが不要となりました。

5－3　既存の建築物に対する制限の緩和　　435

① 小規模な増改築について

　　対象床面積が50㎡以下かつ基準時における延べ面積の1／20以下である小規模な増改築をする場合で、既存部分の危険性が増加しない等の条件を満たすものについては、既存不適格のまま増改築を行うことができることとされました。

② 規定上別棟とみなすことができる部分の増改築について

　　建築物の2以上の部分が火熱遮断壁等で区画されている場合には、火熱遮断壁等で分離された部分の一方を増築等する場合にあっては、増築等をする部分以外の部分は現行規定への適合を求めないこととされました。

③ 部分適用における制限の緩和について

　　法第86条の7第3項の当該増築等をする部分以外の部分について現行規定への適合を求めない緩和対象規定に令第119条（廊下幅）、令第5章第4節（非常用の照明装置）、令第5章第5節（非常用の進入口）及び法第35条の2（内装制限）が追加されました。

④ 用途の変更における制限の緩和について

　　令第137条の14に規定する独立部分の一方を用途変更する場合については、用途変更をする独立部分以外の部分は、法第27条又は第35条（階段等に関する技術的基準に係る部分に限ります。）の規定の適用は受けないこととされました。

⑤ 直通階段が一つの建築物について

　　直通階段が一つの建築物における2方向避難の確保等に係る対策として、「直通階段が一つの建築物等向けの火災安全改修ガイドライン」（令4・12・16国住指349）が示されたことを踏まえ、直通階段の竪穴区画に係る既存不適格は、上記改正内容に関わらず、小規模な増改築や大規模な修繕・模様替えにおける緩和の対象とせず、増築等の範囲によらず遡及適用を求めることとされています。

10　接道義務等の規定に係る規制の合理化
○法第86条の7（既存の建築物に対する制限の緩和）

改正　公布：令和4年法律第69号　施行：令和6年4月1日

1　第3条第2項（第86条の9第1項において準用する場合を含む。以下この条、次条、第87条及び第87条の2において同じ。）の規定により第20条、第21

436　　5－3　既存の建築物に対する制限の緩和

条、第22条第1項、第23条、第25条から第27条まで、第28条の2（同条第一号及び第二号に掲げる基準に係る部分に限る。）、第30条、第34条第2項、第35条（同条の階段、出入口その他の避難施設及び排煙設備に関する技術的基準のうち政令で定めるもの（次項及び第87条第4項において「階段等に関する技術的基準」という。）並びに第35条の敷地内の避難上及び消火上必要な通路に関する技術的基準のうち政令で定めるものに係る部分に限る。）、第36条（同条の防火壁及び防火区画の設置及び構造に関する技術的基準のうち政令で定めるもの（次項において「防火壁等に関する技術的基準」という。）に係る部分に限る。）、第43条第1項、第44条第1項、第47条、第48条第1項から第14項まで、第51条、第52条第1項、第2項若しくは第7項、第53条第1項若しくは第2項、第54条第1項、第55条第1項、第56条第1項、第56条の2第1項、第57条の4第1項、第57条の5第1項、第58条第1項、第59条第1項若しくは第2項、第60条第1項若しくは第2項、第60条の2第1項若しくは第2項、第60条の2の2第1項から第3項まで、第60条の3第1項若しくは第2項、第61条、第62条、第67条第1項若しくは第5項から第7項まで又は第68条第1項若しくは第2項の規定の適用を受けない建築物について政令で定める範囲内において増築、改築、大規模の修繕又は大規模の模様替（以下この条及び次条において「増築等」という。）をする場合（第3条第2項の規定により第20条の規定の適用を受けない建築物について当該政令で定める範囲内において増築又は改築をする場合にあつては、当該増築又は改築後の建築物の構造方法が政令で定める基準に適合する場合に限る。）においては、第3条第3項（第三号及び第四号に係る部分に限る。以下この条において同じ。）の規定にかかわらず、これらの規定は、適用しない。

○令第137条の12（大規模の修繕又は大規模の模様替）

改正 公布：令和5年政令第279号　施行：令和6年4月1日

6　法第3条第2項の規定により法第43条第1項の規定の適用を受けない建築物についての法第86条の7第1項の政令で定める範囲は、大規模の修繕又は大規模の模様替については、当該建築物における当該建築物の用途の変更（当該変更後に当該建築物の利用者の増加が見込まれないものを除く。）を伴わない大規模の修繕又は大規模の模様替であつて、特定行政庁が交通上、安全上、防火上及び衛生上支障がないと認めるものとする。

7　法第3条第2項の規定により法第44条第1項の規定の適用を受けない建築物についての法第86条の7第1項の政令で定める範囲は、大規模の修繕又は

5-3 既存の建築物に対する制限の緩和　437

> 　大規模の模様替については、当該建築物における当該建築物の形態の変更（他の建築物の利便その他周囲の環境の維持又は向上のため必要なものを除く。）を伴わない大規模の修繕又は大規模の模様替であつて、特定行政庁が通行上、安全上、防火上及び衛生上支障がないと認めるものとする。

〔趣旨・内容〕

　既存不適格建築物に係る増築等時における制限の緩和の対象に法第43条第1項及び法第44条第1項の規定が追加され、一定の条件を満たす大規模の修繕又は大規模の模様替えであって、特定行政庁が安全上等支障がないと認めるものについては、現行基準に適合するための改修等を行うことが不要となりました。

　参　考

・昭和46年1月29日住指発第44号「建築基準法の一部を改正する法律等の施行及び運用について」
・平成18年10月1日国住指第1539号「石綿による健康等に係る被害の防止のための大気汚染防止法等の一部を改正する法律等の施行について（技術的助言）」
・平成24年9月27日国住指第2315号・国住街第113号「建築基準法施行令の一部を改正する政令等の施行について（技術的助言）」
・令和6年3月29日国住指第433号・国住街第159号「脱炭素社会の実現に資するための建築物のエネルギー消費性能の向上に関する法律等の一部を改正する法律等の施行について」
・国土交通省住宅局建築指導課＝国土交通省住宅局市街地建設課編『平成17年6月1日施行　改正建築基準法・同施行令等の解説』（ぎょうせい、2005）
・建築基準法研究会編『平成26年改正　建築基準法・同施行令等の解説』（ぎょうせい、2015）

付　録

○既存不適格建築物について（法第3条第2項、第3項）

現行規制の内容

　建築基準法は昭和25年に制定されて以来、災害や社会情勢の変化等に応じ何度も法令改正がなされていますが、その結果、既に建築された建築物が現行の法令に適合しない状態に至っている例も少なくありません。

　建築基準法は、「建築物の敷地、構造、設備及び用途に関する最低の基準を定めて、国民の生命、健康及び財産の保護を図り、もって公共の福祉の増進に資する（建基1）」ことを目的にしていることから、原則、既存建築物の増築や改築などを行う際には、現行の法令に適合させる必要があります。しかし、全ての既存建築物に現行法を適用することは、実効性や経済的負担の観点から現実的ではないことなどから、一定の範囲内の建築行為については、既存部分に対する現行法の遡及適用を免除しています。

　このように過去の法令に適合していたが、現行法には適合しない建築物を「既存不適格建築物」といい、前述のとおり、一部の法令に適合していない状態であっても違法建築物とは法的に区別されています。

　なお、「一定の範囲内の建築行為」は、法第86条の7及び政令において、制限を受ける規定ごとに定められています。

　この「既存不適格建築物」に関する法的な枠組みは、都市の発展と建築物の長期的な利用にとって重要な役割を果たしています。

○法第3条（適用の除外）

> 2　この法律又はこれに基づく命令若しくは条例の規定の施行又は適用の際現に存する建築物若しくはその敷地又は現に建築、修繕若しくは模様替の工事中の建築物若しくはその敷地がこれらの規定に適合せず、又はこれらの規定に適合しない部分を有する場合においては、当該建築物、建築物の敷地又は建築物若しくはその敷地の部分に対しては、当該規定は、適用しない。
> 3　前項の規定は、次の各号のいずれかに該当する建築物、建築物の敷地又は建築物若しくはその敷地の部分に対しては、適用しない。

付　録　439

一　この法律又はこれに基づく命令若しくは条例を改正する法令による改正
　　（この法律に基づく命令又は条例を廃止すると同時に新たにこれに相当す
　　る命令又は条例を制定することを含む。）後のこの法律又はこれに基づく
　　命令若しくは条例の規定の適用の際当該規定に相当する従前の規定に違反
　　している建築物、建築物の敷地又は建築物若しくはその敷地の部分
二　都市計画区域若しくは準都市計画区域の指定若しくは変更、第一種低層
　　住居専用地域、第二種低層住居専用地域、第一種中高層住居専用地域、第
　　二種中高層住居専用地域、第一種住居地域、第二種住居地域、準住居地域、
　　田園住居地域、近隣商業地域、商業地域、準工業地域、工業地域若しくは
　　工業専用地域若しくは防火地域若しくは準防火地域に関する都市計画の決
　　定若しくは変更、第42条第1項、第52条第2項第二号若しくは第三号若し
　　くは第8項、第56条第1項第二号イ若しくは別表第3備考3の号の区域の
　　指定若しくはその取消し又は第52条第1項第八号、第2項第三号若しくは
　　第8項、第53条第1項第六号、第56条第1項第二号ニ若しくは別表第3（に）
　　欄の5の項に掲げる数値の決定若しくは変更により、第43条第1項、第48
　　条第1項から第14項まで、第52条第1項、第2項、第7項若しくは第8項、
　　第53条第1項から第3項まで、第54条第1項、第55条第1項、第56条第1
　　項、第56条の2第1項若しくは第61条に規定する建築物、建築物の敷地若
　　しくは建築物若しくはその敷地の部分に関する制限又は第43条第3項、第
　　43条の2、第49条から第50条まで若しくは第68条の9の規定に基づく条例
　　に規定する建築物、建築物の敷地若しくは建築物若しくはその敷地の部分
　　に関する制限に変更があつた場合における当該変更後の制限に相当する従
　　前の制限に違反している建築物、建築物の敷地又は建築物若しくはその敷
　　地の部分
三　工事の着手がこの法律又はこれに基づく命令若しくは条例の規定の施行
　　又は適用の後である増築、改築、移転、大規模の修繕又は大規模の模様替
　　に係る建築物又はその敷地
四　前号に該当する建築物又はその敷地の部分
五　この法律又はこれに基づく命令若しくは条例の規定に適合するに至つた
　　建築物、建築物の敷地又は建築物若しくはその敷地の部分

〔趣旨・内容〕
　本条第2項は、既存不適格建築物について定義しています。建築基準法の
規定の施行又は適用の時点で、既に建築されていた建築物又は建築工事が行

440 付 録

われている建築物若しくはその敷地が、新たに施行又は適用になった規定に適合していないか又は一部適合していない場合は、その適合してない規定に限って適用を除外されます。

なお、確認済証を交付された建築物であっても、着工していないものは、「工事中」には含まれません。

第3項は既存不適格とならない場合を規定しています。第一号、第二号は、建築基準法が改正された際に、従前の規定や都市計画区域の指定等、地域地区に関する規制に違反している建築物等は、従前どおり違反建築物のままとなることを規定しています（既存不適格建築物とはみなされません。）。

同項第三号、第四号は、増築、改築、移転、大規模の修繕又は大規模の模様替えを行う工事の着手が、法改正の施行又は適用の後である場合には、全面的に改正後の規定に適合させなければならないことを規定しています。

同項第三号は建築物又はその敷地全体に関する規定に適合しない場合を、第四号は建築物又はその敷地の一部に関する規定に適合しない場合を指しており、具体的な適用範囲の違いを示しています。

同項第五号は、既存建築物が法令の規定に適合していなかった場合でも、その後の法令改正や改修工事等によって規定に適合するようになった場合には、規定を適用除外とする理由がなくなるため、既存不適格としないことと定めています。

参 考

・令和5年3月24日国住指第536号・国住街第244号「建築基準法施行令の一部を改正する政令等の施行について」
・建築基準法研究会編『建築基準法質疑応答集【加除式】』（第一法規、1989）

単体		構造		
火・避難				
制定	令121			
避難階段	令122・123			
の避難距	令125			
の拡大、	令128の4・129（現行128の5）			
を設置し 化	令112			
加	令112			
備に関す	令112			
の追加	令114			
途の建築	法別表1 令115の2（現行115の3）	鉄筋コンクリート造の帯筋間隔（接合部）の制定	令77	仮設興行場等の存続
段幅等の	令124			用途地域等に係るその床面積上限値の之
ける屋外 化	令125			
	令126の2・126の3 S45建告1829 S47建告33（現行廃止）			
構造に係	令126の4・126の5 S45建告1830			
	令126の6・126の7 S45建告1831			
拡大（一 、無窓居	法35の2 令128の3の2〜129（現行128の5）			
	法35の3 令111			
	令112			

雑　則		その他	
期間の延長	法85 令147		
適合用途部分 正等	法86の2（現行86の7） 令137の4（現行137の7）・ 137の10（現行137の19）		

	単 体		
	防火・避難	構 造	
制の合理化 ）	法27 令115の2の2（現行削除）		
			連坦建築物設計手続の位置付け
の技術的基 倉庫等の屋	法22 令109の5（現行109の8） H12建告1361・1365・1434 （現行H28国交通告693）	構造方法に関する技術的基 準の制定　法20 令36	
直し	令126の2・126の3 H12建告1436	限界耐力計算の制定　令82の6（現行82の5）	
に係る性能	令126の4・126の5 S45建告1830 H12建告1411	荷重及び外力の見直し　令86・87	

雑　則		その他	
		簡易建築物に対する緩和の創設	法84の2 令136の9～136の11
		指定確認検査機関の創設	法77の2～77の35 令136の2の12（現行136の2の15）
]度の創設、取消	法86	中間検査制度の創設	法7の3
		型式適合認定、型式部材等製造者認証の創設	法68の10～68の25（現行68の10～68の24） 令136の2の9～136の2の11（現行136の2の11～136の2の13）
		大臣認定の創設	法68の26（現行68の25）
		旧38認定の廃止	法38

建築基準法　改正履歴確認のポイント
―重要条文・告示と改正のねらい―

令和7年4月22日　初版発行

共　編　大手前建築基準法事務所株式会社
　　　　横　内　伸　幸
　　　　松　本　俊　哉

発行者　河　合　誠　一　郎

発 行 所　新 日 本 法 規 出 版 株 式 会 社

本　　　社 総 轄 本 部	（460-8455）	名古屋市中区栄 1 － 23 － 20
東 京 本 社	（162-8407）	東京都新宿区市谷砂土原町2－6
支社･営業所		札幌・仙台・関東・東京・名古屋・大阪・高松 広島・福岡
ホームページ		https://www.sn-hoki.co.jp/

【お問い合わせ窓口】
新日本法規出版コンタクトセンター
📞 0120-089-339（通話料無料）
●受付時間／ 9：00〜16：30（土日・祝日を除く）

※本書の無断転載・複製は、著作権法上の例外を除き禁じられています。
※落丁・乱丁本はお取替えします。　　ISBN978-4-7882-9483-7
5100358　建基改正履歴
©大手前建築基準法事務所株式会社 2025 Printed in Japan